GESCHICHTE IN DATEN
BERLIN

Autoren:
Rosemarie Baudisch, Geschäftsführerin
(Historische Kommission zu Berlin)

Dr. phil. Bärbel Holtz, Wissenschaftliche Mitarbeiterin
(Berlin-Brandenburgische Akademie der Wissenschaften)

Dr. phil. Gaby Huch, Wissenschaftliche Mitarbeiterin
(Berlin-Brandenburgische Akademie der Wissenschaften)

Prof. Dr. sc. phil. Ingo Materna, Universitätsprofessor a.D.
(Humboldt-Universität zu Berlin / Historische Kommission zu Berlin)

Prof. Dr. phil. Wolfgang Ribbe, Universitätsprofessor a.D.
(Freie Universität Berlin / Historische Kommission zu Berlin)

Dr. phil. Heinz Seyer, Abteilungsleiter i.R.
(Stiftung Stadtmuseum Berlin)

Genehmigte Lizenzausgabe für Fourier Verlag GmbH, Wiesbaden 2003
Copyright © by Koehler & Amelang Verlagsgesellschaft mbH,
München/Berlin 1997
Covergestaltung: Thomas Jarzina, Köln
Bildnachweis: AKG, Berlin

Die Vorlage für die Abbildung des Berliner Wappens auf dem Einband
stellte die Berliner Senatskanzlei zur Verfügung.

Gesamtherstellung: GGP Media, Pößneck
Printed in Germany

ISBN 3-932412-39-7

INGO MATERNA/WOLFGANG RIBBE
IN VERBINDUNG MIT
ROSEMARIE BAUDISCH/BÄRBEL HOLTZ/
GABY HUCH/HEINZ SEYER

GESCHICHTE IN DATEN

BERLIN

fourierverlag

Inhalt

Vorwort zur ersten und zweiten Auflage

Vorwort zur ersten Auflage

In unserer »Geschichte in Daten: Brandenburg«, die kürzlich in dieser Reihe erschienen ist, hatte es sich bereits als schwierig erwiesen. Berlin einzuordnen. Als preußisch-deutsche Hauptstadt, aber auch als europäische Metropole entwickelte Berlin eine Eigendynamik und grenzte sich damit von dem umgebenden Territorium ab. Wir hatten uns daher entschlossen, Berlin lediglich als brandenburgische Stadt zu berücksichtigen, also nur insoweit, wie Ereignisse und Daten der Berliner Geschichte mit der Brandenburgs unmittelbar in Verbindung stehen. Über diese Abgrenzung läßt sich streiten, zumal die Bindungen zwischen Zentrum und Umland eng, vielfältig und auch untrennbar sind. Andererseits bestehen zwischen Berlin und Brandenburg nach dem Scheitern des Fusionsvertrages in der Volksabstimmung vom 5. Mai 1996 weiterhin Ländergrenzen, und so mag eine Geschichte Berlins in Daten im Rahmen einer Reihe über die Geschichte deutscher Länder weiterhin ihre Berechtigung haben.

Es ist vor allem aber die besondere Rolle Berlins in der deutschen Geschichte, die eine eigene Darstellung erfordert. Dabei ist Berlin nicht etwa eine alte Stadt, verglichen mit Augsburg oder Trier ist sie bestenfalls als mittelalterlich einzustufen: Die urkundliche Ersterwähnung Berlins datiert von 1244 und die, der Schwesterstadt Cölln von 1237. Doch die mittelalterliche Tradition ist schwach und heute nur noch mit Mühe nachzuzeichnen. Die Doppelstadt an der Spree war eine Gründung deutscher Kaufleute, ohne direkten slawischen Vorläufer, wie er so häufig im Ostsiedelgebiet anzutreffen ist. Nur allmählich hoben sich Berlin und Cölln aus dem Reigen der brandenburgischen Städte hervor, und noch nach der Begründung einer kurfürstlichen Residenz um die Mitte des 15. Jahrhunderts blieb die Doppelstadt in der Rangfolge hinter Brandenburg an der Havel, dem ursprünglichen Haupt- und Vorort der Mark Brandenburg, zurück. Erst die preußische Königsstadt, inzwischen durch Eingemeindung der Neustädte Friedrichswerder, Dorotheenstadt und Friedrichstadt gewachsen, gewann gesamtstaatliche, später auch nationale und schließlich europäische Bedeutung. Europäischen Rang kann sie wohl erst seit dem Ausgang des 19. Jahrhunderts beanspruchen. Die Großstadt Berlin, die deutsche Hauptstadt und schließlich auch die Weltstadt sind Resultat der Entwicklung im 19. und frühen 20. Jahrhundert. Seit 1871 ist Berlin Symbol der deutschen Geschichte in ihren widersprüchlichen Prozessen. Die Kaiserstadt, die eine territoriale Erweiterung nicht erfahren hat, wurde nach der Revolution von 1918 als neue, um ein Vielfaches erweiterte Einheitsgemeinde Hauptstadt der ersten demokratischen Republik, dann Machtmittelpunkt des Dritten Reiches und Schnittpunkt der deutschlandpolitischen Auseinandersetzungen der Weltmächte nach dem Zweiten Weltkrieg mit der daraus resultierenden Spaltung der Stadt, die erst 1990 überwunden werden konnte. War die Bestimmung Berlins zur deutschen Hauptstadt nach Gründung des Kaiserreiches 1871 bereits nicht unumstritten, so stellte sich die Frage nach dem Beitritt der DDR zur Bundesrepublik Deutschland erneut. Ost-Berlin hatte als Hauptstadt der DDR fungiert, sollte das wiedervereinigte Berlin nun Hauptstadt der neuen Bundesrepublik sein? Hauptstadt ja, lautete die Devise, aber nicht der Regierungssitz. Mit knapper Mehrheit hat der Deutsche Bundestag sich dann doch für Berlin als Hauptstadt und Regierungssitz entschieden, allerdings mit Abstrichen, denn ein Teil der Ministerien bleibt am Rhein.

Die Konzeption für die Reihe »Geschichte in Daten« bietet in chronologischer Reihung Daten und Fakten von der Ur- und Frühgeschichte des Berliner Gebietes bis in unsere Gegenwart, und zwar in den administrativen Grenzen der jeweiligen Zeit. Die mittelalterliche Stadtgeschichte kann sich also nicht auf Berlin in den Grenzen von 1920, die im großen und ganzen noch heute gelten, beziehen. Für die Zeit nach der Spaltung der Stadt 1948 sind selbstverständlich beide Verwaltungsgebiete (Ost und West) berücksichtigt. Insgesamt war es unser Ziel, politische, wirtschaftliche, soziale und kulturelle Aspekte der Berliner Stadtgeschichte mit Daten zu belegen.

Berlin, im Dezember 1996   Ingo Materna
                                                         Wolfgang Ribbe

Vorwort zur zweiten Auflage

Seit der Erstauflage im Verlag Koehler & Amelang (München–Berlin 1997) ist mehr als ein halbes Jahrzehnt vergangen. Die Neuauflage enthält auch die seither in der Bundeshauptstadt Berlin zu verzeichnenden Ereignisse bis hin zur Neuwahl des Abgeordnetenhauses und Bildung des Senats 2001. Ebenfalls ergänzt wurden auch die Übersichten und Statistiken im Anhang des Bandes, der eine weitere Karte mit der Neuordnung der Verwaltungsbezirke enthält. Schließlich sind einige Versehen der ersten Auflage korrigiert worden.

Unser Dank gilt dem Fourier Verlag für seine Initiative zu dieser Auflage sowie unseren kollegialen Mitarbeitern.

Berlin, im Juli 2003   Ingo Materna
                                                         Wolfgang Ribbe

bis 1237

Ur- und Frühgeschichte des Berliner Raumes

von Heinz Seyer

So wie im gesamten norddeutschen Tiefland entstanden erst in der späten Altsteinzeit, als das Inlandeis der letzten Eiszeit abgeschmolzen war, andauernde Bedingungen für den Aufenthalt von Urmenschen. Es ist aber wahrscheinlich, daß bereits in der vorangegangenen Zwischeneiszeit eine Besiedlung stattfand. Bereits in der jüngeren Dryaszeit (ca. 11 000–10 000 v. Chr.), der jüngeren Kaltphase der letzten Eiszeit, haben Rentierjäger zum kürzeren oder längeren Aufenthalt auch den Berliner Raum in Besitz genommen. Jedoch erst mit dem endgültigen Ende der Eiszeit, mit der durchgehenden Bewaldung und dem Ausbreiten des Wildes setzte eine nicht wieder unterbrochene, dichtere Besiedlung der Landschaften an Havel und Spree ein. Zunächst waren es Jäger. Sammler und Fischer der Mittelsteinzeit, bis schließlich im 4. Jahrtausend v. Chr. die sogenannte Agrarische Revolution hier Fuß fassen konnte. Den Höhepunkt urgeschichtlicher Besiedlung stellte nach der Anzahl der Fundplätze die Bronzezeit (seit ca. 2000 v. Chr.) dar. Zahlreiche Wohnplätze und Gräberfelder belegen aber auch die Besiedlung des Berliner Raumes in germanischer und slawischer Zeit (6. Jahrhundert v. Chr. bis 12. Jahrhundert n. Chr.). Siedlungsschwerpunkte in germanischer Zeit waren die hochwasserfreien Flächen entlang der Havel und der Bäke sowie der Panke und Wuhle. Die germanischen Siedlungsstellen bildeten die direkte Fortsetzung der dichten Besiedlung des Havellandes. Die Siedler gehörten dem germanischen Stamm der Semnonen, dem Hauptstamm der Sueben, an. Im Osten Berlins gab es eine dünne burgundische Besiedlung. Infolge der Abwanderung von Stammesteilen im 3. bis 5. Jahrhundert n. Chr. verblieben nur noch wenige Siedlungsinseln um Neukölln, Pankow und Marzahn.

Die slawische Besiedlung läßt deutlich zwei Schwerpunkte erkennen, die sich einerseits um die Burgstadt Spandau, andererseits im Raum Köpenick mit der Burg auf der Schloßinsel konzentrieren. Im Westen siedelte der Stamm der Heveller, im Osten der Stamm der Sprewanen. Die einwandernden slawischen Siedler ließen sich anfänglich in den noch vorhandenen wenigen germanischen Siedlungskammern nieder, so daß möglicherweise ethnische Kontakte stattgefunden haben. Jedenfalls konnten germanische Flußnamen wie Havel und Spree namengebend für die beiden slawischen Stämme auf Berliner Gebiet werden. Die meisten slawischen Bewohner lebten als Bauern. In den Burgzentren waren auch Handwerker und Händler ansässig. Die letzten slawischen Fürsten in Spandau und Köpenick, Pribislaw-Heinrich und Jaxa, sind bereits Christen gewesen.

Die Versuche des deutschen Reiches unter König Heinrich I. im 10. Jahrhundert, die Territorien zwischen Elbe und Oder zu erobern, waren nur vorübergehend von Erfolg gekrönt. Erst seit der Mitte des 12. Jahrhunderts begann die endgültige Begründung einer Territorialherrschaft, die mit der Ansiedlung von deutschen Bauern, Kaufleuten und Handwerkern verbunden war. Bis zur Mitte des 13. Jahrhunderts war die Gründung deutscher Städte und Dörfer in Berlin und der Umgebung abgeschlossen. Dies geschah unter Federführung der brandenburgischen Markgrafen aus askanischem Hause.

60 000 bis 50 000 v. Chr. In einer Warmphase der letzten Eiszeit (mittlere Altsteinzeit) halten sich Urmenschen erstmalig im Berliner Raum auf. Wenige sichere Hinweise wie die Feuersteinklinge von Hohenschönhausen, die Feuersteingeräte von Schulzendorf, unmittelbar südlich der heutigen Stadtgrenze, oder der Faustkeil von Treuenbrietzen, Kreis Potsdam-Mittelmark, sprechen dafür. Einige Objekte aus Spandau dagegen gelten als nicht von Menschenhand zugerichtet.

12 500 v. Chr. Nach dem Abschmelzen des letzten Inlandeises in der sogenannten Bölling-Warmphase halten sich Rentierjäger der sogenannten Hamburger Kultur auch im Raum Berlin auf. Wenn bisher direkte Nachweise fehlen, könnte dies mit einer Forschungslücke zusammenhängen.

12 000 bis 11000 v. Chr. Aus der späteiszeitlichen Warmphase der Alleröd-Zeit gibt es konkrete Hinweise auf Rastplätze von Jägergruppen am Tegeler Fließ (Tegel, Lübars). Jagdtiere sind unter anderem Elch, Hirsch, Reh, Auerochs, die sich in den Birken-Kiefern-Wäldern aufhalten. Die Jäger hinterlassen Kratzer, Stichel, Rücken- und sogenannte Federmesser aus Feuerstein.

11 000 bis 10 000 v. Chr. In der jüngeren Dryas-Zeit erfolgt der letzte Kältevorstoß, der eine Tundrenlandschaft zur Folge hat. Das Ren und andere arktische Tierarten sind die Jagdtiere. Rentierjäger der Stielspitzenkultur sind auch im Raum Berlin nachweisbar.

10 000 bis 4000 v. Chr. Vor 10 000 Jahren geht die letzte Eiszeit endgültig zu Ende und eine durchgehende Bewaldung setzt ein. Jäger, Sammler und Fischer der Mittelsteinzeit siedeln an einer Reihe von Rastplätzen entlang der Havel und Spree. Charakteristisch für diese Zeit sind die Feuersteinkleingeräte als Pfeileinsätze (Mikrolithen). Neu sind Beile aus Feuerstein und Felsgestein sowie Pfrieme, Hacken und Angelhaken aus Knochen. Aus dieser Zeit stammt der älteste Menschenfund im engeren Berliner Raum (Schmöckwitz). Die Hirschmaske von Biesdorf gibt Einblick in das religiöse Denken (Jägermagie) der Jägergruppen.

4000 bis 2000 v. Chr. Im 4. Jahrtausend v. Chr. setzt sich mit erheblicher Verzögerung gegenüber dem südlichen Mitteleuropa auch an Havel und Spree die bäuerliche Lebensweise durch. Diese jüngere Steinzeit ist verbunden mit dem Anbau von Nutzpflanzen, der Haltung von Haustieren und zahlreichen technischen Errungenschaften wie Töpferei, Spinnen, Weben und Steinschliff. Angepflanzt werden vor allem Gerste, Rispenhirse und drei Weizenarten (Einkorn, Emmer, Saatweizen); Haustiere sind Rind, Schwein, Schaf und Ziege.

11

In der ersten Hälfte des **3. Jahrtausends v. Chr.** entwickeln sich mehrere überregionale archäologisch-kulturelle Gruppen, zu denen auch Funde des Berliner Gebietes gehören (Trichterbecher-, Walternienburger und Havelländer Kultur). Der größte Fundniederschlag rührt von der Kugelamphoren-Kultur her. Ein Wohnplatz der Trichterbecherkultur wurde bei Britz ausgegraben. Ansonsten sind aus der jüngeren Steinzeit nur Gräber entdeckt worden. Erstmalig taucht in dieser Zeit Brandbestattung auf (Kindergrab von Grünau).

2000 bis 500 v. Chr. Der Übergang zur Bronzezeit vollzieht sich ganz allmählich. Anfangs verharrt die Bevölkerung noch weitgehend im steinzeitlichen Milieu, doch verstehen es die Siedler, sich im Austausch Geräte, Schmuck und Waffen aus Bronze zu verschaffen. Der entscheidende technische Fortschritt besteht darin, daß der Bronzeguß (Legierung von Kupfer und Zinn) eine unbegrenzte Vielfalt der Bedarfsgüter zuläßt. Die jüngere Bronzezeit (seit dem **12. Jahrhundert v. Chr.**) stellt den Höhepunkt der urgeschichtlichen Besiedlung auf Berliner Territorium dar. Annähernd 200 Fundplätze von Siedlungen, Urnengräberfeldern, Depot- und Einzelfunden sind bisher bekannt geworden.

Archäologisch-kulturell trägt die heimische Bronzezeit den Stempel der weit verbreiteten sogenannten Lausitzer Kultur. Zahlreiche Bronzen verraten aber Beziehungen zur Nordischen Bronzezeit. Die Nahrungsgrundlage der Siedler bilden weiterhin Ackerbau und Viehhaltung. Die Bronzegegenstände entstammen den örtlichen Werkstätten. Der Rohstoff muß im Handel aus dem Süden erworben werden.

Der umfangreiche Landesausbau in der jüngeren Bronzezeit ist begleitet von Veränderungen in der Sozialstruktur, wofür Burganlagen wie die »Römerschanze« bei Potsdam, die Burg auf der späteren Schloßinsel Berlin-Köpenick und reich ausgestattete Gräber sichtbarer Ausdruck sind. In den reichen Gräbern der jüngeren Bronzezeit tauchen bereits einzelne Eisenobjekte als »Importe« auf. Sie sind die Vorboten eines neuen Abschnitts der Menschheitsgeschichte. Im Süden und Osten Brandenburgs vermag sich die Bronzezeitkultur in Form der Billendorfer und Göritzer Kultur noch zwei bis drei Jahrhunderte länger zu halten. Vereinzelte Ausläufer dieser Kulturen streuen bis in die heutigen östlichen Bezirke von Berlin.

500 v. Chr. bis zur Zeitenwende Die Jahrhunderte vor Christi Geburt, vorrömische Eisenzeit genannt, werden geprägt von der Einführung und Durchsetzung der voll entwickelten Eisenzeitkultur. Eisenverhüttung und -verarbeitung setzen sich seit dem 6. Jahrhundert v. Chr. unter südlichem Einfluß nach und nach durch. Mit dem Raseneisenerz verfügen die Siedler seit Jahrhunderten wieder über eigene Rohstoffquellen. Die Kulturerscheinungen der vorrömischen Eisenzeit in der norddeutschen

Tiefebene zeigen von der Ostsee bis zum Mittelgebirgsrand eine ähnliche Entwicklung, die nach einem niedersächsischen Fundort als Jastorfkultur bezeichnet wird. Hauptsächlich im Rahmen der Jastorfkultur vollzieht sich parallel zur Ethnogenese der Kelten die Herausbildung der Germanen. Der Mittelelbe-Havel-Raum ist in diese Entwicklung eingeschlossen und weist eine dichte Besiedlung auf, zeigt jedoch bestimmte Sonderentwicklungen. Es ist wahrscheinlich, daß die Mittelelbe-Havel-Gruppe der Jastorfkultur zu jenem Kerngebiet zu zählen ist, in dem sich die Herausbildung des Stammes der Semnonen vollzieht. Nach den antiken Schriftquellen gilt der Semnonenstamm als der älteste und vornehmste unter den Suebenstämmen.

Von der Zeitenwende bis 400 n. Chr. Die Jahrhunderte nach Christi Geburt werden durch eine kontinuierliche germanische Besiedlung geprägt, wovon über 150 Fundplätze von Siedlungen und Bestattungsplätzen in Berlin Zeugnis ablegen. Die Germanen leben in bäuerlichen Dorfgemeinschaften. Zu einem Gehöft gehören ein Wohnstallhaus und zwei bis vier Nebenbauten. Im Haushandwerk stellt man die Gegenstände des täglichen Bedarfs her. Gewinnung und Verhüttung des Eisens geschehen durch Spezialisten.

Wenngleich die Masse der Semnonen Bauern ist, gibt es nach Aussage von Schriftquellen und reichen Gräbern bereits deutliche soziale Unterschiede. Die Schriftquellen sprechen von germanischen Königen bzw. Stammesfürsten, von Adel und Abhängigen, aber auch von der Volksversammlung als demokratischem Herrschaftsinstrument.

Die Semnonen verfügen über weitreichende Kontakte. Zum römischen Reich pflegen sie »friedliche Beziehungen« Der Stammesführer Masyos und die Seherin Ganna weilen am Ende des 1. Jahrhunderts sogar in Rom. Mit unterschiedlicher Intensität besiedeln Semnonen das gesamte Havelland und das Spreemündungsgebiet. Im Osten Brandenburgs bis an die heutige Stadtgrenze Berlins siedelt ein anderer Germanenstamm. Der im 2. Jahrhundert lebende Ptolemaios übermittelt in seiner Geographie, daß östlich der Semnonen die Burgunden vom Fluß Suebos bis zur Weichsel wohnen.

5. bis 6. Jahrhundert n. Chr. Gegen **Ende des 3. Jahrhunderts** beginnt die allmähliche Besiedlungsausdünnung an Havel und Spree, wahrscheinlich bedingt durch die Beteiligung von Stammeskontingenten am Einbruch in die römischen Provinzen. Semnonen könnten im Stammesverband der Alamanen integriert worden sein. Spätgermanischer Fundstoff läßt sich auf Berliner Gebiet noch etwa bis zur **Mitte des 6. Jahrhunderts** nachweisen. Kleinere Siedlungskammern bestehen in der Völkerwanderungszeit bei Rosenthal, Britz, Neukölln und Marzahn. Die germanische Restbevölkerung vermag Gewässernamen (Havel, Spree, Telte) bis in slawische Zeit zu tradieren.

7. bis 8. Jahrhundert n. Chr. Einwanderung von slawischen Stammesgruppen von Osten und Südosten, die sich vornehmlich in den spätgermanischen Siedlungsgefilden niederlassen. Die slawische Gesellschaft ist in Bevorrechtigte und Abhängige gegliedert. Es gibt Stammesfürsten und Burgherren, Handwerker und Händler. Die Masse der Bevölkerung lebt als Bauern.

Auf Berliner Territorium siedeln zwei slawische Stämme, im Westen einschließlich des gesamten Havellandes die Heveller, im Osten die Sprewanen mit dem Stammesmittelpunkt im heutigen Köpenick. Der Hauptort der Heveller ist die Burg in Brandenburg, der östlichste Vorposten die Burg in den »Götelwiesen« bei Spandau. Sprewanen und Heveller gehören zum lutitzischen Stammesbund.

Um 700 Errichtung der Burg Spandau an einem strategisch wichtigen Punkt, am Zusammenfluß von Havel und Spree. Neben der Burg entwickelt sich im **8. Jahrhundert** auch eine Burgstadt. Die Spandauer Burg besteht bis in das **12. Jahrhundert**. Auf der Schloßinsel in Köpenick existiert ein slawischer Herrschersitz ebenfalls bereits seit dem **8. Jahrhundert**. Beide Stammesorte liegen an einer wichtigen West-Ost-Fernhandelsstraße.

928/929 Feldzug des deutschen Königs Heinrich I. unter anderem gegen die slawischen Heveller, um sie unter die Oberhoheit des deutschen Reiches zu bringen. Als Heinrich I. im Jahre **936** stirbt, sind alle slawischen Stämme zwischen Elbe und mittlerer Oder dem deutschen König untertan und tributpflichtig.

937 Gero wird von König Otto I. als Markgraf an der mittleren Elbe, Havel und Saale eingesetzt.

948 **1. Oktober** Auf dem Magdeburger Fürstentag werden die Bistümer Brandenburg und Havelberg gegründet. Zum Bistum Brandenburg gehören auch die Gebiete der Heveller und der Sprewanen.

983 Durch den großen Slawenaufstand kommt es zu grundlegenden Änderungen der militärisch-politischen Verhältnisse. Durch den Zusammenschluß im Lutitzenbund gelingt es den slawischen Stämmen, die deutsche Herrschaft zu beseitigen. Bis zur **Mitte des 12. Jahrhunderts** kann sich das slawische Volkstum wieder behaupten.

991/992 Im Bunde mit den Polen unter Herzog Mieszko unternimmt das deutsche Reich Versuche zur Rückgewinnung der slawischen Gebiete, die jedoch mit Mißerfolg enden.

1134 **April** Albrecht der Bär aus dem Hause der Askanier wird von Kaiser Lothar mit der Nordmark belehnt, die das Gebiet westlich der Elbe umfaßt.

1150 Der hevellische Slawenfürst Pribislaw-Heinrich stirbt. Seine Witwe Petrissa übergibt die Brandenburg an Albrecht den Bären. Wahrscheinlich **1153** gelingt es dem aus Urkunden und Münzen bekannten Slawenfürsten Jaxa de Copnic, die Burg in Brandenburg und damit auch das Hevellergebiet in seinen Besitz zu nehmen.

1157 **11. Juni** Mit Hilfe des Erzbischofs Wichmann von Magdeburg gelingt Albrecht dem Bären die Wiederinbesitznahme der Brandenburg. Damit ist endgültig der Grundstein für eine Landesherrschaft der Mark Brandenburg gelegt. Im Gegensatz zum **10. Jahrhundert** ist die Errichtung der Territorialherrschaft mit der Ansiedlung von deutschen Bauern, Handwerkern und Kaufleuten verbunden. In die Gründung von deutschen Städten und Dörfern wird die ortsansässige slawische Bevölkerung einbezogen. Parallel zur Errichtung der Landesherrschaft verläuft die Christianisierung durch den Auf- und Ausbau der Kirchenorganisation.

Um 1200 Gründung der vorstädtischen Niederlassungen in Berlin und Cölln durch Kaufleute und Handwerker. Der Templerorden beginnt im Teltow zu siedeln. Letzteres ist verbunden mit einem befestigten Ordenshof in Tempelhof und der Gründung der Orte Mariendorf, Marienfelde und Rixdorf(-Neukölln).

1209 Im Zusammenhang mit einem Feldzug des Markgrafen Konrad II. von Meißen wird Köpenick erstmalig erwähnt. Der Sprewanengau befindet sich zu diesem Zeitpunkt also in meißnischer Hand.

1225/1226 Die beiden askanischen Markgrafenbrüder Johann I. und Otto III. treten die Regentschaft in der Mark Brandenburg an. Sie gehen als Städtegründer in die Geschichte ein. Nach der Sächsischen Fürstenchronik gründen sie unter anderem Berlin, Cölln, Spandau (**1232**), Strausberg, Frankfurt an der Oder und Angermünde. In ihrer Regierungszeit können sie sich als alleinige Landesherren durchsetzen und die Mark Brandenburg erheblich erweitern.

Um 1230 Die askanischen Markgrafen erwerben die Landschaften Teltow und Barnim, an deren gemeinsamer Grenze die Doppelstadt Berlin-Cölln entsteht, aus der Hand eines »dominus Barnem« (das ist der Pommernherzog Barnim I.).

1237 bis 1440

Die mittelalterliche Stadt

von Wolfgang Ribbe

Berlin hat sich nicht aus einem »Fischer-Kietz« zur Weltstadt entwickelt. Schuld an dieser Fehldeutung, die um die Mitte des 19. Jahrhunderts entstand, war eine Mißinterpretation des Petrus-Patroziniums der Cöllner Stadtkirche. Dabei dürfte es sich um eine Übertragung von der Brandenburger Dominsel oder gar aus Köln am Rhein gehandelt haben. Kern und Ausgangspunkt der Doppelstadt an der Spree war ein deutscher Marktflecken ohne direkten slawischen Vorläufer, der sich mit der schnell voranschreitenden mittelalterlichen Ostsiedlung in diesem Raum günstig entwickelte. Doppelstädte entstanden häufig beiderseits eines Flußüberganges, insbesondere an Handelswegen, wo schon aus technischen Gründen die mitgeführten Waren umgeladen werden mußten. Berlin und Cölln lagen recht günstig im Kreuzungsbereich von Handelsstraßen, die einerseits von Magdeburg nach Polen führten, andererseits aber von Süden, aus dem Sächsischen kommend, die Ostsee zum Ziel hatten.

Trotz ihrer günstigen topographischen Lage war die Doppelstadt an der Spree nicht von vornherein dazu bestimmt. »caput Marchiae« zu werden. Hauptstadt Brandenburgs war und blieb für lange Zeit der alte slawische Fürstensitz, der sich auf der Brandenburger Dominsel und ihrer Umgebung entwickelt hatte, mit der Altstadt Brandenburg, und später, auf der gegenüberliegenden Seite der Havel, mit der markgräflichen Gründung der Brandenburger Neustadt. An diesem Ort hafteten traditionelle Bindungen der Herrscher, die aus der Zeit der slawischen Fürsten wohl bis zu den Askaniern reichten, dann aber verblaßten. Kaiser Karl IV., der die Mark Brandenburg in seine imperialen Pläne einbezog, hat der Stadt Brandenburg nicht mehr den Vorrang eingeräumt, der ihr bis dahin zukam. Er dachte an Tangermünde als Residenz und Hauptstadt des Kurfürstentums. Doch auch Berlin-Cölln kam für ihn offensichtlich noch nicht in Frage, obwohl die Doppelstadt an der Spree wirtschaftlich bereits an Brandenburg vorbeigezogen war, aber noch nicht an den altmärkischen Städten.

Immerhin reichte der bürgerliche Wohlstand in Berlin-Cölln bereits aus, um durch den Kauf von landesherrlichen Rechten das Stadtregiment zu stärken. Der Erwerb der vollen Gerichtsbarkeit kann als ein Höhepunkt dieser Entwicklung angesehen werden. Doch der wirtschaftliche Erfolg allein verhalf der Doppelstadt nicht zu ihrer exponierten Stellung. Die schwache Landesherrschaft in der nachaskanischen Zeit, vom Anfang des 14. bis zum Beginn des 15. Jahrhunderts, zwang die brandenburgischen Städte, teilweise unter der Führung von Berlin und Cölln, zu Schutzmaßnahmen, die ihre Selbständigkeit stark förderten. Am Stadtregiment waren aber nur die Patrizier und nicht einmal die Viergewerke (die vier führenden Handwerkerzünfte) beteiligt, die um die Mitte des 15. Jahrhunderts ihre Partizipation am Stadtregiment erzwingen wollten. Bis dahin stellte allein das Patriziat den Rat, unter Führung der Gewandschneider. Sie waren die erfolgreichsten Fernhandelskaufleute. Ihren Gewinn legten sie auf dem Lande an, wo sie Grundbesitz, Rechte und Abgaben erwarben. Der wirtschaftliche Erfolg nicht nur dieser Schicht, sondern auch der Gilden und Zünfte überhaupt, zeigte sich unter anderem in frommen Stiftungen, in der Ausstattung der Kirchen und natürlich in der Gründung und Ausstattung von Bettelordensklöstern, insbesondere der Franziskaner und der Dominikaner.

Zu einem gravierenden Problem sollte sich das Verhältnis der beiden Städte Berlin und Cölln zueinander entwickeln. Ein Nebeneinander, Gegeneinander und Miteinander zweier Teilstädte hat es in Berlin nicht nur in der zweiten Hälfte des vorigen Jahrhunderts gegeben, sondern unter ganz anderen Voraussetzungen und Bedingungen, aber auch mit nicht vergleichbaren Folgen, bereits im Mittelalter. Wie in unserer Zeit hatten die beiden Teilstädte ganz unterschiedlichen Anteil am Stadtareal: zwei Drittel gehörten Berlin, ein Drittel besaß Cölln. So stellte Berlin auch immer doppelt soviele Ratsmänner und Bürgermeister wie Cölln. Symbolhaft tagte man in einem Rathaus auf einer Spreebrücke, die beide Teilstädte miteinander verband. Anlässe für Streit gab es genug. Er konnte in vielen Fällen geschlichtet werden, doch nicht immer. Bei einer solchen Auseinandersetzung beging der gemeinsame Rat zu Beginn der vierziger Jahre des 15. Jahrhunderts einen entscheidenden Fehler, indem er den Landesherrn als Vermittler anrief. Der aber nutzte die Situation zu seinem eigenen Vorteil und schwächte die starke Position der Doppelstadt, indem er das alte Stadtregiment entmachtete, die Mittelschicht am Rat beteiligte und damit seine eigene Position festigte. Er brauchte einen großen Teil des Stadtgebietes, um ein Schloß darauf zu errichten, als Kern für den Ausbau Berlins und Cöllns zu einer ständigen Residenz.

Um 1200 Als früheste Stufe des Stadtwerdungsprozesses bilden Berlin und Cölln »Marktflecken« (*villae forenses*).

1237 **28. Oktober** Die Urkunde über einen Vergleich zwischen den Markgrafen und dem Bischof von Brandenburg im »Brandenburger Zehntstreit« nennt *Symeon, plebanus de Colonia* [Symeon, Pfarrer zu Cölln] als Zeugen. Da weder von Cölln noch von Berlin Gründungsurkunden erhalten sind, gilt der **28. Oktober 1237** als Jubiläumsdatum der Stadt Berlin (s. auch **26. Januar 1244**).

Um 1240 Die Markgrafen Johann I. und Otto III. beginnen mit der exstructio, also mit dem Ausbau der Orte Berlin und Cölln zu Städten. Entsprechende Privilegien der Landesherren für die Bürger sind aber nicht überliefert. Die Chronik der Markgrafen von Brandenburg berichtet um **1280**. die gemeinsam regierenden Markgrafen Johann I. und Otto III. haben neben anderen brandenburgischen Städten auch Berlin »erbaut« (*exstruxerunt*). Dabei handelt es sich wahrscheinlich nicht um einen völligen Neubau aus wilder Wurzel, sondern um den Ausbau eines bereits bestehenden Ortes. Die mittelalterliche Doppelstadt Berlin-Cölln entsteht nicht in einem Zuge. Den Kern bilden die Siedlungen um die Kirchen St. Nikolai in Berlin und St. Petri in Cölln. Das Nikolai-Patrozinium der ersten Berliner Stadtkirche deutet auf einen Marktort, das Patrozinium von Cölln ist wohl aus Brandenburg an der Havel beziehungsweise aus Köln am Rhein abgeleitet. Keinesfalls berechtigt es zu der Annahme. Cölln sei als »Fischerdorf« gegründet worden, wie es Adolf Streckfuß im Titel seines Buches »Vom Fischerdorf zur Weltstadt« (1864) nahelegt.

1244 **26. Januar** Mit dem Zeugen *dominus Symeon de Berlin prepositus* [Herr Symeon. Propst von Berlin], der **1237** bereits als Pfarrer von Cölln Erwähnung fand, wird der Name »Berlin« erstmals urkundlich erwähnt.

1247 **29. April** Zusammen mit dem bereits zweimal als Zeuge erwähnten Geistlichen Symeon aus Cölln und Berlin wird in einer Urkunde des Bischofs von Brandenburg für das Kloster Walkenned das erste Berliner Stadtoberhaupt, der Schultheiß Marsilius, genannt. Ob die Bezeichnung *Colonia juxta Berlin* [Cölln bei Berlin] in dieser Urkunde geographisch gemeint ist oder bereits eine Rangordnung bedeutet, ist nicht klar.

1251 Berlin wird erstmals als civitas, also als Stadt im vollen Rechtsinn genannt, doch dürfte es zu dieser Zeit bereits zu einem bedeutenden Handelsort aufgestiegen sein und, wie seine Schwesterstadt Cölln, eine herausragende Stellung im brandenburgischen Städtenetz erreicht haben.

1252 In Berlin tagt erstmals ein Provinzialkapitel der Franziskaner.

1253 **14. Juli** Der Rat zu Berlin teilt den Bürgern der von Markgraf Johann I. gegründeten Stadt Frankfurt an der Oder, die Berliner Stadtrecht erhalten hat, in einer Rechtsweisung die gültigen Rechtsnormen mit. Die Urkunde trägt das älteste überlieferte Siegel Berlins.

1258 Die Markgrafen Johann I. und Otto III. beenden ihre gemeinsame Regierung und teilen die Mark Brandenburg unter sich auf. Die Landesteilung erfolgt nicht nach geographischen Gesichtspunkten, sondern nach Erträgen und Zahl der Vasallen. In einem feierlichen Akt (wann und wo ist nicht bekannt) findet die Übergabe statt. Die Anteile sind auf je einem Pergamentblatt verzeichnet. Die Schriftstücke werden während einer Messe auf dem Altar niedergelegt. Markgraf Johann tritt als der ältere zuerst heran, und zwar mit gekreuzten Händen, um das Blatt zu nehmen, das seine Rechte findet. Anschließend nimmt Otto das zweite Blatt vom Altar. Berlin/Cölln liegt in seinem Landesteil.

1261 **21. November** Markgraf Otto III. schenkt dem (hier erstmals als Stadt erwähnten) Cölln *aput aulam* Berlin eine Heide (*mercia*). Unter aula ist ein markgräflicher Sitz in Berlin zu verstehen, bei dem es sich um den »Alten Hof« nahe dem Oderberger Tor in der Nähe der Stadtmauer handelt, von dem ein Teil für den Bau des Franziskanerklosters abgetrennt wird. Hier liegt auch das landesherrliche »Hohe Haus«, eine **um 1290** entstandene frühgotische Anlage, die **1931** freigelegt und anschließend abgebrochen wird. Die »aula Berlin« gilt als erster Hinweis auf die Entstehung einer landesherrlichen Residenz in Berlin.

Um 1270 Berlin erhält als zweite Pfarrkirche die Kirche St. Marien am Neuen Markt.

1271 Die Markgrafen treten einen Teil des Geländes ihres Berliner Hofes (an der östlichen Stadtmauer) an die Franziskaner ab, die hier das »Graue Kloster« (die Franziskaner tragen graue Kutten) errichten.

1272 **18. Juni** Der Stadtrat von Berlin bestätigt die Bildung einer Bäckergilde.

1278 Das als Krankenhaus für Aussätzige (*domus leprosorum*) gegründete Berliner Georgenspital wird erstmals namentlich erwähnt. Es liegt, wie üblich, außerhalb der Stadtmauern.

Um 1280 Berlin erreicht die Herauslösung aus dem Hochgerichtsbezirk des markgräflichen Vogtes. Innerhalb der Stadt begangene Kapitalverbrechen werden nun vom städtischen Richter abgeurteilt, dem ursprünglich nur die niedere Gerichtsbarkeit zustand.

1280 Der Landesherr betreibt eine Münze in Berlin.

– **22. März** Das Siegel auf der Urkunde, in welcher der Berliner Stadtrat das Statut der Kürschnerzunft bestätigt, zeigt zwei Bären. Aus diesem Siegelbild ist fälschlich der Stadtname »Berlin« abgeleitet worden. Er wird heute aus einer slawischen Wurzel heraus erklärt, als Bezeichnung für ein feuchtes Gebiet bzw. für einen trockenen Platz innerhalb eines Sumpfgebietes.

– **August** In Berlin findet der erste urkundlich nachweisbare märkische Landtag statt.

1284 **2. Juni** Der Stadtrat von Berlin bestätigt die Privilegien der Zunft der Schuster (s. auch **1288** und **1289**).

1285 **2. Januar** Die Besitzer der Spree-Mühlen in Berlin und Cölln (am heutigen Mühlendamm) werden verpflichtet, der Cöllner Petrikirche jährlich eine Abgabe zu zahlen.

Ab 1288 Ein reger Handel zwischen der Mark Brandenburg und Hamburg wird durch Eintragungen im Hamburger Schuldbuch bis nach **1320** bestätigt. Mehr als zwanzigmal sind die Namen von Kaufleuten aus Berlin/Cölln verzeichnet. Sie liefern »Berliner Roggen« und märkisches Eichenholz, das in Frachtkähnen über Spree, Havel und Elbe transportiert wird.

1288 Die Grenze zwischen der Stadt Berlin und dem Dorf Rosenfelde (das spätere Friedrichsfelde) wird festgelegt.

– Das Berliner Heilig-Geist-Spital, die wichtigste bürgerliche Institution der sozialen Fürsorge, wird erstmals namentlich erwähnt. Es liegt innerhalb der Stadtbefestigung.

– **10. April** Der Stadtrat von Berlin bestätigt die Privilegien der Zunft der Schneider.

1289 Markgraf Otto schenkt den Bürgern von Berlin die *curia Wedding*. Der Hof wird aufgelassen und die agrarische Nutzfläche in die Gemarkung der Stadt aufgenommen.

– **29. Mai** Der Stadtrat von Berlin bestätigt die Privilegien der Zunft der Tuchmacher und Wollweber.

Um 1290 Das »Hohe Haus«, Wohnsitz der markgräflichen Landesherren während ihrer Aufenthalte in Berlin, wird in der Klosterstraße, am Platz der »aula Berlin« (Hof Berlin), errichtet.

1290 **8. September** Die zwischen »Tempelhoffe« und Berlin gelegene Ziegelscheune des Ritters Jacob von Nybede wird den Berliner Franziskanern überlassen. Die Urkunde hierüber erwähnt erstmals Tempelhof.

1294 Die Kirche St. Marien am Neuen Markt in Berlin wird erstmals urkundlich genannt.

1295 In einem Zunftbrief des Rates für die Wollweber werden erstmals Juden erwähnt. Den Handwerkern wird verboten, sich bei den Juden Garn zu verschaffen. Die Jüdenstraße als früher Wohnsitz der Berliner Juden wird aber erst **1392** genannt.

1297 Die Dominikaner errichten in Cölln, im Gebiet der heutigen Brüderstraße, das »Schwarze Kloster« (die Mönche tragen schwarze Kutten).

1298 **28. Oktober** Markgraf Otto V. bestätigt Berlin das Recht der »Niederlage« und gewährt die Zinsbefreiung für die städtischen Hufen, Häuser, Grundstücke und Marktstätten. Das Niederlagsrecht erlaubt es der Stadt, fremde Kaufleute zu zwingen, ihre Waren »niederzulegen« und den Bürgern zum Kauf anzubieten oder statt dessen eine Gebühr zu verlangen.

1307 **20. März** Markgraf Hermann der Lange bestätigt die »Union« von Berlin und Cölln, bei der es sich um eine gemeinsame Vertretung ihrer Interessen gegenüber Dritten handelt. Beide Stadtgemeinden bilden einen gemeinsamen Rat mit zwölf Berliner und sechs Cöllner Vertretern, was der Flächenverteilung in beiden Teilstädten (47 Hektar zu 23 Hektar) und wohl auch der Bevölkerungszahl entspricht. Der Rat tagt in einem gemeinsamen Rathaus, *upp deme radhuze tuschen beyden Steden by der langhen Brugghen*, das **1342** erstmals erwähnt wird. Hier wird auch mit auswärtigen Gesandten verhandelt und vor allem Gericht gehalten. Beide Städte führen aber weiterhin auch ein eigenes Siegel.

1308 **3. März** Berlin und Cölln schließen mit anderen märkischen Städten einen Bund zur gemeinsamen Verteidigung ihrer Rechte und zur Abwehr aller von außen drohenden Gefahren.

1311 **25. April** Der Berlin-Cöllner Rat gewährt der Schlächterzunft (Knochenhauer) das Recht, Verkaufsstände auf Straßen und Plätzen aufzustellen.

1317 **5. April** Die Bürgerschaft von Berlin und Cölln erhält das *ius de non evocando*. Die Bürger dürfen damit nicht mehr von einem auswärtigen Gericht zur Verantwortung gezogen werden. Berlin und Cölln bilden fortan einen geschlossenen kommunalen Gerichtsbezirk.

1319 Die Berliner Stadtmauer wird erstmals erwähnt. Sie ersetzt eine Palisadenbefestigung mit vorgelagertem Graben und ist mit Toranlagen und Rundtürmen ausgestattet. Von den Märkten und Hauptstraßen ausgehend sind die Flächen in Grundstücke (*areae*) aufgeteilt und werden im Verlauf des Mittelalters allmählich bebaut.

– **12. Januar** Markgraf Woldemar läßt das östlich von Berlin gelegene Dorf Rosenfelde (das spätere Friedrichsfelde) in den Besitz der Städte Berlin und Cölln überführen (s. auch **1288**).

– **13. April** Markgraf Woldemar verkauft »Hinriksdorp« (Heinersdorf) an das Berliner Heilig-Geist-Hospital.

– **19. April** Nach der politischen wird nun auch die kirchliche Einheit von Berlin und Cölln hergestellt durch die Bildung eines eigenen städtischen Propsteibezirkes. Dabei wird Cölln in die Stadtpropstei Berlin inkorporiert.

– **30. September** Ein umfassendes Privileg sichert Berlin und Cölln alle bisher erworbenen Rechte und Vergünstigungen, insbesondere regelt es den Rechtsstatus des individuellen bürgerlichen Besitzes in den Dörfern der Umgebung der Stadt sowie das Brauwesen im Sinne der Bürger. Im Umland hatten die Bürger einen Teil ihres im Fernhandel erworbenen Vermögens in Liegenschaften, Rechten und Einkünften angelegt.

Um 1320 Einer Volkssage nach besucht Till Eulenspiegel Berlin. Er wäscht die Pelze der Frauen mit Milch und geht bei einem Schuhmacher in die Lehre.

1320 **1. Januar** Die in Berlin und Cölln ansässigen Juden werden durch eine Verfügung der Witwe des Markgrafen Woldemar und nunmehrigen Herzogin von Braunschweig, Agnes, der Rechtsprechung und dem Schutz des Rates der Städte überantwortet. Auch die von den Juden entrichteten Steuern sind künftig an die städtischen und nicht mehr an die markgräflichen Ämter zu zahlen.

1322 **13. August** Ein Münzabkommen der Ratmannen von Berlin und Cölln sowie der Neustadt und Altstadt Brandenburg legt fest, daß die Münzmeister von Berlin und Brandenburg ihre Pfennige so schlagen sollen, daß 29 Schilling eine Mark wiegen. Außerdem soll kein Christ oder Jude den Stempel des Münzmeisters gebrauchen.

1323 **21. Dezember** Die brandenburgischen Städte verbünden sich zur Erhaltung des Landfriedens in den von Unruhen und Räubereien erfüllten einstigen Landen der Askanier.

1324 **16. August** Eine erregte Volksmenge lyncht in Berlin den Propst von Bernau, Nikolaus, der als Anhänger des Papstes und seines fürstlichen Parteigängers, des Herzogs Rudolf von Sachsen, gilt. Wegen dieses Priestermordes und der Parteinahme der Städte für die mit dem Papst verfeindeten Wittelsbacher verhängt Johannes XXII. den Kirchenbann über Berlin und Cölln. Geistliche dürfen nun keine Taufen. Eheschließungen oder Begräbnisse mehr vornehmen und mit den Exkommunizierten darf auch niemand Handel treiben. Die auf der Seite der Wittelsbacher stehenden Berliner Franziskaner betreuen trotz des päpstlichen Verbotes weiterhin die Bürger in geistlichen Dingen. Der Wittelsbacher Markgraf versucht durch wiederholte Vergünstigungen und Zuwendungen die wirtschaftlichen Folgen für die Bürgerschaft abzuwenden, die erst 22 Jahre später, **1347**, endgültig aus dem Kirchenbann entlassen wird (s. auch **1. Juli 1335** und **18. August 1347**).

1331 **19. November** In einer Urkunde für die Woll- und Leineweber werden die höchsten Repräsentanten von Berlin und Cölln erstmals als Bürgermeister (*magister consulum*) bezeichnet.

1334 **27. Januar** Herzogin Agnes von Braunschweig verweist die zu ihrem Wittum gehörenden Städte der Mittelmark an die Wittelsbacher, in deren Auftrag Berthold von Henneberg die Huldigungen entgegennimmt.

– **24. September** Die Doppelstadt Berlin-Cölln erläßt eine Polizeiordnung. Sie beschränkt u. a. den Aufenthalt im Wirtshaus, den Bierausschank und den Einsatz beim Kegel- und Würfelspiel. Auch der Aufwand bei Hochzeiten und für Hochzeitsgeschenke wird ebenso begrenzt wie für Kleidung und den zur Schau getragenen Schmuck.

1335 **1. Juli** Der Bischof von Brandenburg, markgräfliche Beamte und städtische Bevollmächtigte bereiten in einer nach dem Tode des Hauptgegners der Wittelsbacher, Papst Johannes XXII., abgeschlossenen Vereinbarung die Aufhebung des Kirchenbanns vor, der nach der Ermordung des Propstes von Bernau **1324** über Berlin und Cölln verhängt worden ist. Den Bürgern wird aufgetragen. für die Seele des Propstes einen Altar in der Marienkirche zu stiften, ein steinernes Kreuz zum Gedenken an den Erschlagenen zu errichten und ein Lösegeld von 750 Mark an den

Bischof von Brandenburg zu zahlen. Obwohl die Bürgerschaft diese Bedingungen erfüllt, wird sie erst mehr als ein Jahrzehnt später vom Kirchenbann befreit.

1337 Berlin erhält eine landesherrliche Bestätigung seines Stapelrechts (Niederlagsrecht), übt aber diese Befugnisse schon seit geraumer Zeit aus (s. auch **28. Oktober 1298**).

1338 **30. Oktober** Erstmals erscheint der Berliner Bär auf der Mittelfläche eines Siegelmedaillons (auf einer Ratsurkunde über Pfandgelder).

1344 **23. April** Der Cöllner Bürger Johannes Ryke (Reiche) erhält das Schulzengut Marienfelde.

1345 **25. Juli** Markgraf Ludwig der Ältere überträgt dem Berliner Bürger Tyle Brügge (dem Älteren) das oberste Gericht in Berlin und Cölln.

– **26. September** In Berlin-Cölln findet ein erster allgemeiner Landtag der Städte und Ritterschaft aller märkischen Landesteile sowie der Bischöfe von Brandenburg und Havelberg statt. Zur Bestreitung der Ausgaben für den Unterhalt einer markgräflichen Streitmacht sowie für die Hofhaltung des Landesherrn und die Auslösung von verpfändeten Gütern und Besitzungen fordern die Vertreter des Markgrafen von den Ständen die Entrichtung einer Sondersteuer. Die Forderung wird abgelehnt, und man beschließt gemeinsame Maßnahmen der Stände, falls der Markgraf die Steuer trotzdem beitreiben lassen sollte.

1346 **27. Oktober** Markgraf Ludwig greift in die städtischen Rechte von Berlin-Cölln ein. Er entsendet für Berlin vier und für Cölln zwei ehrbare Personen in den Rat, die nach Jahresfrist andere sechs dem Markgrafen oder seinem Hauptmann genehme Vertreter bestimmen sollen. Ohne Zustimmung des Landesherrn dürfen keine Bündnisse geschlossen werden, und schließlich muß die Doppelstadt alle bei ihr bestehenden markgräflichen Schulden entschädigungslos tilgen.

1347 **18. August** Der über Berlin-Cölln wegen der Ermordung des Propstes von Bernau verhängte Kirchenbann wird endgültig aufgehoben (s. auch **16. August 1324**).

Um 1348 Im Berliner Raum wütet ebenso wie in fast ganz Europa die Pest.

1348 **22. September** Der »Falsche Woldemar« erläßt den Berlinern die Abgaben für die Benutzung der Mühlen mit der Begründung, ihnen nach einem Stadtbrand helfen zu wollen. Es handelt sich um den ersten größeren Stadtbrand in Berlin.

1350 **6. April** In einem Brief an den Rat von Berlin-Cölln läßt König Karl IV. den »Falschen Woldemar« zum Betrüger erklären. Um mit seiner Hilfe ihre Herrschaft in Brandenburg zu festigen, präsentierten die Wittelsbacher einen Mann, von dem sie behaupteten, es sei der Askanier Woldemar, der nicht **1319** verstorben sei, sondern sich auf eine Pilgerfahrt in das Heilige Land begeben habe, von der er nun zurückgekehrt sei.

– **19. April** Berlin, Cölln, Köpenick und andere gegen die Wittelsbacher eingestellte märkische Städte bitten König Karl IV. vergeblich, ihnen einen anderen Landesherrn zu geben.

1351 **Juni** Truppen des Markgrafen Ludwig des Älteren und seines Bruders Ludwig des Römers belagern gemeinsam mit dänischen Streitkräften das aufständische Berlin.

– **22. Juli** Berlin-Cölln schließt mit dem Wittelsbachischen Landesherrn Frieden.

1354 Vorläufiges Ende der Judenverfolgungen in der Mark nach der Pestepidemie (s. auch **um 1348**). Juden erhalten in Berlin-Cölln wieder Niederlassungs- und Handelsrechte als »Kammerknechte« des Markgrafen. Cölln wird am **6. Juli** vom Markgrafen das Recht zugestanden, sechs Juden als Einwohner aufzunehmen. Diese dürfen einen »Judenmeister« als Lehrer der Jugend und als Rabbiner wirken lassen.

1356 **5. April** Kurfürst Ludwig bestätigt dem Münzmeister und Vogt zu Berlin, Tyle Brügge, das Recht Silberpfennige zu prägen.

1359 Berlin-Cölln nimmt an einer Hanse-Tagung in Lübeck teil.

– **10. Januar** Ein Landtag der märkischen Stände verabschiedet Beschlüsse zur Bekämpfung von Verbrechern und Störern des Landfriedens. Markgraf Ludwig (der Römer) erlaubt den Städten, die einen Räuber ergriffen haben, diesen auch selbst zu richten.

1361 **31. Juli** Der Rat von Berlin-Cölln erhält von Kaiser Karl IV. die Mitteilung, daß der Kaiser mit dem Markgrafen und Kurfürsten Ludwig (dem Römer) und seinem Bruder Otto (dem Faulen) einen Vertrag geschlossen hat, der Karls zweijährigem Sohn Wenzel die Nachfolge als Markgraf und Kurfürst für den Fall sichert, daß Ludwig und Otto ohne Erben sterben.

1364 Der Schreiber des Erzbischofs von Magdeburg wird in Berlin zum Tode verurteilt und enthauptet. Er soll sich einer Bürgersfrau unsittlich genähert haben.

1365 **17. Mai** Kurfürst Ludwig (der Römer) stirbt in Berlin und wird im Grauen Kloster beigesetzt. Nachfolger wird sein 18jähriger Bruder Otto (der Faule). Er überträgt die Verwaltung der Kurmark für sechs Jahre an Kaiser Karl IV.

1369 **24. Juni** Kurfürst Otto verkauft das Münzrecht an die Städte des Berliner Münzbezirks gegen Zahlung von 6 500 Mark »brandenburgischen Silbers und Gewichts«. Davon sind 5 000 Mark an die Grafen von Anhalt zur Auslösung der an diese verpfändeten Städte Brandenburg, Görzke, Templin und Prenzlau zu zahlen. Den Städten wird eine zweijährige Befreiung von Steuern und anderen Abgaben gewährt, damit sie das hohe Kaufgeld für die Erwerbung des Münzrechts aufbringen können.

1370 Markgraf Otto der Faule verkauft das Dorf Pankow an Berlin-Cölln.

– **Ende Juni** In Anwesenheit der Bischöfe von Brandenburg und Havelberg tagen Ritterschaft und Städte in Berlin-Cölln, um über die Aufbringung der Mittel zu beraten, die für die Herstellung von Ruhe und Ordnung benötigt werden.

1373 **27. August** Kaiser Karl IV. und sein zwölfjähriger Sohn Wenzel als nomineller Kurfürst von Brandenburg bestätigen die Rechte und Privilegien der Bürger von Berlin-Cölln.

1374 Der Cöllner Ratsmann Tyle Wardenberg versucht einen Aufstand gegen die neue luxemburgische Landesherrschaft. Er scheitert mit seinem Versuch, der Doppelstadt mehr Selbständigkeit zu sichern.

1375 Auf Weisung Kaiser Karls IV. entsteht das »Landbuch der Mark Brandenburg«, ein detailliertes Abgabenverzeichnis, das erstmals die landesherrlichen Einnahmen sowie die Verpflichtungen der Städte, Dörfer und Klöster der Markgrafschaft gegenüber registriert.

1376 **Sommer** Der Priester Nikolaus Hündewerper aus Wriezen wird beschuldigt, in Berlin-Cölln einen großen Stadtbrand verursacht zu haben. Obwohl er als Täter nicht überführt werden kann, verurteilt ihn ein geistliches Gericht zur lebenslangen Buße im Kloster Lehnin.

1379 Der Neubau der Berliner Nikolaikirche als Hallenkirche wird begonnen.

1380 **10. August** Ein Großbrand vernichtet weite Teile Berlins. Der mutmaßliche Brandstifter, der Ritter Erich von Falke, wird später ermordet und sein abgeschlagenes Haupt von den Berlinern am Oderberger Tor aufgespießt zur Schau gestellt.

– **20. Oktober** Wegen des Stadtbrandes erläßt Kurfürst Sigismund Berlin für fünf Jahre und Cölln für drei Jahre die Urbede (eine Steuer).

1381/82 Über den Wiederaufbau entstehen Streitigkeiten zwischen beiden Städten, so daß sich Cölln von der Gemeinschaft mit Berlin trennen will. Der um Vermittlung angegangene Markgraf entscheidet: ... *darumb meynen wir und wollen ernstlich, das ir des eyn wirt und eynen rat habit in beiden steten.*

1387 **20. Dezember** Die Brüder von Biberstein verpfänden Schloß und Stadt Köpenick an die Stadt Berlin.

Um 1390 Auf Weisung des Berliner Rates wird, nicht zuletzt weil der größte Teil der im Rathaus aufbewahrten Urkunden und Akten bei dem Brand **1380** vernichtet wurde, mit der Zusammenstellung eines Berliner Stadtbuches begonnen. Es handelt sich bei dem vermutlich von dem Stadtschreiber Heinrich Schowenfliet (Schönfließ) begonnenen Sammelwerk um eine laufend vervollständigte Kollektion von Abschriften wichtiger stadtgeschichtlicher Urkunden, Gesetzestexte und Gerichtsurteile. Das Stadtbuch ist daher die Hauptquelle des mittelalterlichen Rechts, vornehmlich für die darin berücksichtigten Jahre **1272 bis 1489.**

1391 **31. Januar** Berlin erwirbt von Tyle Brügge (dem Jüngeren) das Schultheißenamt mit dem oberen und niederen Gericht und allen damit verbundenen Einnahmen. Die Cöllner unterstehen damit dem Berliner Gericht.

1393 **2. Februar** Die märkischen Städte schließen einen Vertrag zur gemeinsamen Bekämpfung von Räubern und Raubrittern. Ähnliche Städtevereinbarungen werden auch in den folgenden Jahren auf Grund der allgemeinen Unsicherheit im Lande geschlossen.

1399 **9. Juni** Die mittelmärkischen Städte verbünden sich zur Verteidigung ihres Besitzes sowie ihrer Rechte und Freiheiten. Sie wollen gemeinsam das Räuberunwesen bekämpfen und dafür sorgen, daß künftig niemand *med vorbunden antlate* [mit verdecktem Gesicht] in oder durch eine Stadt reitet.

1400 In Berlin werden zwei Männer hingerichtet, weil sie angeblich Kinder an Juden verkaufen wollten.

1402 **13. Dezember** Der Rat von Berlin-Cölln ersucht den brandenburgischen Landesherrn Jobst (von Mähren) um Hilfe gegen Adlige, die raubend und plündernd das Land durchziehen.

1404 bis 1406 Die Brüder Johann und Dietrich von Quitzow werden nach ihrem Sieg über die Pommernherzöge bei Strausberg und Bötzow (heute: Oranienburg) durch die Berlin-Cöllner Bürgerschaft festlich empfangen und mit Geldpräsenten bedacht. Sie unterstützt die Bestrebungen der Quitzows, Statthalter in der Mark zu werden, was diese in praxi bereits seit Jahren sind. Doch die neue Eintracht ist nur von kurzer Dauer.

1405 Vor den Toren Cöllns wird das Gertrauden-Hospital gegründet. Daran erinnern heute der Name Spittelmarkt (Spittel = Spital = Hospital) sowie die Gertraudenbrücke mit einer Skulptur der Hl. Gertraud.

1406 Weil die Übergriffe der Quitzows nicht aufhören, kommt es erneut zu Kämpfen zwischen ihnen und den Bürgern der Doppelstadt an der Spree.

1407 bis 1409 Nach dem Abzug des Markgrafen beherrschen die Quitzows das Havelland, den Barnim und den Teltow mit den wichtigsten Burgen Rathenow, Friesack, Bötzow, Saarmund, Köpenick und damit alle Zugänge nach Berlin-Cölln. Sie weigern sich, den Berlinern das im Pfandbesitz der Spreestädte befindliche Köpenick zurückzugeben.

1410 Bei Grunwald (Tannenberg) wird der Deutsche Orden vernichtend geschlagen. Dietrich von Quitzow, der Mannschaften zur Verstärkung des Ordens angeworben hat (die nicht zum Einsatz kommen), verwendet diese, um am **3. September 1410** ohne Fehdeansage Berlin-Cölln zu überfallen.

1411 **1. Mai** Die drei Berlin-Cöllner Bürgermeister bzw. Patrizier Hans Dannewitz, Thomas Heidicke und Jacob Abel sowie die Vertreter der Landstände berichten am Hof König Sigismunds in Ungarn von den Wirren in der Kurmark Brandenburg und bitten um Hilfe.

– **8. Juli** König Sigismund ernennt Burggraf Friedrich VI. von Nürnberg zum »rechten Obristen und gemeinen Verweser und Hauptmann« der Mark Brandenburg. Damit beginnt die mehr als 500jährige Herrschaft der Hohenzollern über Brandenburg und Berlin, die erst mit der Abdankung Kaiser Wilhelms II. am **9. November 1918** endet.

1412 **4. Juli** Weil sich der märkische Adel und die Städte geweigert haben, dem Ritter Wend von Ileburg als Vertreter Friedrichs VI., der verächtlich als

»Tand von Nürnberg« bezeichnet wird, zu huldigen, erscheint der neue Landesherr mit einer Streitmacht vor Berlin, um seine Rechte als Statthalter notfalls mit Waffengewalt durchzusetzen. Der Rat läßt jedoch das Tor öffnen und heißt den Hohenzollern mit einer Tonne Bernauer Bier willkommen.

– **7. Juli** Die Spreestädte Berlin und Cölln huldigen Burggraf Friedrich VI. als neuem Landesherrn.

1413 **4. April** Bei der Ständeversammlung in Berlin-Cölln huldigt der gesamte Adel, einschließlich der von Quitzow, dem Statthalter Friedrich VI. In der Folgezeit setzen die von Quitzow jedoch ihre Raubzüge fort.

1415 **18. Oktober** Kurfürst Friedrich I. nimmt auf einer Ständeversammlung in Berlin-Cölln die Huldigung der Spreestädte entgegen. Im anschließenden Umritt durch das Land erkennen ihn auch die Dörfer und Flecken der Mark Brandenburg als Landesherrn an.

– **21. Oktober** Die brandenburgischen Stände leisten Markgraf Friedrich I. im Berliner Franziskanerkloster eine zweite Huldigung, die sogenannte Erbhuldigung.

1430 Brandenburgische Städte nehmen an einer Tagung der Hanse in Lübeck teil, auf der ein gemeinsamer Widerstand der Städte gegen fürstliche Übergriffe beschlossen wird.

1431 **1. Februar** Ein Bündnis der Ratmannen von Brandenburg (Alt- und Neustadt), Berlin, Cölln und Frankfurt zum Schutze ihrer Rechte und Gewohnheiten ist auch gegen unliebsame Eingriffe und Forderungen des Landesherrn gerichtet sowie gegen die Ladung von Bürgern vor auswärtige (geistliche und weltliche) Gerichte. Es sieht gegenseitige Hilfe gegen das Raubwesen vor.

1432 **April** Die Hussiten fallen in die Mark Brandenburg ein. Betroffen ist auch die Umgebung von Berlin.

– **28. Juni/12. Dezember** Die beiden Städte Berlin und Cölln schließen sich unter dem Beistand der Ratmannen von Brandenburg und Frankfurt zusammen. Sie bilden einen gemeinsamen Rat *auf dem Rathaus bei der langen Brücke* und eine gemeinsame Schöffenbank. Ihre Stellung gegenüber dem Landesherrn erfährt dadurch eine Stärkung.

1435 **23. September** Der Meister des Johanniterordens in der Mark, Balthasar von Schlieben, verkauft die Johannitergründung Richardsdorf (später Rixdorf bzw. Neukölln) sowie die südlich von Berlin gelegenen, ursprünglich von den Templern gegründeten Dörfer Tempelhof, Marienfelde und Mariendorf an die Städte Berlin und Cölln.

1440　**29. September** Neun Tage nach dem Tode seines Vaters stiftet Kurfürst Friedrich II. in Berlin die ritterliche »Gesellschaft unserer lieben Frauen« zum Dienst der Jungfrau Maria mit Sitz in dem von seinem Vater **1435** fundierten Stift auf dem Berge bei Brandenburg in der von dem Wendenkönig Heinrich erbauten Kirche. Nach dem Ordenszeichen, einem von Sonne und Mond gerahmten Marienbild, an dem ein Schwan hängt, heißt die religiöse Vereinigung »Schwanenorden«.

1440 bis 1640

Ausbau zur landesherrlichen Residenz

von Wolfgang Ribbe

Von der Mitte des 15. bis zur Mitte des 17. Jahrhunderts bildeten die Hohenzollern etappenweise die Doppelstadt Berlin-Cölln zu ihrer brandenburgischen Hauptresidenz aus. Sie lag zentral im Kurfürstentum und war sowohl zu Wasser als auch zu Land gut zu erreichen. Dadurch blühten der Fernhandel und die städtischen Gewerbe, Voraussetzungen für die Versorgung des kurfürstlichen Hofes. Der zog auch bedeutende Künstler und Gelehrte nach Berlin. Nicht zuletzt hinterließ die staatliche Zentralverwaltung in Gestalt ihrer führenden Beamten deutliche Spuren in der Stadtentwicklung. Unter anderem verdrängte die meißnische Kanzleisprache den brandenburgischen Dialekt in der Stadt, Berlin wurde zu einer hochdeutschen Sprachinsel in niederdeutscher Umgebung.

Berlin und Cölln haben diese an und für sich positive Entwicklung durch den weitgehenden Verlust ihrer städtischen Freiheit erkaufen müssen. Seit Kurfürst Friedrich II. haben die Hohenzollern nichts unversucht gelassen, die städtischen Freiheiten und Rechte zu beschränken, um sich selbst als Stadtherren zu etablieren. Das erschien ihnen schon deshalb notwendig, weil sie sich in ihrer ständigen Residenz, ihrem Regierungs- und Verwaltungssitz, frei bewegen wollten, ohne jeweils Rücksicht nehmen zu müssen auf die städtischen Belange. Mit der Entmachtung des Patriziats und den immer neuen Eingriffen in das Stadtregiment seitens der Landesherren ist der Doppelstadt an der Spree aber erheblicher Schaden zugefügt worden. Anders als in den freien Reichsstädten und den bedeutenden, ihre städtischen Freiheiten bewahrenden Hansestädten konnte sich das städtische Patriziat nicht halten. Mit dem Verschwinden der großen Namen, die das mittelalterliche Stadtregiment beherrschten, hat Berlin-Cölln zugleich seine großen Mäzene verloren. Es gab hier keine dauerhaften wohltätigen Stiftungen, ausgestattet mit den Einkünften aus Liegenschaften und Renten, wie sie sich in Lübeck, Hamburg, Frankfurt, Nürnberg und anderen bedeutenden Städten zum Teil bis in das 20. Jahrhundert hinein erhalten haben. Kein bürgerliches Selbstverständnis ist über Jahrzehnte und Jahrhunderte hinweg bewahrt worden und damit auch kein Widerstandsgeist gegenüber autoritärer Herrschaft. Dies mag nicht typisch sein für Residenzen im allgemeinen, aber die Hohenzollern haben nichts unversucht gelassen, der Stadt ihren Willen aufzuzwingen. Besonders deutlich wird dies in einem zentralen Bereich des spätmittelalterlich-frühneuzeitlichen Staates, in seiner Kirchenpolitik. Sie war eine persönliche Angelegenheit des Herrschers, schon vor der bekannten Bestimmung des Augsburger Religionsfriedens von 1555 »cuius regio eius religio«. Nur in einem zähen Ringen gelang es den brandenburgischen Städten, Kurfürst Joachim II. die lutherische Reformation abzutrotzen. Es blieb bei einer halbherzigen Konversion, und als seine Nachfolger mit Vehemenz versuchten, der Stadt und dem Land den kalvinistischen Protestantismus aufzuzwingen, riskierten sie den handgreiflichen Widerstand der Bürger. In langwierigen Auseinandersetzungen ist es erst dem Kurfürsten Friedrich Wilhelm gelungen, einen Kompromiß zu finden, den beide Seiten aber eigentlich nicht wollten.

Der Ausbau der Residenz Berlin-Cölln hat mit der politischen Entwicklung des Kurfürstentums Brandenburg nicht immer Schritt gehalten. Während das Kurfürstentum mit Nachdruck versuchte, Anschluß an die bedeutenden europäischen Staaten zu erhalten, führte die Residenz ein Kümmerdasein. Besonders deutlich wurde dies im Dreißigjährigen Krieg. Es gab keinen Schutz gegen kriegerische Übergriffe, die Stadt war unbewehrt, der kurfürstliche Hof konnte auf die benachbarte Festung Spandau ausweichen oder gar bis nach Preußen, wo für diesen Zweck eine Nebenresidenz in Königsberg zur Verfügung stand. Erst Friedrich Wilhelm hat Berlin-Cölln zur Festung ausgebaut, viel zu spät – wie sich zeigen sollte – und aus militärischen Gründen nicht mehr notwendig. Der städteplanerischen Entwicklung hat der Festungsgürtel nur geschadet, und so ist er dann auch bald wieder verschwunden, um der Residenz Raum zu geben für ihre äußere Entfaltung im frühmodernen Staat.

1440 **14. November** Kurfürst Friedrich II. bestätigt die Privilegien von Berlin-Cölln, allerdings nur »mit schlichten Worten« (also ohne Eid), wie die Berliner argwöhnisch bemerken und, wie sich herausstellen sollte, nicht grundlos, denn der Landesherr wollte die Rechte und Freiheiten der Bürger mindern, um seine politischen Ziele in der Doppelstadt durchsetzen zu können (s. auch **26. Februar 1442**).

1442 **26. Februar** Beginn eines mehrjährigen Machtkampfes zwischen dem Rat sowie der Bürgerschaft von Berlin-Cölln und dem Landesherrn. Kurfürst Friedrich II. entmachtet die bisher maßgeblichen Ratsgeschlechter, indem er die schon lange bestehende Rivalität zwischen der Ratsaristokratie einerseits und den führenden Handwerkerzünften, den »Viergewerken« (Fleischer, Tuchmacher, Schuster und Bäcker) andererseits geschickt ausnutzt. Er stellt sich in dem Streit auf die Seite der Zünfte und nötigt die patrizischen Ratsmitglieder zur Niederlegung ihrer Ämter.

– **29. August** Kurfürst Friedrich II. zwingt Berlin-Cölln zur Abtretung eines Geländes am Spreeufer, wo er plant, ein Schloß zu errichten.

1442/43 Der Stadtschreiber und Kaplan Nicolaus Molner (Müller) verfaßt das »Cöllner Stadtbuch«.

1443 **16. April** Der neue Rat von Berlin-Cölln erhält die kurfürstliche Bestätigung und nimmt seine Arbeit auf (s. auch **26. Februar 1442**).

– **16. Juli** In Lüneburg (endgültig in Lübeck am **30. August**) vereinbaren die Hansestädte die erste Tohopesate, einen Zusammenschluß der Städte unter primär politischen Vorzeichen und mit militärischen Vereinbarungen. Diesem Abwehrbund gegen die Fürsten treten die märkischen Städte Stendal, Salzwedel, Brandenburg und Frankfurt bei, aber auch Berlin, obwohl die Stadt sich 1442 dem landesherrlichen Verbot unterworfen und zugesagt hat, keine auswärtigen Bündnisse abzuschließen oder entsprechende Vereinbarungen zu treffen.

– **31. Juli** Der Grundstein zum Bau eines Schlosses auf dem an den Kurfürsten abgetretenen Platz in Cölln an der Spree wird gelegt. Die Bürger der Doppelstadt behindern den Bau, weil sie das Schloß als »Zwingburg« und »Zügel der alten Freiheit« empfinden. Bauhandwerker werden am Betreten der Stadt gehindert, Steine fortgeschafft und ein Sperrzaun errichtet. Die Fertigstellung des Baues verhindern die Bürger dadurch nicht.

1446 **7. Dezember** Die in Berlin-Cölln ansässigen Juden werden erneut verfolgt.

1447 **Mai** Erneuerung der hansischen Tohopesate, aber auch Spannungen im Verhältnis des Lauenburger Herzogs zu Kurfürst Friedrich II. von Brandenburg. Dessen militärische Auseinandersetzungen mit den Pommern und die Vereinbarungen Berlins mit anderen märkischen Städten mögen die Bürger der Doppelstadt schließlich ermutigt haben, den Versuch zu unternehmen, ihre verlorenen Rechte wiederzuerlangen.

– **Ende Dezember** Die brandenburgischen Städte tagen in Spandau. Der Kurfürst versucht eine gütliche Einigung mit dem Rat von Berlin-Cölln, besonders wegen der andauernden Behinderung des Schloßbaues, herbeizuführen. Die mehrtägigen Verhandlungen enden ohne Ergebnis. Die Städte lehnen einen Kompromiß mit dem Landesherrn ab, vor allem weil sie sich bei Überprüfungen durch kurfürstliche Beamte, die ihnen in bisweilen recht spitzfindiger Auslegung von Lehnsurkunden Rechte auf Grundbesitz und Nutzung von Gütern entziehen, übervorteilt fühlen.

1448 Der bereits von den Zeitgenossen so genannte »Berliner Unwille« manifestiert sich: Der Hofrichter Balthasar Hake wird von den Berlinern gefangengenommen und seinem Diener das Betreten der Stadt untersagt. Das »Hohe Haus« mit der landesherrlichen Kanzlei wird von den Bürgern gestürmt, lästige Urkunden werden von ihnen vernichtet. Sie zerstören auch das zur Anlage eines Schloßgrabens errichtete Stauwehr an der Spree und setzen dadurch einen Teil des Schloß-Bauplatzes unter Wasser. Die für den Schloßbau teilweise abgerissene Stadtmauer ersetzen sie durch einen Plankenzaun.

– **20. Februar** Kurfürst Friedrich II. läßt sich von seinem Bruder, Markgraf Friedrich dem Fetten, der formell noch immer Mitregent ist, in einer Vollmachtsurkunde *volle Gewalt und Macht geben*, die Ratmannen und Bürger von Berlin-Cölln wegen *mannigfaltiger Übertretungen und Gewalt vor Gericht zu beklagen, sie mit Krieg oder sonst darum zu strafen und wieder zu Gehorsam zu bringen.*

– **25. Mai** In Spandau findet eine Schiedsgerichtsverhandlung gegen Berlin-Cölln statt. Die vom Kurfürsten um Vermittlung gebetenen Vertreter der Stände, unter ihnen der Bischof von Brandenburg, der Ordensmeister der Johanniter, der Fürst Adolf von Anhalt sowie die Stadträte von Brandenburg. Frankfurt und Prenzlau erreichen einen Ausgleich zwischen dem Landesherrn und den Spreestädten auf Grund der **1442** geschlossenen Verträge.

– **19. Juni** Auf einer Tagung der brandenburgischen Stände werden die bei dem Vergleich am **25. Mai** ausgehandelten Bedingungen von den Repräsentanten und Bürgern Berlin-Cöllns in einer Urkunde anerkannt.

Damit sind die Auseinandersetzungen noch nicht beendet, die als »Berliner Unwille« in die Geschichte der Stadt eingegangen sind (s. auch **28. September bis 14. Oktober 1448**).

– **28. September bis 14. Oktober** Auf der Spandauer Burg halten die kurfürstlichen Räte Gericht über die Berliner und Cöllner Patrizier, die am »Berliner Unwillen« beteiligt waren. Sie haben Geldbußen zu leisten, ihre Lehnsgüter werden teilweise eingezogen oder sie werden auch aus Berlin-Cölln verbannt. Die Beklagten müssen dem Kurfürsten eidlich zusichern, ihm künftig gehorsam zu sein. Der Landesherr duldet in seiner Residenz keine städtischen Freiheiten mehr.

Um 1450 Auf dem Gebiet des späteren Tiergartens wird vor den Toren Cöllns der »Landwehrgraben« zur Entwässerung der Wiesen der Cöllner Feldmark angelegt.

1450 **11. August** Kurfürst Friedrich II. fordert von Berlin und Cölln aus jedem Haus einen gerüsteten Soldaten. Für die Auseinandersetzung Friedrichs mit Sachsen müssen Berlin und Cölln etwa 1 000 Mann stellen.

1451 Das kurfürstliche Hofgericht wird von Tangermünde nach Cölln an der Spree verlegt, ein Anzeichen dafür, daß Friedrich II. die Spreestädte zum Hauptstandort seiner Verwaltung und seines Hofes zu machen gedenkt.

– **12. März** Kurfürst Friedrich II. bezieht das Schloß zu Cölln, in dem er von nun an bei seinen Aufenthalten in den Spreestädten Hof hält, Verwaltungsaufgaben erledigt und Urkunden ausstellt. Das in die Stadtmauer hineingebaute, von einem Wassergraben umgebene Schloß hat burgähnlichen Charakter.

– **15. Dezember** Der Kammermeister Kurfürst Friedrichs II., Jürg von Waldenfels, erhält die bisherige kurfürstliche Wohnung, das »Hohe Haus« in der Berliner Klosterstraße, als Burglehen.

1454 Nach seiner Wallfahrt in das Heilige Land (**1453**) erhebt Kurfürst Friedrich II. die Kapelle seines neuen Schlosses in Cölln zu einer mit Altären und Reliquien besonders reich ausgestatteten Pfarrkirche. Sie wird dem Heiligen Erasmus geweiht und ist allen Bürgern zur Andacht zugänglich.

1458 Der Dominikaner Johannes Gotstich wird Lektor im Cöllner Kloster seines Ordens. Er veröffentlicht 22 Predigten über Bußfragen.

– **28. April** Vor der Marienkirche auf dem Neuen Markt in Berlin wird das Todesurteil gegen Matthäus Hagen verkündet und vollstreckt. Ihm war in einem Inquisitionsprozeß vorgeworfen und nachgewiesen worden, ein Anhänger der hussitisch-taboritischen Lehre zu sein. Drei Mitangeklagte, die zum Widerruf bereit sind, werden wieder in die Kirche aufgenommen. Zur Buße haben sie u. a. Kreuze an ihrer Kleidung zu tragen, die sie als ehemalige Ketzer kennzeichnen.

Um 1460 Das neue Stadtsiegel von Berlin zeigt den landesherrlichen brandenburgischen Adler, der sich im Rücken des Berliner Bären festkrallt. – Eine Verordnung des Rates von Berlin schränkt den Aufwand bei Hochzeiten ein.

1469 **20. Januar** Kurfürst Friedrich II. erhebt die Erasmus-Kapelle im Schloß zu Cölln (s. auch **1454**) zum Domstift.

1471 **6. November** Die Bürger zu Berlin und Cölln huldigen dem Kurfürsten Albrecht Achilles.

1472 **6. Januar** Hauptgegenstand der Verhandlungen auf einem Landtag in Berlin-Cölln ist das Problem der Landesschulden und deren Tilgung. Der Kurfürst fordert 100 000 Gulden, die durch Abgaben für den Bier- und Weinverkauf aufgebracht werden sollen. Die Städte erbitten Bedenkzeit.

1477 Das bis dahin in Erfurt und Magdeburg ansässige Generalstudium der sächsischen Dominikanerprovinz wird in das Ordenskloster in Cölln verlegt. Diese nur den Angehörigen des Ordens vorbehaltene theologische Bildungsanstalt ist die erste Hochschule in Brandenburg.

1478 Der Dominikaner Clemens Lossow ist Leiter des Generalstudiums seines Ordens in Berlin und Großinquisitor für die gesamte Provinz Saxonia (zu der auch Brandenburg gehört). Er verfaßt Sermone über den Rosenkranz, eine Schrift zur Marienverehrung und ein Memoriale.

1484 In Berlin-Cölln vernichtet ein Stadtbrand auch das gemeinsame Rathaus.

Um 1485 Der »Totentanz« in der Berliner Marienkirche entsteht.

1486 **11. März** Nach dem Tod von Albrecht Achilles wird sein ältester Sohn Johann der erste Hohenzollern-Kurfürst, der Berlin-Cölln zur ständigen Residenz wählt.

–   **18. Juni** Eine Polizeiverordnung über Prostitution und Bettelei wird erlassen.

1488   **10. September** Der Rat der Stadt erteilt Johann Zehender das Privileg für zwei Berliner Apotheken.

1499   **9. Januar** Kurfürst Johann II. stirbt. Er wird als erster Fürst aus dem Hause Hohenzollern im kurfürstlichen Erbbegräbnis zu Berlin-Cölln beerdigt; sein von Peter und Johann Vischer gestaltetes Bronzegrabmal (fertiggestellt **1530**) in der Gruftkirche des Berliner Doms ist bis heute erhalten. Neuer Landesherr wird der erst fünfzehnjährige Sohn des Kurfürsten, Joachim I. (†**1535**).

Um 1500   Berlin-Cölln ist eine blühende Handelsstadt, in der die Fugger und Welser Niederlassungen unterhalten. Die Stadt steht in regem Handelsverkehr mit den Wirtschaftszentren des Heiligen Römischen Reiches, u. a. mit Nürnberg, Hamburg und Lübeck. – Im Berlin-Cöllner Raum setzt sich das Meißnische Deutsch als Kanzleisprache durch.

Nach 1500   Joachim I. läßt Adlige verfolgen, die Warentransporte der Kaufleute überfallen. Unter den Gefangenen, Abgeurteilten und Hingerichteten ist der Ritter von Otterstedt, der an die Tür des kurfürstlichen Schlafzimmers die Drohung geschrieben haben soll: *Jochimke, Jochimke, hüte dy! Fangen wy dy, so hangen wy dy!* Otterstedt wird, anscheinend bei einem Anschlag auf den Kurfürsten, in der Köpenicker Heide gefangengenommen, hingerichtet, gevierteilt und sein Haupt als Abschreckung für seine Gesinnungsgenossen am Köpenicker Tor in Berlin an einer Eisenstange aufgespießt.

1501   In der Mark Brandenburg wütet erneut die Pest. Auch Berlin-Cölln ist betroffen. Der kurfürstliche Hof siedelt vorübergehend nach Stendal über.

1505   **13. Januar** Der spätere Kurfürst Joachim II. wird in Berlin geboren (†**3. Januar 1571**, Schloß Köpenick).

–   **20. Oktober** Der Sponheimer Abt Johann Trittenheim berichtet in seinen »Epistolae familiaris« aus Berlin: Die Einwohner seien gut, aber sehr rauh und ungelehrt, dem Essen und Trinken mehr ergeben als dem Studium guter Schriften. Andererseits lobt er die Frömmigkeit der Einwohner: Sie seien im Gottesdienst um so eifriger, als sie als letzte unter den Völkern Germaniens den christlichen Glauben annahmen.

1508   **27. Dezember** Kurfürst Joachim I. erweitert die Gerichtsbefugnisse des Rates von Berlin-Cölln, behält sich jedoch die Halsgerichtsbarkeit und die Aburteilung von Angehörigen des Hofes und der Münzbehörde vor. Auch die Einsetzung der Richter bleibt Privileg des Kurfürsten.

1510 **6. Februar** Bei einem Einbruch in die Kirche des osthavelländischen Dorfes Knoblauch wird eine Monstranz mit zwei geweihten Hostien gestohlen. Als Täter wird der Bernauer Kesselschmied Paul Fromm verhaftet, der dem zuständigen Brandenburger Stiftshauptmann die Tat gesteht. Die Hostien habe er verzehrt. Mit der Folter wird ihm ein zweites, falsches Geständnis abgepreßt: Er habe eine der Hostien dem Spandauer Juden Salomon verkauft. Dieser gesteht – auch unter Folter – eine Hostienschändung. an der weitere brandenburgische Juden beteiligt gewesen sein sollen. Die Berliner Schöffen verurteilen Fromm und 40 Juden, die der Landesherr kurz zuvor in seinen Schutz genommen hatte, zum Tode.

– **19. Juli** Paul Fromm und 40 brandenburgische Juden werden vor den Toren Berlins hingerichtet. 38 von ihnen erleiden den Feuertod, nachdem sie zuvor mit glühenden Zangen gemartert worden waren; zwei weitere, die sich taufen ließen, erhalten eine »Strafmilderung«: sie werden mit dem Schwert gerichtet.

1513 Der allgemeine Landtag der märkischen Stände tagt ab 1513 in Berlin-Cölln.

1514 Da wegen der getrennten Verwaltung von Berlin und Cölln das gemeinsame Rathaus auf der Langen Brücke seine Funktion nicht mehr erfüllt, wird es abgebrochen.

1516 Zum zweiten Mal in diesem Jahrhundert fallen zahlreiche Bewohner von Berlin-Cölln Seuchen zum Opfer.

– Kurfürst Joachim I. richtet in Berlin das Kammergericht als höchstes Landesgericht ein.

1516/1517 Der Dominikaner Johannes Tetzel wird Generalsubkommissar des Mainzer Erzbischofs Albrecht von Brandenburg für die Ablaßpredigt in der Kirchenprovinz Magdeburg. Tetzel wirbt auch in der Berliner Nikolaikirche für das käufliche Seelenheil: *Wo das Geld im Kasten klingt, die Seele aus dem Fegefeuer springt.*

1517 **28. November** Der Hochmeister des Deutschen Ordens verzichtet auf einer Fürstenversammlung in Cölln an der Spree auf die Neumark einschließlich Schivelbein und Driesen. Als Gegenleistung verpflichtet sich

Kurfürst Joachim 1., dem Orden gegen den König von Polen beizustehen.

1518 Der Berliner Gelehrte Dr. Johann Blankenfelde wird Bischof von Dorpat (und **1524** Erzbischof von Riga).

– **4. Juli** Der Berliner Stiefel, die Berliner Elle und das sogenannte Berliner Gewicht werden in der gesamten Mittelmark als Maßeinheiten eingeführt.

1522 Johannes Carion (Nägelin) aus Bretigheim in Württemberg kommt im Alter von 23 Jahren an den Berliner Hof. Er hat in Tübingen Mathematik und Astronomie studiert und soll den Kurfürsten astrologisch beraten sowie diplomatische Missionen übernehmen.

– **11. Juni** Kurfürst Joachim I. fordert die Bewohner von Berlin-Cölln auf, häufiger an kirchlichen Veranstaltungen teilzunehmen.

1524 **27. Februar** Kurfürst Joachim I. verbietet das Lesen und Verbreiten der Lutherschen Bibelübersetzung.

– **15. Juli** Der brandenburgische Hofastrologe Johannes Carion prophezeit für diesen Tag eine große Wasserflut. Die kurfürstliche Familie und das Hofgesinde suchen Zuflucht auf dem Tempelhofer Berg (heute: Kreuzberg). Die Katastrophe bleibt zwar aus, doch erschlägt ein Blitz auf der Rückfahrt vier Pferde und einen Wagenknecht.

1526 **25. Juni** Die Räte von Berlin und Cölln erlassen ein Innungsstatut für die Barbiere und Wundärzte.

1527 **Ostern** Die Kurfürstin Elisabeth schließt sich der Reformation an, indem sie das Abendmahl in beiderlei Gestalt nimmt. Kurfürst Joachim I. beruft eine geistliche Kommission mit dem Auftrag zu prüfen, ob Elisabeth wegen ihrer Konversion zum Tode verurteilt werden könne.

1528 **25. März** Kurfürstin Elisabeth, die zum evangelischen Glauben übergetreten ist, flieht heimlich aus der Stadt Berlin nach Wittenberg.

1529 Mehrere Porträts der kurfürstlichen Familie deuten darauf hin, daß sich 1529 der Maler Lucas Cranach der Ältere in Berlin aufhält. Auch in Berliner Kirchen gelangen Werke aus der Werkstatt Cranachs.

1532 Das bronzene Grabdenkmal für den Kurfürsten Johann Cicero, ausgeführt von Peter Vischer, ist das älteste bedeutende Zeugnis der Skulptur in Berlin (heute in der Gruft des Berliner Doms; s. auch **9. Januar 1499**).

– **1. Oktober** Dem Cöllner Kaufmann Hans Kohlhase werden auf einer Reise zur Leipziger Messe von Leuten des Junkers Günther von Zaschwitz die Pferde weggenommen. Daraus entwickelt sich ein langer Rechtsstreit, der zu weiteren Straftaten führt und schließlich so eskaliert, daß die öffentliche Ordnung empfindlich gestört wird (s. auch **8. März 1540**).

1535 **11. Juni** Kurfürst Joachim I. stirbt nach der Rückkehr von einem Jagdausflug im Cöllner Schloß. Sein Leichnam wird zunächst im Kloster Lehnin beigesetzt und später in den Cöllner Dom überführt.

1536 Kurfürst Joachim II. belehnt den Bürgermeister Hans Tempelhof und seinen Bruder Georg mit dem einträglichen Untergericht (Zivilgerichtsbarkeit).

– **Pfingsten** Bei der Einweihung der Stiftskirche in Cölln, die aus der Ordenskirche der Dominikaner hervorgegangen war, werden auch 107 Reliquiare ausgestellt. Sie und die Gründung des Domstifts werfen ein Licht auf die persönliche Religiosität, den Reliquienkult der Zeit und das fürstliche Repräsentationsbedürfnis Kurfürst Joachims II., der diese Sammlung später noch erweitern läßt.

1537 **25. Februar** Als erster evangelischer Pfarrer wird Johann Baderesch an die Cöllner Petrikirche berufen.

1538 Kurfürst Joachim II. läßt das alte gotische Schloß in Cölln durch vor allem aus Sachsen kommende Maurer und Steinmetze unter der Bauleitung von Kaspar Theiss, der einen Entwurf des kursächsischen Baumeisters Konrad Krebs nutzt, bis **1542** zu einem Renaissanceschloß umbauen. Während sein Vater noch einen Teil des Jahres in Tangermünde verbrachte, bestimmt Joachim II. das Cöllner Schloß zu seiner ständigen Residenz.

1539 Christoph Weiß aus Wittenberg errichtet in Berlin die erste Buchdruckerei.

– **13. Februar** Nach einer Bürgerversammlung wendet sich der Rat von Berlin und Cölln an den Kurfürsten und bittet um Zulassung des Altarsakraments (Abendmahl) in beiderlei Gestalt. Der Druck auf Kurfürst

Joachim II., die Reformation auch in Brandenburg durchzuführen, wächst.

– **15. Februar** Die Bürger von Berlin erhalten Befehl, sich für einen Krieg zu rüsten. An vielen Orten im Reich ist es schon zu bewaffneten Auseinandersetzungen zwischen Katholiken und Lutheranern gekommen.

– **1. November** In der Spandauer Nikolaikirche wird in Gegenwart des Kurfürsten durch Matthias von Jagow, den Bischof von Brandenburg, der erste Gottesdienst in evangelischer Form (mit dem Laienkelch) vollzogen. Führende adlige Familien, die dem Zeremoniell beiwohnen, haben Joachim II. zu diesem Schritt gedrängt.

– **2. November** Räte und Bürgerschaft von Berlin-Cölln nehmen in der Berliner Nikolaikirche erstmals öffentlich das Abendmahl in beiderlei Gestalt.

1540 In Berlin wird der »gemeine Kasten« eingerichtet, ein Fonds zur Unterstützung der Armen.

– Der aus Sachsen stammende Baumeister Kaspar Theiss vollendet den Umbau des mit Skulpturen reich ausgestatteten Cöllner Schlosses, des bedeutendsten Renaissancehauses in Berlin.

– Die kurmärkische Verwaltung erhält Diensträume im Cöllner Schloß.

– Neuer Oberhofprediger in Cölln an der Spree wird der in Eisleben geborene Freund Luthers, Johann Agricola, der ab **1543** auch als Generalsuperintendent und Vorsitzender des Konsistoriums wirkt. Er ist **1548** einer der Mitverfasser des Augsburger Interims. Agricola gibt auch die erste Sammlung hochdeutscher Sprichwörter heraus, verfaßt zahlreiche Kirchenlieder und macht den tschechischen Reformator Jan Hus zum Helden einer Tragödie.

– **8. März** Kurfürst Joachim II. erhebt das Berliner Kammergericht zur höchsten zentralen Gerichtsinstitution des Landes.

– **8. März** In Berlin wird der Kaufmann Hans Kohlhase hingerichtet. Kohlhase sind von einem kursächsischen Junker zwei Pferde weggenommen und zerschunden worden, worauf er sich, da er vor Gericht kein Recht erhielt, zur Selbstjustiz entschloß, ganz Kursachsen die Fehde ansagte und das Land in Angst und Schrecken versetzte. Auf dem Vorgang beruht Heinrich von Kleists Novelle »Michael Kohlhaas« (s. auch **1. Oktober 1532**).

1541 **6. Januar** Mit Heinrich Knausts »Dreikönigsspiel« entsteht das erste Berliner Theaterstück.

1542 Die der Bestandsaufnahme des geistlichen Besitzes dienende erste allgemeine Kirchenvisitation wird beendet. Leiter der Kommission ist der seit **1541** als kurfürstlicher Kanzler amtierende Johann Weinlöben, der die Verhältnisse in Brandenburg gut kennt. Beginnend **1540** in Berlin-Cölln reist die Kommission oft monatelang durch das Land, wobei u. a. die Pfarreiverhältnisse geordnet und geeignete Geistliche eingesetzt werden.

– **7. März** Unter der Leitung von Kaspar Theiss wird mit dem Bau des Jagdschlosses »Zum grünen Wald« bei Berlin begonnen, das später Jagdschloß Grunewald genannt wird.

– **2. Juli** Kurfürst Joachim II. bestätigt die Zunft der Huf- und Waffenschmiede in Berlin-Cölln.

1543 **22. April** In Berlin-Cölln wird ein Konsistorium als oberste Kirchen-Behörde eingerichtet.

– **24. August** Berlin und Cölln vergleichen sich über ihren Besitz im Umland. Gemeinsam gehören ihnen die Dörfer Lichtenberg, Berkholz, Marienfelde, Mariendorf und Tempelhof, die Berliner besitzen die Dörfer Stralau, Rosenfelde-Friedrichsfelde, Pankow, Blankenburg und Reinickendorf, während Cölln lediglich Rixdorf-Neukölln sein eigen nennt sowie einige bei Tempelhof gelegene Holzungen.

1544 **22. August** Hans und Georg Tempelhof verkaufen das Untergericht an die Räte von Berlin und Cölln.

1545 **2. Februar** Kurfürst Joachim II. überläßt dem Rat von Berlin das Kalandshaus, die Versammlungsstätte der nach der Reformation aufgelösten religiösen Bruderschaft der Kalandsbrüder.

– **Fastnacht** Cölln erlebt eine kurfürstliche Doppelhochzeit mit anschließendem Turnier: Johann Georg und Barbara, die Kinder des Kurfürsten, heiraten Sophie und Georg, Kinder des schlesischen Herzogs Friedrichs II. von Liegnitz und Brieg.

1550 Im Cöllnischen Stadtgraben, einem südlichen Seitenarm der Spree, wird eine erste Schleuse gebaut.

1551 **7. Oktober** Auf einem Landtag der brandenburgischen Stände in Cölln stehen die Geldforderungen des Kurfürsten Joachim II., dessen Prunksucht die Staatsfinanzen immer mehr zerrüttet, im Vordergrund.

1552 Die Berliner St. Marienschule wird von Kurfürst Joachim II. neu eröffnet.

1558 Kurfürst Joachim II., dessen Gemahlin Hedwig seit einem Unfall gelähmt ist, beginnt mit der Frau des Zeugmeisters und Leiters der kurfürstlichen Gießhütte in Berlin, Anna Sydow, ein Verhältnis. Joachim, der es liebt, *das Leben in vollen Zügen zu genießen ... und viele Festlichkeiten, Bankette und fröhliche Gelage zu veranstalten*, hat noch weitere Mätressen.

1561 **31. Mai** Kurfürst Joachim II. stellt seiner Geliebten, der »schönen Gießerin«, Anna Sydow, und ihren Kindern einen Schutzbrief aus (s. auch **1558**).

1562 Kurfürst Joachim II. läßt sich vermutlich von dem Italiener Johann Baptist Perini, der zeitweise Hofmaler in Berlin ist, porträtieren.

1565 **30. Juni** Kurfürst Joachim II. verbietet das Glücksspiel mit zu hohen Einsätzen und den Zinswucher. Der Zinssatz darf sechs Prozent nicht übersteigen.

1566 Die Pest fordert zahlreiche Opfer in Berlin und Cölln. Auch der »märkische Eulenspiegel«, Hans Clauert, stirbt.

– **22. September** Johann Agricola, eigentlich Johann Schnitter (aus Eisleben), evangelischer Theologe, Schöpfer der ersten evangelischen Schulordnung, seit 1540 Hofprediger und Generalsuperintendent der Mark, stirbt in Berlin.

1567 **4. August** Um seine Schuldenlast, die er auch mit Hilfe neuer Steuern (Biergeld, Bekleidungssteuer, Giebelschoß) nicht tilgen kann, zu mindern, läßt Kurfürst Joachim II. bei den Berliner Kaufleuten und Bankiers Edelmetalle, Schmuck und Münzen konfiszieren, wofür sie nur teilweise entschädigt werden.

1570 Die Kantorei am Cöllner Hof des brandenburgischen Kurfürsten Joachim II. erhält eine offizielle Ordnung, in der von Sängern, Instrumentalisten und einem Kapellmeister die Rede ist. Der musikliebende Joachim II. betätigt sich nach einem zeitgenössischen Bericht auf diesem Gebiet selbst: *Die Musicam, und sonderlich die Choralem hatte seine Churf*[ürstliche]

Gn[aden] *so lieb, daß Sie selbst mit lauter Stimme helffen singen in der Kirchen und offt den Chor regiert.*

1580 **13. Juli** Die Räte von Berlin und Cölln erlassen eine Verordnung gegen übertriebenen Luxus.

– Nach Zeichnungen von Rochus Graf zu Lynar wird das »Haus der Herzogin« an der Spree ausgeführt.

1581 **7. November** Die Unvorsichtigkeit des Marktmeisters Georg Wars, der mit einem brennenden Kienspan hantiert, führt zum Brand des Berliner Rathauses.

1583 Kurfürst Johann Georg erläßt eine Verordnung zur Sauberhaltung von Berlin-Cölln.

1584 Das **1581** abgebrannte Berliner Rathaus wird nach dem Wiederaufbau seiner Bestimmung übergeben.

1585 Rochus Graf zu Lynar errichtet für das Cöllner Schloß eine Hofapotheke.

1587 Der Trebbiner Stadtschreiber Bartholomaeus Krüger veröffentlicht in Berlin »Hans Clawerts Werckliche Historien«, eine Sammlung von Schwänken über den märkischen Eulenspiegel Hans Clauert, der **1566** an der Pest starb.

1588 **12. Oktober** Lampert Distelmeyer, seit **1550** Rat am kurbrandenburgischen Hof, seit **1558** Kanzler, stirbt in Berlin.

1595 **10. Oktober** Der kurfürstliche Hof zu Cölln feiert den Besuch des dänischen Königs Christian IV.

– Die Räte von Berlin und Cölln erlassen eine Bettelordnung.

1598 **8. Januar** Kurfürst Johann Georg stirbt im Cöllner Schloß und wird in der Domkirche beigesetzt. Von seinen 23 Kindern aus drei Ehen überleben ihn nur 15, von denen ihm Joachim Friedrich als Kurfürst folgt.

– **11. Januar** Die Räte von Berlin und Cölln huldigen im Hof des Cöllner Schlosses dem neuen Kurfürsten Joachim Friedrich. Eine seiner ersten Amtshandlungen ist die Annullierung des väterlichen Testaments, das eine Teilung der Mark vorgesehen hatte.

– **22. Dezember** Rochus Graf zu Lynar, seit **1578** am brandenburgischen Hof als Geheimrat, General und oberster Artillerie-, Munitions-, Zeug- und Baumeister, stirbt in Spandau und wird unter dem von ihm gestifteten Altar in der Nikolaikirche beigesetzt. Er verbesserte die Festungswerke in der Mark, legte in Spandau eine Pulvermühle an, reorganisierte das Salzwesen und führte zahlreiche Industriezweige erstmals in Berlin ein.

Um 1600 Der kurfürstliche Postmeister Christoph Frischmann gibt in Berlin eine erste Wochenzeitung heraus, die acht bis zehn Quartseiten umfaßt.

1603 Der Kurfürst erläßt eine Verordnung gegen Ruhestörung und Lärm in Berlin und Cölln, um lautes Krakeelen Betrunkener auf den Straßen, aber auch um tätliche Auseinandersetzungen mit Schlag- und Stichwaffen einzuschränken.

1604 **13. Dezember** Im Cöllner Schloß tagt erstmals der Geheime Rat, ein Verfassungsorgan, das sich zur Zentralbehörde der brandenburgisch-preußischen Monarchie entwickeln sollte, dem aber weder Vertreter des Adels noch der Städte angehören.

1608 **18. Juli** Auf der Rückfahrt von einem Besuch im brandenburgischen Storkow stirbt Kurfürst Joachim Friedrich bei Köpenick nach einem Schlaganfall. Seine Regierungszeit war von dem Bemühen geprägt, ein wirtschaftlich zerrüttetes und von Seuchen heimgesuchtes Territorium zu sanieren.

1613 **17. Oktober** Berliner Bürger bewerfen den kurfürstlichen Hofprediger Salomon Finck mit Steinen, nachdem er in einer Predigt die lutherischen Lehren als »päpstliche Scheußlichkeiten« kritisiert hat.

– **25. Dezember** Am Weihnachtstag des Jahres 1613 nimmt Markgraf Johann Sigismund von Brandenburg zusammen mit Mitgliedern seines Hofes und seiner Regierung (*die Communicanten waren ertliche fünffzige*) die Kommunion in der reformierten Form in Berlins Heiliger-Dreifaltigkeits-Kirche (also im Dom), wobei er bestätigt, was viele schon seit einiger Zeit vermutet haben: der Kurfürst ist Calvinist. Dieses Ereignis stürzt die Stadt und das ganze Land in eine lange währende Krise, da die Bevölkerung nicht bereit ist, die Konversion des Landesherrn mitzuvollziehen.

1614 **21. Februar** Der brandenburgische Geheime Rat legt einen detaillierten Plan vor, das gesamte Kurfürstentum zu calvinisieren. Er fordert, daß *nachdem ein Anfang gemacht worden der Abstellung des noch hinterstelligen Päbstlichen Greuels, welcher der Lehre und Ceremonien noch guten Theils angeklebt gewesen, solle nun getahn werden, daß man zu bestän-*

diger Vollkommenheit darin gelange, diesen Prozeß weiterzuführen und führt zwölf Schritte auf, durch die das Ziel erreicht werden soll.

– **Mai** Der Kurfürst veröffentlicht mit der »Confessio Sigismundi« sein Glaubensbekenntnis und rechtfertigt seinen Übertritt zum Calvinismus. Die hohe lutherische Geistlichkeit in Berlin-Cölln weigert sich vehement, diesen Schritt nachzuvollziehen.

– **10. Mai** Die Brüder Johann und Samuel Kalle in Berlin gründen die Vorgängerin der Haude & Spenerschen Verlagsbuchhandlung.

– **12. Juni** Der Kurfürst läßt sich die Predigt des lutherischen Archidiakons der Cöllner Petrikirche, Martin Willich, vom Himmelfahrtstag vorlegen, in der dieser von der Kanzel erklärt hat, *die Kalvinisten schlössen das Christentum in den Himmel ein wie eine Maus in der Falle.* Willich flieht, um der Verfolgung durch den Landesherrn zu entgehen, in die Freie und Hansestadt Hamburg.

– **3. Oktober** Vor dem Cöllner Schloß kommt es zu erregten Disputationen zwischen der calvinistischen Geistlichkeit des kurfürstlichen Hofes und den Lutheranern der Stadt.

1615 **5. April** Zwei Wochen vor Ostern befiehlt Markgraf Johann Georg, der in der Abwesenheit des Kurfürsten die Regierung führt, *aus dem Dom all Epitaphien, Crucifixen, Bilder, auch beyde Altare ... wie auch den Tauffstein gantz und gar hinweg* [zu] *thun, und dagegen einen Tisch im Chore stehen* [zu] *lassen.* Die wertvolleren Dinge, besonders die aus Perlen und wertvollen Metallen gemachten, werden der Schatzkammer des Kurfürsten anvertraut. Viele der Bilder, überwiegend die von Lucas Cranach, schmücken nun die nahe Schloßkapelle, wo für die Kurfürstin Anna und ihre Töchter die lutherischen Gottesdienste fortgeführt werden. Der Dom nimmt somit das Erscheinungsbild einer reformierten Andachtstätte an.

– **12. April** Am Palmsonntag wird Peter Stuler, der lutherische Diakon der Petrikirche, *sehr beklatscht* als er die Kanzel betritt und eine Predigt hält, in der er sich gegen die Änderungen ausspricht und den Kurfürsten persönlich angreift: *Willst du reformiren, so reformire in Jülich,* ruft er nach Augenzeugenberichten. Die lutherische Kurfürstin Anna, die normalerweise gern Stulers Predigten hört, wundert sich: *Welcher Hencker hat ihn geheißen von Jülich zu predigen?*

– **13. April** Als sich das Gerücht verbreitet, der lutherische Diakon Peter Stuler solle wegen seiner Predigt am Vortag zum Kurfürsten zitiert werden, versammelt sich eine Menge vor seinem Haus, um ihn zu beschützen. Viele sind bewaffnet. Die Leute, *nach dem sie starck beze-chet, seindt sie drei stundt in der nacht auf die gassen ungestürmer weiß geloffen, undt ein schreckliches geschrei, darunder viel Gotteslesterungen, offentlich hören lassen, daß sie alle die Caluinischen Predicanten zue todt schlagen.* Dann versammeln sie sich vor den Häusern der reformierten Prediger und des Hofarztes des Kurfürsten und bewerfen die Gebäude mit Steinen. Es gelingt diesen, sich selbst in Sicherheit zu bringen, indem sie über die Dächer fliehen. Ihre Häuser werden jedoch verwüstet und *viel an Bücher, Silber und andern Vorrath daraus diebisch entwandt.* Zum Karfreitag-Gottesdienst später in der Woche muß einer von ihnen *in ei-nem Unterkleide und grünen Weste, wozu er sich einen Mantel geliehen, auf die Kanzel gehen.*

– **15. April** Der Kurfürst, bei seinem Eingreifen selbst leicht verwundet, stellt die Ordnung wieder her. Peter Stuler flieht nach Wittenberg, auch die anderen Anführer des Aufstandes entkommen. Der Magistrat und die Bürger der Stadt distanzieren sich auf Weisung des Landesherrn von den Gewalttaten und verpflichten sich schriftlich, friedlich zusammenzu-leben.

1617 Acht Jahre nach dem Erscheinen der ersten deutschen Wochenzeitung in Straßburg gibt der kurfürstliche Boten- und Hofpostmeister Christoph Frischmann die erste Wochenzeitung Berlins heraus. Sie ist noch hand-schriftlich erstellt und berichtet sowohl über allgemeine politische und militärische Ereignisse als auch über Sensationen aller Art.

– **August und Oktober** In einem Reisebericht beschreibt der Augsburger Kunsthändler Philipp Hainhofer die Architektur Berlins und schildert die Lebensgewohnheiten der Oberschicht.

1619 **12. November** Kurfürst Johann Sigismund legt seine Amtsgeschäfte nie-der.

– **23. Dezember** Weil im Cöllner Schloß der Spuk der Weißen Frau umgeht, hat sich Johann Sigismund in das Haus seines Kammerdieners Anton Freytag in der Berliner Poststraße zurückgezogen, wo er am 23. Dezem-ber stirbt. Er war ein Förderer der Künste, unterhielt eine Hofkapelle mit 34 Musikern und schätzte das Volkstheater. Seine calvinistische Religi-onspolitik stieß auf wenig Gegenliebe in der Bevölkerung.

1620 **16. Februar** Der spätere Große Kurfürst Friedrich Wilhelm wird im Cöll-ner Stadtschloß geboren.

– **30. Juni** Erste Berührung Berlins mit dem Dreißigjährigen Krieg. 3 000 Landsknechte, die dem Winterkönig Friedrich V. von der Pfalz, einem calvinistischen Glaubensbruder der brandenburgischen Kurfürsten, in Böhmen Beistand leisten sollen, verwüsten auf ihrem Durchzug märkische Städte, greifen aber Berlin-Cölln, vor deren Toren sie Quartier beziehen, nicht an.

1622 In Berlin und anderen brandenburgischen Städten protestiert die Bevölkerung gegen Münzverschlechterung und steigende Lebensmittelpreise. – Der als Komponist und Musikpädagoge über Berlin hinaus bekannte Johann Krüger wird zum Kantor der Berliner Nikolaikirche ernannt. Er vertont die Texte vieler Kirchenlieder des Berliner Pfarrers Paul Gerhardt.

1624 Der kurfürstliche Kammerrat Hans Georg von Ribbeck läßt in der Breite Straße ein Adelspalais im Renaissancestil errichten, einer der wenigen Profanbauten jener Zeit, die noch existieren. Das »Ribbeckhaus« beherbergt heute Bibliotheken mit Beständen zur Geschichte Berlins.

1627 **15. November** Kurfürst Georg Wilhelm empfängt den kaiserlichen Feldherrn Albrecht Wenzel von Wallenstein im Cöllner Stadtschloß. Während insbesondere die nordöstlich von Berlin-Cölln gelegenen brandenburgischen Städte zum Unterhalt der Truppen Wallensteins beitragen müssen, bleibt die Residenz von Kontributionen verschont.

1628 **22. Juni** Wallenstein wird abermals im Cöllner Stadtschloß empfangen (s. auch **1627**). Der Feldherr erscheint mit einem Gefolge von 1 500 Personen und 1 000 Pferden.

– **3. Oktober** Der brandenburgische Gesandte am kaiserlichen Hof in Wien, Adam Graf Schwarzenberg, berichtet dem Kurfürsten über Beschwerden gegen die Berichterstattung der Berliner Wochenzeitung: *Man sagt allhier, es sei kein Ort im ganzen Reich, da man also frei und schlimm schreibe gegen ihre Kaiserliche Majestät oder Dero Armee als in Berlin.* Der Kurfürst veranlaßt die Zensur der Zeitschrift, später ein totales Verbot.

1630 bis 1632 In der Folge des Krieges breiten sich Hunger und Seuchen in der Mark Brandenburg aus. **1631** sterben in Berlin-Cölln mehr als 2 000 Menschen an der Pest. Viele flüchten aus der Stadt, die auch geplündert wird und hohe Kontributionen zahlen muß.

1630 **6./7. Februar** Als Berater des brandenburgischen Kurfürsten gelingt es dem Grafen Schwarzenberg nicht, die Kontributionszahlungen für die kaiserlichen Truppen zu verringern. Der kaiserliche Feldmarschall Wallenstein lehnt dies anläßlich eines Besuches in Berlin ab.

1631 **12. Mai** In Treptow, vor den Toren Berlins, fordert der Schwedenkönig Gustav II. Adolf den Kurfürsten Georg Wilhelm auf, den schwedischen Truppen das Durchmarschrecht nach Magdeburg zu gewähren, wo kaiserliche Truppen stehen. Als der Kurfürst dies ablehnt, greift der schwedische König zu Gewalt: Am **13. Mai** besetzt Gustav II. Adolf mit 1 000 Mann Berlin-Cölln und zwingt den brandenburgischen Kurfürsten zur Aufgabe seiner Neutralitätspolitik im Dreißigjährigen Krieg.

– **1. Juni** Kurfürst Georg Wilhelm muß dem schwedischen König vertraglich die Nutzung der Festungen Spandau und Küstrin zusichern und monatlich 30 000 Taler für den Unterhalt der schwedischen Truppen zahlen. Brandenburg ist nun mit Schweden verbündet.

1632 **23. Januar** Die **1628** verbotene Berliner Wochenzeitung darf wieder erscheinen, allerdings nur, nachdem der Geheime Rat des Kurfürsten eine Ausgabe genehmigt hat.

– **November** Nach dem Tod des Schwedenkönigs Gustav II. Adolf in der Schlacht von Lützen wirft der Berliner Propst Elerdt in einer Leichenpredigt den Bürgern der Stadt Unentschlossenheit bei der Verfolgung lutherischer Ziele vor.

1633 Mit vielen Bürgern von Berlin-Cölln flüchtet der Kurfürst aus seiner Residenz, als kaiserliche Truppen vorrücken, um die Stadt zu brandschatzen.

1634 Der Kurfürst stationiert eine Streitmacht von 1 000 Mann in Berlin-Cölln und läßt die Wehranlagen verstärken, um die Stadt vor Angriffen der kaiserlichen Armee zu schützen.

1635 **30. Mai** Brandenburg paktiert im Frieden von Prag mit der kaiserlichen Partei und Sachsen. Das Kurfürstentum ist nun der Gefahr eines Zweifrontenkrieges ausgesetzt. Die Befestigungsanlagen von Berlin-Cölln halten dem Ansturm schwedischer Truppen nicht stand, es kommt zu Massakern unter der Bevölkerung, die extrem hohe Kontributionsforderungen zu erfüllen hat und einer Hungersnot ausgesetzt ist.

1636 **Oktober** Nachdem Kurfürst Georg Wilhelm aus Berlin-Cölln in die Festung Peitz geflohen ist, beherrschen schwedische Truppen die Mark. Sie rücken am **31. Oktober 1636** mit 12 000 Mann und zahlreichen Waffen und Geräten nach Berlin ein.

1637   Eine Pestwelle fordert zahlreiche Tote in allen Bevölkerungsschichten.

–   **8. September** Der brandenburgische Ritter Georg von Hacke sticht den Cöllner Bürgermeister Johann Wedigen nieder und verletzt ihn tödlich. Der Kurfürst läßt den Adligen durch ein Sondergericht zum Tode verurteilen und bereits wenige Tage später auf dem Rathausplatz enthaupten. Bei der Auseinandersetzung ging es um die Nichtbegleichung einer Schuldforderung aus Kriegskontributionen.

1638   Adam Graf zu Schwarzenberg residiert als Statthalter in Berlin-Cölln, nachdem der kurfürstliche Hof mit dem Landesherrn in das sichere Königsberg (Preußen) übergesiedelt ist.

1640   **Februar** Der kurfürstliche Statthalter Graf Schwarzenberg läßt die Berlin-Cöllner Vorstädte teilweise niederbrennen, um freies Schußfeld gegen die anrückenden schwedischen Truppen zu erhalten. In der Stadt kursieren Schmähschriften gegen den verhaßten Berater des Kurfürsten.

–   **21. Juli** Im Kriegsjahr 1640 erreicht die Not in Berlin-Cölln ihren Höhepunkt. Die Räte erbitten von Kurprinz Friedrich Wilhelm Hilfe gegen Übergriffe der *kurfürstlichen hochlöblichen Reiter ... denn sie sind in so gäntzlicher Zügellosigkeit, daß kein Mensch, kein Pferd, keine Kuh, kein Ochse und selbigengleichen vor ihnen des Lebens und seines Eigenthumbs sicher ist... Die Ratsdörfer seindt sämmtlichen abgebrannt und liegen in deren Asche – woher denn auch die Feldmarken wüste und elendiglich verlassen stehen, von Menschen oder von Vieh ist keine Ansicht weit und breit ... Niemand wisse, wie es weiter gehen soll, denn eine weitere Contribution zu leisten sind wir unvermögend...*

–   **1. Dezember** Fern seiner Berlin-Cöllner Residenz stirbt Kurfürst Georg Wilhelm nach langer Krankheit im preußischen Königsberg, erst 45 Jahre alt. Seine schwankende Bündnispolitik hat das Land in die Katastrophe geführt. Es war ihm nicht gelungen, ein schlagkräftiges Heer aufzustellen. Sein radikaler Calvinismus forderte wiederholt die Gegnerschaft der streng lutherisch gesonnenen Berliner heraus. Am Ende der Regierungszeit Georg Wilhelms sind das Land und die Stadt auf einem Tiefpunkt angelangt.

1640 bis 1806

Zentrum des frühmodernen Staates

von Gaby Huch

Als 1640 der zwanzigjährige Kurfürst Friedrich Wilhelm in Berlin die Nachfolge des Kurfürsten Georg Wilhelm antrat, übernahm er ein durch den seit 1618 andauernden Dreißigjährigen Krieg verwüstetes Land. Weniger die Kampfhandlungen, von denen Berlin verschont blieb, sondern Einquartierungen kaiserlicher und schwedischer Truppen, die raubend, mordend und zerstörend durch das Land gezogen waren, sowie die unerträglich hohen Kontributionslasten hatten Berlin arg zugesetzt. Handel und Gewerbe lagen darnieder, bitterste Not hatte Einzug genommen. Durch Krieg und Pest war die Bevölkerungszahl der Hauptstadt halbiert. Erst nach dem Westfälischen Frieden von 1648 konnte der »Große Kurfürst« mit dem Wiederaufbau des Landes und seiner Hauptstadt beginnen. Zu diesem Zeitpunkt lagen in Berlin 300 von 845 Hausstellen wüst, in Cölln waren es 150 von 364. Bau-, Gassen-, Feuerlösch- und Beleuchtungsordnung sollten das wiederentstehende städtische Leben regeln. Starker holländischer Einfluß, bedingt durch Friedrich Wilhelms Erziehung und seine Gemahlin Luise Henriette von Oranien, wirkte auf Staat, Wirtschaft und Verwaltung im absolutistischen Sinne. Berlin und Cölln wurden als Residenz und vor allem Garnison- und Festungsstadt ausgebaut. Mit dem Friedrich-Wilhelm-Kanal zwischen Spree und Oder verstärkte sich Berlins Rolle als handelspolitischer Mittler zwischen Breslau und Hamburg. Innerhalb zweier Menschenalter wuchs der Handel um das Sechsfache. Die Akzise 1667 brachte mehr Steuergerechtigkeit, vor allem aber höhere Einnahmen. Die wachsende Bevölkerungszahl in Berlin-Cölln (1680: 10 000, 1709: 57 000) sprengte die Festungsmauern. Der Friedrichswerder und die Dorotheenstadt entstanden als »Neustädte«, unter Friedrich I. noch um die Friedrichstadt vermehrt. Niederrheinische, flandrische, holländische Arbeitskräfte, Bauern, Handwerker, Kaufleute, kamen in die Residenzen. Nach 1685 waren es vor allem die in ihrer französischen Heimat als Calvinisten verfolgten Hugenotten, die der Kurfürst als seine Glaubensbrüder in Brandenburg ansiedelte – teilweise gegen den Willen der einheimischen lutherischen Bevölkerung, die aus religiösen, aber auch aus wirtschaftlichen Gründen erbitterten Widerstand dagegen erhob, so auch in Berlin-Cölln. Reformierte Schweizer, Württemberger, Sachsen, Mecklenburger, Böhmen und Juden prägten die Stadt »multikulturell« und brachten wirtschaftlichen Gewinn. 1701 zog Friedrich I. – nun als »König in Preußen« – in Berlin ein. 1709 verfügte Friedrich I. – trotz Widerspruchs der Städte – den Zusammenschluß mit den Neustädten zur »Haupt- und Residenzstadt Berlin«. Parallel dazu entwickelte sich Potsdam zur Residenzstadt, seit 1701 offiziell, dann zur Garnisonstadt ausgebaut und später (unter Friedrich II.) sogar bevorzugter Sitz des Königs. Die politische und wirtschaftliche Konsolidierung ließ auch Künste und Wissenschaften aus ihrem

Schattendasein hervortreten. Schon die Anlage der kurfürstlichen Bibliothek im Berliner Stadtschloß durch Kurfürst Friedrich Wilhelm war ein bedeutender Schritt mit Wirkungen bis in unserere Zeit. Unter der Herrschaft des kunstsinnigen und prunkliebenden Friedrich I. entstanden mit dem Zeughaus und durch den Schloßausbau Barockbauten von europäischem Rang. Die Akademie der Künste, die Akademie der Wissenschaften und die Charité wurden begründet; sie erfuhren unter Friedrich II. und Friedrich Wilhelm II. nachdrückliche Förderung. Weitere Repräsentationsbauten entstanden um den Gendarmenmarkt, vor allem das glanzvolle Forum Fridericianum, die Straße Unter den Linden mit dem Brandenburger Tor als Abschluß; daneben weitgedehnte Wohnviertel mit Bürgerhäusern, Arbeitsstätten und Kirchenbauten. Von Berlin gingen kulturelle und wissenschaftliche Impulse aus, getragen besonders von der Berliner Aufklärung mit ihren hervorragenden Repräsentanten, Clubs, Salons, Gesellschaften und Publikationen. Am Ende des Jahrhunderts war Berlin mit seinen 147 000 Einwohnern nach Wien die zweitgrößte Stadt des Reiches, Rom oder Madrid ebenbürtig. Die Wirtschaft der Stadt prägten neben dem traditionellen Handwerk nachdrücklich Manufakturen, die vor allem für den Bedarf des Hofes, des Militärs und der ständig wachsenden Einwohnerschaft produzierten. Das in Berlin begründete Krautsche Wolllagerhaus und Spinnerdörfer im Umland legten den Grundstein der Berliner Tuchmanufaktur. Den Gebrüdern Wegely gelang es, führende sächsische Unternehmen zurückzudrängen. Auch die Seidenproduktion, die Herstellung von Metallwaren, vor allem von Waffen, der Kolonialwarenhandel und nicht zuletzt Banken siedelten sich in Berlin an, Unternehmen verbunden mit Namen wie Splitgerber, Daum oder Gotzkowsky. Die Krise von 1763, ausgelöst durch den Siebenjährigen Krieg, traf jedoch auch Berliner Unternehmer und trieb viele in den Ruin. Mit der Entwicklung von Handel und Gewerbe kam es zu einer stärkeren sozialen Differenzierung. 1761 war ein Drittel der Berliner auf Almosen und Armenspeisung angewiesen. Trotzdem war die Zeit für grundlegende politische und soziale Veränderungen, vergleichbar mit der Französischen Revolution, noch nicht gekommen.

1640 Der erst zwanzigjährige Friedrich Wilhelm wird Kurfürst von Brandenburg und Herzog von Preußen. In seiner Regierungszeit gelingt es ihm,
die Macht der Hohenzollern zu festigen und auszubauen und Brandenburg europäische Bedeutung zu verschaffen.

1641 **17. Januar** Vor den Toren Berlins werden schwedische Heerhaufen ge-
sichtet. Stadtkommandant Dietrich von Kracht läßt daraufhin die Cöllner Vorstädte vor dem Köpenicker Tor anzünden. Die Berliner Vorstädte
am Georgentor waren bereits **1640** abgebrochen worden. Diese sinnlose
Aktion vernichtet Häuser mit einem Taxwert von über 43 000 Talern.

– **2. März** Kurfürst Friedrich Wilhelm unterstützt in einem Schreiben die
Schadenersatzansprüche der Bürger gegen den Stadtkommandanten von
Kracht und den unbeliebten Statthalter, den Geheimen Rat Adam Graf
zu Schwarzenberg. Beide müssen sich vor einem Gericht verantworten.
Da Schwarzenberg am **17. März** in Spandau an einem Schlaganfall stirbt,
kann er nicht mehr zur Verantwortung gezogen werden.

– **30. Juli** Mit der neuen »Accise- und Steuer-Ordnung« werden viele Land-
steuern durch die Akzise ersetzt, eine Verbrauchssteuer auf Bier, Wein,
Lebensmittel, Korn und Gebrauchsgegenstände, die durch die Händler
bereits beim Passieren der Stadttore zu entrichten ist (s. auch **17. Juni
1658**).

– **30. November** Die Stadt Berlin erhält eine Bauordnung, da sich viele
Bürger *[unterstehen], … auf den freien Straßen und oft unter dem Stu-
benfenster Sau- und Schweineställe [zu] machen, welches ein E[hrbarer]
Rath durchaus nicht leiden und haben will.*

1643 **März** Der Kurfürst verlegt die Residenz von Königsberg in Preußen
wieder nach Cölln. Auf dem Schloßvorplatz in Cölln nimmt er die Erbhuldigung durch Rat und Bürger entgegen. Am **28. August** bestätigt er
die Privilegien der Städte.

– **24. Oktober** Durch kurfürstliche Verordnung wird festgelegt, daß alle
Bürger von Berlin-Cölln ohne Unterschied ihres Standes im Fall der Gefahr an den Stadttoren Wachdienst verrichten müssen. Ausgenommen
von dieser Pflicht sind lediglich die kurfürstlichen Räte und Geheimse-
kretäre.

1645 bis 1651 Mit der Wiederherstellung des kurfürstlichen Küchengartens
neben dem Schloß als Lustgarten für Promenaden der Höflinge und
Hoffeste durch den Baumeister Johann Gregor Memhardt beginnt in
Berlin die Geschichte der Gartenbaukunst. **1649** werden hier die ersten

aus Holland eingeführten Kartoffeln, Tartuffeln genannt, angebaut. Unter dem »Soldatenkönig« Friedrich Wilhelm I. wird der Lustgarten dann zum Exerzierplatz.

1646   Der Kurfürst richtet eine mit Reitern betriebene Kurierpostlinie, auch »Dragoner-Post« genannt, zwischen Berlin, Osnabrück, Münster und Cleve ein, um ständig über den neuesten Stand der Friedensverhandlungen unterrichtet zu sein.

–   **27. November** Kurfürst Friedrich Wilhelm heiratet Luise Henriette von Oranien. Zur Finanzierung der mit großem Pomp gefeierten Hochzeit muß er sich vom Rat zu Berlin-Cölln 50 000 Taler borgen.

1647   Zwischen dem Schloß und dem vor den Stadttoren gelegenen Tiergarten wird eine 942 Meter lange, sechsreihige Allee von Linden und Nußbäumen angelegt: Unter den Linden. *Es ist diese Gasse die breiteste in Berlin. Denn außer der eingefaßten Promenade, die bloß für die Spazierenden bestimmt ist, können noch auf jeder Seite vier Kutschen ganz bequem nebeneinander vorbeifahren …*

1648   Die Einwohnerzahl ist von 12 000–14 000 auf 4 000–6 000 gesunken; von den Häusern, die den Krieg überstanden haben, ist in Berlin fast ein Drittel, in Cölln die Hälfte unbewohnt. Der Berliner Kämmerer und Stadtrichter Nikolaus Peucker feiert den Friedensschluß vom **24. Oktober** mit einem Gedicht:

…
Ich bin nun wieder Herr im Haus,
Es jagt mich kein Soldat hinaus,
Es zündet mir's auch keiner an:
Das hat der Friedensschluß getan!

1649   Der Amtskammerrat Michael Matthias wird brandenburgischer Postdirektor mit Sitz in Berlin-Cölln. Verwaltung und Betrieb des Postwesens werden dem Staat unterstellt, die Postverbindungen zwischen Berlin-Cölln und anderen Orten des Kurfürstentums werden ausgebaut. Die Doppelstadt wird der postalische Mittelpunkt von Brandenburg.

Um 1650 Der niederländische Ingenieur und kurfürstliche Baumeister Johann Gregor Memhardt zeichnet den ersten erhaltenen Stadtplan der »Beyden Churf. Residentz Stätte Berlin und Cölln an der Spree«. Er wird **1652** bei Merian in Frankfurt am Main publiziert.

1650 Das **1607** in Joachimsthal gegründete und **1636** zerstörte Joachimsthalsche Gymnasium wird im kurfürstlichen Schloß als höhere Schule und Alumnat für reformierte Schüler neu eröffnet, bevor es **ab 1690** in der Berliner Heiliggeiststraße ein eigenes Gebäude erhält. **1717** zieht es in die Burgstraße.

– **6. November** In Berlin, Cölln und anderen märkischen Städten finden Friedensdankfeste statt. Zwei Jahre nach dem Frieden von Münster und Osnabrück sind auch diese Städte von den Durchzügen und Einquartierungen schwedischer Truppen befreit.

1654 Die erste nach dem Dreißigjährigen Krieg durchgeführte Volkszählung ergibt für Berlin-Cölln 6 194 steuerpflichtige Bürger.

1655 Der Kurfürst erteilt dem Buchdrucker, Buchhändler und Verleger Christoph Runge die Konzession zum Druck der Berliner »Avisen«, einer regelmäßig erscheinenden Zeitung.

1657 Der evangelische Liederdichter Paul Gerhardt, der sich bereits von **1642 bis 1651** als Hauslehrer in Berlin aufgehalten hat, wird als Diakon an die Kirche St. Nikolai berufen, wo er mit dem Kantor Johann Krüger (✝ **1662**) zusammenwirkt. Zu ihren bekanntesten Kirchen- und Volksliedern gehört: »Geh aus mein Herz und suche Freud ...«.

– Übelriechende Abflüsse wie das Kleine Spreegäßlein (Kleine Burgstraße) müssen überwölbt werden. Die Berliner witzeln: *Die Berliner Rinnen stinken!* Es ist der Anfang der Berliner Kanalisation.

1658 Kurfürst Friedrich Wilhelm macht Berlin-Cölln endgültig zur Garnisonstadt. Er verfügt, daß in 508 Bürgerhäusern (die 105 Freihäuser, in denen Hofbeamte und Privilegierte wohnen, sind nicht betroffen) 1 500 Militärpersonen des kurfürstlichen Leibregiments, einer Kompanie der Leibtrabanten sowie des Regiments von Sparr mit ihren 400 Frauen, 500 Kindern und dem Dienstpersonal der Offiziere unterzubringen sind.

– Johann Gregor Memhardt beginnt mit dem Bau der Berliner Befestigungsanlagen nach holländischem Vorbild. Nach zeitgenössischen Berichten arbeiten täglich bis zu 4 000 Menschen auf den Baustellen für das »Bollwerk im Morast«. Für die **bis 1683** ausgebaute »Fortification« müssen sie darüber hinaus im Laufe der Jahre 70 000 Taler aufbringen.

– **17. Juni** Berlin-Cölln erhält eine neue »Consumtions- und Acciseordnung« (Verbrauchssteuer). Da die Magistrate jedoch ängstlich darauf bedacht sind, die Vorteile der Oberschicht, die von Steuerlasten befreit ist, zu wahren, ist die Ordnung zum Scheitern verurteilt. Erst als **1667** zur Deckung der Ausgaben für Armee und Hofstaat eine neue Akziseordnung erlassen wird, nach der auch Hof, Adel, Beamte und Soldaten besteuert und die wichtigsten Konsumgüter - das sind Getreide, Fleisch, Salz, Bier, Wein - mit der indirekten Verbrauchssteuer belegt werden, stellt sich der Erfolg ein. Seit dem **2. Januar 1681** ziehen staatliche Steuerkommissare die Steuer unabhängig von den Magistraten ein.

1660 Nach dem großen Stadtbrand von **1659** erläßt Kurfürst Friedrich Wilhelm eine Brand- und Feuerschutzordnung, die nach weiteren Bränden 1672, 1678 und 1681 ergänzt und verschärft wird.

– **14. August** Eine Brunnen- und Gassenordnung schreibt den Berlinern die Pflasterung und Reinhaltung der Straßen vor. Für eine regelmäßige Straßenreinigung wird ein Gassenmeister angestellt, der mit zwei Karren durch die Stadt fährt und für einen Groschen und sechs Pfennige pro Karre den vor jedem Haus zusammengefegten Unrat fortbringt.

– **19. September** Die auf dem linken Spreeufer gelegene Vorstadt wird als Friedrichswerder zur unabhängigen Stadt erhoben. Der überwiegende Teil ihrer Bevölkerung gehört dem kurfürstlichen Hof an. Bereits am **2. April 1659** hatte der Kurfürst denjenigen Bürgern, die durch die Befestigung des Friedrichswerder Schaden an ihren Gütern erlitten hatten, eine Entschädigung garantiert.

1661 Ein kurfürstliches Einwanderungsedikt, das vor allem niederländische Gärtner und Landwirte in das Land zieht, verspricht eine sechsjährige Befreiung von Steuern u. a. Lasten.

– Die **1659** aus Restbeständen märkischer Kloster- und Kirchenbibliotheken sowie den Büchern des Schlosses gegründete kurfürstliche Bibliothek im Apothekenflügel des Schlosses wird der Öffentlichkeit zugänglich gemacht. Sie dient der Förderung der Wissenschaften und dem Aufschwung des geistigen Lebens in Berlin. Trotz angespannter Finanzlage vergrößert der Kurfürst den Bestand ständig durch Ankauf ganzer Bibliotheken und wertvoller Manuskripte. **1688** besitzt sie bereits 90 000 Bücher und 618 Handschriften. Aus der kurfürstlichen Bibliothek geht die Königliche Bibliothek, die heutige Staatsbibliothek Preußischer Kulturbesitz, hervor.

1662 Im Sinne des Merkantilismus, d. h. Förderung der Unternehmungen des eigenen Landes nach außen durch hohe Zölle und nach innen durch Steuernachlässe u. ä., verbietet der Kurfürst die Lumpenausfuhr, da er bei Cölln eine Papiermühle angelegt hat, die Schleifmühle am Invalidenhaus.

1662 bis 1664 »Berliner Religionsgespräche« zwischen den lutherischen Stadt-
pfarrern und den reformierten Geistlichen des Hofes, die auf Veranlassung des Kurfürsten stattfinden, führen zu keiner Einigung. Am **16. September 1664** verbietet ein kurfürstliches Edikt den Geistlichen endgültig,
sich von den Kanzeln herab zu beschimpfen.

1662 bis 1669 Zwischen Spree und Oder wird der 27 Kilometer lange, durch zehn
Schleusen regulierte Friedrich-Wilhelm-Kanal errichtet. Durch ihn wird
Berlin Umschlagplatz für den Handel Hamburg-Breslau.

1664 16. September Eine Verfügung der kaiserlichen Kanzlei verbietet auch in
Berlin *alle vorsätzlich angelegten Duelle und Balgereien zu Roß und Fuß
... ohne Unterschied der Person...*

1665 bis 1670 Nach Plänen des niederländischen Baumeisters Michael Matthias
Smids, **1653** durch den Kurfürsten als Hofbaumeister nach Berlin gerufen, wird zwischen der Breiten Straße und der Spree anstelle des am **27.
August 1665** abgebrannten kurfürstlichen Stalls ein dreistöckiges früh-
barockes Gebäude, der Marstall, errichtet. Er dient der Unterbringung
von Pferden, Wagen und Geschirr des kurfürstlichen Hofes und enthält
Diensträume und Wohnungen.

1665 30. Januar Der Kurfürst befiehlt, alle nicht bebauten Grundstücke in
Berlin-Cölln binnen Jahresfrist zu bebauen oder sie kostenlos an Bauwil-
lige zu vergeben.

1666 Der evangelische Kirchenliederdichter Paul Gerhardt, der **1665** die Unterzeichnung des »Toleranzediktes« verweigerte, wird von seinem Amt
als Diakon an der Kirche St. Nikolai suspendiert. **1667** wird er auf Bitten
des Magistrats und der Stände wieder zum Amt zugelassen, entsagt ihm
jedoch aus Gewissensgründen. In den folgenden zwei Jahren lebt er als
Privatlehrer in Berlin, bevor er **1669** eine Stelle als Archidiakon in Lüb-
ben (Niederlausitz) annimmt (s. auch **1657**).

1667 Ein neues kurfürstliches Einwanderungsedikt fordert den Magistrat auf,
Neusiedlern unentgeltlich Baustellen zuzuweisen und ihnen kostenlos
oder zum halben Preis Bauholz zu überlassen.

1669 Ein kurfürstliches Einwanderungsedikt verspricht allen Zuwanderern
die Befreiung von der Einquartierung u. a. bürgerlichen Lasten sowie
die kostenlose Erteilung des Bürger- und Meisterrechts. Daraufhin bietet
der Berliner Magistrat Baulustigen unentgeltlich wüst liegende Plätze in
Berlin an.

1669 bis 1671 Auf dem Friedrichswerder entsteht das Packhaus zum Ausladen der in Berlin ankommenden Handelsware.

1670 Die Frau des Kammerlakaien Christian Schmolz darf eine Mädchenschule auf dem Kirchhof von St. Nikolai einrichten.

– **5. November** Eine kurfürstliche Verordnung für Berlin-Cölln verlangt von Bürgermeistern und Räten, daß »Bettelvögte« die Bettler von Straßen und Brücken vertreiben.

1671 **21. Mai** Der Kurfürst gestattet die Ansiedlung von maximal 50 aus Wien vertriebenen reichen jüdischen Familien in Berlin gegen ein Schutzgeld von acht Talern pro Familie. Einige Juden siedeln sich als Händler und Geldverleiher in der Judengasse und vor den Toren der Stadt an, abgesondert von der übrigen Bevölkerung. Am **10. September** wird die jüdische Gemeinde gegründet, **1672** an der Großen Hamburger Straße der Friedhof angelegt (u. a. Gedenkgrab für Moses Mendelssohn). Eine Synagoge zu errichten bleibt zunächst verboten, so daß der Gottesdienst in Privathäusern abgehalten werden muß. Erst **1714** wird in der Heidereuthergasse die erste öffentliche Synagoge geweiht. Bis 1700 steigt die Zahl jüdischer Familien in Berlin-Cölln auf 70 (s. auch **1750**).

– **23. Oktober** Der Kurfürst fordert Steuern für die Pflasterung des Neuen Marktes um die Marienkirche und für die Reinigung der Straße.

1672 Der Lustgarten neben dem Schloß hat sich unter der Leitung von Johann Sigismund Elßholz, dem Leibarzt des Kurfürsten und Aufseher über die kurfürstlichen Gärten, zum botanischen Garten mit über 950 ausländischen Gewächsen entwickelt. Elßholz wird als erster Berliner Gelehrter Mitglied der Gesellschaft der Naturforscher Leopoldina in Halle.

– Nach den Einwanderungsedikten von 1661, 1667 und 1669 kommen die ersten 100 wegen ihres kalvinistischen Glaubens in Frankreich verfolgten Protestanten (Hugenotten) nach Berlin. **1673** gründen sie die Berliner französisch-reformierte Gemeinde. In den Folgejahren steigt die Zahl ihrer Mitglieder auf über 5 000.

– **15. Juli** Die neue Feuerordnung verbietet Feuerstellen und Schornsteine aus Holz. Sie sind durch solche aus Stein zu ersetzen. Scheunen und Ställe müssen auf das Scheunenfeld, das spätere Scheunenviertel, vor der Stadtmauer verlegt werden. Auch das Tabakrauchen wird an besonders gefährdeten Plätzen untersagt.

1673 **6. Oktober** Mit Ausnahme des Bernauer Bieres dürfen keine fremden Biere nach Berlin eingeführt werden. Da das Berliner Bier keine hohe Qualität hat, müssen 40 Krüge in der ländlichen Umgebung neben den städtischen Gastwirtschaften das Berliner Bier ausschenken, um die Existenz der Brauer zu sichern.

1674 In Berlin wird eine Schule für Soldatenkinder eingerichtet, die **1692** zu einer Garnisonschule in der Art der Lateinschulen erweitert wird.

– **2. Januar** Die zwischen der Spree und der Straße Unter den Linden, dem Kastanienwäldchen und der Schadowstraße entstandene zweite Neustadt (**ab 1676** Dorotheenstadt) erhält die Rechte einer Stadtgemeinde. Den Neusiedlern wird mit Ausnahme der Akzise eine zehnjährige Befreiung von der Zahlung des Bürgergeldes u. a. bürgerlicher Lasten gewährt.

1675 **Mai bis Juli** Ein schwedisches Heer marschiert in die Mark ein und nähert sich im **Mai** Berlin. Mit dem Sieg der brandenburgischen Armee bei Fehrbellin am **18. Juni** ist die Gefahr beseitigt. In der Residenz werden am **21. Juni** und **8. Juli** Freudenfeste mit großem Feuerwerk gefeiert.

1676 Der Niederländer Benjamin Raule kommt nach Berlin, um die Ausrüstung der Ostseefregatten zu leiten. **1678** kauft er das am Friedrichswerder gelegene ehemalige Ballhaus und läßt dort »Raules Hof« erbauen.

1677 Der einer böhmischen Glasmacherfamilie entstammende Chemiker Johann Kunckel wird als kurfürstlicher Alchimist nach Berlin berufen. **1685** erhält er als Schenkung den Pfauwerder (Pfaueninsel), um dort ein Laboratorium einzurichten. Statt des erhofften Gold und Silber gelingt ihm die Herstellung von Kristall- und Rubinglas.

– **2. Dezember** Der »Große Kurfürst« zieht nach der Eroberung Rügens, Stettins und Stralsunds in Berlin ein.

1679 Johann Sigismund Elßholz legt auf dem Gelände des späteren Kleistparks einen Hof- und Küchengarten an, der der botanischen Belehrung dienen soll (**ab 1718** Botanischer Garten).

– In einem Nachtrag zur Gassenordnung von **1660** werden Bürgern, die die Reinhaltung der Straßen vernachlässigen, die Prügelstrafe und andere *militärische Exekutionen* angedroht. An jedem dritten Haus muß nachts außer bei Vollmond und in den Monaten Mai bis Juli ein Licht brennen, um die Straßen zu erleuchten. Die aus Sparsamkeitsgründen abgeschafften Nachtwächter werden wieder eingestellt.

1680 Die mittelalterliche Stadtmauer von Cölln muß einem modernen Festungswerk Platz machen. Der sumpfige Baugrund bereitet Schwierigkeiten, so daß erst **1683** mit dem von Johann Arnold Nering errichteten Leipziger Tor der Bau des Befestigungsgürtels um Berlin beendet wird.

– Die Berliner Hauseigentümer müssen die Straßen vor ihren Häusern bis zur Straßenmitte pflastern und den Unrat zusammenfegen, der dann durch die Gassenmeister mit Karren abgefahren wird.

– Benjamin Raule, **seit 1677** Direktor der brandenburgischen Marine, läßt in der Dorotheenstadt an der Spree eine Werft für den Bau von Kriegsschiffen durch den niederländischen Baumeister Michael Matthias Smids errichten.

– **8. September** Wegen der Pestgefahr dürfen in die Residenzen und ihre Vorstädte keine aus infizierten Orten kommenden Personen oder Sachen eingelassen werden unter Androhung von Staupenschlägen und Landesverweisung. Trotzdem fordert **1682** auch in Berlin die Pest ihre Opfer.

1681 Das Friedrichswerdersche Gymnasium wird auf kurfürstlichen Befehl als Lateinschule und vierte höhere Lehranstalt (neben dem Berlinischen, Cöllnischen, Joachimsthalschen Gymnasium) gegründet.

1684 **2. Januar** Berlin und Cölln erhalten eine neue Gassenordnung, die u. a. regelt, daß auf vielbefahrenen Straßen vorspringende Keller und Treppen weggenommen werden müssen.

Ab 1685 Die Spandauer, Stralauer und die Vorstadt vor dem Georgentor entstehen vor dem Mauerring von Berlin-Cölln.

1685 **2. Februar** Der Kurfürst begründet die Berliner Börse, indem er anordnet, *daß zu Beförderung der Commercien die Berlinischen Packhäuser zu einer Börse mit dazugehörigen Bequemlichkeiten adaptiret werden sollen.*

Nach 1685 Nach dem Edikt von Potsdam, das französischen Glaubensflüchtlingen zahlreiche Privilegien gewährt, siedeln sich, vor allem in den Neustädten, zahlreiche Hugenotten an, die nach der Aufhebung des Ediktes von Nantes ihre religiösen Anschauungen in Frankreich nicht mehr bekennen können. Um die Jahrhundertwende ist bereits jeder fünfte Bewohner der Städte französischer Herkunft. In manchem Gewerbe werden die Franzosen Lehrmeister der Berliner, so in der Textilbranche, in der Uhrmacherei, in der Gemüsegärtnerei, im Konditoren- und Gastwirtgewerbe. Auch die »Schrippe« und die »Berliner Weiße« sind französischen Ursprungs. Bis **1745** werden in Berlin-Cölln 40 neue Zünfte oder Gewerke privilegiert.

1686 Der Kaufmann Johann Andreas Kraut erhält Privileg und Konzession zur Errichtung einer für zehn Jahre konkurrenzlosen Gold- und Silberdrahtzieherei. Sie wird **1737** als eines der größten Privatunternehmen Berlins vom König verstaatlicht.

Ab 1687 Die Gewölbe auf dem Mühlendamm entstehen als erste Berliner »Geschäftspassage«.

1687 Hugenotten führen den mechanischen Wirkerstuhl in Berlin ein.

– **11. Dezember** In Gegenwart des Kurfürsten wird die Dorotheenstädtische Kirche, der erste Kirchenneubau in Berlin-Cölln seit dem Mittelalter, eingeweiht. Die Grundsteinlegung erfolgte am **30. Juli 1678**.

1688 Der Ingenieur und Landmesser Johann Bernhard Schultz zeichnet als kurfürstliches Auftragswerk einen Perspektivplan des barocken Berlin-Cölln aus der Vogelperspektive.

– Berlin-Cölln hat zusammen etwa 18 000 Einwohner - dreimal soviel wie bei Regierungsantritt Kurfürst Friedrich Wilhelms.

– Der Staats-, Natur- und Völkerrechtstheoretiker Samuel von Pufendorf wird Historiograph in Berlin, wo er **1694** stirbt. Seine Werke »De rebus gestis Friderici Magni« und »De rebus gesti Friderici III.« erscheinen postum.

– Kurfürst Friedrich III. läßt die nach ihm benannte Friedrichstadt westlich von Cölln und südlich der Allee Unter den Linden auf der cöllnischen Feldmark anlegen. Die Planung und Bauleitung liegt in den Händen der Architekten Johann Arnold Nering, Johann Heinrich Behr und Martin Grünberg. **1725** zählt die Friedrichstadt über 700 Häuser und 12144 Einwohner. Trotz königlichen Befehls an Beamte und Offiziere, in die Neubauten einzuziehen, stehen noch **1737** viele Häuser leer. Es kommt zur Zwangsversteigerung.

1689 Für die Kinder der Hugenotten wird das Französische Gymnasium nach dem Vorbild der collèges in Frankreich begründet. Es erhält **1701** in der Niederlagstraße ein eigenes Gebäude.

– **6. Dezember** Friedrich III. verordnet, daß sämtliche Innungen der verschiedenen Stadtteile zusammenhalten und nur ein Gewerk bilden sollen.

Zur Vereinheitlichung der Gewerkeordnungen und Zunftpraktiken werden auf Antrag jeder Gilde oder Zunft in allen fünf Städten die gleichen Rechte und Privilegien gewährt.

Um 1690 Die Hofhaltung des Kurfürsten bewirkt auch bei den Bürgern Luxus und Vergnügungssucht. Kaffeehäuser werden errichtet und Schauspiele im Rathaus aufgeführt, die vom Volk gern besucht werden, obwohl die Geistlichkeit dagegen eifert.

1690 **18. Februar** Der Kurfürst fordert die Berliner auf, gegen das *Huhren-Gesindel in unsern Residentz und denen Vorstädten* vorzugehen und diese *liederliche Weibes-Persohnen* an das Zuchthaus in Spandau auszuliefern (s. auch **1790**).

1691 Der Pietist Philipp Jacob Spener wird Propst und Inspektor der Kirche St. Nikolai sowie Assessor des Konsistoriums, wo er bis zu seinem Tod **1705** wirkt. Mit ihm beginnt die Ausbreitung des Pietismus in Berlin.

1692 bis 1695 Das Berliner Rathaus erhält den von Arnold Nering entworfenen Anbau an der Spandauer Straße.

1692 Nikolaus Gauguet bekommt das Privileg für ein »Bureau de Adresse« – die erste Pfandleihe auf dem Friedrichswerder.

1693 Auf dem Bollwerk hinter der Klosterkirche, vor der östlichen Stadtmauer Berlins, legt Arnold Nering einen Hetzgarten, eine römischen Arenen nachgebildete Anlage, an. Die Beschaffung von Bären, Löwen, Wölfen und anderen wilden Tieren verschlingt horrende Summen.

– Der reformierte Theologe Daniel Ernst Jablonski wird Prediger am Dom zu Berlin. Mit ihm, der über die konfessionelle Enge hinaussieht, verringert sich der religiöse Gegensatz zwischen dem Herrscherhaus und der Bevölkerung.

– Eine neue Polizeiordnung vereinheitlicht Maße und Gewichte und unterstellt die Beaufsichtigung der Märkte und des Lebensmittelverkaufs einer speziell für diesen Zweck ausgebildeten Polizeiverwaltung. Von nun an kontrollieren zwei Marktmeister und 15 Aufseher die seit dem **11. Oktober 1672** alle vierzehn Tage stattfindenden Märkte.

1694 Der Bildhauer Andreas Schlüter folgt dem Ruf des Kurfürsten nach Berlin, wo er bis kurz vor dessen Tod als führender Bildhauer und Architekt des norddeutschen Barock wirkt. Als Hauptwerke entstehen in seiner Berliner Zeit im Lichthof des Zeughauses die Schlußsteine »Sterbende

Krieger« (s. auch **1695 bis 1706**), das Bronzestandbild des Kurfürsten Friedrich III., das Reiterdenkmal des Großen Kurfürsten, die Prunksarkophage Friedrichs und Sophie Charlottes im Dom.

1695 bis 1706 In der Straße Unter den Linden wird als Waffenarsenal und Schatzhaus für Kriegstrophäen unter der Leitung Arnold Nerings das Zeughaus, das größte und imposanteste Barockbauwerk Berlins, erbaut. Nach Nerings Tod werden die Arbeiten durch Martin Grünberg und Andreas Schlüter fortgeführt, durch Jean de Bodt vollendet. Die Figuren und Reliefs sowie die 22 Masken »Sterbender Krieger« werden **1698** von Andreas Schlüter geschaffen (s. auch **1694**).

1695 Vor dem Köpenicker Tor wird eine Kirche für die Luisenstädtische lutherische Gemeinde errichtet. Gleichzeitig entsteht die Parochialkirche in der Klosterstraße für die Reformierten. Sie wird erst nach Arnold Nerings Tod durch Philipp Gerlach in veränderter Form vollendet. Aus dem von Jean de Bodt entworfenen Turm klingt über 225 Jahre lang ein holländisches Glockenspiel, die »Singuhr« der Anwohner.

– Der Kurfürst verordnet zur Anlegung einer Armenkasse eine besondere wöchentliche Kollekte und eröffnet diese mit einem Beitrag von 400 Talern.

1697 Im Tiergarten wird die Charlottenburger Chaussee angelegt (heute Straße des 17. Juni).

1699 bis 1713 Das kurfürstliche Schloß wird nach den Entwürfen von Andreas Schlüter in ein königliches Schloß und zum größten Barockbau nördlich der Alpen um- und ausgebaut. Bereits **1685** war der Hauptfestraum, der sogenannte Alabastersaal, durch Arnold Nering und Michael Matthias Smids fertiggestellt worden.

1699 Der Bildhauer und Architekt Andreas Schlüter wird zum Hofbaudirektor in Berlin ernannt. Als Direktor der Berliner Akademie der Künste gewinnt er großen Einfluß auf alle Zweige der bildenden Kunst.

– Auf Initiative des ersten Armenpredigers der Stadt, Johannes Raue, entstehen mit Unterstützung einiger wohltätiger Stiftungen die ersten Freischulen.

– **1. Juli** In sechs Räumen des ersten Stocks des neuen Marstalls Unter den Linden wird die Akademie der Künste (**1704** umbenannt in Akademie der Künste und der mechanischen Wissenschaften) eingeweiht. Ihr Direktor wird der schweizerische Maler Joseph Werner d.J. Hauptunterrichtsfächer sind Zeichnen, Anatomie, Perspektive, Geometrie und Architektur.

1700 bis 1705 Friedrich III. läßt den Landwehrgraben aufräumen, verlängern und bis zur Spree in die Richtung führen, die dem späteren Verlauf des Landwehrkanals entspricht. Gleichzeitig wird der Charitégraben als Grenze zwischen Berlin und (dem späteren) Moabit angelegt.

1700 Mit der Aufführung der Oper »La Festa del Hymeneo« von Attilo Malachia Ariosti im ersten Theater der Stadt, eingerichtet über der Reitbahn im Alten Marstall, beginnt die Tradition des Berliner Musiktheaters. Das Theater bleibt dem Hof vorbehalten. Eine im gleichen Jahr in der Poststraße eröffnete Spielstätte steht dagegen allen Bürgern offen. – Der billigste Platz im Parterre kostet jedoch acht Groschen, der teuerste auf dem ersten Balkon einen Taler.

– Friedrich III. verordnet, daß die Straßen zweimal wöchentlich zu reinigen sind. Die Abfälle werden benutzt, um den Werder, einen sumpfigen Teil der Schloßinsel, der nur wenig über dem Wasserspiegel der Spree liegt, aufzufüllen.

– **11. Juli** In Berlin stiftet Friedrich III. auf Initiative des Universalgelehrten Gottfried Wilhelm Leibniz und seiner Gönnerin, der Kurfürstin Sophie Charlotte, die »Societät der Wissenschaften« (**seit 1711** Akademie der Wissenschaften), deren erster Präsident Leibniz wird. Vorgesehen sind drei Abteilungen: Physik/Mathematik, deutsche Sprache, Geschichte und Literatur. Leibniz' ehrgeizige wissenschaftliche Pläne (so sollte u. a. ein vollständiges deutsches Wörterbuch herausgegeben werden) lassen sich ohne staatliche Unterstützung und nur mit Herstellung und Verkauf von Kalendern, Gesetzesdrucken und Landkarten (**seit 17. Mai 1700** Monopol) nicht verwirklichen.

1701 bis 1704 In der Klosterstraße erbaut Jean de Bodt das Palais Podewils (für den Staatsminister Heinrich Graf von Podewils). Es gehört zu den architektonisch bedeutendsten Privatbauten Berlins vom Anfang des 18. Jahrhunderts.

1701 Berlin erhält drei neue Kirchen: die Friedrichstädtische Kirche (Deutsche Kirche, **1701 bis 1708**), die Französische Kirche (**1701 bis 1705**) und die Garnisonkirche (**1701 bis 1703**).

– **18. Januar** Die in Königsberg vollzogene Krönung Kurfürst Friedrichs III. zum König Friedrich I. in Preußen wird auch in Berlin-Cölln gefeiert - mit Glockengeläut, Predigten, Erleuchtung der Straßen und einer

Armenspeisung. Als »Königliche Haupt- und Residenzstadt« wird Berlin-Cölln politisches und kulturelles Zentrum des Preußischen Staates.

– **6. Mai** König Friedrich I. trifft nach seiner Königskrönung in Berlin ein und bezieht mit Sophie Charlotte das Cöllner Schloß. Der Akt kostet 6 Millionen Taler, das Doppelte der bis 1700 erreichten jährlichen Staatseinnahmen.

– **13. Juli** Friedrich I. erteilt den Berliner und Cöllner Vorstädten (Spandauer, Stralauer und Cöpenicker Vorstadt) die Stadtgerechtigkeit und entsprechende Privilegien.

1702 Zur bequemeren Personenbeförderung nach Lietzenburg (**ab 1705** Charlottenburg) läßt der König nach holländischem Vorbild Treckschuten auf der Spree verkehren.

1703 Das von Andreas Schlüter **1698** modellierte und von Johann Jacobi **1700** in Bronze gegossene Reiterstandbild des Großen Kurfürsten wird auf der Langen Brücke enthüllt.

– Das Schloß Monbijou am Nordufer der Spree wird durch den schwedischen Architekten Johann Friedrich Eosander von Göthe für den Minister Johann Kasimir Kolbe Reichsgraf von Wartenberg gebaut. **1713**, nach dem Sturz Wartenbergs, geht das Schloß in den Besitz der Krone über.

1704 bis 1706 Der Münzturm am Schloß, den Friedrich I. gegen den Rat Andreas Schlüters auf ungeeignetem Baugrund neben dem Cöllner Schloß errichten läßt, und der abgerissen werden muß, ist Ursache für die Verdrängung Schlüters aus seiner Stellung als Baumeister. **1713** verläßt er Berlin und folgt einer Einladung des Zaren nach St. Petersburg.

1704 Der Berliner Chemiker F. v. Diesbach entdeckt das Berliner Blau, einen aus gelbem Blutlaugensalz und Ferritsalzen gewonnenen Farbstoff.

– Der »Adreßkalender«, ein Anschriften-Verzeichnis Berliner Bürger, erscheint erstmalig.

– Zur Steigerung seiner Steuereinkünfte befiehlt Friedrich I., in allen Hauptstädten seiner Länder öffentliche Tee- und Kaffeelokale einzurichten. Daraufhin erwerben in Berlin drei Schankwirte das Bürgerrecht.

– **28. August** Johann Lorentz erhält das Privileg zum Druck der »Berliner Zeitungen«.

1705 Der in der Armenkommission tätige Stadtrat Christian Koppe stellt ein Grundstück vor dem Spandauer Tor als Armenfriedhof zur Verfügung (Koppenplatz).

– Die Linienstraße wird als Begrenzung der neuen Vorstädte (Spandauer, Stralauer Vorstadt, Königsstadt) angelegt.

1706 In dem Lobgedicht Erdmann Wirckers auf Friedrich I., enthalten in dem Buch »Märkische neue Museen«, findet sich erstmals die Bezeichnung »Spree-Athen«: *Die Fürsten wollen selbst in deine Schule gehen, drumb hastu auch für sie ein Spree-Athen gebauet.*

– In Berlin arbeiten zehn privilegierte Buchdrucker, die zugleich Buchhändler sind. Außer Büchern und theologischen Streitschriften drucken sie vor allem Leichenpredigten, Trauer- und Hochzeitsreden (u. a. Rupert Völker, Christoph Runge, Martin Guhl).

– **14. November** Die pompöse Hochzeit des Kronprinzen Friedrich Wilhelm mit der Prinzessin Sophie Dorothea von Hannover ist das Jahresereignis in Berlin-Cölln.

1707 **3. Mai** Die Residenzen und Vorstädte erhalten eine Gassenordnung, die am **20. September** durch eine Feuerordnung ergänzt wird.

1708 Die »Liburnica«, eine für 100 000 Taler im heutigen Belgien gebaute königliche »Luxusyacht« mit 25 Metern Länge, 7 Metern Breite, ausgestattet mit 22 Kanonen, legt in Höhe der Langen Brücke erstmals in Berlin an.

– **27. November** Nach Vermählung mit Sophie-Luise von Mecklenburg-Schwerin hält König Friedrich I. Einzug in Berlin.

1709 **17. Januar** Berlin, Cölln und die mit Stadtrechten ausgestatteten Vorstädte Friedrichswerdcr, Dorotheen- und Friedrichstadt werden trotz des Widerstandes der Magistrate, die um ihre Privilegien fürchten, zur königlichen Residenz Berlin vereinigt. Die französische Gemeinde sowie die königlichen Beamten und das Militär werden den städtischen Behörden nicht untergeordnet. Nach diesem Eingriff des absoluten Monarchen in die alte überkommene Stadtverwaltung bleibt von der städtischen Selbstverwaltung nicht viel übrig.

– **5. August** Wegen der großen Pestgefahr werden die Stadttore geschlossen. Die Hereinkommenden sind zu examinieren, Juden und Bettler werden nicht eingelassen.

– **26. August** Nach den Teuerungen im Vorjahr wird der Grundstein für das königliche Provianthaus vor dem Stralauer Tor gelegt. Gleichzeitig werden auf den Böden des Rathauses, der Klosterkirche und des Hospitals Kornmagazine angelegt.

1710 bis 1714 Johann Leonhard Frisch, Rektor des Gymnasiums zum Grauen Kloster und später Vizepräsident der »Societät der Wissenschaften«, richtet in der Heidereutergasse in der Spandauer Vorstadt den ersten Berliner Maulbeerbaumgarten ein.

1710 Friedrich I. begründet das Pesthaus vor dem Neuen Tor in der Spandauer Vorstadt, das **1723** zum »Collegium medico-Chirurgicum« und **1727** zum öffentlichen Krankenhaus mit Lehrstätte für Medizinstudenten, der Berliner Charité, umgewandelt wird.

– Nachdem der Magistrat **1709** zur Verbesserung des Feuerschutzes die Ersetzung sämtlicher Stroh- und Holzdächer durch Steindächer anordnete, verlangt er nun die Errichtung von Brandschutzmauern zwischen den Häusern.

– **1. Januar** Die neue Stadtverfassung von Berlin tritt in Kraft. Die Stadtverwaltung besteht nun aus vier Bürgermeistern, zwei Rechtsbeamten, drei Kämmerern und zehn Ratsherren, die als ständiges Kollegium - Magistrat - tätig sind.

– **21. Januar** Die Einzelgerichte der fünf zusammengelegten Berliner Städte werden zu einer zentralen »Gerichtsverfassung« vereinigt. Anstelle von sechs Einzelrichtern gibt es ein mit fünf Richtern besetztes Stadtgericht, dem ein Bürgermeister als Direktor vorsteht. Es tagt zweimal wöchentlich und erwirbt sich den Ruf einer sachkundigen Justizanstalt in Zivil- und Strafsachen.

– **6. Februar** Berlin erhält ein neues Stadtwappen und ein neues Siegel, dessen in drei weiße Felder geteilter Schild den brandenburgischen roten Adler, den schwarzen Adler Preußens und den aufrecht schreitenden Berliner Bären zeigt. Alle bisher gebräuchlichen Wappen und Siegel werden damit ungültig.

– **Mai** Grundsteinlegung für den Bau eines neuen Berliner Rathauses am Platz des alten Cöllner Rathauses in der Breiten Straße.

– **29. Dezember** Nachdem sich die Klagen der Bevölkerung über die korrupte Amtsführung des leitenden Ministers und engen Vertrauten Friedrichs I., Johann Kasimir Kolbe Reichsgraf von Wartenberg, häufen, zieht er sich auf sein Gut Woltersdorf bei Berlin zurück. Am **7. Januar 1711** darf er sich vor dem König rechtfertigen, der ihn mit einer jährlichen Pension von 24 000 Talern aus seinen Diensten entläßt und ihm sogar den Wert seiner Güter erstattet, u. a. Schloß Monbijou.

1711 Berliner Bürgern wird die Auswanderung unter Androhung der Todesstrafe verboten, um eine Verminderung der langsam ansteigenden Bevölkerungszahl zu verhindern.

– **5. Januar** Der Franzose Antoine Pesne wird Hofmaler in Berlin, später Direktor der Akademie der Künste. Als einer der bedeutendsten Maler des Rokoko ist er unter drei preußischen Königen der meistbeschäftigte Porträtist der Hohenzollernfamilie, ihrer Hofleute sowie wohlhabender Berliner Bürger.

– **14. Oktober** Ein Postweg verbindet Berlin über Köpenick und Fürstenwalde mit Frankfurt an der Oder.

1712 Der russische Zar Peter I., der Große, hält sich zu einem Besuch des Hofes in Berlin auf. Er besucht auch Berliner Bürger und fällt durch sein exzentrisches Auftreten auf.

– Als Pfarrkirche für die Spandauer Vorstadt entsteht in der Großen Hamburger Straße die Sophienkirche. Der erst **1729 bis 1735** nach einem Entwurf von Johann Friedrich Grael erbaute Turm gilt als der schönste Barockturm Berlins.

– Auf Initiative des Magistrats werden eine Feuerversicherung ins Leben gerufen, das erste Feuerkataster angelegt und 4 408 Privathäuser auf 3,2 Millionen Taler taxiert.

– David Splitgerber und Gottfried Adolph Daum gründen in einer Mietwohnung in Alt-Cölln eine Waren- und Kommissionshandlung, die sich zu einem der bedeutendsten Berliner Bank-, Großhandels- und Manufakturunternehmen entwickelt.

1713 König Friedrich Wilhelm I. beginnt seine Regierungszeit mit zahlreichen Sparmaßnahmen: Einschränkung der Ausgaben des Hofes, Kürzung der Gehälter der Hofbeamten, Streichung überflüssiger Stellen.

– Friedrich Wilhelm I. zwingt den Bankier und Manufakturunternehmer Johann Andreas Kraut, im Gebäude der **1712** eingegangenen Ritterakademie (**seit 1705**) in der Klosterstraße eine Wollmanufaktur zur Herstellung von Uniformtuch, das Lagerhaus, einzurichten.

– Der Buchhändler Christoph Gottlieb Nicolai gründet seine Verlags-Buch-handlung in der Heiliggeiststraße, die sich nach **1752** unter der Leitung seines Sohnes Friedrich zum führenden Verlag der deutschen Aufklärung entwickelt. Um **1770** gilt sie als eines der Zentren des geistigen Lebens in Berlin.

– **1. Mai** Das Leichenbegängnis für den am **25. Februar** verstorbenen Friedrich I. ist für lange Zeit das letzte Prachtfest in Berlin. Der neue König Friedrich Wilhelm I. beendet durch rigorose Sparmaßnahmen die Verschwendung am Hofe.

1716 Am Nordufer der Spree, in der Nachbarschaft des Tiergartens, wird auf sumpfigem Gelände die französische Gärtnerkolonie Moabit gegründet. Der Name erinnert an das biblische »la terre de Moab« (das verwünschte Land) aus dem Alten Testament.

– Ein königliches Edikt führt zur Gründung der bis **1810** bestehenden »Churmärkischen Schiffergilde«, die die Schiffahrtswege in Ordnung hält und dafür das Privileg erhält, alle Güter zwischen Berlin und Hamburg sowie Berlin und Stettin allein zu transportieren.

1717 Mit der Beseitigung der den Tiergarten umgebenden Zäune wird dieser der Öffentlichkeit zugänglich gemacht. In zwanzigjähriger Arbeit war er zu einer Parkanlage im Stil des Barock umgestaltet worden, an dessen Mittelpunkt, dem Großen Stern, sich die Alleen kreuzen.

– Der Berliner Historiograph, Geschichts- und Rechtsprofessor Jakob Paul Freiherr von Gundling, **seit 1713** am Hof tätig und als »Hofnarr« behandelt, will sich dem Berliner Hof durch Flucht entziehen, wird jedoch aufgegriffen, zurückgebracht und **1718** Präsident der »Societät der Wissenschaften«.

– **27. Februar** Zugewanderte Wollarbeiter erhalten eine dreijährige Akzise-freiheit, sechs Jahre Freiheit von bürgerlichen Lasten und unentgeltliches Bauholz.

– **1. September** Im Zuschauer- und Zwingerhaus des liquidierten Hetzgar-tens in der Klosterstraße wird für die Bildung und Erziehung des mili-tärischen Nachwuchses das »Königliche Preußische Kadetten-Korps« gegründet.

– **28. September** Auf Grund der Beschwerden der Geistlichen wird in Berlin und im übrigen Preußen durch königliche Ordre die Schulpflicht vom fünften bis zum zwölften Lebensjahr eingeführt. Künftig sollen die

Eltern ihre Kinder im Winter täglich, im Sommer – wegen der Hilfe in der Landwirtschaft – zweimal wöchentlich in die Schulen schicken, in denen Lesen, Schreiben, Rechnen und Religion gelehrt wird. In der Folge entstehen zahlreiche Volksschulen, für die sechs Pfennige Schulgeld pro Woche zu bezahlen sind. Völlig durchgesetzt ist die Schulpflicht tatsächlich erst **um 1850**.

1718 **29. Dezember** Die Hausbesitzer schließen sich zur Versicherungsgesellschaft der Feuersozietät Berlin zusammen. Sie verpflichtet ihre Mitglieder, beim Brand eines Hauses durch eine Umlage die Mittel für den Wiederaufbau aufzubringen. In veränderter Form existiert diese Gesellschaft bis in die Gegenwart.

1719 Eine erste Volkszählung in Berlin ergibt rund 64 000 Einwohner, davon sind 20 Prozent Hugenotten.

– Johann Sigismund Ebert errichtet eine Wasserleitung, die von der Werderschen Mühle über ein Wasserrad und ein Druckwerk in einen großen Behälter auf dem Schloßdach und von dort aus in alle Gänge des Schlosses führt.

1720 **12. August** Der Pulverturm beim Spandauer Tor explodiert – die schwerste Katastrophe des 18. Jahrhunderts. 76 Menschen sterben, zahlreiche Gebäude werden zerstört, darunter die **1703** von Martin Grünberg errichtete Garnisonkirche.

1721 Im Lustgarten eröffnet das erste Berliner Kaffeehaus.

– **18. Februar** Nachdem Johann Andreas Rüdiger 200 Taler an die Rekrutenkasse gezahlt hatte, erhält er das Privileg zur Herausgabe der »Berlinischen Privilegierten Zeitung«. Am **25. Februar 1722** erscheint die erste Nummer. Nach Rüdigers Tod im **März 1751** geht sie in den Besitz seines Schwiegersohnes Christian Friedrich Voss über (»Vossische Zeitung«) und ist als »Tante Voss« **bis 1934** eine der angesehensten Tageszeitungen der Stadt.

1722 In der Kleinen Rosenthaler Straße wird der Garnisonfriedhof angelegt. Der Wiederaufbau der Garnisonkirche für das in Berlin stationierte Militär wird nach Plänen des Ingenieuroffiziers Philipp Gerlach, **seit 1720** Oberbaudirektor und Architekt zahlreicher repräsentativer öffentlicher Bauten, vollendet.

– Auf dem Tempelhofer Feld hält Friedrich Wilhelm I. die erste Truppenparade der Berliner Garnison ab. Für den entstandenen Flurschaden durch Manöver erhalten die Tempelhofer Bauern eine jährliche Entschädigung von 2 000 Talern.

1723 Die Tuchfabrik der Züricher Familie Wegely nimmt auf der Insel am Mühlendamm die Produktion auf. Das Textilgewerbe wird im 18. Jahrhundert zu dem wichtigsten Wirtschaftszweig Berlins.

– Die kurmärkische Kriegs- und Domänenkammer wird Aufsichtsbehörde des Berliner Magistrats.

1724 Der Domorganist Gottlob Hayne gründet in der Brüderstraße den ersten Berliner Gesangverein.

– Zehn Berliner Kaufmannsfirmen mit Splitgerber & Daum an der Spitze, denen sich **1726** vier weitere Berliner, vier Frankfurter sowie ein Landsberger Kaufmann anschließen, gründen mit einem Anfangskapital von 200 000 Talern die »Russische Handels-Compagnie«.

1726 Der Historiograph und Publizist David Faßmann wird Zeitungsreferent des Königs, **1731** dann Präsident der »Societät der Wissenschaften«. Kammerherr und Hofhistoriograph.

1727 Eine neue Feuerschutzordnung wird erlassen, die bis zur Errichtung der Feuerwehr im Jahr **1851** in Kraft bleibt.

– Das große Friedrichs-Hospital am Stralauer Tor (erbaut **1697 bis 1716**) ist das größte Berliner Waisenhaus und eine wichtige Institution der vom Armendirektorium geforderten staatlichen Maßnahmen für elternlose Kinder und Stadtarme.

1728 Der Prozeß gegen die Müllerstochter Dorothea Steffin, die sich selbst beschuldigt, mit dem Teufel verkehrt zu haben, ist der letzte »Hexenprozeß« in Berlin. Das Kriminalgericht attestiert ihr geistige Verwirrtheit und ordnet ihre Unterbringung im »Infamen Loch« zu Spandau (Zucht- und Spinnhaus) an.

1729 **Dezember** Der Weihnachtsmarkt am Mühlendamm und Molkenmarkt wird erstmals schriftlich erwähnt. **Ab 1750** findet er in der Breiten Straße statt, von der aus er sich bis zum Schloßplatz ausdehnt. *Der Christmarkt gehört unter die ersten Volksbelustigungen der Berliner. Er nimmt vierzehn Tage vor Weihnachten seinen Anfang und dauert bis Neujahr alle Abende – den ersten Weihnachtstag ausgenommen – fort ... Sobald es aber dunkel ist, zündet man in den Buden eine Menge Lichter an und der Platz* *wird lebhaft, oft so mit Menschen angefüllt, daß man sich nur mit Mühe hindurchdrängen kann.*

1730 Das neue »General-Privilegium und Reglement« für die Juden schränkt ihre Rechte ein. Ihre Zahl wird durch drakonische Ausweisungsbefehle verringert, die Verleihung neuer Schutzbriefe vom Nachweis eines hohen Vermögens abhängig gemacht, das zur Tilgung der »christlichen« Schulden dienen soll.

– Maurergesellen, die am Neubau der Petrikirche arbeiten, legen wegen Abschaffung des »blauen Montags« die Arbeit nieder. Der König will die Rädelsführer hängen sehen und da man keine findet, wird ein wegen seiner roten Haare »Verdächtiger« gehängt.

– Teile des Tiergartens werden abgeholzt, um einen 100 000 Quadratmeter großen Truppenübungsplatz, den »Exercierplatz vor dem Brandenburger Tor« anzulegen. Wegen des sandigen Untergrundes wird er die »Sahara von Berlin« genannt.

– **29. Mai** Ein Blitzschlag setzt den Turm der Cöllner Petrikirche in Brand. Durch dessen Zusammensturz werden das Kirchenschiff und 44 umliegende Häuser zerstört.

– **15. August** Nach der Flucht des Kronprinzen Friedrich, der sich weniger für das Militär als für Literatur, Philosophie und Kunst interessiert, läßt König Friedrich Wilhelm I. dessen Vertrauten, den Leutnant Hans Hermann von Katte, in Berlin festnehmen und später hinrichten.

Seit 1732 Auf dem Friedrichstädter Markt werden zwei Stallgebäude für das Kürassierregiment Gens d'armes gebaut, die dem Platz den Namen »Gendarmenmarkt« geben.

1732 Die Zimmer- und Tischlergesellen der Friedrichstadt sowie alle Grobschmiedegesellen wehren sich mit einem Streik gegen die Einführung des Reichszunftgesetzes in Berlin.

– **30. April** Auf Einladung Friedrich Wilhelms I., der das wenig bevölkerte Preußen »peuplieren« will, treffen über 15 500 Salzburger und 500 böhmische Religionsflüchtlinge protestantischen Glaubens in Berlin ein. Den Böhmischen Brüdern weist der König Bauplätze in der Friedrichstadt zu und schenkt ihnen Baumaterialien. **1737** ziehen in einer zweiten Einwanderungswelle weitere 700 Böhmen nach Berlin.

1733 In der Straße Unter den Linden entsteht nach Plänen von Friedrich Wilhelm Diterichs durch Vereinigung zweier 1730 entstandener Wohnbauten für den preußischen Finanzminister Samuel Freiherr von Cocceji ein Palais. Es dient im 19. Jahrhundert als »Prinzessinnenpalais« (heute Opern-Café).

– Bei der Weihe der nach einem Brand neu erbauten Kirche St. Petri werden die lutherischen Kirchenbräuche verboten. Daraufhin werden in Berlin Meßgewänder und Chorröcke verschlossen.

1734 bis 1735 Nach Entwürfen von Philipp Gerlach wird in der Lindenstraße (heute Kreuzberg) das »Collegienhaus« als erstes Behördengebäude Berlins gebaut. Es soll neben dem Kammergericht die Konsistorialbehörde, das Kurmärkische Landesarchiv und andere Ämter aufnehmen (heute Teil des Jüdischen Museums).

1734 bis 1737 Berlin erhält eine 14,5 Kilometer lange Zollmauer mit 14 Toren, die entlang des Spreeufers am Tiergarten zur heutigen Friedrich-Ebert-Straße am Brandenburger Tor und weiter entlang der heutigen Stresemann-, Gitschiner-, Skalitzer Straße bis zur Spree am Schlesischen Tor verläuft. Gleichzeitig werden die alten Befestigungsanlagen abgetragen, ihr Gelände wird mit Häusern und Gärten bebaut (Wallstraßen).

1735 Als den in der Friedrichstadt beschäftigten Maurern bei gleichzeitiger Verlängerung der Arbeitszeit der Lohn gekürzt wird, beginnt ein Streik. Militär wird eingesetzt. Als Abschreckung läßt der König zwei Streikende aufhängen, andere werden ins Gefängnis geworfen.

1736 Der von dem Generalauditeur Christian Mylius bearbeitete und herausgegebene »Corpus Constitutionum Marchicarum« ist die erste Sammlung von Gesetzen und Verordnungen, die in Berlin und in der Mark Brandenburg gelten.

1737 Die Stadtverordneten von Berlin lassen dem König eine Denkschrift über die »Armut und Dürftigkeit« in Berlin zukommen. Es gibt wenig Arbeit, durch Absatzschwierigkeiten sinken die Löhne, infolge von Wassernot und Überschwemmung fielen die Ernten aus. Daraufhin wird **1739** das Armenwesen neu organisiert: Das Königlich Preußische Armendirektorium wird als zentrales Amt zur Betreuung von Bedürftigen, Kranken und Waisen deutscher Herkunft gegründet. Für die der französischen Kolonie angehörigen Einwohner bleibt das Französische Oberdirektorium zuständig.

–   In der Mauerstraße in der Friedrichstadt werden die Dreifaltigkeitskirche (**zwischen 1809 und 1834** Wirkungsstätte Friedrich Schleiermachers) und die Böhmische oder Bethlehemskirche für die hier angesiedelten Protestanten errichtet. Beide Kirchen werden im Zweiten Weltkrieg zerstört.

–   Der erste Band des Werkes »Altes und Neues Berlin« von Georg Gottfried Küster, Rektor am Friedrichswerderschen Gymnasium, und dem Advokaten Johann Christoph Müller erscheint. Diese umfangreiche Sammlung, deren vierter und letzter Band **1769** erscheint, gilt als ein grundlegendes Quellenwerk zur Geschichte Berlins.

1738   Der Kaufmann Samuel Schock, Mitglied der französischen Kolonie, gründet in Berlin eine Tabak- und Schnupftabakfabrik, die für den Bedarf der Berliner und den Export produziert.

–   Der König schenkt das von Johann Gregor Memhardt gebaute Neue Lusthaus am Lustgarten der Kaufmannschaft zur Einrichtung einer Börse. **Ab 25. Februar 1739** werden hier Kursnotierungen vorgenommen.

–   Für die Gegend rechts der Spree, an der sich zahlreiche Schiffbauer ansiedeln, bürgert sich der Name Schiffbauerdamm ein.

1740   Die Königliche Zahlenlotterie wird in Berlin gegründet. Die Auslosungen finden alle drei Wochen im Berliner Rathaus statt. Einsätze sind in beliebiger Höhe möglich, für die Auszahlung sind Quoten festgelegt. Bei jeder Ziehung werden auf die einzelnen Nummern arme Mädchen eingetragen, die, wenn ihre Zahl gewinnt, fünfzig Taler zur Ausstattung bei vollzogener Trauung erhalten.

–   Friedrich II. beruft den französischen Physiker und Mathematiker Pierre Louis Moreau de Maupertuis zum Präsidenten der Akademie der Wissenschaften (Amtsantritt **1746**). Nicht zuletzt wegen der Auseinandersetzungen mit Voltaire (s. auch **November 1740**) verläßt er am **7. Juni 1756** Berlin.

–   **31. Mai** Per Dekret werden die ersten Fiaker oder Kutschen als öffentliche Verkehrsmittel in den Berliner Straßen zugelassen. Die bisher üblichen Sänften oder »Portechaisen« verschwinden aus dem Straßenbild. Die Kutschen stehen an festen Haltepunkten und haben feste Preise.

–   **4. Juni** Als Maßnahme gegen die durch Mißernten verursachte Getreideverteuerung und Hungersnot, die in Berlin zu Fällen von Hungertyphus führt, gestattet Friedrich II. die Einfuhr von Getreide aus Mecklenburg.

Das Unternehmen Splitgerber & Daum wird mit der Einfuhr russischen und polnischen Getreides beauftragt.

– **4. Juni** Der Potsdamer Buchhändler Ambrosius Haude gibt die erste Nummer der »Berlinischen Nachrichten von Staats- und gelehrten Sachen« heraus, die **1772** von Johann Karl Philipp Spener übernommen wird (»Spenersche Zeitung«).

– **November** Der französische Philosoph Voltaire, Wegbereiter der Aufklärung, kommt nach dem Regierungsantritt Friedrichs II. (*Die Wissenschaften und Künste sind auf den Thron gestiegen*) erstmals nach Berlin. **Seit 10. Juli 1750** hält er sich ständig in Potsdam auf, wohnt nur in den Wintermonaten im Berliner Schloß. Er erhält vom König den Orden Pour le mérite, offiziell hat er den Status eines Kammerherren mit einem Jahresgehalt von 20 000 Livres. Nach Auseinandersetzungen mit dem König und dem Akademiepräsidenten Pierre Louis Moreau de Maupertuis verläßt Voltaire am **15. März 1753** verbittert die Residenzen.

1741 Eine neue, vom Generaldirektorium entworfene Polizeiordnung stellt einen vom König ernannten Polizeidirektor an die Spitze des Polizeiwesens in der Residenz. Erster Polizeidirektor wird der Berliner Bürgermeister Carl David Kircheisen.

– Das Kabinettministerium des Königs schränkt die kurz zuvor erlassene Zensurfreiheit für die Berliner Zeitungen wieder ein und führt eine strenge Zensur aller Bücher ein.

– Johann Schmidt errichtet in der Dorotheenstadt auf königliche Kosten eine Schriftgießerei, der **1766** durch den Hofbuchdrucker Georg Jakob Decker eine zweite folgt.

- Der schweizerische Mathematiker und Physiker Leonhard Euler wird Mitglied der Akademie der Wissenschaften. Von **1743 bis 1766** wohnt er in der Behrenstraße.

1742 Im Südwesten des Tiergartens, auf dem Gelände des späteren Zoologischen Gartens, wird eine Fasanerie angelegt.

– **7. Dezember** Das nach Plänen von Georg Wenzeslaus von Knobelsdorff an der Straße Unter den Linden **seit 1741** errichtete königliche Opernhaus, der erste Bau des Forum Fridericianum, wird am **7. Dezember 1742** vor der Vollendung mit der Oper des Hofkapellmeisters Carl Heinrich Graun »Cesare e Cleopatra« eröffnet. **Bis September 1743** dauert der Bau, nochmals wird das Haus mit Adolf Hasses »La Clemenza di Tito«

eingeweiht. Da die Oper der Bildung des Publikums dienen soll, kostet sie keinen Eintritt. Friedrich II., der unmißverständlich erklärt: *Lieber möchte ich mir von einem Pferd eine Arie vorwiehern lassen, als eine Deutsche in meiner Oper als Primadonna zu haben!*, schickt Graun nach Italien, um Künstler zu engagieren. So kommt im **Mai 1744** (**bis 1748**) die italienische Tänzerin Barbara Campanini, genannt La Barberina, für jährlich 7 000 Taler als Solistin an die Berliner Oper.

Ab 1743 Auf dem Gebiet der heutigen Museumsinsel wird ein zweiter Packhof als Zollstation eingerichtet.

1743 bis 1746 Friedrich II. läßt den verfallenen Finowkanal wiederherstellen und schafft damit eine direkte Verbindung Berlins zur unteren Oder sowie mit dem **1745** vollendeten Plauer Kanal eine Zufahrt zur oberen Elbe.

1743 Der aus Danzig gebürtige Daniel Nikolaus Chodowiecki kommt als Kaufmannslehrling nach Berlin. Hier wird er ein berühmter Maler und Kupferstecher, der in seinen Bildern auf realistische, aber auch humorvolle Art das Leben der Berliner darstellt. **1764** wird er Mitglied, **1797** Direktor der Akademie der Künste.

– Der vierzehnjährige Talmudschüler Moses Mendelssohn kommt mit dem Rabbi David Hirschel Fränkel von Dessau nach Berlin. Hier lebt er als Student und Hauslehrer und wird später Mitinhaber einer Seidenfabrik. Er freundet sich mit Friedrich Nicolai und Gotthold Ephraim Lessing an und vertritt in populärphilosophischen Schriften die Ideen der Aufklärung.

1744 Der König ernennt den jüdischen Kaufmann und Silberlieferanten der königlichen Münze, Veitel Heine Ephraim, der ihm schon zu Kronprinzenzeiten wiederholt aus Geldnöten half, zum Hofjuwelier.

– **24. Januar** Im Berliner Schloß findet die erste Sitzung der »Académie Royale des Sciences et Belles Lettres« statt, der erneuerten Akademie der Wissenschaften, die sich aus den vier Klassen Physik, Mathematik, Philosophie und Philologie zusammensetzt.

1745 Anstelle des **1743** abgebrannten Marstalls wird nach Plänen des niederländischen Architekten Johann Boumann d.Ä. ein zweigeschossiges Gebäude errichtet.

– **November bis Dezember** Im Zweiten Schlesischen Krieg marschiert ein österreichisches Korps von 20 000 Mann von Sachsen auf Berlin zu. 16 000 Bürger werden bewaffnet, die Zollmauer wird durch Gräben, Gerüste und Brustwehren zur Befestigungsanlage »umfunktioniert«. Viele Berliner flüchten mit ihrer Habe aus der Stadt. Erst mit dem preußischen Sieg bei Kesselsdorf ist die Gefahr abgewendet. Am **29. Dezember**, anläßlich der Rückkehr Friedrichs II. aus dem Krieg, finden in Berlin glanzvolle Siegesfeiern statt. Am **6. Januar 1746** wird in Berlin der Friedensschluß proklamiert. Vom Schloß aus führt durch alle Straßen ein feierlicher Zug, den zwei Pauker, sechs Trommler, der königliche Herold und vier Trompeter anführen.

1747 Der Prediger Johann Julius Hecker gründet in Berlin eine ökonomisch-mathematische Realschule und in Verbindung mit dieser **1748** ein Lehrerseminar.

– **21. Februar** Berlin erhält eine neue Verfassung, das »Rathäußliche Reglement«, das mit der Polizeiordnung von **1742** die städtische Selbständigkeit beseitigt. Der Magistrat besteht nun aus dem vom König ernannten Stadtpräsidenten. Ihm unterstehen zugleich die Polizeiaufsicht, drei oder vier Bürgermeister, zwei Syndicis, ein Ökonomiedirektor, ein Kämmerer und zwölf Ratsherren. Stadtpräsident wird der bisherige Bürgermeister Carl David Kircheisen.

– **Mai** Der Kantor an der Leipziger Thomaskirche, Johann Sebastian Bach, besucht Berlin. Am **7./8. Mai** spielt er vor König und Hofstaat im Potsdamer Schloß, wo sein Sohn, Carl Philipp Emanuel Bach, seit **1741** als Kammercembalist tätig ist.

– **13. Juli** Grundsteinlegung für die katholische Kirche St. Hedwig – das zweite Gebäude des Forum Fridericianum. Sie wird von Johann Boumann d.Ä. nach Plänen Friedrichs II. und des Franzosen Jean Laurent Le Geay errichtet und **1773** vollendet. Ihr Bau wurde notwendig, nachdem nach dem Zweiten Schlesischen Krieg zahlreiche Katholiken aus der neugewonnenen Provinz Schlesien in die Stadt gekommen waren.

1748 bis 1766 Unter den Linden entsteht, durch den Siebenjährigen Krieg unterbrochen, das Palais für den Prinzen Heinrich, der es am **25. Juni 1752** anläßlich seiner Vermählung zum Geschenk erhält. Es ist das dritte Gebäude des Forum Fridericianum (**seit 1810** Berliner Universität, heute Humboldt-Universität).

1748 Ein königliches Edikt sieht vor, Bettler durch Armenwächter zu verhaften und zur Festungshaft oder Spinnhausarbeit im »Ochsenkopf« einzuliefern.

–   **15. November** Einweihung des Invalidenhauses, in dessen katholischer Kirche St. Georg am **19. November** erstmals eine Predigt gehalten wird.

1749   Die Unternehmer David Splitgerber und Gottfried Adolph Daum erhalten vom König das Monopol zur Betreibung von Zuckersiedereien und errichten vor dem Stralauer Tor ein Unternehmen, in dem Rohrzucker auf holländische Art verarbeitet wird. **1751** folgt in der Holzmarktstraße die zweite, **1754** in der Alexanderstraße die dritte Zuckersiederei.

–   Als Vereinigung Berliner Literaten wird der »Montagsklub« gegründet. Seine Mitglieder, u. a. Gotthold Ephraim Lessing, später dann Johann Gottlieb Fichte, Georg Wilhelm Friedrich Hegel, Alexander und Wilhelm von Humboldt, treffen sich immer montags um 18 Uhr im »Englischen Haus« (heute Mohrenstraße 49). Die **1783** in Berlin entstehende »Mittwochsgesellschaft« dient dagegen dem wissenschaftlichen Austausch. Ihr Organ, herausgegeben vom königlichen Bibliothekar und Sekretär der Gesellschaft, Johann Erich Biester, ist die »Berlinische Monatsschrift«.

Ab 1750 Ein »Revidiertes General-Privilegium und Reglement für die Juden in den Preußischen Landen König Friedrich II.«, das bis zum Emanzipationsedikt von **1812** in Kraft bleibt, unterstellt diese in Berlin der Aufsicht des Polizeidirektors. Sie werden in »ordentliche« und »außerordentliche« Schutzjuden unterteilt. 500 – vor allem die ärmsten – Juden müssen die Stadt verlassen. Nur die 203 »ordentlichen« Schutzjuden können ihren Schutzbrief auf das erste Kind vererben, für das Niederlassungsrecht weiterer Kinder müssen hohe Summen gezahlt werden.

1750   Der Kaufmann Johann Ernst Gotzkowsky, der auch den König in wirtschaftlichen Fragen berät, übernimmt die in der Leipziger Straße gelegene, in wirtschaftliche Schwierigkeiten geratene Seidenzeugfabrik eines aus Lyon stammenden Meisters. Zusammen mit einer vor dem Königstor gelegenen Taftfabrik, die er **1758** erwirbt, entwickelt er das Unternehmen zur ersten zentralisierten Seidenmanufaktur Berlins.

–   Die »Kritischen Nachrichten aus dem Reiche der Gelehrsamkeit«, herausgegeben von Karl Wilhelm Ramler und Johann Georg Sulzer, erscheinen.

–   Esaias Dortu und Martin Thomassin erhalten die Erlaubnis, zwischen Schloß Bellevue und dem Brandenburger Tor in Zelten Erfrischungen anzubieten. Später werden die Zelte durch Hütten ersetzt, ab **1786** diese ganzjährig als Wohn- und Schankstätten genutzt - es entsteht die Straße »In den Zelten« (**1883**).

–   Die Hausvogtei, das Berliner Stadtgefängnis, wird von der Unterwasser-straße an den nach ihr benannten Hausvogteiplatz verlegt.

–   **6. September** Der nach Plänen von Georg Wenzeslaus von Knobelsdorff und Friedrich II. durch Johann Boumann d.Ä. am Lustgarten, nördlich des königlichen Schlosses errichtete Dom (Bauzeit **1747 bis 1750**) wird in Anwesenheit Friedrichs II. eingeweiht.

1751   Der Textilfabrikant Wilhelm Caspar Wegely erhält das Privileg zur An-lage der ersten Berliner Porzellanmanufaktur, für die ihm der König das ehemalige Kommandantenhaus in der Neuen Friedrichstraße schenkt. Nach dem Siebenjährigen Krieg wird das Unternehmen stillgelegt, da der König in Sachsen die Meißener Porzellanmanufaktur requiriert, mit der Wegely nicht konkurrieren kann.

1752 bis 1753 Friedrich II. läßt am Stadtrand in der Kommandantenstraße die erste Infanteriekaserne Berlins bauen.

1754   **April** Zwischen Berlin und Potsdam wird eine täglich verkehrende Post-wagenverbindung eingerichtet. Sie findet großen Zuspruch, so daß im Juni eine zweite folgt.

1755   **Frühjahr** Carl Heinrich Graun komponiert die Passionskantate »Der Tod Jesu«, die **bis 1884** alljährlich am Karfreitag in Berlin aufgeführt wird.

1756 bis 1758 Friedrich II. läßt an der Alexanderstraße zur Aufnahme von Bettlern, Armen, Obdachlosen und Personen mit kurzen Haftstrafen ein Arbeitshaus (Spinnhaus) bauen.

1756   **1. Juli** Das Württembergische Regiment marschiert von Berlin aus nach Pommern in den Dritten Schlesischen Krieg. Berlin wird im Laufe des Krieges zweimal besetzt - am **16./17.Oktober 1757** marschieren 3 400 österreichische Husaren ein, die nach dem Erhalt der Loskaufsumme von 200 000 Talern die Stadt wieder verlassen: *Ist der Commandant hier in der Stadt hereingekommen, da haben die Jungens ihn mit Dreck beschmißen, er hat sich mühsam retiren, sonst hätten sie ihn umgebracht, weil er solche schlechte Anstalten gemacht hat, daß die Österreicher ha-ben können in die Stadt kommen.* Im **Oktober 1760** marschieren 20 000 Russen und 15 000 Österreicher auf Berlin zu, denen nur 16 000 preußi-sche Soldaten entgegenstehen. Nach achttägiger Belagerung besetzen sie vorübergehend Berlin, nachdem die Stadt das Angebot zur kampflosen Übergabe abgelehnt hatte. Die Sieger verlangen als Kontribution 1,5 Millionen Taler, die der Magistrat nicht einmal zur Hälfte auftreiben kann. Er muß die Kaufleute bitten, für fast eine Million Taler Wechsel auszustellen.

1759 Karl Wilhelm Ramler verfaßt eine »Ode an die Stadt Berlin«:
Ich sah sie! (Mir zittern die Gebeine)
Ich sah, glückseliges Berlin,
Die Göttin deines Stroms vor Deinem Tannenhaine
Mit ihren Schwänen ziehn...
Sei mir gegrüßt, Augusta! meine Krone!
Die Städte Deutschlands bücken sich!
Es hören meinen Stolz Belt, Donau, Wolga, Rhone,
Und weichen hinter mich...

Um 1760 Der »Friedrichs-Gesundbrunnen« wird an einer eisenhaltigen Quelle an der Weddinger Panke durch den königlichen Hofapotheker Wilhelm Behm eingerichtet und erfreut sich großer Beliebtheit. Noch heute trägt das im 19. Jahrhundert an dieser Stelle entstandene Wohnviertel den Namen »Gesundbrunnen«.

1760 Der König verpachtet die königliche Münze in Berlin an Veitel Heine Ephraim und Isaac Daniel Itzig, die wertgeminderte Münzen prägen sollen.

– In Berlin wird durch Franzosen und französisch sprechende Berliner die Loge De l'Amitié – Zur Freundschaft gegründet. Sie ist die dritte Berliner Freimaurerloge, die sich der Toleranz und Brüderlichkeit verschrieben haben.

1761 Anna Louisa Karsch (genannt die »Karschin«), die erste deutsche Frau, die von ihrer literarischen Tätigkeit lebt, kommt nach Berlin und bittet Friedrich II. um Unterstützung. Als er ihr zwei Taler schickt, sendet sie diese zurück mit den Worten:
Zwei Taler sind zuwenig
für einen großen König,
zwei Taler sind kein Glück,
drum geb ich sie zurück.
Erst im **Mai 1789** bezieht sie ein Häuschen, das ihr Friedrich Wilhelm II. schenkt. U. a. durch Gotthold Ephraim Lessing und Moses Mendelssohn unterstützt, veröffentlicht sie Gedichte über die märkische Heimat und Zeitereignisse.

– Der Bau des Knoblauch-Hauses (Poststraße 23), das 170 Jahre in Familienbesitz verbleibt, wird vollendet (heute Museum).

1762 Der Friedhof für die Dorotheenstädtische Gemeinde in der Chausseestraße wird angelegt. Hier werden bis heute viele bekannte und berühmte
Berliner beigesetzt, vorwiegend Künstler und Wissenschaftler (u. a. Johann Gottfried Schadow, Georg Wilhelm Friedrich Hegel).

– Der Armeelieferant Friedrich Damm läßt in der Breiten Straße ein Patrizierhaus errichten, in das **1824** der Tabakwarenfabrikant Ermeler einzieht (Ermeler-Haus). Das nach dem Zweiten Weltkrieg einzige erhaltene
friderizianische Patrizierhaus wird, da es den Anbauten des Staatsratsgebäudes der DDR im Wege steht, abgerissen und am Märkischen Ufer neu
aufgebaut.

1763 Der preußische Staat erwirbt die **1751** gegründete Porzellanmanufaktur
des Kaufmanns Johann Ernst Gotzkowsky, und wandelt sie als »Königliche Porzellanmanufaktur« (KPM) in ein Monopolunternehmen um.

1764 bis 1775 Nach dem Siebenjährigen Krieg läßt der König den Kasernenbau
in Berlin forcieren.

1764 In der Behrenstraße, auf dem Gelände der heutigen Komischen Oper, eröffnet der Schauspieler Franz Schuch das erste deutsche Theater in Berlin. Mit dem Schauspieler Theophil Doebbelin werden die Aufführungen
niveauvoller. Zunehmend wird das Theater durch Gotthold Ephraim
Lessing, Friedrich Nicolai, Moses Mendelssohn, Karl Wilhelm Ramler
gefördert.

– **7. Juli** Der italienische Abenteurer und Schriftsteller Giacomo Casanova
besucht Berlin. Er wohnt im Hotel Zu den drei Lilien in der Poststraße,
erhält eine Audienz beim König in Sanssouci. Das Angebot, Erzieher an
der Kadettenschule zu werden, schlägt er aus.

1765 Die »Assekuranz-Compagnie« – eine Versicherung für Überseetranspor-
te, **ab 1770** für Manufakturen, Waren und Warenlager gegen Brandfol-
gen – entsteht.

– Friedrich Nicolai gibt die »Allgemeine Deutsche Bibliothek« heraus,
deren erste 106 Bände **bis 1792** als führende Zeitschrift der deutschen
Aufklärung erscheinen. **1794** wird sie in Berlin und Brandenburg vom
König verboten (**1805**: 268 Bände).

– **15. April** Das erste Berliner Mietedikt soll dem Häuser- und Mietwucher
entgegenwirken. Der Grundsatz »Kauf bricht Miete« wird abgeschafft.

20. Juli Entsprechend den Vorschlägen des Italieners Giovanni Antonio di Calza-
bigi errichtet Friedrich II. in Berlin die königliche Giro- und Lehnbank
mit einem Anfangskapital von 400 000 Talern, die vor allem die nach dem
Siebenjährigen Krieg leere Staatskasse füllen soll.

– **4. November** Die neue Straßenreinigungsordnung sieht Geldstrafen,
öffentliches Zurschaustellen und Auspeitschen bei Zuwiderhandlungen
vor.

1766 In Berlin wird die Generaltabakadministration als oberste Steuerbehörde
für Rauch- und Schnupftabak (jährliche Einnahme: 1 Million Taler) sowie nach französischem Vorbild die Generalakzise- und Zolladministra-
tion (»französische Regie«) als Steuerbehörde für Luxusgüter gegründet.
Da die Beamten auch das Recht zu Haussuchungen und Kontrollen an
den Stadttoren haben, sind sie bei den Berlinern sehr unbeliebt.

– Friedrich Wilhelm Diterichs vollendet das **1762** begonnene Rokokopalais
am Mühlendamm für den jüdischen Bankier Veitel Heine Ephraim, den
Münzpächter Friedrichs II. Es gilt zusammen mit dem Ermeler-Haus
(vgl. **1762**) als das schönste Berliner Privathaus des 18. Jahrhunderts
(**1935** beim Neubau der Brücke am Mühlendamm abgetragen, **1985 bis
1987** im Zuge der Wiedererrichtung des Nikolaiviertels weitgehend origi-
nalgetreu wiederaufgebaut).

1767 Neben der Zahlenlotterie wird die Klassenlotterie (benannt nach der
Aufteilung in fünf Gewinnklassen) in Berlin gegründet. 100 Taler Strafe
sollen die Beteiligung an fremden Lotterien verhindern.

– **12. März** Der Berliner Kaufmann Ernst Johann Gotzkowsky, der bei der
Besetzung Berlins durch russische Truppen im **Oktober 1760** mit seinem
Vermögen für die Stadt gebürgt und durch großzügige Geschenke eine
milde Behandlung der Stadt und die Reduzierung der Kontributions-
summe bewirkt hatte, wird wegen Zahlungsunfähigkeit festgenommen.
Das Ausbleiben geschäftlicher Erfolge in der Zeit nach dem Siebenjährigen Krieg treibt ihn in den Bankrott.

– **April** Der Dramatiker und Kritiker Gotthold Ephraim Lessing, **seit 1748**
in Berlin in der Rüdigerschen Bibliothek, später als Übersetzer und Ver-
fasser der Rezensionen der »Vossischen Zeitung« tätig, verläßt endgültig
Berlin, da sich seine Hoffnungen auf eine feste Anstellung zerschlagen
haben. Seine Dramen (»Miß Sara Sampson«. »Minna von Barnhelm«)
werden auch auf Berliner Bühnen gespielt.

1768 **21. März** Mit der Berliner Aufführung von Gotthold Ephraim Lessings Lustspiel »Minna von Barnhelm oder das Soldatenglück« durch die Schauspieltruppe Theophil Doebbelins im Theater in der Behrenstraße beginnt der große Erfolg des Stücks, in dem erstmals Berlin ein literarisches Denkmal gesetzt wird.

1769 In Berlin sterben **zwischen 1758 und 1774** 6 705 Menschen, davon 5 876 Kinder, an den gefürchteten Pocken. Um die hohe Sterblichkeit zu bekämpfen, wird in Berlin und im übrigen Land die Pockenschutzimpfung eingeführt. Dabei werden die Erreger von kranken auf gesunde Menschen übertragen. **1775** werden alle Ärzte in Preußen in der Methode unterrichtet.

– Friedrich Nicolais »Beschreibung der Königlichen Residenzstädte Berlin und Potsdam, aller daselbst befindlichen Merkwürdigkeiten« erscheint, die einen Überblick über die wichtigsten Gebäude der Stadt, den Hof, die Behörden, das Kultur-, Wirtschafts- und Geistesleben gibt (**1786** 3. Auflage in 3 Bänden).

Ab 1769 Auf Kosten des Staates werden in Berlin die Immediatbauten errichtet. Die kleinen zwei- und dreigeschossigen Häuser Unter den Linden harmonieren nicht mit der Pracht des Forum Fridericianum. Kurzerhand werden 44 unansehnliche Häuser abgerissen und die von den Architekten Karl von Gontard und Georg Christian Unger mit Prachtfassaden ausgestatteten Häuser errichtet. Sie werden an empfohlene Privatpersonen verschenkt – nicht immer zur Freude der Beschenkten, da die Unterhaltung der Häuser hohe Kosten verursacht. Auch am Dönhoffplatz, am Spittelmarkt, Hackeschen und Gendarmenmarkt wird auf Anordnung des Königs in gleicher Weise gebaut.

1770 Berlin erhält eine neue Gerichtsordnung, nach der das Stadtgericht (**1791** Umzug vom Berliner Rathaus in ein Gebäude am Molkenmarkt) aus einem vom König ernannten Direktor und sechs Richtern besteht. Daneben gibt es für die eximierte Bevölkerung noch vier Gerichte: das französische, das des Amtes Mühlenhof, das Hausvogteigericht und das Kammergericht.

– **31. März** Das Königlich Preußische Generalpostamt erläßt ein Reglement für die Briefträger in Berlin, da bisher die Briefe *einen oder wohl gar zwei Tage* verspätet ausgetragen wurden, die Briefträger einen *Bestellerlohn* verlangt hatten und unhöflich waren.

– **18. Oktober** In Berlin wird eine Bergakademie als berg- und hüttenmännisches Institut gegründet, da der König für seine Verwaltung technisch geschulte Beamte benötigt. Die ersten Vorlesungen finden in den Wohnungen der Dozenten statt, **1801** erhält die Akademie Räume in der Königlichen Münze (**1879** mit der Gewerbeakademie zur Königlichen Technischen Hochschule vereinigt).

1771 Der Syndicus der Stadt, Benjamin Wackenroder, stellt das »Corpus Bonorum« (Güterverzeichnis) des Magistrats zusammen. Es verzeichnet neben den Herrschaftsrechten in Lichtenberg, Waltersdorf, Stralau, Reinickendorf, Mariendorf, Marienfelde und Rixdorf, den Vorwerken Treptow und Boxhagen auch *zerbrochene Weingläser und zinnerne Nachttöpfe.*

– Zwischen Berlin und Spandau nimmt eine zweimal täglich verkehrende »Journaliere« den Kutschbetrieb auf.

1772 **14. Oktober** Mit 2 400 Aktien zu je 500 Talern, von denen 2 100 der Staat behält, wird in Berlin die Königliche Seehandlungsgesellschaft gegründet. Sie erhält für zwanzig Jahre das Monopol des Salzhandels in Preußen.

1773 Das **1663** erbaute Dienstgebäude des Berliner Gouverneurs Unter den Linden gegenüber dem Zeughaus wird nach Plänen von Philipp Gerlach zu einem zweigeschossigen Barockpalast mit Mittelrisalit und Auffahrtsrampe umgebaut. Seit dem 18. Jahrhundert dient das »Kronprinzenpalais« dem jeweiligen preußischen Kronprinzen als Wohnung.

1774 Auf der großen Wiese am Dorotheenstädtischen Deich des Weidendamms müssen die ungewöhnlich hohen und starken Weidenbäume Kasernen und Ställen weichen.

– **12. April** Das Schauspiel »Götz von Berlichingen mit der eisernen Hand« von Johann Wolfgang von Goethe wird im **1773** eröffneten Theater des Schauspieldirektors Heinrich Koch in historischen Kostümen uraufgeführt. Das Publikum ist begeistert, Friedrich II. findet das Stück *scheußlich.*

1775 In den Berliner Seidenmanufakturen kommt es zu Streiks wegen der Senkung der Arbeitslöhne um 25 Prozent. Die Anführer werden verhaftet. Der Manufakturkommisison gelingt es, die Senkung auf 12 Prozent zu drücken.

1775 bis 1780 Am Opernplatz wird die Königliche Bibliothek als weiteres Gebäude des Forum Fridericianum nach Plänen von Georg Christian Unger und unter Zugrundelegung eines Entwurfs von Josef Emanuel Fischer von Erlach für den Michaelertrakt der Wiener Hofburg gebaut. Sie wird von den Berlinern wegen ihrer geschweiften Barockfassade »Kommode« genannt. Die Inschrift »Nutrimentum Spiritus« (Nahrung des Geistes) hieß bald berlinisch übersetzt: Spiritus is ooch Nahrung.

1776 Im Zuge der Hausnumerierung erhält jedes Berliner Haus eine eigene Nummer, um dessen Auffinden zu erleichtern. Mit steigender Zahl der Häuser wird **1799** polizeilich das praktischere Prinzip der getrennten Numerierung der Häuser in jeder Straße – goldfarben auf einem blauen Schild über der Haustür – durchgesetzt. An den Straßenecken werden Schilder mit den Straßennamen angebracht.

1776 bis 1780 Karl von Gontard errichtet die Kolonnaden am Spittelmarkt und die Königskolonnaden an der Königsbrücke am Alexanderplatz (vollendet **1780** von Georg Friedrich Boumann d. J.). Letztere werden **1910** im Schöneberger Kleistpark wiederaufgebaut. **1787** werden die Mohrenkolonnaden beiderseits des Festungsgrabens durch Carl Gotthard Langhans geschaffen. Sie befinden sich noch heute am ursprünglichen Platz (Mohrenstraße).

1778 Moses Mendelssohn regt die Gründung einer »Jüdischen Freyschule« an, der ersten Schule für jüdische Jungen in Deutschland, die Unterricht in deutscher Sprache erteilt, weltliche Bildung lehrt und die Jungen auf das gewerbliche Leben vorbereitet, ohne sie in Konflikt mit ihrem Glauben zu bringen.

– **15. bis 20. Mai** Der junge Legationsrat Johann Wolfgang von Goethe trifft als Begleitung des Großherzogs Karl August von Sachsen-Weimar in Berlin und Potsdam ein. Sinn des Besuches ist die Frage, wie sich Karl August in dem bevorstehenden Konflikt zwischen Preußen und Österreich wegen der bayrischen Erbfolge verhalten soll. Es bleibt Goethes einziger Besuch in Berlin. Er erklärt Eckermann **1823**: *Es lebt aber, wie ich an allem merke, dort ein so verwegener Menschenschlag beisammen, daß man mit der Delikatesse nicht weit reicht, sondern daß man Haare auf den Zähnen haben und mitunter etwas grob sein muß, um sich über Wasser zu halten.*

1780 bis 1785 Auf dem Gendarmenmarkt werden die beiden Kuppeltürme für die Französische und Deutsche Kirche nach Entwürfen von Karl von Gontard errichtet. Vorbild für die Gleichartigkeit beider Kuppeltürme sollen die Kirchen der Piazza del Popolo in Rom sein.

1780   Der Französische Friedhof wird vor dem Oranienburger Tor an der Chausseestraße angelegt (u. a. Ruhestätte für Daniel Nikolaus Chodowiecki, Ludwig Devrient).

–   Erneute Reform des Stadtgerichts, das nun aus einem Direktor, fünf Zivil- und zwei Kriminalrichtern, fünf Assessoren, fünf Schreibern, Registratoren usw. besteht und montags wie freitags große Gerichtstage in der »Gerichtslaube« am Rathaus hält (nach Abbruch des alten Berliner Rathauses **1871** im Park des Schlosses Babelsberg aufgestellt).

–   **24. August** Das Volksfest »Stralauer Fischzug«, seit **1574** am Bartholomäustag von den Bewohnern des gleichnamigen Fischerdorfes am Rande Berlins begangen, wird jetzt auch mit Berliner Ausflüglern gefeiert. Nach altem Brauch werden am frühen Morgen dreimal die Netze ausgeworfen: 1. für den Magistrat, 2. für den Prediger, 3. für den Ältesten des Dorfes. Sogar Mitglieder des Hofes beteiligen sich an diesem Volksfest, das bis in das 20. Jahrhundert begangen wird.

1781   **21. Januar** Auf Grund des Monopols zur Kaffeeherstellung in Preußen dürfen die Berliner ihren Kaffee nicht mehr selbst brennen. Zur Durchsetzung des Verbots werden »Kaffeeriecher« oder »Kellerratzen« angestellt. Das Verbot wird **1787** durch Friedrich Wilhelm II. wieder aufgehoben, der sich mit der Aufhebung einiger unpopulärer Maßnahmen seines Vorgängers um die Gunst der Berliner bemüht.

1782   In der Berliner Textilindustrie gibt es ca. 60 dezentralisierte und zentralisierte Manufakturen mit mehr als 15 000 in der Stadt und ebensoviel außerhalb wohnenden Arbeitskräften.

1783   Der Kattunfabrikant Wilhelm Ermeler läßt elf Kattundrucker verhaften, die gegen den Austausch von sieben Arbeitskollegen gegen billigere Lehrlinge protestiert haben. Obgleich diese Entlassung der Zunfttradition widerspricht, hat Ermeler das Gericht auf seiner Seite, das die Aufrührer zu vier Tagen Gefängnis verurteilt.

–   Als sich die Klagen der Berliner gegen die Verkaufsbuden in den Straßen, vor allem auf dem Mühlendamm und an der Stechbahn, häufen, verbietet sie Friedrich II. Statt dessen werden Arkaden mit festen Läden bei der Königsbrücke, auf der Spittel-, Jäger- und Laufbrücke erbaut. Die »Krambuden« waren nach dem Siebenjährigen Krieg zum Umschlagplatz für Diebesgut geworden, Diebesbanden trieben ihr Unwesen, auch die Prostitution blühte.

– **1. Januar** Das Schauspiel »Die Räuber« von Friedrich Schiller wird im Theater in der Behrenstraße uraufgeführt. Die erste Aufführung von Gotthold Ephraim Lessings »Nathan der Weise« folgt am **14. April**.

– **1. April** Der Arzt Ernst Ludwig Heim siedelt von Spandau nach Berlin über. Er eröffnet seine Praxis in der Markgrafenstraße, wird Leibarzt der Prinzessin Amalie, erhält den Titel eines Hofrats und 200 Taler Gehalt.

Seit 1784 Franz Carl Achard unternimmt auf seinem Gut in Kaulsdorf bei Berlin Versuche zur fabrikmäßigen Gewinnung von Rübenzucker aus der sogenannten »Runkelrübe«, der den Import des teuren Rohrzuckers überflüssig machen soll. **1799** sind die Versuche abgeschlossen und bald darauf werden in der Dorfstraße die ersten Tütchen mit Rübenzucker für weniger als zwei Groschen verkauft.

1785 Johann Georg von Rosenberg veröffentlicht seine Berliner Stiche, deren Motive Straßen, Bauten und Berliner Lebem im 18. Jahrhundert sind.

– August Knüppels Stadtbeschreibung »Charakteristik von Berlin« erscheint, die auch die negativen Seiten aufzeigt: *… dahingegen gibt es in Berlin selbst elende Gassen … finster und eng, daß, wenn ein Wagen durchfährt, die Fußgänger solange halt machen müssen, und dann so schmutzig, daß man eine schlechte Idee von der großen Königsstadt bekommt; überhaupt hat Berlin für einen Fremden, der vom Hamburger, Schlesischen und Kottbuser Tor hereinkommt, ein klägliches Ansehen, denn man findet elende, gestützte Häuser, wüste unbebaute Plätze, große Misthaufen vor den Türen, und die Bewohner tragen das Zeichen der äußersten Dürftigkeit auf ihrer Stirn …*

1785/1786 Im Tiergarten wird am linken Spreeufer das Sommerschloß Bellevue für den Prinzen Ferdinand durch Michael Philipp Daniel Boumann errichtet.

1786 Berlin hat 147 388 Einwohner, 40 000 davon sind »Militärpersonen« (Soldaten und ihre Angehörigen). Sie leben in ca. 6 600 Häusern.

– **18. Mai** Die Akademie der Künste veranstaltet die erste Kunstausstellung in Berlin mit Bildern und Plastiken zeitgenössischer Künstler – u. a. von Daniel Nikolaus Chodowiecki und Johann Georg Rosenberg.

– **5. Dezember** Theophil Doebbelin eröffnet als Direktor seine vom König zum »Deutschen Nationaltheater« erhobene Bühne im Gebäude des Französischen Komödienhauses am Gendarmenmarkt (**1774** auf Weisung Friedrichs II. erbaut). **1796** in »Königliches Nationaltheater« um-

benannt, soll es in Deutschland zu einer führenden Sprechbühne werden.

1787 bis 1789 Der Architekt Carl Gotthard Langhans errichtet im südlichen
Tiergarten (Burgstraße) die Herkulesbrücke, die Skulpturen stammen
von Johann Gottfried Schadow (**1792**).

1787 Friedrich Wilhelm II., der Nachfolger des am **17. August 1786** verstorbenen Friedrich II., schenkt seiner Geliebten Wilhelmine Encke, der späteren
Gräfin Lichtenau, das Palais Unter den Linden 36. »Den dicken Wilhelm
markieren« wird ein geflügeltes Wort für protzige Verschwendung.

– Friedrich Nicolai bezieht mit seiner Buchhandlung das Haus in der
Brüderstraße 13 (Nicolai-Haus, entstanden um **1670** auf zwei mittelalterlichen Grundstücken), das er dem Komponisten Carl Friedrich Zelter
abgekauft hat.

1788 »Religionsedikt« und Zensurverordnung kontrollieren alle Publika-
tionen, da *die Preßfreiheit in Berlin in Preßfrechheit ausartet und die
Buchzensur völlig eingeschlafen ist*, wie der König seinen zuständigen
Beamten erklärt.

– Die Königlich-Berlinische Armendirektion zählt 13 992 Bedürftige in der
Stadt, damit ist jeder zehnte Berliner auf milde Gaben angewiesen.

– Der Apotheker und Chemiker, Mitglied der Akademie der Wissenschaften, Martin Heinrich Klaproth, entdeckt in Berlin die Zirkonerde und das
Metall Uranium.

– An den Berliner Gymnasien wird ein aus mündlicher und schriftlicher
Prüfung bestehendes Abschlußexamen eingeführt, durch das die Befähi-
gung zum Universitätsstudium geprüft werden soll.

– **27. September** Der französische Luftschiffer François Nicolas Blanchard
erhebt sich zur großen Begeisterung der Berliner im Tiergarten mit einem
Heißluftballon in die Luft. Überall in der Stadt werden Zeichnungen des
Ereignisses angeboten, die guten Absatz finden. Auch in der Damenmode
zeigt das Ereignis Folgen: »Frau« trägt ballonartige Röcke und Kopfputz.

1789 **19. Mai** Wolfgang Amadeus Mozart besucht während einer Reise durch
Norddeutschland auch Berlin und erlebt hier die Aufführung seines
Stücks »Belmonte und Konstanze« im National-Theater, die an einigen
Stellen nicht zu seiner Zufriedenheit ausfällt. Er kann nicht an sich halten
und ruft: *Verflucht! Wollt's Ihr D greifen!* Er wird eingeladen, sein Sing-

spiel am nächsten Abend selbst zu dirigieren. Noch einmal führt er es am **26. Mai** vor der Königin auf, bevor er Berlin verläßt.

– In der Berliner Öffentlichkeit, vor allem in den Cafés, Salons, Zeitungen werden die Ereignisse der französischen Revolution mit großer Anteilnahme, jedoch wegen der Polizei- und Zensurbehörden auch mit großer Vorsicht diskutiert.

1790 Das königliche »Lusthaus-Reglement« führt neue Bestimmungen für die Prostituierten in Berlin ein, mit denen der *grassierenden heimlichen Unzucht* und der Ausbreitung von Geschlechtskrankheiten begegnet werden soll. Danach dürfen die *galanten Frauenspersonen* nur noch in möglichst *verborgenen … öffentlichen Häusern*, nicht mehr in den Straßen der Stadt ihrer Tätigkeit nachgehen. Eine rote Schleife auf der linken Schulter macht sie für jedermann kenntlich. **1795** gibt es 54 öffentliche Häuser mit 257 registrierten Frauen.

– Gründung der Tierarzneischule, einer Lehranstalt für angehende Veterinärmediziner.

– Friedrich Wilhelm II. übergibt Karl Wilhelm Ramler, bisher Professor der Logik an der Berliner Kadettenanstalt, die Direktion des Königlichen Nationaltheaters am Gendarmenmarkt.

1791 Carl Gotthard Langhans vollendet den **1788** begonnenen Bau des Brandenburger Tores am westlichen Ende der Straße Unter den Linden. Das nach dem Vorbild des Vorbaus der Akropolis in Athen im klassizistischen Stil gebaute Tor ist 26 Meter hoch, 65,5 Meter breit und 11 Meter tief. Die Quadriga mit der Friedensgöttin stammt vom Hofbildhauer Gottfried Schadow, der sich als Modell die Tochter eines Schmiedemeisters aus der Gegend um den Hausvogteiplatz wählte. Das monumentale Tor wird zum Wahrzeichen des Aufstiegs Preußens und seiner Hauptstadt.

– Carl Friedrich Fasch gründet die Berliner Singakademie, die sich dem Chorgesang und der Pflege geistlicher Musik widmet. Sie finanziert sich aus monatlichen Mitgliedsbeiträgen und Spenden.

– In Berlin wird die erste Handelsschule mit Unterstützung der Kaufmannsgilde eröffnet; **1806** geschlossen, da ein Wettbewerb der Anstalt mit öffentlichen Schulen vom Oberschulkollegium nicht gewünscht wird.

1792 Die Chaussee von Berlin nach Potsdam, die sogenannte »Steinbahn«, ist als Verbindung zwischen den Residenzen die erste gepflasterte Landstraße in Preußen. Die Charlottenburger Chaussee (**1799**) ersetzt den

Sandweg zwischen Berlin und Charlottenburg, die zentrale Achse des Tiergartens. Damit ist auch dieser Weg zu allen Jahreszeiten benutzbar.

1793 Der Töpfergeselle Tobias Christoph Feilner kommt aus der Oberpfalz nach Berlin. Er erwirbt ein Vermögen als Fabrikant von farbigen Backsteinen, Terrakotten und Öfen und gilt als der Erfinder der weißen Berliner Kachelöfen.

1794 **9. Juli** Wegen Lohnsenkung treten in der staatlichen Manufaktur des Lagerhauses sämtliche Spanisches Tuch webenden Meister und Gesellen in den Streik. Da Vermittlungsversuche scheitern, wird am **13. August** Militär gegen die Streikenden eingesetzt, 49 Mann werden verhaftet und in die Festung Spandau gebracht. Erst am **22. August** wird die Arbeit wieder aufgenommen.

1795 »Iphigenie in Tauris« von Christoph Willibald Ritter von Gluck wird im Nationaltheater erstmals mit deutschem Gesangstext uraufgeführt – eine Sensation in der Musikwelt.

– Der Konditor Josty fügt seinem Etablissement am Berliner Stadtschloß (Unter der Stechbahn Nr. 1) eine »Zeitungslesestube« an. Der traditionelle Typus des Lese-Cafés bildet sich aber erst mit der Eröffnung der Konditorei Giovanoli **1818** heraus (s. auch **1818**).

1796 Der Schauspieler, Mannheimer Theaterdirektor und Dramatiker August Wilhelm Iffland wird Direktor des Königlichen Nationaltheaters. Mit ihm, der vorrangig Dramen von Gotthold Ephraim Lessing, Johann Wolfgang von Goethe und Friedrich Schiller inszeniert, beginnt die Blüte des Berliner Theaters.

– **Juni** Friedrich Wilhelm II. schenkt Ludwig van Beethoven eine mit Louisdors gefüllte goldene Dose als Honorar für seine Klavierkonzerte bei Hofe.

1796/1797 Anstelle der aus Holz gebauten Wall- oder Kupfergrabenbrücke erhält Berlin die erste eiserne Brücke als Verbindung zwischen Zeughaus und heutiger Museumsinsel.

1797 Der Kattundruckereibesitzer und Baumwollmanufakturist Johann Georg Sieburg setzt als erster Berliner Unternehmer eine aus England stammende Dampfmaschine, eine Erfindung des englischen Mechanikers James Watt, als Antriebskraft für Spinnmaschinen ein. Im **März 1800** wird sie aus Kostengründen stillgelegt. Die in der Berliner Porzellanmanufaktur bereits **1793** aufgestellte Dampfmaschine nimmt **1800** den Betrieb auf.

– **8. Mai** Mit der Einrichtung des Friedrich-Wilhelm-Gymnasiums in der Friedrichstadt nahe dem Halleschen Tor erhält Berlin sein fünftes Gymnasium (s. auch **1681**).

– **Juli** Friedrich von Schlegel siedelt von Jena nach Berlin über, wo er den Kampf gegen den Rationalismus eröffnet. Sein Roman »Lucinde« über die freie Liebe wird **1799** zu einem Skandal-Erfolg in Berlin.

1798 Die bis heute erhaltene Jungfernbrücke wird am Schleusenkanal der Spree (Friedrichsgracht) als Zugbrücke erbaut. Ihren Namen verdankt sie vermutlich den hugenottischen »Jungfern«, die auf der Brücke Klöppelspitzen verkauften.

1799 Johann Caspar Hummel errichtet in der Kirchhofstraße in der Spandauer Vorstadt eine Maschinenbauanstalt, die erste Privatfirma in dem für die industrielle Entwicklung Berlins wichtigsten Wirtschaftszweig.

– Gründung der Bauakademie, die **1809** mit der Akademie der Künste vereinigt wird. Berühmter Lehrmeister ist der seit **1788** in Berlin weilende Baumeister David Gilly, dessen bedeutendster Schüler Karl Friedrich Schinkel.

– **Juli** Der Philosoph Johann Gottlieb Fichte flieht wegen des sogenannten Atheismusstreits von Jena nach Berlin.

Um 1800 In Berlin gibt es 34 Buchhandlungen, 32 Druckereien, 15 Leihbibliotheken und zahlreiche Lesezirkel.

– Blütezeit der »Berliner Salons«. Die Häuser der Henriette Julie Herz (in der Neuen Friedrichstraße) und Rahel Levin (Jägerstraße) sowie das Kurländische Palais Unter den Linden werden zu den berühmtesten Treffpunkten des geistigen Berlin, an denen auch die sonst in ihrer Stellung benachteiligten Frauen gleichrangig und frei von gesellschaftlichen Schranken teilnehmen. Es heißt: Wer den *Gensd'armenmarkt und Madame Herz nicht gesehen, hat Berlin nicht gesehen.*

1800 Nachfolger des am **3. August** verstorbenen Begründers der Singakademie, Christian Friedrich Carl Fasch, wird der Komponist und Dirigent Carl Friedrich Zelter. Er wird zum Förderer des Berliner Musiklebens.

– **8. September** Die Kaufmannsgilden richten eine Fußbotenpost für den Briefverkehr innerhalb Berlins ein. Der Service kostet den Absender sechs, den Empfänger drei Pfennige. Den Transport von Briefen und

Personen außerhalb der Stadtgrenze behält sich dagegen die Königliche Post vor, für die wesentlich mehr zu zahlen ist.

1801 Der Arzt Christoph Wilhelm Hufeland, der spätere Direktor der Charité, läßt sich in Berlin nieder. Mit seiner Unterstützung wird in Berlin das Blatternschutzimpfungs-Institut geschaffen und **1803** ein Impfreglement erlassen.

1802 Die Köpenicker Vorstadt wird zu Ehren der Königin Luise, der Gemahlin Friedrich Wilhelm III., in Luisenstadt umbenannt.

– Der vom Architekten und Hofbauinspektor Heinrich Gentz am Werderschen Markt errichtete Neubau zur Erweiterung der Königlichen Münze, begonnen **10. November 1798**, ist fertiggestellt.

– Die neue Stadtumwallung wird nach fünfzehnjähriger Bauzeit vollendet. Die Holzpalisaden werden durch vier Meter hohe Mauern ersetzt und fünf neue Tore errichtet: das Prenzlauer, Landsberger, Frankfurter, Stralauer und das Neue Königstor. Am Fuß der 17 Kilometer langen Stadtmauer befindet sich die »Communication«, ein Weg, auf dem man zu Fuß die Stadt in vier Stunden umrunden kann.

– An der Friedrichsbrücke hinter dem Lustgarten wird das erste Badeschiff eröffnet, in dem zu allen Jahreszeiten kalt und warm gebadet werden kann.

– **1. Januar** Das Schauspielhaus am Gendarmenmarkt, errichtet nach Plänen von Carl Gotthard Langhans, wird eröffnet. Deutschsprachige Stücke und zeitgenössische Dramatiker werden aufgeführt (**1817** abgebrannt, auf den Mauern wird das neue Schauspielhaus errichtet).

1803 49 000 Personen, d. i. ein Drittel der nicht zur Garnison gehörenden Bevölkerung Berlins, arbeiten in Fabriken und größeren gewerblichen Unternehmungen oder verrichten für diese Heimarbeit. Davon arbeiten 40 000 in der Produktion von Seiden-, Woll-, Baumwoll- und Leinenwaren. Im Fabrikort Berlin gibt es 172 konzessionierte Fabrikanten.

– Im Berliner Schloß wird das Zentrale Archiv des Preußischen Staates eingerichtet, in dem Akten des Geheimen Rates und der Ministerien aufbewahrt werden. Dieses Archiv ist die Grundlage des heutigen Geheimen Staatsarchivs Preußischer Kulturbesitz in Dahlem.

–   Samuel Bleichröder gründet ein Wechsel- und Lotteriegeschäft, das **1830,** nach der Verbindung mit dem Haus Rothschild, als Bankhaus Bleichröder bekannt wird.

–   Zur Verbesserung der Straßenbeleuchtung werden in den wichtigsten Straßen der Stadt Öllaternen mit scheinwerferartigen Metallblechen angebracht und eine »Erleuchtungs-Invaliden-Compagnie« gebildet.

1804   Der Reichsfreiherr Heinrich Friedrich Karl vom und zum Stein bezieht als preußischer Minister das Palais am Festungsgraben 1 (**1751 bis 1753** von Christian Friedrich Feldmann errichtet, ab **1861** Sitz des preußischen Finanzministeriums).

–   Die Königliche Eisengießerei am Neuen Königstor nimmt den Betrieb auf.

–   Der Berliner Hofmaler Wilhelm Reuter beginnt mit der Herausgabe von 15 künstlerischen Lithographien namhafter Berliner Künstler, u. a. des Hofbildhauers Johann Gottfried Schadow. Reuter gehört zu den Pionieren der »Polyauthographie« in Deutschland.

–   Die erste Nummer des »Grünen Almanachs«, Publikationsorgan des Berliner romantischen Dichterkreises »Nordsternbund«, erscheint.

–   **1. Mai** Friedrich Schiller besucht auf Einladung August Wilhelm Ifflands Berlin und erlebt im Nationaltheater die Aufführungen seiner Dramen »Die Braut von Messina«, »Die Jungfrau von Orleans« und »Wallensteins Tod«. Das Zögern des Königs und der frühe Tod Schillers machen den Plan Ifflands zunichte, ihn nach Berlin zu berufen.

1805   **25. Oktober** Der Platz vor dem Georgentor (Ochsenmarkt und Exerzierfeld) erhält zur Erinnerung an den Besuch des russischen Zaren Alexander I. den Namen Alexanderplatz.

1806 bis 1870

Preußens Hauptstadt zur Zeit der Industrialisierung

von Bärbel Holtz

Das bürgerliche Zeitalter begann für die preußische Haupt- und Residenzstadt Berlin unwiderruflich Ende 1806 mit der militärischen Niederlage Preußens bei Jena und Auerstädt und der Flucht des königlichen Hofstaates, mit der zweijährigen Besetzung durch die Truppen Napoleons bis 1808 sowie vor allem mit dem großen inneren Reformwerk unter Stein und Hardenberg. Entsprechend der Städteordnung von 1808 wurde in Berlin im April 1809, wenn auch mit einem durch Vermögenszensus beschränkten Wahlrecht, erstmals eine Stadtverordnetenversammlung gewählt. Die bürgerliche Selbstverwaltung war damit allerdings nur partiell erreicht. Die Stadt Berlin, lediglich zwischen 1816 und 1821 ein eigener Regierungsbezirk der Provinz Brandenburg, unterstand unmittelbar dem Regierungspräsidenten in Potsdam. Hinzu kam die breite Aufsichtskompetenz des Berliner Polizeipräsidenten, der direkt dem preußischen Innenminister unterstellt war.

Die beginnende Industrialisierung ließ in Berlin nicht nur Maschinenbaufabriken entstehen und Eisenbahnlinien in alle Himmelsrichtungen wachsen. Sie setzte auch einen lange Zeit anhaltenden Zuwandererstrom aus der Provinz Brandenburg und den preußischen Ostprovinzen in Gang, der Berlins Bevölkerungszahl sprunghaft anwachsen ließ. Während vor allem die Innenstadt rund um das Schloßviertel durch den Architekten Karl Friedrich Schinkel ihre bis heute erkennbare klassizistische Gestaltung erfuhr, kam es besonders im Osten und Norden zu Wohnungselend und Massenunterbringung auf kleinstem Raum bei denkbar schlechten sanitären Bedingungen, was die Schriftstellerin Bettina von Arnim 1843 in ihrer Schrift »Dies Buch gehört dem König« eindrucksvoll festhielt.

Der biedermeierliche Vormärz mit seinen Salons der Berliner Schriftsteller, Gelehrten und Künstler ersehnte vergebens den versprochenen liberalen Verfassungsstaat. Die Revolution, die am 18. März 1848 auch Berlins Straßen erfaßte, erfüllte die Hoffnung auf bürgerliche Rechte und Freiheiten nur zeit- und teilweise. Vielmehr brachte die danach einsetzende Reaktionszeit für zehn Jahre eine Lähmung der fortschrittlichen politischen Kräfte in der Stadt, eine weitere Beschneidung der kommunalen Selbstverwaltung sowie das bis 1918 geltende Dreiklassenwahlrecht.

Nicht aufzuhalten war jedoch Berlins Weg zur Industriestadt, der konsequent weiter beschritten wurde. Anfang der fünfziger Jahre basierte die Wirtschaft in der Stadt trotz aller industriellen Neugründungen noch überwiegend auf Handwerksbetrieben, war der Übergang zum modernen Fabrikwesen erst in wenigen Zweigen wie im Maschinenbau und der Metallindustrie vollzogen. Firmengründungen in den Branchen der entstehenden chemischen und Elektroindustrie bedeuteten für Berlin weitere moderne industrielle Schwerpunkte. Aber noch waren Aktiengesellschaften in der Stadt selten, und es gab nur wenige Großbanken. Mit den sechziger Jahren jedoch wurden die letzten Hemmnisse für die volle Entfaltung der Berliner Wirtschaft hin zur Großindustrie überwunden.

Zur gleichen Zeit etwa ermöglichte die Liberalisierung der preußischen Gesellschaft eine selbstbewußtere kommunale Selbstverwaltung. Das Berliner Stadtgebiet war seit 1808 innerhalb der Stadtmauer längst zu eng und zu klein geworden. Gewerbetreibende durften nur innerhalb der Stadtmauer ansässig sein, steigende Bodenpreise und Wohnraumknappheit waren die Folge. Erst die Veränderungen im Weichbild der Stadt am 1. Januar 1861 mit Eingemeindungen im Norden und Süden brachten Berlin einen beträchtlichen Gebiets- und Bevölkerungszuwachs, und die Verlegung der Ringmauer beseitigte ein großes Verkehrshindernis. Der 1862 von James Hobrecht vorgelegte Generalbebauungsplan enthielt jene Bestimmungen über die Nutzung von Grundstücken, die Berlin im weiteren Zuge der Bebauung zur größten »Mietskasernenstadt« der Welt werden ließen. Seit dem Ende der fünfziger Jahre widmeten sich Magistrat und Stadtverordnetenversammlung konsequent der Lösung der Probleme, die vor der wachsenden Metropole standen. Die Pläne für die Realisierung einer Kanalisation, für den Bau von städtischen Krankenhäusern und Schulen, für die Schaffung eines zeitgerechten Verkehrswesens wie auch für Parks und Grünanlagen spiegelten gewachsenes bürgerliches Verantwortungs- und Selbstbewußtsein wider, das mit dem neugebauten »Roten Rathaus« auch ein steinernes Symbol erhielt.

1806 **17. Oktober** Nach den verlorenen Schlachten von Jena und Auerstädt wendet sich der Gouverneur Berlins, Graf Friedrich Wilhelm von der Schulenburg, an die Bewohner: *Der König hat eine Bataille verlohren. Jetzt ist Ruhe die erste Bürgerpflicht. Ich fordere die Einwohner Berlins dazu auf. Der König und seine Brüder leben!*

– **24. Oktober** Französische Truppen besetzen Berlin. Drei Tage später zieht Kaiser Napoleon I. durch das Brandenburger Tor in die preußische Haupt- und Residenzstadt ein. Während er Wohnräume im Schloß bezieht, biwakieren Teile der kaiserlichen Garde bei *unzähligen hellflammenden Wachfeuern* auf dem bisher so geschonten Rasen des Lustgartens.

– **29. Oktober** Die Franzosen richten in Berlin eine neue städtische Behörde ein, das siebenköpfige »Comité administratif«.

– **7. November** Das »Comité administratif« tritt zu seiner ersten Sitzung zusammen. Seine wichtigste Aufgabe ist die Beschaffung von Geld für die französische Besatzungsmacht.

– **9. November** Im Berliner Schloß leisten die preußischen Finanzbeamten einen Eid, alle Anordnungen mit größter Loyalität auszuführen – die sogenannte »traurige Zeremonie«.

– **21. November** Napoleon I. verkündet in Berlin die »Kontinentalsperre«, ein totales Handelsverbot mit Großbritannien, das vor allem für die Berliner Textilindustrie in den Folgejahren eine tiefe Krise bringt.

– **25. November** Napoleon I. verläßt die Stadt. Die mehrjährige Einquartierung der französischen Besatzungstruppen bürdet den Berlinern hohe Lasten auf, sie müssen bis **Ende 1808** beinahe 7 Millionen Taler aufbringen. Im Zeughaus befinden sich Pferdeställe, das Opernhaus wird als Brotmagazin genutzt. 13 000 Menschen verlassen wegen Armut und Hunger die Stadt.

– **21. Dezember** Ein Schiff mit 96 Kisten voller »Beutegut« aus dem Berliner und Potsdamer Schloß verläßt die preußische Hauptstadt in Richtung Paris, darunter auch die Quadriga.

1806/1807 Winter Gegen die französische Besatzung entwickelt sich in der Stadt allmählich eine Opposition, zu deren prominentesten Wortführern u. a. der Philosoph Johann Gottlieb Fichte mit seinen »Reden an die deutsche Nation« sowie der Theologe Friedrich Schleiermacher mit seinen Predigten in der Dreifaltigkeitskirche gehören.

1809 Berlin zählt etwa 160 000 Einwohner. Im Zuge der städtischen und wirtschaftlichen Entwicklung sowie des starken Zuwandererstroms verdoppelt sich bis zur Jahrhundertmitte die Bevölkerung der Stadt, die dann mit 400 000 Einwohnern nach London, Paris und St. Petersburg an vierter Stelle der europäischen Metropolen steht.

– Dichter der Romantik wählen Berlin zu ihrem Schaffensort, so Ludwig Achim von Arnim (**bis 1814**) und Clemens Brentano (**bis Mitte 1811**).

– **18. bis 22. April** Infolge der neuen preußischen Städteordnung vom **19. November 1808** wählen die wahlberechtigten Bürger, das sind etwa sieben Prozent der erwachsenen Bevölkerung, die ersten 102 Abgeordneten der Stadt Berlin. Sie werden als Stadtverordnetenversammlung am **6. Juli** in der Nikolaikirche feierlich in ihr Amt eingeführt. Der erste gewählte und vom König zu bestätigende Oberbürgermeister der Stadt wird Leopold von Gerlach.

– **19./20. September** Ein Brand an der Cöllnischen Petrikirche vernichtet mehrere Häuser und Verkaufsbuden des Marktes, viele Bücher der Spenerschen, der Nicolaischen sowie der Pauli-Buchhandlung und greift sogar auf Kähne und Pfähle in der Spree über.

– **23. Dezember** Der König und sein Hofstaat kehren nach mehrjähriger Abwesenheit aus Königsberg nach Berlin zurück, wohin sie sich vor der napoleonischen Besetzung geflüchtet hatten. Das Bernauer Tor und die Bernauer Straße, durch die Friedrich Wilhelm III. wieder in die Stadt einzieht, heißen seit **April 1810** Königstor bzw. Neue Königstraße.

1810 Der Dichter Heinrich von Kleist läßt sich in der Stadt nieder, wirkt mit seinen »Berliner Abendblättern« (**Oktober 1810 bis März 1811**) gegen die Fremdherrschaft und vollendet hier sein historisches Drama »Prinz Friedrich von Homburg«.

– Mit der Ernennung zum Geheimen Oberbauassessor in der preußischen Oberbaudirektion erhält der Architekt und Städteplaner Karl Friedrich Schinkel die Aufgabe, Gutachten für alle Staatsbauten sowie neue Entwürfe zu erarbeiten.

– **Herbst** Die Mitbegründer der Turnerbewegung, Friedrich Ludwig Jahn und Karl Friedrich Friesen, gründen mit bürgerlichen Intellektuellen ein illegales Widerstandskomitee gegen die Fremdherrschaft, den »Deutschen Bund«, in dem auch Offiziere und Beamte für die *Einheit unseres zersplitterten, geteilten und getrennten Volkes* eintreten.

– **Oktober** Im Zuge geistiger Erneuerung wird die Berliner Universität (**1827** Friedrich-Wilhelms-Universität), die im ehemaligen Palais des Prinzen Heinrich Unter den Linden ihre Heimstatt findet, eröffnet. Das Grundanliegen ihres Schöpfers Wilhelm von Humboldt entspricht dem Geiste des aufstrebenden Bürgertums, die Freiheit der Wissenschaften sowie eine enge Verbindung von Lehre, Forschung und Nationalerziehung.

1811 Die unter einer Generaldirektion zusammengelegte Königliche Oper und das Nationaltheater bringen unter August WilhelmIfflands Leitung zunehmend deutsche Opern zur Aufführung, und das Opernhaus Unter den Linden bekommt nun auch bürgerliches Publikum.

– Am Gendarmenmarkt eröffnen Lutter und Wegner eine Weinhandlung, die später als bevorzugter Treffpunkt für Schriftsteller, Schauspieler und Künstler gilt.

– **Juni** Der von Friedrich Ludwig Jahn und Karl Friedrich Friesen vor den Toren Berlins in der Hasenheide eröffnete erste öffentliche Turnplatz Deutschlands wird zum Geburtsort der Turnerbewegung.

– **21. November** Der Dichter und Dramatiker Heinrich von Kleist, der seit **Februar 1810** in Berlin lebt, nimmt sich gemeinsam mit seiner Freundin Henriette Vogel am Kleinen Wannsee das Leben, da ihm Anerkennung für sein künstlerisches Schaffen versagt geblieben war.

1812 Das neue Statut der Königlichen Akademie der Wissenschaften schließt ihre Reorganisation ab. Es setzt vier auf Lebenszeit gewählte Sekretäre an die Spitze der Sozietät und führt vier Kategorien von Mitgliedern ein, von denen den ordentlichen Mitgliedern ein generelles Vorlesungsrecht an der Universität eingeräumt wird.

– **11. März** Die preußische Regierung proklamiert per Edikt die staatsbürgerliche Gleichstellung der jüdischen Einwohner Berlins und in Preußen überhaupt.

1813 Der frühere Stadtpräsident und Polizeidirektor Johann Büsching wird zum Oberbürgermeister gewählt.

– Die nationale Erhebung gegen die französische Fremdherrschaft erlebt einen neuen Aufschwung. 10 000 Freiwillige in Preußen, davon 6 300 allein aus Berlin, beteiligen sich an den Schlachten, von denen im **Oktober 1813** die Völkerschlacht bei Leipzig die Befreiung für Preußen bringt.

– **20. Februar** Vor der Bartholomäuskirche findet Alexander von Blomberg den Tod, als er im Befreiungskampf gegen die französische Besetzung an der Seite preußischer Landwehr und russischer Kosaken das Neue Königstor stürmt, um den Eingang in die Stadt zu erzwingen.

– **4. März** Die französische Garnison verläßt zu früher Morgenstunde die Stadt durch das Hallesche Tor, während beinahe gleichzeitig durch das Oranienburger Tor leichte russische Kavallerie in Berlin einzieht, wo sie von der Bevölkerung begeistert willkommen geheißen wird.

– **17. März** Neben dem königlichen Aufruf »An mein Volk« ruft Gerhard David von Scharnhorst zur Bildung der Landwehr auf. In Berlin finden sich viele Freiwillige auf dem Sammelplatz In den Zelten im Tiergarten ein.

– **3. April** Die »Spenersche Zeitung« fordert in einem Aufruf die Bevölkerung zur Finanzierung des Kampfes gegen die Fremdherrschaft auf, worauf ca. 160 000 goldene Ringe, Ketten oder andere Schmuckgegenstände abgegeben werden. Die königliche Eisengießerei produziert in der Folgezeit neben Kanonenrohren und Kugeln auch ca. 5 000 von Karl Friedrich Schinkel entworfene »Eiserne Kreuze« sowie Schmucksachen mit der Aufschrift *Gold gab ich für Eisen.*

– **23. August** Der siegreiche Ausgang der Schlacht bei Großbeeren wendet für Berlin die Gefahr einer erneuten französischen Besetzung ab.

1814 bis 1826 Vergrößerung des Dorotheenstädtischen Friedhofs in der Chausseestraße, der für zahlreiche Persönlichkeiten der Wissenschaft, Kunst, des politischen Lebens und der Wirtschaft zur letzten Ruhestätte wird.

1814 Der Schriftsteller und Komponist Ernst Theodor Amadeus Hoffmann wählt zum dritten Mal Berlin als Wohnort. Mit seinen literarischen Arbeiten, die häufig das vielfältige Berliner Leben einfangen, wird er zum Mitbegründer des Rufes der Stadt in der Weltliteratur.

– **1. Januar** Johann Friedrich Riedel übernimmt in der Friedrichstraße die Apotheke »Zum Schwarzen Adler«. Seine Idee, Drogen und Chemikalien für den Weiterverkauf an andere Apotheken zu produzieren, wird zum Anfangspunkt der später sich entwickelnden chemischen Industrie.

– **18./19. Oktober** Wie viele deutsche Städte feiert auch Berlin den ersten Jahrestag der Völkerschlacht bei Leipzig. Turner treten mit gymnastischen Übungen auf, bis Mitternacht brennen große Freudenfeuer.

1815 Im Zuge der Neustrukturierung des preußischen Staates bildet Berlin, allerdings nur bis 1821, einen selbständigen Regierungsbezirk.

– Die aus England stammenden Brüder Cockerill richten in Berlin eine Wollspinnerei und einen Betrieb für Textilmaschinen ein, die als erste Unternehmen in Berlin beide mit Dampfkraft betrieben werden.

– Mit der Schrift über »Grundsätze zur Erhaltung aller Denkmäler und Altertümer unseres Landes« begründet Karl Friedrich Schinkel die staatliche Denkmalpflege.

1816 bis 1818 Am ehemaligen Festungsgraben wird ein neues Wachgebäude für den Aufenthalt der Soldaten der königlichen Wache errichtet, das zu einem Monument für die Befreiungskriege gestaltet wird.

1816 In der Mauerstraße eröffnet der Mechaniker Georg Christian Freund eine Maschinenbauanstalt, die sich bald zu einer Spezialfabrik für Dampfmaschinen entwickelt.

– **27. Oktober** Zwischen Berlin und Potsdam wird die Flußdampfschifffahrt aufgenommen.

Nach 1816/1817 Nach Plänen von Karl Friedrich Schinkel wird die Berliner Museumsinsel umgestaltet. Der Graben wird zugeschüttet, darauf entsteht das Alte Museum. Der Kupfergraben wird schiffbar gemacht und die Packhofanlage **bis 1832** ausgebaut.

1817 An der Oberspree in der Nähe des Oberbaums richtet General Ernst von Pfuel die erste Flußbadeanstalt Berlins ein, in der auch Schwimmunterricht erteilt wird.

– **29. Juli** Das Berliner Schauspielhaus am Gendarmenmarkt brennt vollständig aus. Ein Jahr später wird Karl Friedrich Schinkel mit dem Neubau beauftragt.

– **30. Oktober** Am Vortag des 300. Jahrestages der Reformation begehen Lutheraner und Reformierte mit einem gemeinsamen Abendmahl in der Nikolaikirche feierlich die Bildung der Union zwischen beiden evangelischen Glaubensrichtungen in Preußen.

– **7. Dezember** Friedrich Wilhelm III. verbietet alle studentischen Vereinigungen und stellt gleichzeitig die Turnerbewegung unter Polizeiaufsicht.

1818 Mit der Berufung des Wirtschaftswissenschaftlers und Juristen Peter Christian Wilhelm Beuth in die Abteilung Handel, Gewerbe und Bauwesen der preußischen Regierung beginnt für Berlin die Förderung des gewerblichen, industriellen und wissenschaftlich-technischen Fortschritts. Gemeinsam mit Karl Friedrich Schinkel initiiert er die Einrichtung eines Kunstgewerbemuseums und gründet **1821** zur Ausbildung von Technikern und Handwerkern eine Technische Schule, aus der **1827** das Gewerbeinstitut und **1866** die Gewerbeakademie hervorgehen.

– Georg Friedrich Hegel, der bedeutendste Vertreter der klassischen deutschen Philosophie und bisher in Heidelberg tätig, wird an die Berliner Universität berufen.

– Der aus der Schweiz zugewanderte Kuchenbäcker Giovanoli legt in seiner Konditorei Behren-/Charlottenstraße vor allem auch unzensierte ausländische Zeitungen aus. Mit dieser Idee, die später auch von anderen Kaffeehäusern wie Stehely oder Josty übernommen wird, kommt er dem steigenden politischen Informationsbedürfnis entgegen.

– **Mai** Mit der Aufhebung sämtlicher Zölle zwischen den Provinzen Preußens entwickelt sich Berlin zum Zentrum eines geschlossenen Zollgebietes, in dem die sich entwickelnde Industrie vor ausländischer Konkurrenz geschützt ist.

– **Oktober** Der Schriftsteller Adelbert von Chamisso läßt sich endgültig in Berlin nieder und arbeitet als Adjunkt, später als Kustos am Botanischen Garten.

1819 Der Theologe Franz Daniel Wadzeck richtet die erste Kinderbewahranstalt ein, in der ca. 400 Kinder von der Bettelei ferngehalten werden sollen.

– Der Künstler Christian Daniel Rauch läßt sich endgültig in Berlin nieder und wird mit seinem fast vierzigjährigen Wirken in der preußischen Hauptstadt neben Johann Gottfried Schadow zum bedeutendsten Bildhauer seiner Zeit.

– **23. März** Das Attentat des Studenten Karl Ludwig Sand auf den Schriftsteller August von Kotzebue liefert den Anlaß, um gegen alle oppositionellen Bewegungen vorzugehen.

– **Mai bis Juli** In Berlin gehen die Behörden massiv gegen die Opposition vor. Es kommt zu zahlreichen Verhaftungen und Verfolgungen, so wird beispielsweise auch Friedrich Ludwig Jahn in Festungshaft genommen.

–   **Oktober** Nach den Karlsbader Beschlüssen des Deutschen Bundes ver-
    armt das geistig-kulturelle Leben der Stadt. Die Demagogenverfolgun-
    gen in Berlin sind vor allem gegen die in Burschenschaften organisierten
    Studenten, gegen einzelne Universitätsprofessoren, Schriftsteller und
    Publizisten (»Demagogen«) gerichtet. Zahlreiche Dramen der deutschen
    Klassik sowie philosophische Schriften dürfen nicht aufgeführt bzw. ver-
    legt werden.

1820 bis 1824 Im Berliner Armenviertel Neu-Vogtland vor dem Hamburger Tor
    entstehen auf Initiative des Kammerherren Baron Heinrich Otto von
    Wülkenitz aus schlechten Steinen und Holz die ersten Mietskasernen,
    deren Wohnungen weder mit Küche noch mit Toilette ausgestattet sind.

1820   Die städtische Verwaltung übernimmt von den königlichen Behörden die
    Verwaltung des Armenwesens, das sie völlig reorganisiert. **1827** wird die
    erste kommunale Armenschule eröffnet.

–   Der Philosoph Arthur Schopenhauer wird an der Berliner Universität
    Privatdozent.

–   Karl Friedrich Zelter baut eine Musikalische Bildungsanstalt auf, die
    dann als Institut für die Ausbildung von Organisten und Musiklehrern
    dient.

–   **2. März** Zwei Kaufmannsgilden schließen sich zur Kooperation der
    Kaufmannschaft von Berlin zusammen, die bis **1920** als Handelskammer
    existiert.

1821 bis 1823 Heinrich Heine studiert in der Stadt und schreibt **1822** seine »Brie-
    fe aus Berlin«, die einen plastischen Eindruck von dem Berliner Leben
    jener Zeit geben.

1821   Nach der Auflösung als selbständiger Regierungsbezirk steht Berlin die
    nächsten sieben Jahre unter direkter Aufsicht des Ministers des Innern,
    um danach erneut der Provinzialregierung in Potsdam unterstellt zu wer-
    den.

–   Der Schlosser Jacob Anton Franz Egells gründet vor dem Stralauer Tor
    eine kleine Eisengießerei und Maschinenbauanstalt, die fünf Jahre später
    in die Chausseestraße umzieht. Dort produziert Egells Dampfmaschinen
    und Anfang der vierziger Jahre als zweiter Fabrikant in Berlin und noch
    vor August Borsig eine Lokomotive.

–   Südwestlich vor der Stadt wird auf dem Kreuzberg zur Erinnerung an die Befreiungskriege ein gußeisernes Monument errichtet, das Karl Friedrich Schinkel entworfen hatte.

–   Das Berliner Possenspiel und Volksstück »Stralauer Fischzug« wird im Opernhaus uraufgeführt.

–   **18. Juni** Die Oper »Der Freischütz« des Komponisten Carl Maria von Weber erlebt im neuerbauten Schauspielhaus ihre begeisternde Uraufführung.

1822   Der Chemiker Eilhard Mitscherlich kommt nach Berlin und lehrt an der Universität bis in die sechziger Jahre.

–   **März bis September** Mit dem Bau der Jannowitzbrücke erhalten die Luisenstadt und das Stralauer Viertel eine Verbindung über die Spree.

1824 **bis 1830** Die Stadt erhält am Lustgarten ihren ersten Museumsbau, den Karl Friedrich Schinkel im Stil des Klassizismus entwirft (heute »Altes Museum«), einer der bedeutendsten Museumsbauten Deutschlands. Gleichzeitig und ebenfalls nach Entwürfen von Schinkel wird die Friedrichswerdersche Kirche auf dem Werderschen Markt als erster neogotischer Kirchenbau der Stadt erbaut.

1824 **bis 1914** Die Familie Ermeler besitzt das nach ihr benannte Haus in der Breiten Straße (heute am Märkischen Ufer).

1824   Die von Karl Friedrich Schinkel entworfene neue Schloßbrücke ist fertiggestellt. Die acht Marmorskulpturen werden erst **zwischen 1847 und 1857** aufgestellt.

–   **1. Januar** In ganz Preußen werden Briefkästen aufgestellt, auch Berlin erhält zwei Stück.

–   **4. August** Die Stadt erhält mit dem Königstädtischen Theater am Alexanderplatz ihre erste bürgerliche Bühne. Hier wirkt die Sängerin Henriette Sontag, und hier wird von dem Autor Karl von Holtei und dem Komiker Friedrich Beckmann die Figur des Eckenstehers Nante geschaffen.

1825   Der Historiker Leopold [von] Ranke erhält einen Ruf an die Berliner Universität, wo er vor allem durch eine kritische Quellenforschung das Gebiet der neueren Geschichte vertritt. Seit Anfang der vierziger Jahre gilt er als Historiograph des preußischen Staates.

–   Der einstige Kriegskommissar Simon Kremser erwirbt eine Konzession für ein Personenfuhrunternehmen. Die mehrsitzigen Wagen mit Verdeck verkehren regelmäßig zwischen Berlin und Charlottenburg und werden sehr bald »Kremser« genannt.

–   Der Österreicher Johann Georg Kranzler eröffnet Unter den Linden eine Konditorei, der **1834** wenig entfernt davon an der Ecke Friedrichstraße die zweite berühmte Konditorei folgt.

1825/1826 Eine englische Firma baut in der Nähe des HalleschenTores die erste Gasbeleuchtungsanstalt der Stadt. Seit **September 1826** kann die Straße Unter den Linden vom Brandenburger Tor bis zur Schloßbrücke beleuchtet werden, womit Berlin als erste Stadt in Deutschland eine moderne Straßenbeleuchtung erhält.

1825 bis 1827 Am Festungsgraben wird der erste Konzertsaal Berlins für die **1792** gegründete Singakademie errichtet, die bereits seit **1824** regelmäßig öffentliche Konzerte veranstaltet.

1826   Das außerstädtische Gebiet zwischen Rosenthaler und Landsberger Tor wird für den Häuserbau freigegeben.

–   Der in Berlin als Lehrer tätige Georg Simon Ohm entdeckt bei seinen physikalischen Versuchen das nach ihm benannte grundlegende Gesetz zur Stromleitung.

1827   In den Manufakturen und Fabriken Berlins arbeiten 1 153 Kinder unter 14 Jahren, davon allein 600 in den Kattundruckereien.

–   Der planmäßige Ausbau der Friedrich-Wilhelm-Stadt, die als neuer Stadtteil **1845** bereits über 10 000 Einwohner zählt, wird begonnen.

–   Einweihung des neuen Jüdischen Friedhofs in der Schönhauser Allee, wo **bis 1880** Bestattungen stattfinden.

–   Der Naturforscher Alexander von Humboldt läßt sich in Berlin nieder und hält hier sowohl an der Universität als auch in der Singakademie seine »Kosmos«-Vorlesungen über physische Weltbeschreibung.

1828   Der Maler Eduard Gärtner läßt sich erneut in Berlin nieder. Er gilt mit seinen Werken als einer der bedeutendsten Architekturmaler der Stadt.

–   **Dezember** Der Journalist Moritz Gottlieb (eigentlich Moses) Saphir gründet den Berliner Sonntagsverein, der **bis 1898** als Treffpunkt für

Künstler und Schriftsteller unter dem Namen »Tunnel über der Spree« existiert.

1829 bis 1831 Peter Joseph Lenné gestaltet den Park des Schlosses Niederschönhausen zur englischen Parklandschaft, die seitdem wohlhabenden Berliner Familien als Sommersitz dient.

1829 Mit der Aufführung der Matthäus-Passion erinnert die Singakademie unter der Leitung von Felix Mendelssohn Bartholdy an das fast vergessene Werk von Johann Sebastian Bach. Im gleichen Jahr begeistert der italienische Geigenvirtuose Nicolò Paganini bei Konzerten im Schauspielhaus das Berliner Publikum.

– Franz Krüger, als Porträt- und Tiermaler in Berlin **seit 1812** ansässig, stellt sein Monumentalauftragswerk »Parade auf dem Opernplatz im Jahre 1822« fertig, auf dem sich viele Persönlichkeiten der Stadt wiederfinden.

– Am Kreuzberg errichten die Gebrüder Gericke nach Pariser Vorbild ein »Sommer- und Wintertivoli« – eine der ersten Vergnügungsstätten in Berlin mit Gartenanlage.

– **1. August** Eine erstmals gebildete städtische Schuldeputation soll alle 127 unter städtischem Patronat stehenden schulischen Einrichtungen verwalten und beaufsichtigen. Damit ist der Anfang für eine mehrere Jahrzehnte andauernde Reorganisation des Berliner Schulwesens getan, in deren Verlauf zunehmend die neu eingerichteten öffentlichen städtischen Schulen gegenüber den Parochial- und Privatschulen überwiegen.

1830 Die Einführung einer Hundesteuer soll die Anzahl der Hunde in der Stadt verringern. Ein Teil der Einnahmen kommt dem Trottoirbau zugute.

– Eine Kinderbewahranstalt für drei- bis sechsjährige Kinder, deren Eltern tagsüber arbeiten, wird auf Initiative der Armenkommission eröffnet. Im gleichen Jahr öffnen bei den kommunalen Armenschulen sogenannte Nachhilfeschulen, in denen Kindern nach der Fabrikarbeit und am Sonntag Elementarwissen vermittelt wird.

– **September** Die französische Julirevolution zeigt unter Berliner Arbeitern und Handwerksgesellen Wirkung. In der sogenannten »Schneiderrevolution« fordern sie Freiheit und Gleichheit, eine Verfassung und das Ende der Polizeiwillkür. Es kommt zu tätlichen Auseinandersetzungen mit dem Militär.

1831 Eine Choleraepidemie fordert 1 426 Todesopfer, darunter den Philosophen Georg Wilhelm Friedrich Hegel.

– **17. März** Die Einführung der revidierten Städteordnung in Preußen bringt auch für die städtische Selbstverwaltung Berlins eine schärfere Überwachung durch die zentralen Staatsbehörden. Die Rechte der Stadtverordnetenversammmlung werden zugunsten des Oberbürgermeisters und des Magistrats zurückgedrängt.

1832 Nach Entwürfen von Karl Friedrich Schinkel und Peter Joseph Lenné beginnt die Neugestaltung des Berliner Lustgartens. **1834** findet die Granitschale, geschaffen von Gottlieb Christian Cantian, ihren Platz unterhalb der Freitreppe des Museums, da sie für den Innenraum zu groß ist. Der Entwurf für die Allgemeine Bauschule (später Bauakademie), die **1836** fertiggestellt ist, war das letzte große Werk Schinkels für die Stadt.

– Der erst zweiundzwanzigjährige Färbermeister Johann Julius Wilhelm Spindler eröffnet in der Burgstraße eine Färberei und Waschanstalt. Das Unternehmen geht bald zur mechanisierten Dampffärberei über und erhält außerhalb der Stadt einen neuen Standort, von dem aus sich der Ort Spindlersfeld bildet.

– Die ersten literarischen Arbeiten des Berliner Journalisten und Schriftstellers Adolf Glaßbrenner erscheinen. Mit seinen bis **1841** bzw. **1850** publizierten Heften »Buntes Berlin« sowie »Berlin, wie es ist und - trinkt« gilt er als Begründer der humoristischen und satirischen Berliner Volksliteratur.

1833 Die erste optische Telegraphenlinie Preußens wird eröffnet. Sie führt vom Dach der Sternwarte im Akademiegebäude Unter den Linden bis nach Koblenz und dient vor allem militärischen Zwecken.

– Der Biologe Johannes Peter Müller, später Begründer der berühmten Berliner Physiologischen Schule, zieht nach Berlin.

1834 Der seit vier Jahren in der Stadt lebende Maler und Graphiker Theodor Hosemann wählt sich die Schriften Adolf Glaßbrenners zur Illustration aus. Damit beginnt ein künstlerisches Schaffen, das vierzig Jahre lang mit Humor und Liebe vor allem das Leben des biedermeierlichen Kleinbürgertums bildhaft festhält.

1834 bis 1837 Als Eckhaus Unter den Linden/Opernplatz wird für Prinz Wilhelm, den späteren König und Kaiser Wilhelm I., nach Entwürfen von Langhans d. J. ein Stadtpalais gebaut.

1835   **3. August** Die sogenannte »Feuerwerksrevolution« bringt erneut tätliche Auseinandersetzungen zwischen Einwohnern und Militär, nachdem die Polizei das gewohnte Abbrennen von Feuerwerkskörpern aus Anlaß des Geburtstages des Königs verboten hatte.

1836   Die Maschinenbauanstalt Hummel baut die erste Kupferdruckpresse in Preußen.

–   **Oktober** Karl Marx studiert bis **April 1841** an der Universität Philosophie, Jura und Geschichte und findet Zugang zu den Junghegelianern, die hier mit Bruno Bauer, Max Stirner und Ludwig Feuerbach ihre führenden Köpfe haben.

1837   August Borsig macht sich nach zehnjähriger Tätigkeit in der Egellschen Eisengießerei selbständig und errichtet an der Chaussee-/Thorstraße eine Eisengießerei und Maschinenbauanstalt mit 50 Arbeitern. Zehn Jahre später beschäftigt Borsig bereits 1 100 Arbeiter und gilt als einer der Wegbereiter der Berliner Maschinenbauindustrie, die das neue industrielle Zeitalter mit all seinen ökonomischen und sozialen Wirkungen in die Stadt bringt.

–   Die in der Jerusalemer Straße ansässige Firma der Gebrüder Manheimer produziert erstmals konfektionsmäßig Damenmäntel und Herrenschlafröcke, was sich als bahnbrechend für die Konfektionsindustrie Berlins erweist. Zehn Jahre später existieren in Berlins zwölf, **1871** dann bereits etwa 60 solcher Konfektionsunternehmen.

1838   Der pfälzische Küfer Georg Hopf gründet eine Brauerei in der Friedrichstraße, in der er als erster Bier nach bayerischer Art in Berlin braut.

–   **15. Mai** Trotz der Proteste pietistischer Kräfte erlebt Johann Wolfgang Goethes »Faust« im Schauspielhaus seine Berliner Erstaufführung.

–   **29. Oktober** Mit der feierlichen Eröffnung der Strecke Berlin-Potsdam erhält die Stadt ihre erste Eisenbahnanbindung. Zehn Jahre später ist sie bereits der wichtigste Eisenbahnknotenpunkt Preußens.

1839/1840 Im Stile des Spätklassizismus wird in der Luisenstraße das Hauptgebäude der Tierarzneischule errichtet.

1839 bis 1842 Mit seinen Holzschnitten und Federzeichnungen für die Illustration von Franz Kuglers »Geschichte Friedrichs des Großen« macht der junge Maler und Graphiker Adolph Menzel, der bis zu seinem

Lebensende **1905** in Berlin lebt und wirkt, erstmals nachhaltig auf sich aufmerksam.

1839 Berlin erhält auf Beschluß des Magistrats ein neues Stadtwappen und Stadtsiegel: Die Kurkrone weicht der Königskrone der Hohenzollern, über dem Bären wird erstmals die fünftürmige Mauerkrone angeordnet.

– Zwischen Alexanderplatz und Potsdamer Bahnhof wird die erste und privat finanzierte Pferdeomnibuslinie der Stadt eingerichtet.

– **4. Januar** Die Oper »Zar und Zimmermann« des Berliner Komponisten Albert Lortzing erlebt im Opernhaus Unter den Linden ihre Berliner Premiere.

1840 Anläßlich des 100. Jahrestages der Thronbesteigung Friedrichs II. beschließt die Berliner Stadtverordnetenversammlung die Anlage eines Parks. Als Gegenstück zum Tiergarten, der vornehmlich den begüterten Bewohnern der Stadt als Ausflugsziel dient, wird **1848** für die Bevölkerung im Osten Berlins der Friedrichshain als Erholungspark der Öffentlichkeit übergeben.

– In einer kleinen Maschinenbauanstalt baut Ludwig Kufahl, Privatdozent an der Berliner Universität, die erste deutsche Lokomotive, die dann von der Berlin-Potsdamer Eisenbahngesellschaft in Betrieb genommen wird.

– Willibald Alexis veröffentlicht seinen Roman »Der Roland von Berlin«, in dem er - wie in weiteren Werken – Berlin-Brandenburgische Geschichte realistisch gestaltet.

– **10. August** Die Amnestie des neuen Königs Friedrich Wilhelm IV. scheint der Hoffnung auf Liberalisierung zu entsprechen. Danach kehrt Ernst Moritz Arndt auf seinen Lehrstuhl zurück, die Gebrüder Grimm werden **1841** an die Akademie berufen. Im selben Jahr wird als Gegengewicht zur Hegelschen Philosophie der konservative Staatsrechtler Friedrich Julius Stahl an die Berliner Universität berufen. Ihm folgt **1842** der Philosoph Friedrich Wilhelm Joseph von Schelling.

1841 bis 1844 Im Tiergarten wird der erste Zoologische Garten Deutschlands angelegt.

1841 Die Grenzen der Stadtverwaltung und damit auch ihr territorialer Kompetenzbereich sind nach langen Verhandlungen neu gesetzt. Entsprechend der komplizierten Verwaltungsstruktur in Preußen weisen jeweils der Verwaltungs-, der Gerichts- und der Polizeibezirk Berlin verschiedene Grenzen auf.

– Die erste Fernbahnlinie über Jüterbog nach Köthen ist fertiggestellt. Es folgt ein Jahr darauf die in östliche Richtung führende Linie nach Frankfurt an der Oder, die **1846** schon bis nach Breslau verlängert ist.

– Auf dem Windmühlenberg vor dem Schönhauser Tor gründet der bayerische Bierbrauer Pfeffer eine Brauerei, woraus sich die Bezeichnung »Pfefferberg« für diese Gegend erklärt.

1841/1842 An der Stelle des heutigen Ostbahnhofs wird ein Bahnhof für die Strecke Berlin-Frankfurt an der Oder errichtet, der spätere Schlesische Bahnhof. Mit der Beseitigung der alten Zollgrenze erfolgt **von 1867 bis 1869** der Umbau zur Trennung des Personen- und Güterverkehrs.

1842 bis 1849 Außerhalb der Stadt wird in Moabit die königliche Neue Strafanstalt mit 550 Plätzen gebaut, die später auf 1 250 Plätze erweitert wird.

1842 Der seit langem vorgesehene Ausbau der Luisenstadt beginnt.

– Mit der Eisenbahnlinie über Eberswalde nach Stettin erhält die preußische Hauptstadt eine wichtige Verkehrsverbindung zum bedeutendsten Ostseehafen.

– Im heutigen Magnushaus am Kupfergraben wird das erste physikalische Labor Deutschlands von dem Physiker und Chemiker Heinrich Gustav Magnus eingerichtet.

– Erste photographische Aufnahmen von Berlin entstehen.

– Der Komponist und Dirigent Giacomo Meyerbeer wird zum Generalmusikdirektor der königlichen Oper berufen. Seinen künstlerischen Ruhm erlangt der aus dem nahegelegenen Tasdorf (heute Vogelsdorf bei Berlin) stammende Musiker in Frankreich und Italien, nachdem er **1845** Berlin endgültig verläßt.

– **Januar/Februar** Franz Liszt gibt in der Singakademie, in der Oper wie auch für Studenten in der Universität begeistert gefeierte Konzerte.

1843 Bettina von Arnims Schrift »Dies Buch gehört dem König« erscheint, das einen erschütternden Bericht über das Wohnungselend im Berliner Armenviertel Neu-Vogtland enthält.

– **18./19. September** Die Oper Unter den Linden brennt völlig aus, wird aber neu aufgebaut und am **7. Dezember 1844** wiedereröffnet.

1843/1844 Der aus Breslau stammende Gärtner Joseph Kroll errichtet am Rande des Exerzierplatzes neben dem Tiergarten ein Gartenrestaurant mit 5 000 Plätzen. Im »Krollschen Etablissement« treten Artisten auf. **1845** gastiert hier Johann Strauß.

1844 Die vom Deutschen Zollverein organisierte Gewerbeausstellung im Zeughaus, auf der fast die gesamte Produktion des Zollvereins präsentiert wird, erkennt den fortgeschrittenen Entwicklungsstand der Berliner Wirtschaft mit zahlreichen Auszeichnungen an.

– Als ein Zeichen zunehmender Politisierung der Gesellschaft ist die Gründung des Berliner Handwerker-Vereins anzusehen. Er widmet sich nicht nur der theoretischen und praktischen Fortbildung von Meistern und Gesellen, sondern bezieht auch stark die Politik in seine vereinsinternen Diskussionen mit ein. Hier und im illegalen »Bund der Gerechten« liegen die Anfänge der Berliner Arbeiterbewegung.

– **August** Arbeiter von Berliner Kattunfabriken streiken und demonstrieren für höhere Löhne.

1845 bis 1847 Am Stralauer Platz und vor dem Cottbuser Tor läßt die Berliner Stadtverwaltung zwei neue Gaswerke bauen und ein Gasnetz anlegen, womit die öffentlichen Straßen und Plätze sowie Privathäuser beleuchtet werden.

1845 bis 1850 Mit dem Bau des zehn Kilometer langen Landwehrkanals soll die Spree entlastet werden.

1845 **17. Januar** Infolge der »Allgemeinen neuen Gewerbeordnung für Preußen« erhält der Magistrat teilweise die Aufsicht und Verwaltung des Gewerbe- und Innungswesens in der Stadt und behandelt nun selbst die Anträge auf Gewerbekonzessionen.

1846 Die industrielle Revolution hat endgültig die Berliner Textilindustrie erfaßt. Die 16 Kattundruckereien der Stadt beschäftigen im Durchschnitt jeweils 106 Arbeiter, während in den traditionellen Spinnereien und Seidenwebereien durchschnittlich 25 Beschäftigte arbeiten.

– Die Fertigstellung der Eisenbahnlinie nach Hamburg verbindet Berlin über einen modernen Transportweg mit dem wichtigsten Nordseehafen.

- In Leipzig erscheint das Buch »Berlin in seiner neuesten Zeit und Entwicklung«, in dem der Journalist Friedrich Saß feststellt, daß *Berlin zu groß geworden* [ist], *als daß der Hof, die Bürokratie es noch vollkommen beherrschen könnten. Es dehnt sich unhaltsam aus, das Elend frißt immer tiefer in seinen Organismus hinein.*

- Im Eckhaus Jäger-/Oberwallstraße gründet Gustav Julius die »Berliner Zeitungshalle«, bald Treffpunkt von Oppositionellen.

- Der Astronom und Observator der Sternwarte in der Charlottenstraße, Johann Gottfried Galle, entdeckt den Planeten Neptun.

- Der Stadthistoriker Ernst Fidicin wird, vorerst ehrenamtlich, zum Stadtarchivar berufen.

- Die 26 Bordelle in der Stadt werden geschlossen, die erhoffte Verbesserung der Sitten tritt jedoch nicht ein.

- Für die Freireligiöse Gemeinde Berlin wird in der Pappelallee ein Friedhof angelegt.

- **9. Dezember** Die Polizei verhaftet etwa vierzig Personen, die im Handwerker-Verein oder im Bund der Gerechten organisiert sind. Vier von ihnen stehen ah dem **14. Juni 1847** im ersten Kommunistenprozeß vor dem Berliner Kriminalgericht.

1847 Werner Siemens und Georg Halske legen mit ihrer Telegraphenbauanstalt in der Schöneberger Straße den Grundstein für die spätere Berliner Elektroindustrie.

- Wegen der anhaltenden Hungersnot wird Pferdefleisch aus der ersten Berliner Roßschlächterei zum Verzehr angeboten.

- Der seit 16 Jahren als Direktor des Lehrerbildungsseminars tätige Pädagoge Friedrich Adolph Wilhelm Diesterweg wird von der preußischen Regierung wegen seiner oppositionellen Positionen seines Amtes enthoben.

- **21. bis 23. April** Nach der Mißernte von **1846** sowie infolge der Wirtschaftskrise erhöhen sich stark die Preise für Lebensmittel, vor allem für Kartoffeln und Roggen. Als auf dem Molken- und dem Gendarmenmarkt Händler die Preise weiter nach oben treiben, brechen dort spontan und dann auch an anderen Stellen der Stadt Unruhen und Tumulte aus. Vereinzelt werden Barrikaden errichtet. Die Teilnehmer an der »Kartoffelrevolution« werden zu schweren Gefängnis- und Zuchthausstrafen verurteilt.

– **19. November** Die Stadtverordnetenversammlung tagt zum ersten Mal öffentlich.

1848 **25. Februar** Die ersten Nachrichten über die Pariser Februarrevolution treffen in der preußischen Hauptstadt ein. Vor allem in den Restaurants und Lesecafés kommt es in den nächsten Tagen zu lebhaften politischen Debatten.

– **6. März** Allabendlich finden von nun an in den vier Ausflugslokalen »In den Zelten« im Tiergarten Versammlungen statt, die am **7. März** gemäßigte Forderungen nach bürgerlichen Freiheiten an den König formulieren und als Petition am **10. März** mit 6 000 Unterschriften der Stadtverordnetenversammlung überreicht werden.

– **11. März** Die Stadtverordnetenversammlung lehnt auf einer außerordentlichen Tagung die Übergabe der »Zelten-Adresse« an den König ab und beschließt eine eigene Petition. In den Lesecafés der Stadt werden die ausländischen Zeitungen beschlagnahmt.

– **13. März** Die »Zelten-Versammlungen« werden zunehmend auch von Arbeitern und Handwerkern besucht, die dort ihre eigenen Forderungen gegen Arbeitslosigkeit und Lebensmittelteuerungen vorbringen. Als die etwa 10 000 Teilnehmer der Versammlung abends friedlich in die Stadt zurückkehren, geht auf dem Schloßplatz unerwartet Militär mit Säbeln auf die Menge los, was nicht ohne Blutvergießen ausgeht und bei den Einwohnern Berlins große Erbitterung hervorruft. In der Grünstraße wird die erste Barrikade errichtet.

– **15. März** Nach erneutem Vorgehen von Militär am Vortag fordern Bürgerdeputationen die Zurückziehung des Militärs sowie die Bildung von Schutzkommissionen. Am Schloßplatz, in der Brüderstraße und in der Spreegasse kommt es aber zu neuen Zusammenstößen, in denen mehrere Tote und Verwundete zu beklagen sind.

– **16. März** Der Magistrat beschließt die Bildung der geforderten Schutzkommissionen, aber die Stimmung in den Straßen und Plätzen, auf denen jetzt das Versammeln verboten ist, wird immer erregter. Am Abend schießt das Militär erneut in die unbewaffnete Menge.

– **18. März** Der König empfängt am Vormittag mehrere Deputationen, um dadurch eine für den Nachmittag vorgesehene Demonstration abzuwenden, zu der dennoch 10 000 Berliner auf den Schloßplatz kommen. Gegen 14 Uhr erscheint Friedrich Wilhelm IV. auf dem Balkon und verkündet die seit langem geforderte Aufhebung der Zensur sowie die Einberufung des Vereinigten Landtages. Die jubelnde Menge wird jedoch am Schloßportal von einsatzbereitem Militär empfangen, und die Stimmung der Massen schlägt jäh um. Trotz der Rufe »Militär zurück!« geht Kavallerie gegen die unbewaffnete Menge vor und Schüsse fallen. Schnell verbreitet sich die Nachricht vom königlichen Wortbruch in der Stadt, Soldaten werden entwaffnet, Waffenlager gestürmt und hunderte Barrikaden gebaut. Die Revolution hat die Hauptstadt Preußens endgültig erreicht.

– **19. März** Nachdem Friedrich Wilhelm IV. die blutige Niederschlagung des Aufstandes in der Stadt befohlen hatte, beherrscht das Militär seit fünf Uhr morgens das Zentrum rings um das Schloß, während vor allem die städtischen Außengebiete von den Aufständischen vollständig kontrolliert werden. Zwei Stunden später wird der königliche Aufruf »An meine lieben Berliner« in den Straßen verteilt, aber erst gegen elf Uhr erteilt der König den Befehl zum geforderten Abzug des Militärs aus der Stadt. Die gefallenen Barrikadenkämpfer werden im Schloßhof aufgebahrt und der König dazu aufgefordert, den Opfern vom Balkon aus mit entblößtem Haupt die letzte Ehre zu erweisen.

– **21. März** Der preußische König veranstaltet zur Bekräftigung seines Aufrufes »An die deutsche Nation« einen Umritt durch die Stadt, in dem er sich zum Retter des gesamten deutschen Vaterlandes erklärt.

– **22. März** 183 der 257 gefallenen Barrikadenkämpfer werden in einem großen Trauerzeremoniell durch die Stadt zum Landsberger Tor hinaus in den Friedrichshain getragen und dort bestattet. Die 15 gefallenen Angehörigen der Berliner Garnison werden am **24. März** auf dem Invalidenfriedhof beigesetzt.

– **25. März** Der Magistrat beschließt erste Maßnahmen zur Sofortlinderung der größten Not: die Zahl der Notstandsarbeiter wird mehr als verdreifacht, Schulgeld- und Mietsteuerschulden werden erlassen, und eine neuzubildende Deputation soll sich speziell den sozialen Dingen der arbeitenden Massen in der Stadt widmen.

– **26. März** Vor dem Schönhauser Tor findet an der »Einsamen Pappel« die erste eigenständige Massenkundgebung der Berliner Arbeiter statt, an der Tausende teilnehmen.

– **11. April** In Berlin gründet sich aus den Delegierten der verschiedensten Gewerke ein Zentralkomitee für Arbeiter, das bis Anfang Mai unter dem Vorsitz von Stephan Born Streiks für Lohnerhöhungen organisiert.

– **15. bis 20. Mai** In den Wahlen zur Stadtverordnetenversammlung wird nur ein Viertel der bisherigen Abgeordneten wiedergewählt. Vor allem konservative und liberale Kräfte ziehen neu in das Stadtparlament ein. Nur 25 000 Bürger sind wahlberechtigt.

– **3. Juni** Der Magistrat beschließt zur Minderung der Arbeitslosigkeit, sofort mit dem Bau der lange geplanten Chaussee vom Rosenthaler Tor über Gesundbrunnen nach Reinickendorf zu beginnen.

– **14. Juni** Nachdem die Bürgerwehr am Zeughaus in eine unbewaffnete demonstrierende Menschenmenge geschossen und zwei Arbeiter tödlich getroffen hatte, kommt es zum spontanen Sturm auf das mit Waffen gefüllte Zeughaus.

– **23. August bis 2. September** Der Berliner Arbeiterkongreß, an dem Delegierte auch aus Leipzig und Frankfurt am Main teilnehmen, findet im Versammlungssaal des Handwerkervereins statt und gründet dort die Allgemeine Deutsche Arbeiterverbrüderung.

– **16. Oktober** In der ersten direkten bewaffneten Auseinandersetzung zwischen Bürgerwehr und Arbeitern werden auf dem Köpenicker Feld zehn Arbeiter erschossen.

– **10. November** Zur weiteren Zurückdrängung der Revolution zieht General Friedrich Heinrich Ernst Graf von Wrangel mit 40 000 Soldaten in die Stadt ein. Er entwaffnet die Bürgerwehr und verhängt über Berlin den Belagerungszustand. Alle politischen Vereine sind verboten, die Zensur ist wieder eingeführt und das Versammlungsrecht aufgehoben.

– **5. Dezember** Der König löst die preußische Nationalversammlung auf und oktroyiert dem Staat eine Verfassung.

1849 Die Stadt zählt 412 000 Einwohner.

– August Borsig eröffnet in Moabit ein Eisenwerk. Auch andere Industrielle gründen in der Stadt mehrere Betriebe, vor allem des Maschinenbaus.

– Der Berliner Verlagsbuchhändler Bernhard Wolff begründet mit der telegraphischen Verbreitung von Nachrichten »Wolffs Telegraphenbureau (WTB)«.

- **5. Februar** Trotz des Belagerungszustandes gewinnen in Berlin bei den Wahlen zur Zweiten Kammer (später Abgeordnetenhaus) die linken Demokraten alle neun Mandate.

- **9. März** Im Opernhaus Unter den Linden wird die Oper des in Berlin lebenden Komponisten Otto Nicolai »Die lustigen Weiber von Windsor« uraufgeführt.

- **April** Louis Gräbert eröffnet in seinem Lokal »Wollanks Weinberg« am Weinbergsweg ein Vorstädtisches Theater, das **1853** sogar das Aufführungsrecht für Klassiker erwirbt, was bislang nur dem Königlichen Schauspielhaus vorbehalten war. Das von seiner Frau Julie als »Mutter Gräbert« fortgeführte Unternehmen bietet Tausenden Berlinern ein sonst unerreichbares Unterhaltungsvergnügen.

- **2. bis 5. April** Der in Berlin weilenden »Kaiserdeputation« der Deutschen Nationalversammlung erteilt Friedrich Wilhelm IV. eine Absage auf die ihm angetragene deutsche Kaiserkrone.

- **26. April** Die Zweite Kammer spricht sich gegen die Fortdauer des seit dem **10. November 1848** andauernden Belagerungszustandes in Berlin aus.

- **28. Juli** Der Belagerungszustand über Berlin wird aufgehoben.

- **9. August** Die Stadtverordnetenversammlung beschließt in geheimer Sitzung, zum König ein gutes Verhältnis herzustellen.

1850 Ein neues Versammlungs- und Vereinsgesetz für ganz Preußen ermöglicht auch in Berlin die weitere Zurückdrängung der fortschrittlichen Kräfte. Politische Vereine und Versammlungen sowie deren Zeitschriften werden verboten.

- Durch die neu eingeführte Kommunal-Klassensteuer nimmt die Stadt 156 000 Taler ein, mit denen die steigenden finanziellen Bedürfnisse der städtischen Verwaltung gedeckt werden sollen.

- In Berlin wird erstmalig in Deutschland die systematische Fiebermessung am Krankenbett durchgeführt und damit die ärztliche Thermometrie begründet.

- **17. Mai** Das Friedrich-Wilhelm-Städtische Theater, das spätere Deutsche Theater (nach Plänen von Eduard Titz), öffnet als vierter fester Theaterbau der Stadt, der zunächst vor allem für Aufführungen von Opern gedacht ist. **1906** kommen unter der Direktion Max Reinhardts durch Umbau der Embergschen Tanzsäle die Kammerspiele hinzu.

– **1. Juni** In verschiedenen Schulen der Stadt öffnen die ersten vier städtischen Volksbibliotheken. Bis Mitte der siebziger Jahre wächst ihre Anzahl auf zwölf, die zusammen über einen Bestand von 73 000 Büchern und einen Leserkreis von mehr als 15 000 verfügen.

– **September** Der Berliner Gesundheitspflegeverein wird gegründet, dem zwei Jahre später schon über 10 000 Bürger angehören.

– **2. bis 9. September** In Berlin finden erstmals nach dem Dreiklassenwahlrecht (aktives Wahlrecht haben Bürger mit 3 000 Talern Jahreseinkommen, das sind fünf Prozent der Einwohner) Wahlen zur Stadtverordnetenversammlung statt, als deren Ergebnis eine konservative Kommunalvertretung steht. Oberbürgermeister wird erneut der in den Revolutionstagen zurückgetretene Heinrich Wilhelm Krausnick.

1851 Die Firma Julius Pintsch produziert für Berlin Gasmesser.

– **Januar** Berlin erhält eine Berufsfeuerwehr, die zugleich **bis 1871** die öffentliche Straßenreinigung übernimmt.

– **23. Januar** Infolge der preußischen Gemeindeordnung von **1850** tritt für Berlin eine neue Stadtverfassung in Kraft, die die staatliche Aufsicht über die kommunalen Behörden verstärkt und Oberbürgermeister und Magistrat mit größeren Rechten gegenüber der Stadtverordnetenversammlung ausstattet.

– **31. Mai** Das von Christian Daniel Rauch geschaffene Reiterstandbild Friedrichs II. wird Unter den Linden enthüllt.

1852 Der Magdeburger Ingenieur Louis Schwartzkopff gründet in Berlin eine Eisengießerei und Maschinenfabrik, die später für ihre Produktion von Eisenbahnmaterial und Lokomotiven berühmt wird.

– In der Stadt öffnet die erste Kinderkrippe Deutschlands.

1853 Der Klavierbauer Carl Friedrich Bechstein gründet in der Behrenstraße eine Fabrik, deren Flügel in der ganzen Welt bekannt werden.

– Der Putzhändler Jobst Schultheiss kauft die **seit 1842** in der Neuen Jakobstraße existierende erste Lagerbierbrauerei Norddeutschlands auf und führt sie mit einer Gaststätte unter dem Namen »Zum Schultheiss-bräu« erfolgreich weiter.

– **30. Mai** Die »Revidierte Städteordnung« für Preußen bringt für die Berliner Kommune eine weitere Einschränkung ihrer Selbstverwaltung und bleibt **bis 1918** in Kraft. So müssen von nun an die personelle Zusammensetzung des Magistrats und der Etatentwurf von der Regierung bestätigt werden. Die dominierende Position in der Stadt hat der Polizeipräsident.

1854 bis 1864 Nach Plänen von Wilhelm Perring wird auf dem Gelände einer von der Panke betriebenen Papiermühle in der alten Pankeaue ein Park für den Industriellen Killisch von Horn angelegt. **1907** erwirbt die Gemeinde Pankow den Park für die öffentliche Nutzung (Bürgerpark).

1854 Der gebürtige Prenzlauer Ernst Schering beginnt in der Mühlenstraße mit der Produktion von Photochemikalien. Sein Jodpräparat erhält schon ein Jahr später auf der Weltausstellung in Paris eine Goldmedaille. **1871** errichtet er in der Müllerstraße die »Chemische Fabrik auf Aktien« (vormals E. Schering).

– Nach vierjähriger Bauzeit öffnet in der Großen Hamburger Straße das katholische St. Hedwigs-Krankenhaus.

1855 Eine Choleraepidemie fordert in der Stadt 1385 Todesopfer.

– In Berlin wird die erste Nähmaschinenfabrik der Stadt durch den Fabrikanten Carl Beermann gegründet.

– Carl Richard Lepsius wird Direktor des von ihm mitinitiierten Ägyptischen Museums.

– **Juli** Die ersten zwei öffentlichen Wasch- und Badeanstalten in festen Häusern nehmen ihren Betrieb auf.

– **1. Juli** Der Berliner Verleger und Druckereibesitzer Ernst Litfaß läßt in der Stadt nach Pariser Vorbild die ersten runden Plakatsäulen aufstellen.

1856 Das erste Wasserwerk der Stadt vor dem Stralauer Tor sowie die erste Wasserleitung mit 114 Kilometern Rohrlänge werden in Betrieb genommen.

– Der Ausbau des Stadtviertels südlich vom Tiergarten als Villengegend beginnt.

– Der Mathematiker Karl Weierstraß erhält einen Ruf an die Friedrich-Wilhelms-Universität, an der er his zum Ende des Jahrhunderts forscht und lehrt. Rudolf Virchow arbeitet als Direktor des Pathologischen Instituts der Charité. Berlin gewinnt zunehmende Bedeutung als Wissenschaftszentrum.

– Der Berliner Sprachlehrer und Verleger Gustav Langenscheidt gründet in der Schönhauser Allee einen Verlag, aus dem sich die spätere Verlagsbuchhandlung entwickelt.

– **1. Juli** Der Wasserturm sowie ein offenes Tiefbecken auf dem Windmühlenberg gehen als Ausgleichstation der ersten Berliner Wasserleitung in Betrieb, die **1875** durch einen zweiten Hochbehälter ergänzt wird.

1856/1857 Umbau des Kronprinzenpalais durch Johann Heinrich Strack zum spätklassizistischen Palastbau. Bereits **1810/1811** ließ König Friedrich-Wilhelm III. durch Heinrich Gentz die Verbindung zwischen Kronprinzenpalais und Prinzessinnenpalais herstellen.

1857 Wilhelm Raabe schafft mit seiner »Chronik der Sperlingsgasse« eines der berühmtesten und für die Entwicklung der Berliner Lokalliteratur folgenreichsten Bücher.

- In der Kastanienallee wird der »Berliner Prater« eröffnet.

– Als zweites katholisches Gotteshaus der Stadt wird in der Luisenstadt die St. Michaelkirche geweiht.

1858 Der Althistoriker Theodor Mommsen aus Breslau wird Ordinarius an der Berliner Universität und zugleich ordentliches Mitglied an der Preußischen Akademie der Wissenschaften.

1858 bis 1860 Nach Entwürfen von Eduard Knoblauch wird in der Auguststraße ein Krankenhaus für die Jüdische Gemeinde errichtet.

1859 Mit der Eröffnung des Spandauer Schiffahrtskanals verkürzt sich deutlich der Fahrweg zwischen Spree und Havel.

– Nahe dem Alexanderplatz öffnet nach zweijähriger Bauzeit das größte Theater Berlins – das Viktoria-Theater.

– Im Auftrag der Berliner Jüdischen Gemeinde beginnt der Architekt Eduard Knoblauch den Bau der Neuen Synagoge in der Oranienburger Straße, die am **5. September 1866** eingeweiht werden kann. Sie ist mit ihren spätromanischen Stilelementen sowie ihrer modernen Eisenkonstruktion die größte Synagoge Deutschlands.

– **10. November** Anläßlich des 100. Geburtstages von Friedrich Schiller wird auf dem Gendarmenmarkt feierlich der Grundstein für ein Denkmal gelegt.

1860 Der Berliner Fotograf Friedrich Ferdinand Albert Schwartz eröffnet in der Friedrichstraße sein Atelier. Seiner fast 50 Jahre währenden Tätigkeit verdanken wir die meisten photographischen Aufnahmen der Stadt in jener Zeit.

1861 Im Zuge einer lange erwogenen Eingemeindung kommen der Wedding, Gesundbrunnen, Moabit und nördliche Teile von Tempelhof und Schöneberg nach Berlin, womit sich das Stadtgebiet um mehr als zwei Drittel auf 5 923 Hektar vergrößert. Berlin wird territorial und verwaltungsmäßig in 16 Stadtteile gegliedert. Die Einwohnerzahl beträgt 547 000, wovon 243 000 beschäftigt sind, und zwar überwiegend in Industrie und Handwerk.

– Der Berliner Bankier Joachim Heinrich Wilhelm Wagner hinterläßt dem preußischen Staat seine Gemäldesammlung (262 Bilder), die als Ausgangspunkt für die spätere Nationalgalerie gilt.

– In dem folgenden Jahrzehnt können die kommunalen Behörden das städtische Schulwesen bedeutend ausbauen. Außerdem werden in den sechziger Jahren die ersten Lehrerinnen eingestellt und **1870** der kostenlose Elementarunterricht eingeführt.

– **11. Juni** Der Grundstein für ein neues, dem gewachsenen politischen Selbstbewußtsein des Berliner Bürgertums entsprechendes Rathaus wird gelegt. **Bis 1869** entsteht nach dem Entwurf von Hermann Friedrich Waesemann an der Königsstraße ein aus unverputzten roten Backsteinen errichteter Bau, der wegen seines Äußeren »Rotes Rathaus« genannt wird.

– **3. Dezember** Eine von dem Stadtverordneten Sanitätsrat Dr. Neumann angeregte Volkszählung legt das Wohnungselend in der Stadt offen.

1862 Per Königliche Kabinettsordre wird der Berliner Bebauungsplan von James Hobrecht genehmigt, wonach, gleichlautend mit der Baupolizeiordnung von **1853**, bis zum Anfang des 20. Jahrhunderts der Ausbau der Stadt erfolgt: großzügige Ausfallstraßen, Be- und Entwässerung, Quartiere mit Massenmietshäusern.

– Theodor Fontane beginnt die Publikation seiner »Wanderungen durch die Mark Brandenburg« (**bis 1889** fünf Bände).

– **12. April** Der **seit 1859** in Berlin lebende sozialistische Schriftsteller Ferdinand Lassalle hält vor Maschinenbauern im Berliner Handwerkerverein einen Vortrag »Über den besonderen Zusammenhang der gegenwärtigen Geschichtsperiode mit der Idee des Arbeiterstandes«, der als Druckschrift (»Arbeiterprogramm«) sofort beschlagnahmt wird. **1863** entstehen in Berlin kleine Organisationen des von Lassalle in Leipzig begründeten Allgemeinen Deutschen Arbeitervereins (ADAV), einem Vorläufer der SPD.

– **28. Dezember** Auf einer Versammlung gründet sich der Berliner Arbeiterverein, der unter dem Einfluß der Fortschrittspartei steht und nach einem halben Jahr bereits über 1 700 Mitglieder zählt.

1863 bis 1869 Die Bebauung der Rittergüter Lichterfelde, Giesendorf und Wilmersdorf als Villenvorstädte beginnt.

1863 Der Schiffsverkehr wird zu einem wichtigen Transportmittel. In Berlin werden in diesem Jahr mehr als 76 000 ankommende bzw. abfahrende Schiffe gezählt.

– An der Waisenbrücke öffnet die erste Flußbadeanstalt für Frauen.

– In der Barnimstraße beginnt der Bau eines Frauengefängnisses, der im folgenden Jahr fertiggestellt ist.

1863/1864 In der Stadt werden die ersten öffentlichen Bedürfnisanstalten aufgestellt, von denen es **1876** bereits 56 gibt.

1864 Der seit fünf Jahren wieder zugelassene Berliner Handwerkerverein kauft in der Sophienstraße ein Grundstück und errichtet dort sein erstes Vereinshaus, das in den folgenden Jahrzehnten mit seinem Festsaal zu einem wichtigen Versammlungsort der Berliner Handwerker und Arbeiter wird.

– Auf der Spree beginnt der regelmäßige Dampfbootverkehr.

– Die Erstauflage des Buches »500 Jahre Berliner Geschichte« von dem liberalen Publizisten und Stadtverordneten Adolf Streckfuß erscheint.

– Wilhelm Griesinger, der Begründer der wissenschaftlichen Psychiatrie, folgt einem Ruf als Professor an die Charité.

1865 bis 1868 Nach Entwürfen von Friedrich Hitzig wird nahe der Weidendammer Brücke die erste Markthalle Berlins errichtet – der spätere Friedrichstadtpalast.

1865 In Berlin wird zwischen dem Haupttelegraphenamt und den Bezirksämtern die erste Rohrpostanlage der Welt in Betrieb genommen.

– **22. Januar** Der Berliner Arbeiterverein betont in einer Versammlung die Notwendigkeit gewerkschaftlicher Organisation, worauf in ganz Deutschland Forderungen nach Aufhebung der Koalitionsverbote formuliert werden. Bildung zahlreicher gewerkschaftlicher Verbände.

– **28. Januar** Der Verein für die Geschichte Berlins gründet sich, zu dessen prominenten Gründungsvätern u. a. der Oberbürgermeister Karl Seydel, der Polizeipräsident Otto Friedrich von Bernuth sowie der Stadtarchivar Ernst Fidicin zählen. Der ehrenamtlich tätige Verein hält in dem nächsten halben Jahrhundert 1 000 Sitzungen ab und gibt knapp 50 Jahreshefte und einige Bücher heraus.

– **22. Juni** Vom Kupfergraben durch den Tiergarten bis nach Charlottenburg verkehrt in der Stadt erstmals eine schienengebundene Pferdestraßenbahn.

– **15. August** Das Berliner Stadtgericht verbietet den Allgemeinen Deutschen Arbeiterverein **bis 1866**. Betroffen ist auch die **1865** gebildete Sektion der I. Internationale.

1866 Mit der Entdeckung des elektrodynamischen Prinzips durch Werner Siemens begründet Berlin seinen Ruf als Forschungs-, Entwicklungs- und Produktionszentrum.

– Der Abriß der Berliner Stadtmauer, die dem weiteren Ausbau der Stadt zum Hindernis geworden war, beginnt; als einziges der Stadttore bleibt das Brandenburger Tor stehen.

1867 Nach einer erneuten Choleraepidemie beschließt die Stadtverordnetenversammlung nun doch den Bau einer Kanalisation sowie eines städtischen Krankenhauses.

– In der Alexanderstraße gründet der Chemiker Karl Scheibler ein Forschungslabor des Vereins für Zuckerindustrie, das weltweit als ältestes Industrieinstitut für Lebensmittelforschung gilt.

– Das erste statistische Jahrbuch der Stadt erscheint unter dem Titel »Berliner Stadt- und Gemeindekalender und Städtisches Jahrbuch«.

– **12. Februar** Bei den allgemeinen und gleichen Wahlen für den konstituierenden Reichstag des Norddeutschen Bundes werden in Berlin nur Mitglieder der Fortschrittspartei als Abgeordnete gewählt, während die Konservativen trotz prominenter Kandidaten wie Ministerpräsident Otto Graf von Bismarck oder General Helmuth Graf von Moltke kein Mandat in der Stadt erringen können.

1868 Im Borsig-Werk nimmt die erste deutsche Siemens-Martin-Anlage ihren Betrieb auf, womit eine deutliche Steigerung der Eisen- und Stahlproduktion beginnt und der Schwerindustrie-Standort Berlin an Bedeutung gewinnt.

– **Februar bis August** In der Stadt kommt es in den unterschiedlichsten Gewerbezweigen zu Arbeitskämpfen für höhere Löhne und geringere Arbeitszeiten.

– **November** Der Magistrat beschließt die Einrichtung von Obdachlosenasylen. Am **3. Januar 1869** öffnet das erste Asyl in Berlin seine Pforten für wohnungslose Frauen.

1869 Die erste Zahnärztin Deutschlands, Henriette Hirschfeld-Tiburtius, führt in der Behrenstraße eine Praxis.

– Mit der Aufhebung des Konzessionszwanges für Theater kommt es in kürzester Zeit in der Stadt zu zahlreichen Theatergründungen. Es entsteht die Hochschule für Musik.

– Nach Entwürfen von Johann Gustav Meyer wird **bis 1875** vor dem Rosenthaler Tor auf einer 35 Hektar großen Fläche ein Volkspark angelegt, der nach Alexander von Humboldt benannte Humboldthain.

1870 Mit der Gründung der Deutschen Bank AG (im künftigen Bankviertel um die Französische und Behrenstraße) wird Berlin mit den hier länger ansässigen Banken zum deutschen Bankenzentrum. Als Ablösung der Königlich Preußischen Hauptbank entsteht **1875** an der Jägerstraße die Reichsbank.

1871 bis 1918

Reichshauptstadt im Kaiserreich

von Bärbel Holtz

Nach der Gründung des deutschen Kaiserreiches wurde Berlin dessen Hauptstadt. Damit fielen der Stadt neue Funktionen auf politischem Gebiet zu, und neue Behörden des Reiches und zentrale Institutionen hielten Einzug in die Stadt. Mit der aufwendigen Hofhaltung Wilhelms II. ab 1888 kam die Residenz, auch unter dem Anwachsen der Garnison, noch einmal zur vollen Ausprägung. Berlin entwickelte sich zur Weltstadt, von der aus Weltpolitik betrieben und schließlich nach der Weltmacht gegriffen wurde.

Aber nicht nur im politischen Bereich, sondern generell durchlief Berlin einen ungeheuer schnellen Wachstumsprozeß. Es entwickelte sich in den Jahrzehnten nach der Reichsgründung zum wichtigsten Industrie-, Handels- und Bankplatz des Deutschen Reiches. Während der Gründerjahre und auch danach siedelten sich Aktiengesellschaften und Großbanken in der Stadt an. Sie boten gemeinsam mit dem neuen einheitlichen Binnenhandel und dem weiteren Ausbau der Verkehrswege eine solide Grundlage für die stetig wachsende Expansion solch wichtiger, bereits etablierter Berliner Industriezweige wie Maschinenbau, Elektroindustrie und Konfektionsindustrie. Hinzu kam als neuer Zweig die Papier- und Druckindustrie, die durch den Aufbau der großen Zeitungs- und Verlagsbetriebe von Mosse, Scherl und Ullstein erforderlich wurde.

Die rasch fortschreitende Industrialisierung ließ Bürgertum und Arbeiterschaft zu den Dominanten im Lebensbild der Stadt werden. Die sozialen und politischen Auseinandersetzungen in Berlin waren geprägt von Spannungen sowohl zwischen fortschrittlich-liberalen Kräften und später vor allem der »roten« Stadt einerseits und der konservativ-monarchistischen Staatsregierung sowie der sie tragenden Oberschicht aus Hof, Adel und gehobenem Bürgertum andererseits. 1877 siegten erstmals zwei sozialdemokratische Kandidaten für den Reichstag in den sechs Berliner Wahlkreisen. Auch unter den ungünstigen Wahlbedingungen des Sozialistengesetzes sowie dem Dreiklassenwahlrecht wuchs die sozialdemokratische Fraktion im Stadtparlament unter Leitung Paul Singers von Wahl zu Wahl.

Die seit den sechziger Jahren praktizierte moderne Kommunalpolitik wurde auch nach 1871 in der Stadt fortgesetzt. Auf Anregung des Stadtverordneten Rudolf Virchow wurde für die Stadt eine Kanalisation gebaut. Das erste städtische Krankenhaus, Hallenbäder und öffentliche Badeanstalten, der Bau eines Zentralvieh- und Schlachthofes sowie von fast 20 Markthallen im gesamten Stadtgebiet und nicht zuletzt die Entstehung von Grünanlagen kündeten von einer erfolgreichen Entwicklung auf diesem Gebiet in der weiter wachsenden Metropole. Die erforderliche Bildung einer Einheitsgemeinde war jedoch noch in weiter Ferne und das Wohnungsproblem trotz des Wachsens der Stadt ungelöst.

Auch in den folgenden Jahrzehnten expandierte die Berliner Wirtschaft, die auf einem rührigen Unternehmergeist, einer qualifizierten Arbeiterschaft und insbesondere auf einer engen Verknüpfung von Wissenschaft und Technik mit der Produktion basierte. Sie profitierte dabei auch von ihrer günstigen verkehrs-geographischen Lage inmitten Europas. Mit dem Ost- und Westhafen war Berlin nach Duisburg der zweitgrößte Binnenhafen Norddeutschlands. Die Stadt galt zugleich als größter deutscher Warenumschlagplatz und als wichtigster Kreu-zungspunkt des europäischen Personenverkehrs. In der Stadt selbst verkehrte 1879 weltweit die erste elektrische Bahn, ab 1881 dann im Vorortverkehr. Zur Jahrhundertwende durchzog bereits ein Netz von Straßenbahnen Berlin und sei-ne Vororte. Hoch- und Untergrundbahnen, am Ende des ersten Jahrzehnts des 20. Jahrhunderts dann auch Autos, gehörten zum Berliner Straßenbild.

Das letzte Jahrzehnt des 19. Jahrhunderts brachte einen Wandel im Stadtbild. Die großen Industriebetriebe wie auch die wohlhabenden Schichten zogen aus der Stadt in die Nachbargemeinden und neuentstehenden Vorortviertel im Westen. Im Kern der Stadt konzentrierte sich dagegen das Geschäftsleben, große Kauf- und Warenhäuser, riesige Verlagshäuser und Bankpaläste. Dort entstand die City mit den sie prägenden Regierungs-, Zeitungs-, Banken- und Hotelvierteln. Ein schillerndes Kultur- und Geistesleben mit in Berlin ansässigen Vertretern der neuesten Richtungen in Malerei, Musik und Literatur, mit zahl-reichen Theatern, Galerien, einer großstädtischen Bohème sowie Kunstmäzenen verliehen der deutschen Hauptstadt bis zum Ausbruch des Ersten Weltkrieges noch zusätzlich ein ganz eigenes weltstädtisches Gepräge.

Die anfängliche Begeisterung für den Krieg war in Berlin spätestens im »Kohlrü-benwinter« 1916/1917 erstorben. Als mit Fortdauer des Krieges, Militärdiktatur, Lebensmittelrationierung und Kriegswirtschaft die Not der Stadtbevölkerung immer größer geworden war, forderten Berliner Arbeiter Frieden, Brot und Demokratie.

1871 bis 1873 Mit dem Wegfall der Zollschranken, der Aktiennovelle und dem Ende des deutsch-französischen Krieges wird Berlin von einem Wirtschaftsboom erfaßt. *Es wurde drauf los gegründet, was das Zeug wollte ... Hypotheken und Produktenbanken in Protzbauten, Eisenbahnen und Tapeten, Spinnereien und Leder, Petroleum und Wellblech, Dampfziegeleien und Schiffswerften, Baugesellschaften, Bauvereine und Immobilien: alles was nicht niet- und nagelfest war, wurde gegründet.*

1871 bis 1892 An der Schönhauser Alle entstehen die Gebäude der **1842** durch Jobst Schultheiss gegründeten Brauerei. **1873** gibt es in Berlin 14 Brauereien mit einem Aktienkapital von 34 Millionen Mark.

1871 Der Physiker und Physiologe Hermann Helmholtz beginnt seine Arbeit an der Berliner Universität.

– **1. April** Die Berliner Premiere von Richard Wagners Oper »Die Meistersinger von Nürnberg« im Opernhaus Unter den Linden stößt sowohl beim Publikum als auch bei der Presse auf Ablehnung.

– **16. April** Mit der neuen Reichsverfassung wird Berlin zum Sitz der obersten Verfassungsorgane und damit zur Hauptstadt des Deutschen Reiches erklärt.

– **16. Juni** Im Parademarsch ziehen die aus Frankreich heimkehrenden Truppen durch das Brandenburger Tor in die Reichshauptstadt ein, wo sie von der Bevölkerung Berlins begeistert gefeiert werden.

Nach 1871 In den Weberhäusern am Wege von Berlin nach Hohenschönhausen lassen sich Berliner Handwerker nieder, die dem Mietwucher und der Wohnungsnot der Hauptstadt weichen.

1872 Rudolf Mosse begründet sein »Berliner Tageblatt«, ein erstes großes Berliner Lokalblatt mit überregionaler Wirkung. **1874** errichtet er an der Jerusalemer/Leipziger Straße ein Verlagsgebäude, Ausgangspunkt für das Berliner Zeitungsviertel (**1877** Ullstein, **1883** Scherl).

– In der Friedrichstraße eröffnet Berthold Kempinski seine erste Probierstube.

– Gründung der »Agfa« in Treptow-Rummelsburg als zweiter Chemie-Großbetrieb Berlins.

– Erstmalig bildet sich ein sozialistisch orientierter Arbeiterfrauen- und Mädchenverein (Berta Hahn/Pauline Staegemann).

– **25. Juli** Nach der Zwangsräumung einer Schusterwohnung in der Blumenstraße kommt es dort zu Barrikadenkämpfen, die sich gegen die Wohnungsnot insgesamt richten.

1872 bis 1874 Entlang der Ringbahn zwischen Prenzlauer Allee und Greifswalder Straße wird das Gaswerk mit Gasometer und Kokerei errichtet.

1872 bis 1875 In Boxhagen-Rummelsburg entsteht die erste Siedlung aus Betonhäusern in Deutschland, die »Colonie Victoriastadt«.

1873 Der Nahverkehr zwischen Weißensee und dem Berliner Stadtzentrum wird durch Pferdeomnibusse aufgenommen. **Seit 1876** verkehrt dort die Pferdebahn, **seit 1901** ist die Strecke elektrifiziert.

– **22. März** Die Kaiserpassagen mit über 50 Läden und Restaurants sowie einem Wachsfigurenkabinett an der Friedrich-/Behrenstraße werden feierlich eingeweiht.

– **1. April** Der Nationalliberale Arthur Hobrecht wird durch die Stadtverordnetenversammlung zum neuen Oberbürgermeister bestimmt. Seine Bemühungen um die Bildung einer selbständigen Provinz Berlin bleiben ergebnislos.

– **8. Juli** Die erste von der Großen Berliner Pferdebahn-Aktiengesellschaft eingerichtete Pferdeeisenbahnlinie nimmt zwischen Gesundbrunnen und Rosenthaler Tor den Betrieb auf.

– **2. September** Auf dem größten Platz der Stadt, dem Königsplatz (heute Platz der Republik), wird zum dritten Jahrestag der Schlacht bei Sedan die Siegessäule enthüllt, die zugleich als Symbol der deutschen Einigung unter preußischer Führung gilt.

– **28. Oktober** Durch einen Kurssturz (»Gründerkrach«) der Wertpapiere an der Berliner Börse kommt es zu einer schweren Wirtschaftskrise im gesamten Deutschen Reich. Betroffen ist besonders die Berliner Schwerindustrie (**bis 1879**), die Staatsaufträge (Rüstung) erhält.

– **November** Die Stadt beginnt mit dem Bau eines ausgedehnten und verzweigten Abwassersystems, womit die Abwässer auf Rieselfelder außerhalb der Stadt geleitet werden.

1873/1874 Am linken Ufer der Dahme, in der Cöllnischen Vorstadt von Köpenick, errichtet Wilhelm Spindler eine Anstalt für chemische Reinigung, Wäscherei und Färberei.

1874 Die Mietskaserne »Meyers Hof« in der Ackerstraße ist bezugsfertig. Auf diesem eng bebauten Grundstück ziehen ca. 2 000 Menschen in 300 Wohnungen ein.

– Initiiert durch den Generalpostdirektor Heinrich von Stephan wird in Berlin das erste Postmuseum der Welt gegründet.

– **Oktober** Der Magistrat bewilligt nach längerem Bedenken die Einrichtung eines »Märkischen Provinzial-Museums«, das **nach 1900** einen Neubau erhält und erst danach größere Bedeutung gewinnt.

– **8. Oktober** Am Friedrichshain öffnet offiziell ein nach Plänen von Martin Gropius und Heino Schmieden errichtetes Krankenhaus mit 600 Betten, dessen Bau durch Rudolf Virchow in medizinischer Hinsicht begleitet wurde.

1874/1875 Erweiterung des Friedrichshain um den sogenannten Neuen Hain, eine der ältesten Berliner Volksparkanlagen.

1875 Auf Initiative des Oberbürgermeisters Arthur Hobrecht übernimmt die Stadt die Zuständigkeit für Verwaltung und Unterhalt aller öffentlichen Straßen, Plätze und Brücken. Damit ist die Voraussetzung für kommunale Einrichtungen wie Beleuchtung, Wasser und Kanalisation gegeben.

– Die Waggon- und Eisenbahnbedarfs-Fabrik Orenstein & Koppel wird gegründet.

– Eröffnung der Großen Berliner Pferdebahn Schönhauser Tor–Pankow.

– **15. Juli** Nach dem Einigungskongreß von Gotha bilden Sozialdemokraten beider Richtungen den Sozialistischen Arbeiterwahlverein für Berlin, der im **Oktober** bereits 1 000 Mitglieder zählt.

– **1. Oktober** Berlin erhält auf Beschluß des Magistrats ein neues Stadtwappen. Der Bär trägt kein Halsband mehr und zeigt sich nun als freies Wappentier.

– **1. Oktober** Nach zweijähriger Bauzeit öffnet das Luxushotel Kaiserhof am Wilhelmplatz.

1876 bis 1878 Die Berliner Nikolaikirche erhält ihre charakteristischen Doppelturmspitzen (Architekt Hermann Blankenstein).

1876 bis 1888 Der neue Treptower Park wird auf Anregung des Berliner Magistrats angelegt. **1896** ist er Schauplatz der Berliner Gewerbeausstellung.

1876 Der erste Bauabschnitt der neuen Berliner Kanalisation kann in Betrieb genommen werden.

– Franziska Tiburtius läßt sich gegen den erheblichen Widerstand von Rudolf Virchow als erste Allgemeinmedizinerin Berlins in der Stadt nieder und eröffnet in der Alten Schönhauser Straße eine Poliklinik für Frauen. Auf ihrem Praxisschild muß stehen: *Dr. med.* (*Universität Zürich*).

– Die erste deutsche Rollschuhbahn öffnet in der Hasenheide.

– **1. Januar** Die »Berliner Freie Presse« erscheint als erste sozialdemokratische Tageszeitung in Berlin.

– **22. März** Nach zehnjähriger Bauzeit öffnet als weitere Einrichtung auf der Museumsinsel die Nationalgalerie, die Johann Heinrich Strack nach Plänen von Friedrich August Stüler erbaute.

1877 **10. Januar** Bei den Reichstagswahlen gewinnen die Sozialdemokraten zum ersten Mal zwei von sechs Berliner Mandaten; vier Mandate besetzen die Fortschrittspartei und die Nationalliberalen.

– **14. Juli** Der Papiergroßhändler und Stadtverordnete Leopold Ullstein kauft in der Zimmerstraße eine Druckerei sowie den Verlag des »Neuen Berliner Tageblatts« und begründet mit der »Berliner Zeitung« sein späteres Zeitungsimperium.

– **15. November** Mit der Fertigstellung des letzten Teilstückes zwischen Schöneberg, Grunewald, Charlottenburg und Moabit ist die **seit 1867** im Bau befindliche Ringbahn geschlossen.

– **31. Dezember** Die Einwohnerzahl der Stadt überschreitet die Millionengrenze. Die Zuwanderung in die Metropole hält weiterhin an, vor allem aus dem Brandenburgischen und den preußischen Ostprovinzen.

1878 bis 1882 Nach dem Entwurf von Johannes Vollmer wird der Bahnhof Hackescher Markt errichtet.

1878 Wilhelm Liebknecht gründet das Sozialdemokratische Berliner Arbeiter-Bildungs-Institut.

– Beginn des Baus der Stadtbahn, die Berlin von Ost nach West durchquert – eine *Eisenbahn, welche einerseits sämtliche Bahnhöfe, andererseits die neue Ringbahn mit der inneren Stadt verbinden sollte.* Da die Stadt nicht bereit ist, die hohen Grundstückspreise zu bezahlen, die sich bei gerader Linienführung ergeben hätten, führt die Strecke zwischen Jannowitzbrücke, Alexanderplatz und Hackeschem Markt auf dem zugeschütteten Festungsgraben entlang.

– **11. Mai/2. Juni** Zwei Anschläge auf Kaiser Wilhelm I. haben eine Hetzkampagne gegen die Sozialdemokratie zur Folge, die *Partei der Kaisermörder und Verschwörer.*

– **13. Juni** Unter Otto von Bismarcks Vorsitz versucht der »Berliner Kongreß« die Balkanfrage zu regeln.

– **November** Über Berlin wird im Zuge des Sozialistengesetzes der »Kleine Belagerungszustand« verhängt. Es folgen Ausweisungen.

1879 Die städtische Armenpflege für etwa 12 400 Almosenempfänger führen 53 Armenärzte, ein Wundarzt, zwei Ohren- sowie sechs Augenärzte aus.

– Die ersten elektrischen Bogenlampen werden in der Leipziger Straße beim Potsdamer Platz installiert.

– Das im englischen Gartenstil angelegte Arboretum in der Baumschulenstraße wird von Franz Späth gegründet.

– **1. April** In Charlottenburg wird die Königliche Technische Hochschule gegründet, in die die Berliner Bauakademie und die Gewerbeakademie aufgehen.

– **31. Mai** Auf der Berliner Gewerbeausstellung wird die erste durch Werner [von] Siemens entwickelte Elektrolokomotive (drei PS) vorgeführt.

– **3. Oktober** Teile des Tiergartens, die bislang zu Charlottenburg gehörten, werden nach Berlin eingemeindet.

– **6. Oktober** Die Gründungsversammlung des Vereins Berliner Kaufleute und Industrieller findet im City-Hotel statt.

1880 bis 1891 Errichtung des Bahnhofs Friedrichstraße für die Berliner Stadtbahn. Bereits **1884** passieren täglich 220 Lokalzüge und 94 Fernzüge den Bahnhof (**1923** Umbau).

1880 Der Ausbau des Kurfürstendamms in Charlottenburg – bisher eher ein Feldweg – als Pracht- und Zugangsstraße zum Grunewald beginnt.

– **15. Juni** Der nach einem Entwurf von Franz Schwechten in sechs Jahren gebaute Anhalter Bahnhof wird eingeweiht. Der monumentale Kopfbahnhof hat die größte Bahnhofshalle der Welt.

– **9. September** Der neue Jüdische Friedhof Weißensee wird eingeweiht (Herbert-Baum-Straße). Er wird zur größten jüdischen Begräbnisstätte in Deutschland.

1881 Eine deutsche Sektion des Internationalen Freidenkerverbandes (Brüssel) wird gegründet; Bruno Wille gibt die Zeitschrift »Der Freidenker« heraus.

– Der städtische Zentralvieh- und Schlachthof, im Ostteil des Prenzlauer Bergs nach Plänen von Hermann Blankenstein angelegt, wird in Betrieb genommen.

– Das in vier Jahren unter der Leitung von Martin Gropius und Heino Schmieden erbaute Kunstgewerbemuseum in der Prinz-Albrecht-Straße wird eröffnet.

– **28. Februar** Carl Bolle schickt drei Kutschwagen mit Milchladung auf eine Verkaufsfahrt durch die Stadt. Die Idee, Molkereiprodukte direkt an die Haushalte zu liefern, setzt sich schnell durch. Schon nach einem Jahr verkaufen bereits 56 Milchwagen täglich etwa 24 000 Liter Milch.

– **1. April** Berlin scheidet aus der Provinz Brandenburg aus und bildet einen eigenen Stadtkreis. Der Polizeipräsident übt weiterhin Regierungsfunktion aus und nimmt somit de facto die Position eines Regierungspräsidenten ein. Oberpräsidium, Konsistorium, Provinzialschulkollegium und Medizinalkollegium der Provinz Brandenburg bleiben für die Stadt als höhere Instanzen zuständig, was die Kompetenzaufteilung zwischen Provinzial- und Stadtverwaltung erschwert.

– **1. April** Die Stadt erhält ein Ortstelefonnetz.

– **1. Mai** Die erste regelmäßig verkehrende elektrische Straßenbahn nimmt auf der Versuchsstrecke zwischen dem Bahnhof in Groß-Lichterfelde und der Kadettenanstalt den Betrieb auf.

– **21. September** Der Berliner Regatta-Verein wird gegründet. Zuvor wurde am 27. Juni eine Ruder-Regatta-Strecke in Grünau geöffnet.

– **28. November** Infolge des Sozialistengesetzes wird der über die Stadt verhängte »Kleine Belagerungszustand« verlängert. Zahlreiche Sozialdemokraten werden ausgewiesen.

1882 Das Berliner Philharmonische Orchester wird gebildet.

– Die aus Württemberg stammenden Brüder Carl und August Aschinger eröffnen in der Neuen Roßstraße ihre erste »Bierquelle«.

– **7. Februar** Die mit einem Aufwand von 75 Millionen Mark erbaute Berliner Stadtbahn wird eröffnet. Sie verkehrt auf etwa elf Kilometern zwischen dem Schlesischen Bahnhof und dem Charlottenburger Stadtbahnhof.

1883 bis 1889 Auf dem Gelände der ehemaligen Königlichen Eisengießerei entsteht ein Naturkundemuseum (Invalidenstraße 43).

1883 Robert Koch, **seit 1889** am kaiserlichen Gesundheitsamt in der Luisenstraße tätig, entdeckt den Cholera-Erreger. Zwei Jahre später, im **Frühjahr 1885**, wird er Ordinarius des neu errichteten Instituts für Hygiene an der Universität.

– Der von August Scherl gegründete »Berliner Lokal-Anzeiger. Central-Organ für die Reichshauptstadt« erscheint erstmals. Die Auflage beträgt 200 000 Exemplare, die erste Massenzeitung Berlins ist auf dem Markt.

– **April** Der preußische Innenminister Robert von Puttkamer löst ohne Rechtsgrundlage die Berliner Stadtverordnetenversammlung auf, um die fortschrittlich-nationalliberale Koalition zu stürzen.

– **10. April** Emil Rathenau gründet mit Sitz in der Leipziger Straße die Deutsche Edison-Gesellschaft, die sich **ab 1887** Allgemeine Elektrizitäts-Gesellschaft (AEG) nennt.

– **2. September** Das bislang schwerste Eisenbahnunglück im Berliner Raum auf dem Steglitzer Bahnhof fordert 43 Todesopfer.

– **18. Oktober** Die Sozialdemokraten können erstmals für die Stadtverordnetenversammlung Kandidaten aufstellen und gewinnen fünf Mandate in der dritten Wahlklasse. Weitere Mandate und die der ersten beiden Wahlklassen gehen an die Nationalliberalen und die Fortschrittspartei.

1884 Ein Mitarbeiter von Robert Koch, Friedrich Löffler, entdeckt den Diph-therie-Erreger. Die nachfolgenden Impfungen lassen die Kindersterblich-keit erheblich sinken.

– Das »Berliner Volksblatt« erscheint als »Organ für die Interessen der Berliner Arbeiter«.

– Der Maler Max Liebermann läßt sich wieder in Berlin nieder und kauft ein Haus am Pariser Platz.

– **8. Mai** Die Städtische Elektrizitätswerke Aktiengesellschaft, die Vorläufe-rin der Bewag, wird gegründet.

– **9. Juni** Kaiser Wilhelm I. legt den Grundstein für das neue Reichstagsge-bäude. Nach Entwürfen des Architekten Paul Wallot wird es in zehnjäh-riger Bauzeit am Königsplatz errichtet.

1885 Das erste Berliner Elektro-Kraftwerk in der Markgrafenstraße nimmt seinen Betrieb auf. Damit beginnt der Prozeß der Elektrifizierung, eine Umwälzung von Wirtschaft und Verkehr, der Arbeits- und Lebensver-hältnisse.

– Der gebürtige Stralsunder Arthur Wertheim eröffnet in der Rosenthaler Straße ein Spezialgeschäft für Manufaktur- und Modewaren und legt den Grundstein für seine späteren Großunternehmungen (Leipziger Straße/ Warenhaus).

– **5. Mai** Der erste Fußballklub Berlins unter dem Vorsitz von Georg Leux gründet sich. Mit seinem Namen BFC Frankfurt erinnert er an die Her-kunft seines Gründers.

– **Mitte Juni bis Anfang August** In Berlin fordert ein Massenstreik von rund 12 000 Maurern höhere Löhne und die Einführung des Neun-Stun-den-Tages.

1886 bis 1889 Die Brücke zwischen Schloß und Dom (Kaiser-Wilhelm-, später Liebknecht-Brücke) wird angelegt.

1886 bis 1893 In Herzberge, Krs. Niederbarnim, wird von Hermann Blanken-stein die zweite Irrenanstalt Berlins errichtet.

1886 Zum ersten Mal findet im Landesausstellungspark am Lehrter Bahnhof die allgemeine Kunstausstellung statt.

– **3. Mai** Die Berliner Zentralmarkthalle am Alexanderplatz mit direktem Anschluß an die **1883** fertiggestellte Stadtbahn öffnet erstmals die Pforten für ihre Kunden. Sie ist die größte der ersten vier städtischen Markthallen, die bei den Kunden sofort großen Anklang finden.

– **August** Der seit drei Jahren in Berlin lebende Samuel Fischer gründet seinen Verlag mit Sitz in der Köthener Straße. Mit seiner verlegerischen Tätigkeit fördert Fischer vor allem naturalistische Schriftsteller wie Gerhart Hauptmann, Henrik Ibsen oder Emile Zola.

1886/1887 Im Prenzlauer Berg wird ein Asyl für 5 000 Obdachlose, die sogenannte »Palme«, errichtet (Prenzlauer Allee, Fröbel- und Diesterwegstraße). Dazu gehört ein städtisches Hospital und ein Siechenhaus (später Fröbelkrankenhaus).

1887 Auf Anregung von Werner [von] Siemens wird in Charlottenburg die Physikalisch-Technische Reichsanstalt gegründet. Sie verstärkt die Rolle Berlins als innovatives Zentrum der technischen und Naturwissenschaften.

– Das Varieté Wintergarten am Bahnhof Friedrichstraße öffnet.

– **15. Januar** Eine neue Bauordnung für Berlin wird erlassen, die ebenfalls auf die Vororte der Kreise Niederbarnim und Teltow ausgedehnt wird.

– **1. September** Die erste Nummer der »Berliner Abendpost« von Leopold Ullstein erscheint.

– **21. Oktober** Der Pianist und Dirigent Hans von Bülow übernimmt die Leitung des Berliner Philharmonischen Orchesters.

1888 Die seit **1862** in Berlin lebende Lehrerin Minna Cauer gründet den Verein »Frauenwohl« als eine Vereinigung der bürgerlich-liberalen Frauenbewegung.

– Auf Initiative von Oskar Blumenthal öffnet am Friedrich-Karl-Ufer das Lessing-Theater mit »Nathan der Weise«.

– Die »Urania« wird im Landesausstellungspark an der Invalidenstraße (für die Gewerbeausstellung **1879** errichtet) mit einer Sternwarte, Bühne und populären Vorträgen eröffnet (ab **1896** in der Taubenstraße).

– Der Saalbau Friedrichshain wird eröffnet.

– Der Roman »Meister Timpe« von Max Kretzer, in dem er am Schicksal einer Berliner Handwerkerfamilie literarisch die Konflikte des industriellen Zeitalters darstellt, erscheint.

1889 bis 1891 Nach einem Entwurf von Reinhold Begas wird der Neptunbrunnen in Bronze gegossen, Kaiser Wilhelm II. von der Stadt geschenkt und am Schloß (Breite Straße) aufgestellt.

1889 bis 1893 Das Wasserwerk Friedrichshagen wird am Nordufer des Müggelsees als kombiniertes Grund- und Oberflächenwasserwerk nach Plänen des englischen Ingenieurs Henry Gill angelegt und für die Versorgung Berlins und seiner Vororte in Betrieb genommen.

– Über 40 000 Berliner Arbeiter in 30 Gewerbezweigen streiken für Lohnerhöhungen und Verkürzung der Arbeitszeit auf zehn Stunden pro Tag.

– Das Cöllnische Rathaus gegenüber der Petrikirche wird im Zuge der Erweiterung der Breiten Straße abgerissen.

– Am Ende des ausgebauten Kurfürstendamms wird im Waldgebiet des Grunewaldes eine Villenkolonie angelegt. In der Gegend rund um die Königsallee siedeln sich vor allem Wissenschaftler und Künstler an.

– Der Architekt und Kunstmäzen Bernhard Sehring läßt in der Fasanenstraße das Künstlerhaus zum St. Lukas bauen, das jungen und mittellosen Künstlern sowohl Arbeits- als auch Lebensraum bieten soll.

– Die Lehrerin Helene Lange gründet in Berlin Realschulkurse für Frauen.

– **10. April** Auf Initiative von Otto Brahm, Samuel Fischer, Paul Schlenther, Theodor Wolff sowie der Gebrüder Julius und Heinrich Hart und anderer wird die Freie Bühne gegründet, die sich vor allem der Aufführung von naturalistischen und gesellschaftskritischen Dramen widmet, die wegen der preußischen Zensur nicht öffentlich aufgeführt werden.

– **Oktober/November** Im Lessing-Theater werden Gerhart Hauptmanns soziales Drama »Vor Sonnenaufgang« und Hermann Sudermanns Schauspiel »Die Ehre« uraufgeführt.

1890 bis 1920 Im Friedrichshagener Dichterkreis konzentrieren sich um Wilhelm Bölsche und Bruno Wille die Berliner Naturalisten.

1890　**20. Februar** Bei den Reichstagswahlen gewinnen die Sozialdemokraten trotz Sozialistengesetz die Mehrheit der in Berlin abgegebenen Stimmen.

– 　**Mai** Erstmalig begehen Berliner den Maifeiertag als Kampftag für Arbeiterrechte, Solidarität und Sozialismus.

– 　**3. Juli** 70 Gewerkschaftsverbände bilden die »Berliner Gewerkschaftskommission« als Leitung.

– 　**29. Juli** Auf Anregung des Schriftstellers Bruno Wille wird im Böhmischen Brauhaus im Friedrichshain der Theaterverein Freie Volksbühne gegründet. Nach kurzer Zeit hat der Verein, der Theaterbesuche zu Pfennigpreisen ermöglicht, 2 000 Mitglieder, die fast ausschließlich der Arbeiterschaft angehören.

– 　**31. Dezember** Der Gewerberat beaufsichtigt 5 186 Berliner Fabriken, die rund 160 000 Beschäftigte, davon 8 480 unter 16 Jahren, haben. In den nächsten zehn Jahren kommt es zur »Randwanderung« der Berliner Industrie, die aus Platzgründen an die Peripherie der Stadt bzw. in deren Vororte rings um Berlin »auswandert«.

1891　In Berlin produzieren 82 Brauereien im Geschäftsjahr 1890/1891 zusammen über 3,5 Millionen Hektoliter Bier.

– 　Der wachsende Verkehr zwischen Berlin und seinen westlichen Vororten führt zum Bau der Wannseebahn, die im zwanzigminütigen Abstand Berlin mit Potsdam verbindet.

– 　Die Reichsbank erwirbt das Gelände der Hausvogtei und läßt den alten Bau abreißen. Von **1892 bis 1899** wird hier der Erweiterungsbau der Reichsbank ausgeführt.

– 　Im Wedding werden die Bergmann-Elektrizitätswerke gegründet. **1907** werden Produktionsstätten in Wilhelmsruh-Rosenthal angelegt, **1908** wird die Produktion von Großturbinen aufgenommen.

– 　**1. Januar** Nach der Aufhebung des Sozialistengesetzes kann der »Vorwärts«, hervorgegangen aus dem »Berliner Volksblatt« (**1884**) und herausgegeben vom Führer der Berliner Sozialdemokraten, Paul Singer, in einer Auflage von 10 000 Exemplaren in Berlin wieder erscheinen. Die Schriftleitung hat Wilhelm Liebknecht. Berlin wird Sitz der zentralen Leitungen der SPD und später der Freien Gewerkschaften (»Gewerkschaftskommission«).

- **14. Dezember** Eine Probenummer der später im Ullstein-Verlag herausgegebenen »Berliner Illustrirten Zeitung« erscheint.

1891/1892 In der Behrenstraße wird das Theater Unter den Linden (später Metropol-Theater) von den Wiener Architekten Ferdinand Fellner und Hermann G. Helmer als eines der ersten Gebäude im Neubarockstil in Berlin errichtet.

- Nach Entwürfen von Heinrich Seeling wird das Theater am Schiffbauerdamm als Neues Theater errichtet (heute Berliner Ensemble).

1892 Die Deutsche Friedensgesellschaft wird in Berlin gegründet.

- Die Anlage des Viktoriaparks auf dem Kreuzberg wird nach Entwürfen von Gartendirektor Hermann Mächtig vollendet.

- Sieben Jahre nach der Konstruktion ist in Berlin das erste Automobil, ein Dreirad von Benz, unter dem amtlichen Kennzeichen IA - 1 zugelassen.

- **Frühjahr** Der Schlager »Im Grunewald ist Holzauktion« erscheint und wird in kürzester Zeit zu einem Hit.

- **15. Juli** Der Fußballklub Hertha 92 wird gegründet.

1893 Die neue Kolonie Karlshorst wird angelegt.

- Der Verein für Hindernisrennen zu Berlin erwirbt in der Nähe der Vorortbahn Karlshorst ein Gelände, um darauf eine Rennbahn anzulegen.

- **26. Februar** Das sozialkritische Drama Gerhart Hauptmanns »Die Weber« erlebt als private Veranstaltung der Freien Bühne seine Uraufführung.

- **21. September** Als zweites Drama von Gerhart Hauptmann in diesem Jahr hat »Der Biberpelz« im Deutschen Theater seine Uraufführung, worauf für dieses Haus die königliche Loge gekündigt wird.

1894 bis 1899 Die Oberbaumbrücke, **1724** zur Erhebung des Schifffahrtzolls errichtet, wird durch einen Massivbau ersetzt.

1894 Am Landwehrkanal im Süden von Berlin wird der Urbanhafen eröffnet.

- Der Umbau des Doms nach einem Entwurf von Julius Karl Raschdorff beginnt. Am **27. Februar 1905** kann der Neubau geweiht werden.

– **22. Mai** Die Gemeindekommission der Berliner Stadtverordnetenversammlung fordert eine gesetzliche Neuregelung der kommunalen und polizeilichen Angelegenheiten für die Berliner Vororte.

1894/1895 Die Gertraudenbrücke wird nach Plänen von Otto Stahn umgebaut. **1896** wird das Bronzedenkmal der Hl. Gertraud zur Erinnerung an das ehemalige Gertraudenhospital aufgestellt.

1895 Der Zirkus Busch gibt in seinem ersten festen Haus in Berlin, im Rundbau neben dem Bahnhof Börse (heute Hackescher Markt), seine erste Vorstellung.

– **2. September** Die Kaiser-Wilhelm-Gedächtniskirche, gebaut nach Entwürfen von Franz Schwechten, wird geweiht.

– **14. Oktober** Das Berliner Philharmonische Orchester bestimmt Arthur Nikisch zu seinem ständigen Dirigenten.

– **1. November** Im Varieté Wintergarten an der Friedrichstraße zeigen die Brüder Max und Emil Skladanowsky die ersten »laufenden Bilder« – Berliner Straßen- und Jahrmarktszenen. Damit beginnt in Berlin die deutsche Filmgeschichte. Das erste Kino eröffnet Otto Pritzkow **1899** in der Münzstraße.

– **17. Dezember** Die Berolina-Statue von Emil Hundrieser wird auf dem Alexanderplatz aufgestellt (**1944** eingeschmolzen).

1896 Der Architekt Ludwig Hoffmann wird als Stadtbaurat berufen. Während seiner Amtszeit **bis 1924** entwirft und verantwortet er zahlreiche Verwaltungs- und Museumsbauten, Schulen und Krankenhäuser.

– Nach nur einjähriger Bauzeit (Entwurf Bernhard Sehring) kann in der Kantstraße das Theater des Westens, das sich vor allem der leichten Muse widmen wird, eröffnet werden.

– Nach Bewilligung der Mittel durch den Preußischen Landtag beginnt der Neubau der Charité unter Leitung von Kurt Diestel und Förderung durch Ministerialdirektor Friedrich Althoff. Die Arbeiten dauern bis in die Zeit des Ersten Weltkrieges.

– Gründung der Treptower Sternwarte (**seit 1946** Archenhold-Sternwarte). Am **4. April 1909** wird der Neubau in Betrieb genommen.

– **3. Mai** Die bislang umfangreichste Berliner Gewerbeausstellung öffnet im Treptower Park ihre Pforten.

1897 Der Botanische Garten wird nach Dahlem verlegt. Das bisherige Gelände wird in einen Park umgewandelt (**ab 1911** Heinrich-von-Kleist-Park).

– **22. März** Gegenüber dem Berliner Stadtschloß wird ein Nationaldenkmal für Kaiser Wilhelm I. enthüllt.

1897/1898 Im Auftrag des Berliner Spar- und Bauvereins entstehen in u-förmiger Bebauung die Wohnanlagen Proskauer Straße sowie Schreinerstraße in Friedrichshain. Das von Alfred Messel geschaffene Projekt wird auf der Pariser Weltausstellung **1900** preisgekrönt.

1898 bis 1906 Der Marstall wird im neubarocken Repräsentationsstil (Ernst von Ihne) errichtet. Im Spreeflügel sind 300 Pferde des Hofes sowie die Kutschen untergebracht.

1898 Die Stadt Berlin erwirbt den Gutsbezirk Buch und errichtet nach Plänen Ludwig Hoffmanns **zwischen 1899 und 1927** einen Komplex von fünf Krankenhäusern.

– Der Münchener Komponist und Dirigent Richard Strauss wird Berliner Hofkapellmeister.

– **März** Zwischen Kemper- und Königsplatz entsteht die Siegesallee und werden die ersten drei Statuen brandenburgischer Markgrafen enthüllt. **1901** fertiggestellt, findet die Allee im Tiergarten mit ihren 32 Dynasten-Standbildern wenig Anklang bei Berlinern und Kunstkritikern (»Puppen-Allee«).

– **2. Mai** Die Maler Walter Leistikow und Max Liebermann initiieren die Gründung der Künstlervereinigung Berliner Secession, die sich für die Förderung neuer künstlerischer Ansätze einsetzen will. Am **20. Mai 1899** eröffnet die Secession ihre erste Ausstellung.

– **24. Mai** Das erste Autorennen zwischen Berlin und Potsdam findet statt.

1899 bis 1908 An der Wallstraße entsteht das Märkische Museum, begründet am **9. Oktober 1874** durch den Stadtrat für Kultur, Ernst Friedel, errichtet durch Ludwig Hoffmann.

1899 Mit der Allgemeinen Auto-Gesellschaft in Oberschöneweide (**seit 1901** von der AEG als Neue-Automobil-Gesellschaft betrieben) entwickelt sich in Berlin der Automobilbau als neuer Industriezweig.

– Der Philosoph und Anthroposoph Rudolf Steiner beginnt seine Lehrtätigkeit am Berliner Arbeiter-Bildungsinstitut.

– **Juli** Als weitere Verkehrsverbindung nimmt die südliche Vorortbahn vom Blücherplatz nach Britz den Betrieb auf.

– **16. September** Ein preußisches Gesetz ordnet die Gerichtsverfassung im Berliner Raum neu. Das Landgericht (Landgericht III) befindet sich in Charlottenburg, während die Amtsgerichte in Wedding, Reinickendorf, Pankow, Neu-Weißensee, Schöneberg, Lichtenberg und Groß-Lichterfelde ihren Sitz haben.

– **31. Dezember** Im Apollo-Theater erlebt Paul Linckes Operette »Frau Luna« ihre begeistert gefeierte Uraufführung.

1900 Heinrich Manns Roman »Im Schlaraffenland« erscheint, der die »bessere Gesellschaft« Berlins und die Literaten- und Künstler-Bohème verspottet.

– **13. Juni** Zur Vereinfachung der Verwaltung werden per Gesetz die Stadtkreise Berlin, Schöneberg, Charlottenburg und Rixdorf mit Wirkung vom **1. Oktober** zu einem Landespolizeibezirk Berlin zusammengefaßt.

– **7. August** Mehr als 100 000 Sozialdemokraten und Freunde erweisen dem verstorbenen Wilhelm Liebknecht auf dem Beisetzungszug nach Friedrichsfelde die letzte Ehre.

– **14. Dezember** Der Physiker Max Planck hält auf einer Zusammenkunft der Physikalischen Gesellschaft in Berlin einen Vortrag über seine Quantentheorie.

1901 bis 1904 Bau des Köpenicker Rathauses (Architekten Hans Schütte, Hugo Kinzer), Erweiterungsbauten **1936 bis 1939**.

1902 bis 1904 Die Synagoge in der Rykestraße wird erbaut. In der Pogromnacht vom **9.** zum **10. November 1938** beschädigt, wird sie ab **1940** als Lagerhalle mißbraucht. Seit **September 1945** finden wieder Gottesdienste statt.

1902 bis 1911 Das Neue Berliner Stadthaus wird für den Magistrat errichtet (Architekt ist der Stadtbaurat Ludwig Hoffmann).

1902   Gründung der Berliner Handelskammer.

–   Das neuerrichtete Gewerkschaftshaus am Engelufer ist fertiggestellt. Hier nimmt die Generalkommission der Gewerkschaften Deutschlands ihren Sitz. Berlin ist damit Zentrum der deutschen Gewerkschaftsbewegung.

–   **8. Februar** Eine neugebildete Kommission soll die Eingemeindungsverhandlungen mit Lichtenberg, Boxhagen-Rummelsburg und Treptow führen.

–   **15. Februar** Die Hochbahnstrecke zwischen Potsdamer Platz und Stralauer Tor nimmt den Betrieb auf.

–   **10. Dezember** Der Berliner Chemiker Emil Fischer erhält den Nobelpreis für Chemie, dem Berliner Geschichtsprofessor Theodor Mommsen wird als erstem Deutschen der Literatur-Nobelpreis zuerkannt.

1903 bis 1914 Errichtung des Gebäudes der Deutschen Staatsbibliothek nach Plänen des Architekten Ernst von Ihne und des Baurats Anton Adams.

1903   **23. Januar** Maxim Gorkis Drama »Nachtasyl« wird unter der Regie von Max Reinhardt im Kleinen Theater erstmals in deutscher Sprache aufgeführt.

–   **27. Mai** Die AEG-Telefunken-Gruppe gründet sich.

1904   Unter der Leitung von Alfred Messel wird der Bau des Warenhauses Wertheim an der Leipziger Straße und am Leipziger Platz fertiggestellt. In der Fachliteratur gilt er als erster Architekt, *dem es gelang, für den Zweck des Warenhauses die richtige Form zu finden.* Die großen Warenhäuser bestimmen die modernen Handelsformen.

–   Eröffnung des Bode-Museums (ursprünglich Kaiser-Friedrich-Museum), erbaut nach Plänen Ernst von Ihnes.

–   Der Vergnügungspark Lunapark am Halensee wird gegründet.

–   Die amerikanische Tänzerin Isadora Duncan gründet in Berlin eine Schule für Bühnentänzerinnen, wodurch der Ausdruckstanz in Deutschland Verbreitung erfährt.

–   **22. Oktober** Im Ullstein-Verlag erscheint die »B.Z. am Mittag«, die als erstes deutsches Blatt in den Straßenverkauf geht.

1905 Auf der Westseite der Schönhauser Allee werden die Restaurations- und Wohngebäude der ehemaligen Malzbierbrauerei Christoph Groterjahn errichtet.

– An der Weidendammer Brücke beginnt die Komische Oper ihren Spielbetrieb.

– **9. Februar** Es finden 21 sozialdemokratische Solidaritätsveranstaltungen mit der bürgerlich-demokratischen Revolution in Rußland statt. Auch die Ehrung der Märzgefallenen vom **März 1848** und die Maifeiern stehen im Zeichen dieses Ereignisses.

– **November** In der Stadt verkehren die ersten Kraftomnibusse, womit ein weiteres Massenverkehrsmittel auf den Berliner Straßen zum Einsatz kommt.

– **10. Dezember** Der als Leiter des Berliner Instituts für Infektionskrankheiten wirkende Robert Koch und der aus Berlin stammende Chemiker Adolf von Baeyer erhalten den Nobelpreis für Medizin bzw. Chemie.

– **17. Dezember** Die sozialdemokratischen Wahlvereine der sechs Berliner und der beiden benachbarten Reichstagswahlkreise (Teltow-Beeskow-Storkow-Charlottenburg und Niederbarnim) bilden den Verband der sozialdemokratischen Wahlvereine Berlins und Umgegend (Vorsitzender Eugen Ernst). Er zählt **1906** fast 65 000 Mitglieder.

– **31. Dezember** In nur fünf Jahren hat sich die Einwohnerzahl von Berlin mit den Vororten um 500 000 vergrößert und überspringt nun die Zwei-Millionen-Grenze.

1905/1906 Neugestaltung der Französischen Kirche auf dem Gendarmenmarkt.

1906 Als viertes städtisches Krankenhaus wird im Wedding unter der Leitung von Stadtbaurat Ludwig Hoffmann das Rudolf-Virchow-Krankenhaus fertiggestellt.

– Gründung der Handelshochschule an der Spandauer Straße.

– **26. Mai** In Tegel unternimmt August von Parseval den ersten Aufstieg mit einem von ihm gebauten lenkbaren Luftschiff.

– **2. Juni** In Anwesenheit des Kaisers wird der **seit 1901** gebaute Teltow-Kanal als wichtige Verbindung zwischen Havel und Spree im Süden Berlins übergeben.

– **16. Oktober** Der arbeitslose Schuhmacher Wilhelm Voigt, bald als »Hauptmann von Köpenick« bekannt, besetzt in der Verkleidung eines Hauptmanns das Köpenicker Rathaus und beschlagnahmt die Stadtkasse. Der Vorfall wirft ein Schlaglicht auf die vom Militarismus beherrschten Verhältnisse.

– **8. November** Die Berliner Kammerspiele öffnen mit der Aufführung von Henrik Ibsens »Gespenstern« unter der Regie von Max Reinhardt.

– **15. November** August Bebel eröffnet in der Lindenstraße die Parteischule der Sozialdemokraten, an die unter anderen Rosa Luxemburg, Hugo Heimann, Kurt Rosenfeld, Arthur Stadthagen, Franz Mehring und Emanuel Wurm als Dozenten kommen.

1907 Die Industriebahn Friedrichsfelde–Tegel nimmt den Betrieb auf.

– Kaiser Wilhelm II. eröffnet das Luxushotel »Adlon« am Pariser Platz/ Wilhelmstraße.

– **Frühjahr** Am Wittenbergplatz wird das Kaufhaus des Westens (KaDeWe) eröffnet.

– **Frühjahr** Am Wannsee empfängt eine »Öffentliche Badeanstalt«, das Strandbad Wannsee, die ersten Badegäste.

– **15. Oktober** Die Stadtbibliothek mit 90000 Büchern wird der öffentlichen Nutzung übergeben.

1908 Frauen werden in Berlin zum Universitätsstudium zugelassen.

– **1. Oktober** Das Berliner U-Bahn-Netz verlängert sich mit der Einweihung der Strecke Spittelmarkt – Leipziger Platz (Potsdamer Platz) auf rund 14,5 Kilometer.

1908/1909 Auf dem Grundstück an der Grabbeallee (Lindenstraße) in Pankow errichtet der Berliner Beamten-Wohnungsbauverein nach Entwürfen von Paul Mebes und Paul Emmerich eine Wohnanlage.

1909 **Ende August** Ferdinand Graf von Zeppelin startet vom Tempelhofer Feld mit seinem Luftschiff »Z6« zum Rückflug nach Friedrichshafen/ Bodensee und überfliegt dabei Berlin.

– **26. September bis 3. Oktober** Mit einem »Konkurrenz-Fliegen der ersten Aviatiker der Welt« wird der Flugplatz Johannisthal in Betrieb genommen. Von hier aus nimmt das Militärflugwesen seinen Ausgang. In Adlershof besteht **seit 1912** die »Deutsche Versuchsanstalt für Luftfahrt«.

1910 bis 1915 Am Falkenberg in Altglienicke entsteht im Rahmen des genossenschaftlichen Wohnungsbaus ein Siedlungskomplex, entworfen von Bruno Taut.

1910 Im Norden von Berlin wird die Villen- und Gartenstadt Frohnau angelegt.

– In der Stadtgemeinde Berlin leben auf 66 Quadratkilometern Fläche über 2 Millionen Menschen, auf den 800 Quadratkilometern Umland, das **1920** mit Berlin vereinigt wird, wohnen 1 724 000 Menschen.

– In der Berliner Weydingerstraße wird ein Bürogebäude errichtet, in dem von **1926 bis 1933** die KPD ihren Sitz hat (Karl-Liebknecht-Haus).

– **6. März** Etwa 150 000 Menschen demonstrieren im Tiergarten nach einem Aufruf der Sozialdemokraten in einem »Wahlrechtsspaziergang«, da eine Demonstration verboten wurde, gegen das Dreiklassenwahlrecht, für das allgemeine, gleiche, geheime und direkte Wahlrecht für alle Männer und Frauen, die älter als 20 Jahre sind.

– **Oktober** Anläßlich der 100-Jahr-Feier erhält die Friedrich-Wilhelms-Universität das Gebäude der Königlichen Bibliothek zur Nutzung (»Kommode«). Die Universität ist als Lehr- und Forschungsstätte international in vielen Disziplinen führend. Im Wintersemester studieren hier 10 483 Studenten, davon 1 055 Frauen, die erst **seit 1908** an preußischen Universitäten immatrikuliert werden können.

– **17. November** An der Potsdamer Straße in Schöneberg wird der Sportpalast eingeweiht.

– **17. Dezember** Die Vereinsbrauerei der Berliner Gastwirte nimmt den Firmennamen »Berliner Kind'l« an.

1910/1911 Die Stadt Berlin kauft vom preußischen Staat die 525 Hektar große Wuhlheide zum Zweck der Trinkwasserförderung.

1911 bis 1913 Die Hochbahnanlage in der Schönhäuser Allee wird nach Plänen von Alfred Grenander und Johannes Bousset errichtet. Die Inbetriebnahme erfolgte am **1. Oktober 1908** zwischen Potsdamer Platz und Spittelmarkt, am **1. Juli 1913** bis zum Alexanderplatz, am **27. Juli 1913** vom

Alexanderplatz bis zum Nordring und schließlich am **29. Juni 1930** bis zum Tunnelbahnhof Pankow-Vinetastraße.

1911 **11. Januar** Gründung der »Kaiser-Wilhelm-Gesellschaft zur Förderung der Wissenschaften«. Sie wird mit den Instituten in Dahlem zum bedeutendsten deutschen naturwissenschaftlichen Forschungszentrum. Erster Präsident ist der Theologe Adolf [von] Harnack.

– **3. September** Im Treptower Park demonstrieren über 200 000 Berliner gegen die Marokko-Politik, für den Frieden.

1912 bis 1930 Nach Plänen von Alfred Messel wird das Pergamon-Museum auf der Museumsinsel gebaut.

1912 In der Charlottenburger Fasanenstraße wird die Synagoge eingeweiht.

– Das Strandbad Müggelsee wird als größtes Strandbad im Berliner Osten eingeweiht.

– In der Königsheide wird der Friedhof und Urnenhain der Landgemeinde Treptow angelegt (Friedhof Baumschulenweg mit Krematorium).

– **12. Januar** Bei den Reichstagswahlen erhält die SPD in den acht Groß-Berliner Reichstagswahlkreisen über 75 Prozent der Stimmen und sieben der acht möglichen Mandate.

– **27. Januar** Rixdorf darf sich von nun an Neukölln nennen.

– **1. April** Das Gesetz über die Bildung eines Zweckverbandes Groß-Berlin (Berlin, Stadtkreise Charlottenburg, Schöneberg, Wilmersdorf, Neukölln, Lichtenberg, Spandau sowie die beiden Landkreise Teltow und Niederbarnim) tritt in Kraft. Es soll die Zusammenarbeit der Gemeinden in Fragen des Verkehrs, der Bebauung und der Freiflächen zur Erholung fördern.

– **20. Oktober** 250 000 Berliner verlangen im Treptower Park von der Regierung eine Politik der Neutralität und Nichteinmischung im Balkankrieg.

– **7. Dezember** Das Deutsche Opernhaus in der Charlottenburger Bismarckstraße wird eingeweiht.

1913 An der Spree zwischen Oberbaumbrücke und Elsenbrücke wird der Osthafen fertiggestellt (Bau **seit 1910**). Lagerhallen und Getreidemühlen erstrecken sich über 1,4 Kilometer östlich der Spree. Der Bau des Westhafens in Moabit wird durch den Krieg unterbrochen.

– Auf Antrag der sozialdemokratischen Fraktion der Stadtverordnetenversammlung wird der Märchenbrunnen als Geschenk an die von Typhus und Rachitis bedrohten Arbeiterkinder des Berliner Ostens angelegt.

– **15. September** Als ein Zeichen der Unabhängigkeit und Selbständigkeit sowie des wirtschaftlichen Aufschwunges wird Spandau ein neuer Rathausbau übergeben.

– **18. September** Nach vierjähriger Bauzeit kann das Kammergericht aus der Lindenstraße in sein neues Gebäude in der Schöneberger Elßholzstraße umziehen.

– **September bis Dezember 1914** Im Berliner Scheunenviertel entsteht nach Plänen von Oskar Kaufmann die Freie Volksbühne.

1914 In Berlin sind 7 394 Autos zugelassen, im gesamten Deutschen Reich 8 323.

– **8. März** Neun öffentliche Frauenversammlungen sind der Verwirklichung des Frauenwahlrechts gewidmet.

– **22. März** Nach zehnjähriger Bauzeit wird das neue Gebäude der Königlichen Bibliothek (heute Deutsche Staatsbibliothek, Entwurf von Ernst von Ihne) Unter den Linden eröffnet.

– **1. April** Der Physiker Albert Einstein übernimmt die Direktion des Kaiser-Wilhelm-Instituts für Physik und wohnt bis zu seiner Emigration **1933** in Berlin.

– **26. Mai** In Berlin und Umgebung finden 17 Versammlungen gegen das Dreiklassenwahlrecht statt.

– **27. Juni** Der Großschiffahrtsweg Berlin – Stettin (Havel – Oder) wird in Gegenwart Kaiser Wilhelms II. dem Verkehr übergeben.

– **31. Juli** Eine »Allerhöchste Verordnung« verhängt über Berlin und die Provinz Brandenburg den Kriegszustand. Am Tag darauf wird im Deutschen Reich die Mobilmachung angeordnet.

- **August** Infolge der Mobilmachung schließen in Berlin Theater und Museen, der öffentliche Verkehr sowie der Stromverbrauch werden eingeschränkt.

- **Oktober** Linke Sozialdemokraten in und um Berlin verstärken ihren Kampf gegen den Krieg, der SPD-Bildungsausschuß Niederbarnim gibt »Referentenmaterialien« heraus.

- **22. Oktober** Nach einer Übergangskrise durch die Umstellung auf die Kriegswirtschaft (mit über 100 000 Arbeitslosen in Berlin) werden Berliner Betriebe zu wichtigen Zentren der Kriegsproduktion.

- **2. Dezember** Als einziger Abgeordneter stimmt der Sozialdemokrat Karl Liebknecht im Reichstag gegen die Kriegskredite.

1914/1915 Umbau der **1798** errichteten Jungfernbrücke (ehemals Spreegassenbrücke). Sie gilt als das letzte Beispiel eines holländischen Brückentyps, der früher in Berlin und in der Mark Brandenburg verbreitet war.

1915 **4. Januar** Der am **9. April 1843** in Frankfurt an der Oder geborene Maler Anton von Werner stirbt in Berlin. Er war seit **1875** Direktor der Hochschule für Bildende Künste der Berliner Akademie und von **1887 bis 1895** Vorsitzender des Vereins der Berliner Künstler und Hauptvertreter der Wilhelminischen Hof- und Historienmalerei.

- **23. Februar** Als erste deutsche Stadt führt »Groß-Berlin« die Brotkarte ein. Die Ration beträgt zunächst wöchentlich pro Person 2 000 Gramm Brot. Kinder bis zu einem halben Jahr erhalten keine und bis zu 15 Jahren die halbe Ration.

- **März** In der Stadt werden erstmals Frauen als Schaffnerinnen oder als Bedienstete der Stadtwerke herangezogen.

- **5. März** In der Wohnung von Wilhelm Pieck in Berlin-Steglitz treffen sich linke Sozialdemokraten. Es ist der Beginn des Entstehens der Gruppe »Internationale«, aus der am **1. Januar 1916** die Spartakusgruppe gebildet wird, die konsequent gegen den Krieg auftritt.

- **24. März** Georg Klingenberg läßt für die Berliner Stromversorgung das Großkraftwerk Golpa bauen, das nach einer Rekordbauzeit am **5. Dezember 1915** fertiggestellt ist.

- **27. März** Der Zweckverband Groß-Berlin kauft vom preußischen Staat für 50 Millionen Goldmark etwa 10 000 Hektar Wald (Köpenicker Forst, Grunewald).

- **30. April** Das fünfhundertjährige Regierungsjubiläum der Hohenzollern in der Mark Brandenburg wird begangen.

- **28. Mai** Frauen demonstrieren vor dem Reichstagsgebäude für Frieden und Brot.

- **Herbst** Die Gaststätten müssen fleischlose Tage einführen.

- **1. Oktober** Die privaten Berliner Elektrizitätswerke gehen in städtischen Besitz über.

1916 Zur Linderung des kriegsbedingten Nahrungsmangels finden in der Stadt die ersten Massenspeisungen statt.

- **1. Mai** Auf dem Potsdamer Platz findet eine Kundgebung gegen den Krieg, für Brot, Freiheit und Frieden statt. Karl Liebknecht wird verhaftet und wegen Hochverrats zu vier Jahren und einem Monat Zuchthaus verurteilt. Aus Protest gegen den Prozeß streiken am **28. Juni** etwa 55 000 Rüstungsarbeiter, der erste politische Massenstreik während des Krieges.

- **27. Juni** Auf dem Potsdamer Platz demonstrieren 25 000 Menschen gegen die Verhaftung von Karl Liebknecht.

- **10. Juli** Rosa Luxemburg wird in Schutzhaft genommen, aus der sie erst bei Ausbruch der Novemberrevolution am **8. November 1918** freikommt.

1917 Unter Leitung des Schöneberger Oberbürgermeisters Alexander Dominicus gründet sich ein Bürgerausschuß Groß-Berlin - ein weiterer Schritt in Richtung Großgemeinde.

- **Januar** Nach einer katastrophalen Ernte erhalten die Berliner im dritten Kriegswinter pro Woche 1 900 Gramm Brot, 2 500 Gramm Kartoffeln, 80 Gramm Butter, 250 Gramm Fleisch und 180 Gramm Zucker sowie pro Monat zwei Eier. Auch Kaffee, Tee und Seife sind rationiert, Kleider, Schuhe und anderes auf Karten erhältlich. Die Kohlrübe wird zum wichtigsten Nahrungsmittel. Die Lage verschärft sich durch einen harten Winter (»Kohlrübenwinter«).

– **April** Nach der Gründung der Unabhängigen Sozialdemokratischen Partei (USPD) in Gotha (6. bis 8. April) und dem Übergang der Mehrheit (28 000) der Berliner Sozialdemokraten zur Opposition bildet sich eine Bezirksorganisation der SPD (6 500 Mitglieder). Die Stadtverordnetenfraktion der SPD spaltet sich: 22 Mitglieder von 46 bilden die neue USPD-Fraktion.

– **16. April** Streikaktionen von etwa 300 000 Berliner Arbeitern nach dem Sieg der Februarrevolution in Rußland und weiterer Verschlechterung der Lebensverhältnisse.

– **November** Die Berliner USPD organisiert Demonstrationen für einen Frieden ohne Annexionen und Kontributionen, wie ihn die neugebildete Sowjetregierung nach der Oktoberrevolution in Rußland vorgeschlagen hat.

– **18. Dezember** In Berlin wird die Universum Film AG (UFA) gegründet.

1918 Der Historiker Paul Fridolin Kehr, Generaldirektor der Preußischen Staatsarchive, wird ordentliches Mitglied der Preußischen Akademie der Wissenschaften.

– **28. Januar bis 4. Februar** An dem in ganz Deutschland geführten Januarstreik beteiligen sich allein etwa 500 000 Arbeiter in Berlin. Die Betriebsvertrauensleute konstituieren sich im Groß-Berliner Arbeiterrat. Dieser erhebt als wichtigste Streikforderungen: Frieden ohne Annexionen und Kontributionen, die Freilassung der politischen Gefangenen sowie eine Demokratisierung der Staatseinrichtungen.

3. bis 7. August In den Deutschen Waffen- und Munitionsfabriken Berlin-Wittenau finden Streiks für den Acht-Stunden-Tag und Lohnerhöhungen statt.

September Angesichts der Wohnungnot in der Stadt werden Wohnungsämter zur Erfassung und Verteilung von Wohnraum gebildet.

1918 bis 1933

Deutsche und europäische Metropole in der Weimarer Republik

von Ingo Materna

Mit dem Ende des Ersten Weltkrieges und der Revolution 1918/19 veränderte sich auch die Geschichte Berlins grundlegend. Obgleich sich die parlamentarisch-demokratische Republik wegen der revolutionären Unruhen nicht in Berlin, sondern in Weimar konstituierte, wuchs Berlins Rolle als Hauptstadt in jeder Hinsicht. Hier trafen Reichstag, Reichspräsident und Regierungen für das Reich, Landtag für den preußischen Staat und Stadtregierung die politischen Grundsatzentscheidungen; die Zentralen der politischen Parteien in der pluralistischen Demokratie wie auch Interessen- und Unternehmerverbände, Vereine und Arbeitnehmerorganisationen hatten hier ihre Zentren.

Die Revolution schuf die Bedingungen für die Überwindung der »kommunalpolitischen Anarchie«. Das preußische »Gesetz über die Bildung einer neuen Stadtgemeinde« vom April 1920 ließ durch Zusammenschluß von bisher acht selbständigen Städten, 59 Landgemeinden und 27 Gutsbezirken eine in 20 Bezirke gegliederte Stadt Berlin mit 878 Quadratkilometern Fläche und 3 858 000 Einwohnern entstehen, eine für Deutschland einmalige Größe, eine Metropole. Alle Ansätze zu einer modernen Weltstadt, wie sie sich seit dem Ende des 19. Jahrhunderts herausgebildet hatten, weiteten sich zu bis dahin unvorstellbaren Dimensionen. 1925 war »Groß-Berlin« eine Vier-Millionen-Stadt, Wirtschaftszentrum mit seinen modernen Industrien, Konzentrationspunkt der Banken, Versicherungen, des Groß- und Einzelhandels, Drehscheibe des Verkehrs zu Lande – Eisenbahn und Straßen –, zu Wasser – zweitgrößter deutscher Binnenhafen mit Verbindung zu Ost- und Nordsee – und jetzt auch in der Luft – mit weltweiten Anbindungen. Das »Berliner Tempo« wurde sprichwörtlich. Ständige Wandlung, Fortschritt in der Urbanisierung, Modernisierung, Rationalisierung, Elektrifizierung und Technisierung waren mit dem riesigen Wissenschaftsstandort verknüpft. Dadurch, sichtbar aber vor allem durch neue Stadtplanung, Architektur und Ausbau der Stadt zwischen 1924 und 1930, prägte sich der Weltstadt-Nimbus Berlins weiter aus. Die demokratische Republik beseitigte alle Hemmnisse des Kaiserreichs für die Kultur, die sich in ungeahnter Vielfalt und Breite entwickelte. Berlin wurde eine Kulturhauptstadt Europas, ja der Welt, Treffpunkt, Schnittpunkt, Mittelpunkt, Schmelzpunkt, ein Kristallisationspunkt der »goldenen zwanziger Jahre«.

Zugleich blieb die Stadt zerrissen von tiefen Widersprüchen, sozialen wie politischen, materiellen und geistigen. In wenigen Jahren konnte die junge Republik weder die unübersehbaren jahrhundertealten Grenzen in der Stadt überwinden – die Berliner blieben »Kietzbewohner« – noch die seit Krieg und Revolution sozial-politisch tiefgespaltene Bevölkerung auf der Basis der parlamentarischen Demokratie einen. Seit 1929 erschütterte eine tiefgreifende Krise die

Wirtschaft, die politische Ordnung, das ganze soziale Gefüge der Gesellschaft. Politischer Mord, Straßenkämpfe, Hungertumulte, Saalschlachten begleiteten die politischen Auseinandersetzungen, von den Nationalsozialisten Ende der zwanziger Jahre vor allem gegen die Kommunisten extrem forciert. Der von der Sozialdemokratie gestützte liberale, demokratische Oberbürgermeister wurde 1929 gestürzt, ein Konservativer trat an seine Stelle, und schon 1931 war die demokratische Stadtverfassung faktisch beseitigt. Obgleich die Mehrheit der Berliner bis zum März 1933 SPD und KPD wählte – die bürgerliche Mitte war schon bedeutungslos –, die Übertragung der Regierungsgewalt an die Nationalsozialisten im Januar 1933 setzte dem so verheißungsvollen Aufstreben Berlins ein brutales Ende.

1918 **3. November** Nach dem Ausbruch der Revolution in Kiel und ihrer Ausbreitung in Nord-, West- und Süddeutschland sind die Behörden in Berlin bemüht. Stadt und Umgebung gegen die Erhebung abzuschirmen.

– **7. November** Die Behörden sperren den Eisenbahn- und Nachrichtenverkehr von und nach Berlin, lassen Rüstungsbetriebe militärisch besetzen, verbieten Versammlungen der USPD zum Jahrestag der Russischen Revolution und die Bildung von Arbeiter- und Soldatenräten.

– **8. November** Spartakusgruppe und Vollzugsausschuß des (illegalen) Arbeiter- und Soldatenrats rufen für den **9. November** zum Sturz der Monarchie, zur Errichtung der sozialistischen Republik mit einer Räteregierung und für die Verbindung mit der Sowjetrepublik auf.

– **9. November** Generalstreik, Massendemonstrationen und -versammlungen in Berlin und den Vororten. Friedrich Ebert (SPD) übernimmt das Reichskanzleramt, Philipp Scheidemann (SPD) ruft am Reichstag, Karl Liebknecht (USPD/Spartakus) am Schloß die freie bzw. sozialistische Republik aus. Arbeiter und Soldaten bilden Räte zur Leitung der Aktionen, zur Befreiung politischer Gefangener, zur Besetzung wichtiger Gebäude, zur Kontrolle militärischer und staatlicher Institutionen, zur Organisation von Versorgung und Verkehr. Örtlich lösen sie vorrevolutionäre Organe auf.

– **10. November** Eine Versammlung von 3 000 Arbeiter- und Soldatenräten im Zirkus Busch bestätigt den Rat der Volksbeauftragten (SPD/USPD) als Provisorische Regierung und wählt einen 24-(bzw. 28-)köpfigen Vollzugsrat als oberstes Räteorgan für Deutschland, Preußen und Berlin; Vorsitzende: Richard Müller (AR/USPD), Hauptmann Hans-Georg von Beerfelde (SR), dann Brutus Molkenbuhr (SR/SPD). Oberbürgermeister Adolf Wermuth, Magistrat, Stadtverordnetenversammlung und Beamte bleiben unter der Kontrolle von vier Volksbeauftragten – Bernhard Bruns, Hugo Heimann (beide SPD) und Kurt Rosenfeld/später Siegfried Weinberg, Hermann Weyl (alle USPD) – im Amt. Polizeipräsident wird Emil Eichhorn (USPD), Otto Wels (SPD) wird Kommandant von Berlin.

– **11. November** Unter Leitung von Karl Liebknecht und Rosa Luxemburg wird im Hotel »Excelsior« im Rahmen der USPD der Spartakusbund gegründet, der die Fortführung der Revolution zum Sozialismus fordert; Zeitung »Die Rote Fahne«. Bildung der »Volksmarinedivision« aus revolutionären Matrosen unter der Leitung von Heinrich Dorrenbach und Paul Wieczorek (nach dessen Ermordung am **13. November** Otto Tost).

– **16. November** Mit der Gründung der Deutschen Demokratischen Partei (DDP), der Deutschen Volkspartei (DVP) und der Deutschnationalen Volkspartei (DNVP, **22. November**) formiert sich das pluralistische Parteienspektrum mit dem Ziel einer parlamentarischen Republik (Nationalversammlung).

– **19. November** Als Gegengewicht zu den Arbeiter- und Soldatenräten konstituiert sich ein Bürgerrat.

– **20. November** Nach einer Massenkundgebung auf dem Tempelhofer Feld und einer Demonstration erfolgt die Beisetzung der Revolutionsopfer im Friedrichshain.

– **21. bis 29. November** Tausende Arbeiter und Angestellte in Metall- und Elektrobetrieben streiken für Verkürzung der Arbeitszeit auf die 45-Stunden-Arbeits-Woche, die Abschaffung der Akkordarbeit und Erhöhung der Löhne. Sie fordern die Beschneidung der Kriegsgewinne und die sofortige Sozialisierung der Betriebe.

– **3. Dezember** Der Maler und Grafiker Max Pechstein begründet die avantgardistische »Novembergruppe« mit Otto Dix, George Grosz, Conrad Felixmüller, Ludwig Meidner u. a. Gleichzeitig entsteht ein »Arbeiterrat für Kunst«, der mit dem entstehenden Bauhaus (Weimar) verbunden ist.

– **6. Dezember** Putschversuch gegenrevolutionärer Militärs mit vorübergehender Verhaftung des Vollzugsrats, Besetzung der Redaktion der »Roten Fahne« und Beschießung einer Demonstration in der Chausseestraße, wobei es 14 Tote und über 30 Verwundete gibt.

– **10. Dezember** Regierung und Magistrat begrüßen am Pariser Platz die heimkehrenden Fronttruppen, die die revolutionäre Bewegung unterdrücken sollen.

– **10. Dezember** Max Planck, **seit 1889** Physikprofessor an der Berliner Universität, und Fritz Haber, **seit 1912** Direktor des Kaiser-Wilhelm-Instituts Dahlem für Physikalische und Elektrochemie, erhalten die Nobelpreise für Physik bzw. Chemie (Übergabe **Anfang Juni 1920**).

– **24. Dezember** Der Angriff des Korps Lequis auf die Volksmarinedivision in Schloß und Marstall wird mit Unterstützung von Arbeitern abgewehrt; elf Matrosen und 56 Soldaten finden den Tod (»Blutweihnacht«).

– **25. Dezember** Protestkundgebung gegen die »Blutweihnacht«; einige Demonstranten besetzen das SPD-»Vorwärts« Gebäude in der Lindenstraße und drucken den »Roten Vorwärts«.

– **30. Dezember bis 1. Januar 1919** Nach einer Ansprache Karl Liebknechts über die Trennung von der USPD und einer Rede Rosa Luxemburgs zum Programm konstituiert sich der Spartakusbund mit anderen linken Gruppierungen im Preußischen Abgeordnetenhaus zur Kommunistischen Partei Deutschlands. Auf dem Gründungsparteitag sind die bereits im Dezember formierten 18 Spartakusbezirke Berlins und Umgebung vertreten, wodurch die Rolle Berlins als ein Zentrum der KPD deutlich wird.

1919 Mit Käthe Kollwitz wird erstmals eine Frau Mitglied der Preußischen Akademie der Künste, und mit Lise Meitner wird erstmals eine Professorin an die Friedrich-Wilhelms-Universität berufen.

– Die Verwaltung des Teltow-Kanals geht in die Zuständigkeit des Reiches über.

– **4. Januar** Nach dem Ausscheiden der USPD-Mitglieder aus dem Rat der Volksbeauftragten (**29. Dezember**) und der preußischen Regierung (**3. Januar**) wird Polizeipräsident Emil Eichhorn zum Rücktritt aufgefordert, den dieser verweigert.

– **5. bis 14. Januar** Revolutionäre Obleute, Zentralvorstand der USPD Groß-Berlins und Zentrale der KPD rufen am **5. Januar** zur Massendemonstration gegen die Absetzung Emil Eichhorns auf. Ein »Revolutionsausschuß« (Karl Liebknecht, Georg Ledebour, Paul Scholze) ruft zum Sturz der Regierung Ebert-Scheidemann und zur Eroberung der Macht durch das revolutionäre Proletariat auf. Bewaffnete Arbeiter und Soldaten besetzen wichtige Gebäude und das Zeitungsviertel. Unter dem Oberbefehl des Volksbeauftragten Gustav Noske (SPD) schlagen Regierungstruppen die Erhebung blutig nieder, räumen die besetzten Gebäude (**10. Januar** Rathaus Spandau, **11. Januar** »Vorwärts«-Gebäude, Zentrale der KPD, **12. Januar** Polizeipräsidium, **13. Januar** Zentrale der USPD) und besetzen die Stadt.

– **15. Januar** Karl Liebknecht und Rosa Luxemburg werden durch konterrevolutionäre Offiziere verhaftet und ermordet.

– **19. Januar** Wahlen zur Verfassunggebenden Deutschen Nationalversammlung, an denen erstmalig auch Frauen gleichberechtigt teilnehmen (vgl. Anhang S. 280f.).

– **25. Januar** Karl Liebknecht und 31 Tote der »Januarkämpfe« werden in Friedrichsfelde beigesetzt. Die Leiche Rosa Luxemburgs wird erst **Ende Mai** im Landwehrkanal entdeckt und am **13. Juni** beerdigt.

– **26. Januar** Die Wahlen zur Verfassunggebenden Preußischen Landesversammlung (ab 1921 Landtag), werden erstmals nach demokratischem Wahlrecht statt nach dem Dreiklassenwahlrecht durchgeführt (vgl. Anhang S. 282f.).

– **5. Februar** Eine regelmäßige Luftpostverbindung Berlin-Weimar wird hergestellt, wo am **6. Februar** die Verfassunggebende Deutsche Nationalversammlung zusammentritt und die Weimarer Republik mit Wahl des Reichspräsidenten, der Regierung und der schließlichen Annahme der Verfassung (am **11. August** Gesetz) konstituiert wird. Erst im **September** kehrt die Nationalversammlung ins Berliner Reichstagsgebäude zurück.

– **8. Februar** Ein Zusammenstoß zwischen Regierungstruppen und Arbeitslosen in der Weinmeisterstraße fordert zwölf Tote. In Berlin sind 213 906 Erwerbslose (mit steigender Tendenz) registriert.

– **23. Februar** Erstmalig Wahl der Stadtverordnetenversammlung nach demokratischem Recht (vgl. Anhang S. 282f.).

– **3. bis 8. März** Generalstreik für politische und soziale Forderungen, auch zur (verspäteten) Unterstützung der mitteldeutschen Streikenden. Die Regierung verhängt am **3. März** den Belagerungszustand (**bis 5. Dezember 1919**), das Preußische Staatsministerium überträgt Reichswehrminister Gustav Noske die vollziehende Gewalt. Truppen des Generals Walther von Lüttwitz rücken in die Stadt ein, sie provozieren Zusammenstöße mit Resten revolutionärer Gruppierungen. Infolge Spaltung der Streikfront durch die SPD und gewissen Zugeständnissen wird der Streik abgebrochen.

– **9. bis 12. März** Nach Falschmeldungen über Greueltaten der Aufständischen verhängt Gustav Noske am **9. März** das Standrecht. Über 1 000 Menschen fallen dem militaristischen Terror zum Opfer (**10. März** Leo Jogiches in Moabit, 30 Matrosen am **11. März** in der Französischen Straße 32). Die Kämpfe enden am **12. März** mit der Besetzung Lichtenbergs. Die revolutionären Kräfte erfahren eine entscheidende Schwächung.

– **8. bis 14. April** Der 2. Reichsrätekongreß berät über die Einordnung der Räte in die Verfassung (Artikel 165).

–   **12. April** Die Bildung des Reichsverbandes der deutschen Industrie aus dem Centralverband deutscher Industrieller und dem Bund der Industriellen unterstreicht die Rolle Berlins als Standort wirtschaftsleitender Organe.

–   **Mai** Landestrauerwoche gegen die Bestimmungen des Versailler Friedensvertrages (Unterzeichnung **28. Juni**).

–   **8. bis 14. Mai** Der Prozeß gegen die Mörder Karl Liebknechts und Rosa Luxemburgs vor dem Gericht der Garde-Kavallerie-Schützen-Division endet mit geringen Strafen (Höchststrafe zwei Jahre, vier Monate Gefängnis) und sechs Freisprüchen, einer der ersten Justizskandale der Republik.

–   **16. Juni** Der Nervenarzt und Sexualforscher Magnus Hirschfeld übernimmt die Leitung des Instituts für Sexualwissenschaften, einer vorbildlichen Einrichtung, in der Beethovenstraße 3.

–   **24. Juni bis 3. Juli** Die Streiks der Eisenbahner und der Berliner Verkehrsarbeiter (**1. bis 14. Juli**) für soziale und politische Forderungen legen den Verkehr lahm.

–   **26. Juni** Der Zweckverband Groß-Berlin erwirbt die Straßenbahnen Berlins und umliegender Orte, ein wichtiger Schritt zur Vereinheitlichung des Verkehrs in der Region.

–   **4. August** Der Ufa-Palast am Zoo wird als größtes Berliner Kino eröffnet; er verstärkt Berlins Rolle in diesem Medium.

–   **September** Die Elektrofirmen Siemens, AEG und Auer-Gesellschaft schließen sich zur großtechnischen Herstellung (Fließband) von Glühlampen zum Osram-Konzern zusammen, der die Bedeutung Berlins als herausragenden Standort der Elektroindustrie unterstreicht. **1920** errichtet die AEG in Oberschöneweide das Transformatorenwerk (TRO), **1922** die ApparatewerkeTreptow; Siemens baut **1922** ein Fräsenwerk in Tempelhof.

–   **18. September bis 11. November** Der Lohnstreik von 160 000 Metallarbeitern zeugt von anhaltenden sozialen und politischen Spannungen. Gustav Noske verbietet den Streik für alle *lebenswichtigen Betriebe*. – Der Einfluß der Gewerkschaften wächst, sie zählen **Ende 1918** in Berlin 370 659, **Ende 1919** bereits 685 744 Mitglieder.

–   **28. November** Am Schiffbauerdamm wird das Große Schauspielhaus nach Umbau des Zirkus Renz durch Hans Poelzig mit der »Orestie« (Äschylos) – Regie Max Reinhardt – eröffnet.

1920   Die Stadtbibliothek erhält neue Räume im Marstallgebäude.

–   Das Krankenhaus Moabit wird neben der Charité zum zweiten Universitätsklinikum. Auf 1 000 Einwohner kommen 6,5 Krankenhausbetten.

–   Die Kooperation der Kaufmannschaft wird aufgelöst, die Aufgaben übernimmt die Handelskammer Berlin.

–   Die Berliner Post verfügt über 1 600 Pferde, ab **1925** werden Kraftfahrzeuge eingesetzt.

–   Die Berliner Müllabfuhr AG nimmt als erster städtischer Betrieb die Arbeit auf.

–   **13. Januar** Die von der USPD, KPD und der Betriebsräte-Zentrale organisierte Massendemonstration vor dem Reichstag gegen das Betriebsrätegesetz, das die Kontrolle und Mitbestimmungsrechte stark einschränkt, endet mit einem Feuerüberfall der Sicherheitswehr des Generals Walther von Lüttwitz: 42 Tote und 105 Verletzte; der Ausnahmezustand wird verhängt, die Presse der USPD und KPD zeitweilig verboten.

–   **13. März** Antidemokratische, rechtsextremistische Kreise um den Generallandschaftsdirektor Wolfgang Kapp und General Walther von Lüttwitz putschen gegen die demokratische Republik und versuchen, eine Militärdiktatur zu errichten. Sie besetzen das Regierungsviertel. Der von den Arbeiterparteien und den Gewerkschaften ausgerufene Generalstreik, der örtlich in bewaffnete Auseinandersetzungen übergeht, zwingt die Putschisten am **17. März** zum Rückzug. Die Regierung ruft zum Abbruch des Streiks auf und setzt Reichswehr, Zeitfreiwillige und teilweise Putschtruppen gegen Streikende ein, die politische und soziale Forderungen stellen, um künftige Putsche zu verhindern. In Berlin, besonders im Zentrum, in Kreuzberg, Köpenick und Adlershof, kommt es zu blutigen Auseinandersetzungen, die mit verschärftem Belagerungszustand nach dem **23. März** beendet werden.

–   **27. April** Die Verfassunggebende Preußische Landesversammlung beschließt mit 165 Stimmen (SPD, USPD, ein Teil der DDP-Fraktion) gegen 148 Stimmen (DNVP, DVP, Zentrum, ein Teil der DDP) das »Gesetz über die Bildung einer neuen Stadtgemeinde Berlin«, das am **1. Oktober 1920** in Kraft tritt.

- **15. Mai** In Berlin-Adlershof, Radickestraße, wird die erste weltliche Schule Preußens gegründet. Schließlich gibt es in Berlin 52 derartige Schulen.

- **15. Juni** Die Großbrauereien Schultheiss und Patzenhofer fusionieren mit einem Grundkapital von 36 Millionen Mark, ein Beispiel für die wachsende Konzentration der Produktion.

- **20. Juni** Erste Stadtverordnetenwahlen für die neuzubildende Stadtgemeinde (vgl. Anhang S. 282f.).

- **1. Oktober** Die neue Stadtgemeinde mit den bisherigen Städten Berlin, Charlottenburg, Lichtenberg, Köpenick, Neukölln, Schöneberg, Spandau, Wilmersdorf, 59 Landgemeinden und 27 Gutsbezirken umfaßt jetzt 878 Quadratkilometer mit 3,8 Millionen Einwohnern. Sie ist in 20 Bezirke gegliedert. Damit ist Berlin nach der Einwohnerzahl drittgrößte, nach der Fläche größte Stadt der Welt.

- **24. Oktober** Die Deutsche Hochschule für Politik wird durch Ernst Jaeckh gegründet.

- **6. bis 11. November** Streik der Arbeiter und Angestellten des öffentlichen Dienstes, auch der Elektrizitätswerke, so daß die Stadt ohne Licht und Straßenbahn ist. In der Folge tritt Oberbürgermeister Adolf Wermuth am **25. November** zurück.

- **30. November** Die Verfassung des Freistaates Preußen tritt in Kraft. Berlin bleibt Sitz der legislativen und exekutiven Organe des Staates.

- **4. bis 7. Dezember** Auf dem 6. Parteitag der KPD schließt sich die USPD-Linke zur Vereinigten KPD zusammen; diese wird damit auch in Berlin zu einer Massenmitgliederpartei, die eine eigene Fraktion im Stadtparlament bildet. Die Rest-USPD schließt sich **1922** überwiegend der SPD an.

- **10. Dezember** Der Physiker Walther Nernst, **seit 1905** in Berlin und **1922** Präsident der Physikalisch-Technischen Reichsanstalt, erhält den Nobelpreis für Chemie.

1921 Die Städtische Anschlag- und Reklamewesen-GmbH (BEREK) wird gegründet.

– **Januar** Mit der »Ersten Russischen Kunstausstellung« in der Galerie van Diemen Unter den Linden beginnt ein vielseitiger Austausch mit Sowjetrußland/UdSSR. In Berlin leben Tausende Emigranten.

– **20. Januar** Gustav Böß (DDP) wird zum Oberbürgermeister, Adolf Ritter (SPD) zum Bürgermeister gewählt. Sie leiten bis zum Ende des Jahrzehnts einen insgesamt stabilen und erfolgreichen Magistrat (30 Mitglieder).

– **19. September** Die Automobil-, Verkehrs- und Übungsstraße (AVUS) wird zwischen Charlottenburg und Nikolassee (20 Kilometer) eröffnet. Die jährliche Große Berliner Automobilausstellung wirbt für das kommende Massenverkehrsmittel. Der Kraftfahrzeugverkehr in Berlin: **1914** – 6 651 PKW, 1 598 LKW; **1924** – 19 361 PKW, 4 271 LKW.

– **1. Oktober bis 7. November** 40 000 Beschäftigte des Gaststättengewerbes streiken für höhere Löhne und einen achtstündigen Arbeitstag.

– **16. Oktober** Wiederholung der für ungültig erklärten Stadtverordneten-wahlen vom **20. Juni 1920** sowie Bezirksverordnetenwahlen (vgl. Anhang S. 282f.).

– **30. Oktober** Der Zusammenstoß zweier Ausflugsschiffe auf dem Wannsee fordert 20 Tote.

– **10. Dezember** Albert Einstein, **seit 1914** Direktor des Dahlemer Kaiser-Wilhelm-Instituts für Physik, erhält den Nobelpreis.

1922 Die »Akademie für Kirchenmusik und Schulmusik« geht aus dem Institut für Kirchenmusik hervor.

– **31. Januar** Mit der Uraufführung des Ufa-Films »Fridericus Rex« (mit Otto Gebühr) beginnt eine Serie zur preußischen Geschichte, ein »Gegenbild des Alltags«.

– **1. bis 7. Februar** Ein landesweiter Streik von 800 000 Eisenbahnern, Beschäftigten der Straßen-, U-Bahn und weiterer städtischer Berliner Betriebe stört Verkehr und Versorgung der Stadt.

– **20. März** Wilhelm Furtwängler wird als Nachfolger des verstorbenen Arthur Nikisch Chefdirigent des Berliner Philharmonischen Orchesters.

– **1. April** Gründung der Berliner Städtischen Wasserwerke (WASSAG); sie versorgen **1925** etwa drei Viertel der Berliner Bevölkerung.

– **24. Juni** Reichsaußenminister Walther Rathenau wird in der Grunewalder Königsallee/Wallotstraße durch rechtsradikale, antisemitische Offiziere ermordet. Proteststreiks und Demonstrationen (**27. Juni/4. Juli**) sowie das »Berliner Abkommen« von SPD, KPD, USPD, ADGB und Afa-Bund fordern harte Bestrafung und ein Republikschutzgesetz gegen den rechten Terror (Reichsgesetz vom **17. Juli 1922**).

– **3. Juli** Antisemitischer Anschlag gegen den Publizisten Maximilian Harden, der **seit 1892** die liberale Zeitschrift »Die Zukunft« herausgibt.

– **19. November** Als »Großdeutsche Arbeiterpartei« formiert sich in der Yorckstraße 90 eine erste Ortsgruppe der NSDAP; sie wird am **10. Januar 1923** verboten.

– **November/Dezember** Die mit der Inflation verbundene Verschlechterung der wirtschaftlichen Lage führt zu Massenentlassungen beim Magistrat und zu Arbeitskämpfen.

1923 Bildung des Landesarbeitsamtes Berlin-Brandenburg.

– Zur Verbesserung der medizinischen Versorgung entstehen Ambulatorien, die von einem Teil der Ärzte als »Sozialisierung« des Gesundheitswesens bezeichnet und **nach 1933** durch die NS-Regierung aufgelöst werden.

– Der größte Teil des Volksparks Jungfernheide, **seit 1920** unter Leitung von Erwin Barth gestaltet, ist fertiggestellt; er wird auf Bruch- und Ödgelände **bis 1930** ausgebaut. Die grünen Lungen der Stadt vergrößern sich durch Park- und Sportanlagen auf ehemaligen Exerzierplätzen an der Chausseestraße, an der Schönhauser Allee, in Rehberge.

– **1. Februar** U-Bahn-Strecke Hallesches Tor–Stettiner Bahnhof (Nordbahnhof) eröffnet. Es folgen die Strecken zur Grenzallee (**bis 1930**), Gesundbrunnen–Leinestraße (**1927–1930**), Alexanderplatz–Friedrichsfelde (**1927–1930**), Verlängerungen bis Vinetastraße, Ruhleben und Dahlem (**bis 1930**).

– **26. Februar** Die Berliner Hafen- und Lagerhaus AG (BEHALA) entsteht und übernimmt die Anlagen in Spandau, Tegel, Neukölln, Osthafen und Westhafen, wo am **3. September 1923** die neugebauten Becken I und II übergeben werden.

– **1. Mai** Weihe des ersten in Berlin amtierenden katholischen Weihbischofs seit der Reformation, Joseph Deitmer. In der Stadt leben etwa 500 000 Katholiken.

– **6. bis 12. Juli** 130 000 Metallarbeiter sowie Beschäftigte der Bau- und Holzindustrie streiken angesichts der Inflation für stabile Real-Löhne.

– **11. bis 14. August** Nach einem Beschluß der Berliner Betriebsräte führt ein Generalstreik zum Sturz der großbürgerlichen Regierung unter Reichskanzler Wilhelm Cuno, der die katastrophalen Wirtschaftsverhältnisse angelastet werden.

– **9. und 23. September** Der Bezirksparteitag Berlin-Brandenburg der USPD verlangt den Austritt der Sozialdemokraten aus der Regierung der Großen Koalition und die Bildung einer sozialistischen Regierung.

– **8. Oktober** Der neuangelegte Flughafen Tempelhof wird an die Luftverkehrsgesellschaft Junkers und die Deutsche Aero Lloyd AG übergeben, die den Flugverkehr nach München und Königsberg aufnehmen. Lloyd fliegt seit Mai von Staaken nach London. Berlin entwickelt sich zu einem Mittelpunkt des europäischen Flugverkehrs.

– **29. Oktober** Aus dem Vox-Haus in der Potsdamer Straße 14 sendet erstmalig die »Radio-Stunde-AG«. Damit ist Berlin Ausgangspunkt des neuen Mediums.

– **November** Nachdem die Inflation mit dem Stand 1 Dollar = 4,2 Billionen Mark ihren Höhepunkt erreicht hat, Arbeitslosigkeit, Streiks, Hungerrevolten, Tumulte, Demonstrationen und Plünderungen die Stadt erschüttern, tritt mit der Währungsstabilisierung (**15. November**: Rentenmark) und Übertragung der vollziehenden Gewalt an die Heeresleitung eine allmähliche Beruhigung und Festigung der politischen und wirtschaftlichen Lage ein.

– **5. November** Antisemitische Ausschreitungen im Scheunenviertel, wo viele aus Osteuropa zugewanderte Juden leben.

– **24. November** Gründung der Berliner Städtischen Elektrizitätswerke AG (BEWAG). **1925** sind 25 Prozent der Berliner Haushalte an das öffentliche Stromnetz angeschlossen.

1924 Mit der Gründung von Wohnungsbaugesellschaften (u. a. Gemeinnützige-Heimstätten-AG [Gehag], Deutsche Gesellschaft zur Förderung des Wohnungsbaus [Degewo], Gemeinnützige Siedlungs- und Wohnungsbaugesellschaft [GSW]) und dem Wirken progressiver Architekten (Peter Behrens, Walter Gropius, Bruno und Max Taut, Martin Wagner, Hans Poelzig, Ludwig Mies van der Rohe u. a.) beginnt das »Neue Bauen« mit der Errichtung großer moderner Wohnsiedlungen vor allem in den Stadtrandgebieten (u. a. entstehen die Hufeisensiedlung in Britz, der Schollenhof in Tegel-Waidmannslust, Onkel Toms Hütte in Zehlendorf, der Schillerpark, die Carl-Legien- und Friedrich-Ebert-Siedlung im Berliner Norden).

– Gründung der »Gemeinnützigen Berlin Messe- und Ausstellungs GmbH, Berliner Messeamt«. In Charlottenburg entstehen zwei neue Messehallen (für Funk und Autos) und stärken die Rolle der Stadt als Messestandort.

– **2. bis 7. Januar** Teilstreiks gegen Lohnkürzung und Neun-Stunden-Arbeitstag. 140 000 Metallarbeiter sind ausgesperrt.

– **27. März bis 8. April** Streik der Eisenbahner im Reichsbahndirektionsbezirk Berlin für Acht-Stunden-Tag und höhere Löhne.

– **8. August** Als erste S-Bahn-Vorortstrecke ist die Verbindung Berlin - Bernau elektrifiziert. Damit beginnt die umfassende Modernisierung des S-Bahnverkehrs, die die Zugfolge verstärkt, die Sicherheit verbessert, die Verschmutzung durch Dampfloks einschränkt.

– **November** Der »Barmat«-Skandal, Korruption, Wirtschafts-, Finanz- und Polit-Skandale, erregen die Öffentlichkeit.

– **4. Dezember** Erste »Große Deutsche Funkausstellung« in der neuen Messehalle am Charlottenburger Kaiserdamm.

1925 Auf Initiative von Gustav Böß wird zur Förderung des Sports ein Stadtamt für Leibesübungen eingerichtet.

– **7. Januar** Nach Aufhebung des Verbots der NSDAP und der SA formieren sich neue Ortsgruppen in Berlin, die am **14. März** den »Gau Groß-Berlin der NSDAP« unter Einschluß der Provinz Brandenburg bilden.

– **1. Februar** 1. Reichskonferenz des kommunistischen Roten Frontkämpferbundes (RFB) mit Ernst Thälmann als Vorsitzendem. In Berlin entstehen zahlreiche Gruppen, die am **21./ 22. Mai** im Lichtenberger Stadion mit 30 000 Teilnehmern ihr erstes »Reichstreffen« veranstalten. Sie wiederholen sich jährlich zu Pfingsten **bis 1928** unter Leitung von Hans Jendretzky.

– **20. Februar** Die erste »Grüne Woche« auf dem Messegelände in Charlottenburg begründet eine andauernde Tradition dieser landwirtschaftlichen Informationsschau.

– **28. Februar** Reichspräsident Friedrich Ebert stirbt im Charlottenburger West-Sanatorium im Alter von 54 Jahren.

– **26. April** Nach einem ersten Wahlgang am **29. März** und heftigen Auseinandersetzungen zwischen rechten und linken Gruppierungen wird Paul von Hindenburg zum Reichspräsidenten gewählt (er amtiert bis zum Tode am **2. August 1934**), ein Zeichen *politischer Unreife* der Deutschen, wie der Chefredakteur des »Berliner Tageblatts«, Theodor Wolff, schreibt. In Berlin erhält Wilhelm Marx 52,6 Prozent, Paul von Hindenburg 37 Prozent, Ernst Thälmann 10,4 Prozent der Stimmen.

– **6. Juni** Die S-Bahnstrecke Gesundbrunnen–Birkenwerder ist elektrifiziert und wird his zum **4. Oktober** bis Oranienburg verlängert.

– **16. Juni** Die Grundstücks- und Wohnungsaufnahme sowie die Volks- und Berufszählung ergeben u. a. für Berlin: 4 024 165 Einwohner (1 848 859 männlich, 2 175 306 weiblich), davon sind 2 462 629 = 61,2 Prozent der Wohnbevölkerung Erwerbspersonen. Hiervon sind 1 134 655 (46,1 Prozent) Arbeiter und Hausangestellte, 665 143 (27 Prozent) Angestellte und Beamte, 336 297 (13,7 Prozent) Selbständige, 47 852 (1,9 Prozent) mithelfende Familienangehörige und 278 748 (11,3 Prozent) berufslose Selbständige. 76,6 Prozent der Einwohner sind evangelisch, 10,0 katholisch, 4,3 jüdisch, 8,8 »Sonstige«. Berliner Betriebe produzieren 74 Prozent der elektrotechnischen Erzeugnisse, 90 Prozent aller Glühlampen, 67 Prozent der Filme, 63 Prozent aller Zinkwaren und 60 Prozent aller Kabel Deutschlands.

– **25. Oktober** Wahlen der Stadt- und Bezirksverordneten (vgl. Anhang S. 282f.).

– **1. Dezember** Eine neue Bauordnung (Stadtrat Martin Wagner, SPD) verbietet den Bau von »Mietskasernen«, verlangt die Randbebauung ohne Quer- und Seitengebäude nach modernen sozialen und hygienischen Erkenntnissen. **Von 1925 bis 1932** entstehen 170 305 Wohnungen, **1930** fast 44 000; die Wohnungsnot wird gemildert, nicht beseitigt.

–   **10. Dezember** James Franck (Kaiser-Wilhelm-Institut Dahlem, **1935** in die USA emigriert) und Gustav Hertz (**1932** Direktor des Physikalischen Instituts der Technischen Hochschule Charlottenburg, **1935 bis 1945** Forschungsleiter bei Siemens) erhalten den Nobelpreis für Physik.

–   **14. Dezember** Alban Bergs Zwölftonoper »Wozzeck« erlebt ihre Uraufführung in der Staatsoper Unter den Linden, ein Zeichen für die Hinwendung zur »Moderne«.

1925/1926 Das Großkraftwerk Rummelsburg ensteht nach Plänen von Georg Klingenberg, ein für die weitere Elektrifizierung bedeutendes Unternehmen.

1926   **16. Januar** Der Magistrat beschließt, den **1848 bis 1852** erbauten Luisenstädtischen Kanal (2,3 Kilometer) zuzuschütten.

–   **4. bis 17. März** Das von der KPD, SPD und bürgerlichen Demokraten betriebene Volksbegehren für eine entschädigungslose Enteignung der Fürsten erreicht die notwendige Stimmenzahl für einen Volksentscheid (**20. Juni 1926**), in Berlin sind es 1 584 692 Stimmen.

–   **13. Juni** Einweihung des Revolutionsdenkmals (Architekt Ludwig Mies van der Rohe) auf dem Friedhof Friedrichsfelde durch Wilhelm Pieck, Politischer Sekretär der KPD Berlin-Brandenburg.

–   **20. Juni** In einem Volksentscheid stimmen 36,4 Prozent der deutschen Wahlberechtigten für eine entschädigungslose Enteignung der Fürstenvermögen. In Berlin liegen die Ergebnisse mit 62,6 Prozent (1 769 378 Stimmen) weit über dem Reichsdurchschnitt.

–   **8. August** Der Magistrat läßt den mittelalterlichen »Totentanz« in der Marienkirche restaurieren.

–   **3. September** Nach zweijähriger Bauzeit ist der auf dem Charlottenburger Messegelände errichtete, 139 Meter hohe Funkturm vollendet, eine Stahlgitterkonstruktion von Heinrich Straumer. Er wird zu einem Wahrzeichen der modernen Stadt.

–   **12. September** Bau des Ullstein-Druckhauses in Tempelhof, größtes Druckhaus Europas (Eugen Schmohl).

–   **5. Oktober** Der Karstadt-Konzern beginnt den Warenhausbau am Neuköllner Hermannplatz. Eröffnung **21. Juni 1929**.

– **1. November** Die NSDAP bildet den »Gau Groß-Berlin« unter Führung von Joseph Goebbels.

– **Dezember** Nach dem Tod Siegfried Jacobsohns (**13. Dezember**) übernimmt Kurt Tucholsky, ab **Oktober 1927** Carl von Ossietzky die Leitung der »Weltbühne«, einem Organ der literarischen Linken. In Berlin erscheinen 147 Zeitungen und 2 486 Zeitschriften.

– **Dezember** Das Großkraftwerk Rummelsburg-Klingenberg liefert Strom. Weniger als 50 Prozent der Berliner Haushalte sind am Netz, d.h. die Elektrifizierung der Stadt ist ein langwieriger Prozeß.

1927 Wilhelm Waetzold wird Nachfolger Wilhelm von Bodes als Generaldirektor der Staatlichen Museen. Er wird Ende **Juni 1933** von den Nazis entlassen.

– **1. Mai** Grundsteinlegung für die Künstlerkolonie Wilmersdorf (Träger sind die Bühnengenossenschaft und der Schutzverband Deutscher Schriftsteller).

– **5. Mai** Verbot der NSDAP (**bis 31. März 1928**) nach wiederholten blutigen Zusammenstößen mit Kommunisten und der Polizei, so am **11. Februar** Schlacht in den Pharussälen, **20. März** Überfall auf Kommunisten am Bahnhof Lichterfelde-Ost, und antisemitischen Ausschreitungen auf dem Kurfürstendamm sowie Hitler-Veranstaltungen am **1. Mai** im Konzerthaus Clou u. a.

– **1. August** Eröffnung des dritten Beckens im Westhafen. Mit einem Hafengelände von über 431 000 Quadratmetern und 3 500 Metern Kais ist Berlin der zweitgrößte Binnenhafen Deutschlands. 43 000 Schiffe laufen jährlich Berliner Häfen an und bringen acht Millionen Tonnen Güter.

– **3. September** Nach Eröffnung der Erwin-Piscator-Bühne am Nollendorfplatz mit Ernst Tollers Lustspiel »Hoppla, wir leben« hat das »proletarische Theater« eine eigene Aufführungsstätte.

1928 Nach der S-Ringbahn wird die Strecke Potsdam–Stadtbahn–Erkner elektrifiziert.

– Der Alexanderplatz wird nach Plänen des Stadtbaurats Martin Wagner umgestaltet.

– **28. April** Nach zweijährigem Umbau der Staatsoper Unter den Linden erfolgt die Wiedereröffnung durch Generalmusikdirektor Erich Kleiber (**seit 1923**) und Generalintendant Heinz Tietjen als Nachfolger Max von Schillings.

– **31. August** Die Uraufführung der »Dreigroschenoper« von Bertolt Brecht und Kurt Weill im Theater am Schiffbauerdamm bestätigt den Ruf Berlins als Pflegestätte neuer Kunst.

– **6. Oktober** Erste große Luftfahrtausstellung in Berlin.

– **8. Dezember** Mit dem **1. Januar 1929** werden Straßenbahnen, Omnibusse und U-Bahnen Berlins in den Berliner Verkehrsbetrieben (BVG) zusammengefaßt. Mit 25 000 Mitarbeitern, 5 000 Fahrzeugen und einem Aktienkapital von 400 Millionen Mark ist die BVG das größte kommunale Verkehrsunternehmen der Welt. Initiator ist der Verkehrsstadtrat Ernst Reuter (SPD).

– **13. Dezember bis 29. Mai 1929** Der Polizeipräsident Karl Zörgiebel (SPD) verbietet angesichts der Zuspitzung politischer Auseinandersetzungen alle Versammlungen und Demonstrationen unter freiem Himmel.

– **27. Dezember** Der Gutsbezirk Düppel, Kreis Teltow, wird aufgelöst und mit dem Stadtkreis Berlin vereinigt.

1929 Das Reichspostfernamt in der Schöneberger Winterfeldtstraße nimmt als größtes Fernamt Europas die Arbeit auf.

– »Jahrhundert-Ausstellung« des Vereins Berliner Künstler im Landesausstellungsgebäude am Lehrter Bahnhof.

– **26./27. Januar** Spektakulärer Bankraub der Brüder Franz und Erich Saß in der Kleiststraße.

– **1. Mai** Demonstrationen, Straßenkämpfe und blutige Auseinandersetzungen zwischen überwiegend kommunistischen Demonstranten und der Polizei besonders in Neukölln, dem Scheunenviertel, im Wedding und in Moabit fordern über 30 Tote, Hunderte Verletzte und Verhaftete. Streiks und Proteste einerseits und das Verbot der »Roten Fahne« (bis **22. Juni 1929**) und des RFB (am **3. Mai 1929**) zeugen von verschärfter politischer Konfrontation.

– **14. Juni** Die katholische Delegatur Berlin wird zum selbständigen Bistum erhoben. Die Kathedralkirche ist St. Hedwig. Christian Schreiber ist

Apostolischer Administrator und ab **13. August 1930** erster Bischof von Berlin.

– **9. August** Heinrich Zille, der als Zeichner, Grafiker und Fotograf das soziale »Milljöh« Berlins festhielt, stirbt im Alter von 71 Jahren. Ehrenbegräbnis auf dem Friedhof Stahnsdorf.

– **1. September** Uraufführung des gegen den Paragraphen 218 gerichteten Dramas »Cyankali« von Friedrich Wolf im Lessingtheater.

– **26. September** Mit der Verhaftung der Brüder Leo und Willy Sklarek wegen Bestechung gerät u. a. auch Oberbürgermeister Gustav Böß ins Zwielicht; er legt am **7. November** sein Amt nieder. Die Geschäfte führt bis **April 1931** Arthur Scholtz (DVP).

– **30. September** Der wichtigste Berlin-Roman der zwanziger Jahre, »Berlin Alexanderplatz« von Alfred Döblin, erscheint.

– **25. Oktober** Mit dem Zusammenbruch des New Yorker Aktienmarktes, dem »Schwarzen Freitag«, wird die Weltwirtschaftskrise offenbar. Die Zahl der Arbeitslosen steigt in Berlin bis zum **21. Dezember** schon auf 271 330. Die Stadtverordneten hatten bereits im Sommer die Zurückstellung öffentlicher Bauvorhaben beschlossen. Sie verweigern die Verabschiedung des Etats 1930; der Oberpräsident entscheidet den Etat.

– **17. November** Wahlen der Stadtverordneten und Bezirksverordneten (vgl. Anhang S. 282f.).

1930 bis 8. Juni 1931 Umbau der Neuen Wache Unter den Linden durch Heinrich Tessenow zur preußischen »Gedächtnisstätte für die Gefallenen des Weltkrieges«, der preußische Ministerpräsident Otto Braun (SPD) übergibt sie der Öffentlichkeit.

1930 Berlin verfügt über 400 000 Telefonanschlüsse, ein Zeichen der Modernisierung in der Kommunikation.

– Auseinandersetzungen auf Straßen und in Versammlungssälen speziell zwischen Nationalsozialisten und Kommunisten, auch mit der Polizei und Erwerbslosen. Am **23. Februar** stirbt der SA-Sturmführer Horst Wessel als Opfer eines Anschlags, in der NS-Propaganda »Märtyrer des Kampfes um Berlin«. Am **6. März** fordert ein Zusammenstoß mit der Polizei zwei Tote, 15 Verletzte, 150 Erwerbslose werden verhaftet.

– **1. April** Im Ufa-Palast wird der Film »Der blaue Engel«, Regie Josef Sternberg, mit Marlene Dietrich, Emil Jannings, Rosa Valetti uraufgeführt. Als einer der ersten Tonfilme erringt er große Erfolge.

– **21. Juni** Der »Schienenzeppelin« fährt von Hamburg-Bergedorf nach Spandau-West in 98 Minuten.

– **17. Juli** Das »Kathreiner«-Hochhaus am Kleistpark in Schöneberg ist fertiggestellt, Architekt: Bruno Paul.

– **27. September** Raketenversuche in der Jungfernheide unter Leitung von Rudolf Nebel, Hermann Oberth und Wernher von Braun.

– **2. Oktober** Zur Jahrhundertfeier der Staatlichen Museen werden das Deutsche Museum und das Pergamon-Museum (**seit 1912** nach Plänen von Alfred Messel und Ludwig Hoffmann im Bau) eröffnet.

– **Ende Oktober** Das BEWAG-Großkraftwerk West, **seit 1928** an der Spree am Rande von Siemensstadt errichtet, ist in Betrieb. Etwa 70 Prozent der Haushalte haben Strom.

– Rechtsextreme Demonstrationen gegen den Antikriegsfilm »Im Westen nichts Neues« (nach dem Roman von Erich Maria Remarque) führen zum Verbot durch die Filmprüfstelle.

– **24. Dezember** Dem Physiker Manfred von Ardenne gelingt in seinem Lichterfelder Labor ein erstes vollelektronisches Fernsehbild.

– **31. Dezember** In allen Wirtschaftszweigen erfolgen Betriebsstillegungen; in Berlin zählt man 440 548 Erwerbslose.

1931 Die Großsiedlung Siemensstadt, **seit 1929** im Bau, wird nach Entwürfen der Architektengemeinschaft »Ring« (u. a. Hans Scharoun, Walter Gropius, Hugo Häring, Otto Bartning, Fred Forbat) fertiggestellt. Es ist die größte Berliner Siedlung in der Weimarer Republik.

– **22. Januar** Ein Rededuell zwischen den Leitern der Berliner NSDAP, Joseph Goebbels, und der Berliner KPD, Walter Ulbricht, im Saalbau Friedrichshain endet in einer Saalschlacht ihrer Anhänger.

– **22. Januar** Das Haus des Rundfunks in der Charlottenburger Masurenallee wird als erstes deutsches Funkhaus fertiggestellt (Architekt Hans Poelzig) und stärkt Berlins zentrale Bedeutung in der modernen Medienlandschaft.

– **5. März** Carl Zuckmayers Stück »Der Hauptmann von Köpenick. Ein deutsches Märchen« wird im Deutschen Theater mit Werner Krauss in der Hauptrolle erfolgreich uraufgeführt.

– **30. März** Die Stadtverfassung erfährt durch das »Gesetz über die vorläufige Regelung verschiedener Punkte des Gemeindeverfassungsrechts für die Hauptstadt Berlin« eine Novellierung. Der Oberbürgermeister erhält anstelle des Magistrats als »Führer der Verwaltung« die volle Exekutive, zwei Bürgermeister sind seine ständigen Vertreter; ein 45 köpfiger Stadtgemeindeausschuß übernimmt Funktionen der Stadtverordnetenversammlung.

– **14. April** Die Stadtverordneten (100 : 96) wählen Heinrich Sahm, bisher Senatspräsident in Danzig, parteilos, 1933 NSDAP, anstelle des seit November 1929 amtierenden Arthur Scholtz (DVP) zum Oberbürgermeister, DDP und SPD stellen die Bürgermeister.

– **13. Juli** Zusammenbruch der Darmstädter und Nationalbank. Die Regierung schließt alle Banken und Sparkassen bis zum **15. August**. Fünf Monate, **vom 18. September bis zum 25. Februar**, bleibt die Berliner Börse geschlossen – Signale für die tiefe Wirtschaftskrise.

– **30./31. Juli** Die SA überfällt das Reinickendorfer Gewerkschaftshaus: ein Toter und acht Verletzte zeugen von verschärftem Terror der Nationalsozialisten.

– **12. September** Die SA organisiert anläßlich des Jüdischen Neujahrsfestes antisemitische Ausschreitungen auf dem Kurfürstendamm.

– **15. Oktober** In Berlin sind 502 397 Arbeitslose registriert.

– **23. November** Das Reichsgericht verurteilt den Herausgeber der »Weltbühne«, Carl von Ossietzky, wegen *Verrats militärischer Geheimnisse* zu 1½ Jahren Gefängnis.

– **10. Dezember** Der Biochemiker Otto Heinrich Warburg, **seit 1914** Professor in Berlin, **1930** Direktor des Kaiser-Wilhelm-Instituts für Zellphysiologie, erhält den Nobelpreis.

– **16. Dezember** Auf einer gemeinsamen Konferenz bilden die Vorstände des ADGB, des Afa-Bundes, von Sportorganisationen sowie der SPD die »Eiserne Front« zur *Überwindung der faschistischen Gefahr*.

Ende 1931 Die Wirtschaftskrise erreicht ihren Höhepunkt. Die Borsig AG meldet den Vergleich an. Die BVG legt 15 Straßenbahnlinien still. 23 Volksschulen werden geschlossen. Die Spree-Havel-Dampfschiffahrts-Gesellschaft »Stern« geht in Konkurs. Über 100 Kinos schließen wegen Besuchermangels.

1932 **15. Februar** In Berlin sind 615 168, d. i. jeder dritte Erwerbsfähige, arbeitslos. Berlin hat (mit Breslau) die höchste Arbeitslosenquote der deutschen Städte.

– **13. März/10. April** Paul von Hindenburg wird nach zwei Wahlgängen erneut zum Reichspräsidenten gewählt. In Berlin entfallen 48,1 Prozent der gültigen Stimmen auf Hindenburg, 31,2 Prozent auf Adolf Hitler. 20,7 Prozent auf Ernst Thälmann.

– **27. April** Erste Berliner Gesundheits-, Sport- und Hygiene-Ausstellung im Sportpalast. Berlin festigt seinen Ruf als Sportstadt.

– **10. Juli** Die von der KPD initiierte »Antifaschistische Aktion« veranstaltet in der Philharmonie einen Einheitskongreß.

– **20. Juli** Die von der SPD geführte Preußische Regierung (Ministerpräsident Otto Braun) wird durch die Reichsregierung (Reichskanzler Franz von Papen) gestürzt. Über Berlin und die Provinz Brandenburg wird der Ausnahmezustand verhängt. Die Regierung ruft den Staatsgerichtshof an, die SPD setzt auf die bevorstehenden Reichstagswahlen, die KPD drängt zum Generalstreik.

– **Herbst** Bei den Wahlen zu den evangelischen Gemeindekirchenräten gewinnen die den Nationalsozialisten nahestehenden »Deutschen Christen« einen bedeutenden Teil der Mandate.

– **3. bis 7. November** Höhepunkt der von September bis Dezember anhaltenden Streiks mit dem BVG-Streik. Der von der Nationalsozialistischen Betriebsorganisation NSBO und der kommunistischen Revolutionären Gewerkschaftsorganisation RGO geführte Ausstand richtet sich gegen Lohnsenkungen; es kommt zu blutigen Auseinandersetzungen mit der Polizei; 2 500 BVG-Angestellte werden entlassen.

– **Dezember** Die Zahl der Arbeitslosen beträgt 636 298. Die Gesamtzahl der Berliner Industriebetriebe ist seit 1928 von 24 873 auf 18 323 zurückgefallen.

–   **10. Dezember** Werner Heisenberg, **seit 1927** Professor für theoretische Physik in Leipzig und Berlin, erhält den Nobelpreis.

–   **19. Dezember** Erstmalig verkehrt der »Fliegende Hamburger« vom Lehrter Bahnhof nach Hamburg-Hauptbahnhof.

1933 bis 1945
Machtmittelpunkt des »Dritten Reiches«

von Ingo Materna

Die Errichtung der nationalsozialistischen Diktatur bedeutete für Berlin den Bruch mit den demokratischen und progressiven Entwicklungen, den faktischen Verlust eines großen Teils all dessen, was der Stadt in Europa und in der Welt bedeutenden Rang und achtungsvollen Namen erbracht hatte. Der massive Straßenterror und die staatlichen Unterdrückungsmaßnahmen nach dem Brand des Reichstagsgebäudes am 27. Februar, willkürliche Verhaftungen und »gesetzliche« Ausschaltung der politischen Gegner durch Justiz, Polizei und Gestapo, im März der KPD und im Juni 1933 der SPD, schließlich fast aller nichtnazistischen Parteien und Organisationen, die offizielle Beseitigung der Volksvertretungen und verfassungsmäßigen Institutionen, die Durchsetzung des NS-»Führerprinzips« in Stadt und Staat, in Wirtschaft, Kultur und Wissenschaft wandelten Berlin binnen weniger Monate grundlegend. SA und SS errichteten im März 1933 die ersten »wilden« Konzentrationslager und terrorisierten die politischen Gegner des Regimes mit dem brutalen Höhepunkt der »Köpenicker Blutwoche« im Juni 1933. Anfang April organisierten die Nazis bereits den ersten rassistischen Exzeß gegen die jüdischen Bürger der Stadt, damals etwa 160 000 Menschen. Die Bücherverbrennung gegenüber der Universität am 10. Mai 1933 und die Vertreibung Hunderter Schriftsteller, Maler, Musiker, Wissenschaftler, Journalisten, Arbeits- und Ausstellungsverbote für »entartete« Künstler jeder Gattung enthaupteten die demokratische und humanistische Kultur und Wissenschaft mit Wirkung weit über Berlin hinaus.

Die völlige »Gleichschaltung« des öffentlichen Lebens fand Unterstützung bei einem Teil derjenigen Kräfte in Politik, Wirtschaft und Kultur, die bereits vor 1933 über gesellschaftliche Macht und politische Positionen verfügten, und jenem wachsenden Teil der Bevölkerung, der angesichts der tiefen politischen, ökonomischen und sozialen Krise seit 1929/30 auf die »nationale Revolution« und den Aufbau einer neuen »NS-Volksgemeinschaft«, auf »Freiheit, Arbeit und Brot« hoffte. Es mischten sich Zustimmung und Zwang, Angst und Anpassung, Tarnung und Widerstand in der Haltung der Berliner Bevölkerung. Widerstand kam, wie vor 1933, vor allem von Mitgliedern der zerschlagenen Arbeiterorganisationen. Kommunisten und Sozialdemokraten brachten die größten Opfer in zwölfjährigen ungleichen Kämpfen. Bald bildeten sich in den christlichen Kirchen Gruppen des Widerstandes gegen nazistische Ideologie und Machtmißbrauch, so vor allem in der Bekennenden Kirche. Der Widerstand bürgerlicher Kreise, von hohen Beamten und Offizieren, regte sich spät, kulminierte dann in der Verschwörung gegen die NS-Gewaltherrschaft und den mörderischen Krieg um den 20. Juli 1944. Berlin war somit ein Zentrum des Widerstandes, aber immer blieb der aktivste Teil der Bevölkerung, der in unterschiedlichen Formen daran teilhatte, eine Minorität.

So bildete Berlin die Machtzentrale des »Dritten Reiches«, in der der Krieg politisch, materiell und geistig geplant, organisiert, ausgelöst und durchgeführt wurde. Wie die brutale Zerstörung der Stadt »von innen« erfolgte, zeigt der »Umgang« mit der jüdischen Bevölkerung: von den ersten Boykotts und Verfolgungen über die vollständige Entrechtung durch die »Nürnberger Gesetze«, den November-Pogrom 1938 bis zu den Massen-Deportationen seit Oktober 1941 und der am Wannsee im Januar 1942 beschlossenen »Endlösung«, dem organisierten Massenmord.

Der Masse der Berliner blieb die innere Zerstörung ihrer Stadt lange verborgen, gab es doch die Olympischen Spiele 1936, die 700-Jahr-Feier der Stadt. Filme und Varietés. vor allem aber Arbeit (in der prosperierenden Rüstungsindustrie) und Brot (nach 1939 aus ganz Europa). Selbst als der Zweite Weltkrieg 1939 ausgebrochen war, hielten die Siege der großdeutschen Wehrmacht die Feinde zunächst fernab der Stadt.

Schließlich kehrte der Krieg in die Stadt zurück, von der er seinen Ausgang genommen, nachdem er fast ganz Europa verwüstet, sich über die ganze Welt ausgebreitet, Millionen Menschen getötet und vertrieben hatte. Die »äußere Zerstörung« der Stadt begann mit den ersten Bombardierungen im August 1940 und endete in der blutigen Schlacht um Berlin im April 1945. Dem »totalen Krieg« folgte die totale Niederlage des Deutschen Reiches und die Zerschlagung des nationalsozialistischen Regimes. Die illusionäre »Welthauptstadt« Germania war »ein Schutthaufen bei Potsdam«, wie Bertolt Brecht 1948 schrieb. Allerdings, auch Potsdam war zu großen Teilen ein Schutthaufen – bei Berlin.

1933 **30. Januar** Reichspräsident von Hindenburg beruft den Führer der NSDAP, Adolf Hitler, zum Reichskanzler. Berlin wird zum Zentrum der NS-Veranstaltungen zur »Machtergreifung«, mit einem Fackelzug von uniformierten Formationen durch das Brandenburger Tor und die Wilhelmstraße als Höhepunkt. Die Bezirksleitung Berlin-Brandenburg der KPD ruft zum antifaschistischen Kampf auf, zum Generalstreik.

– **31. Januar** Parteivorstand und Reichstagsfraktion der SPD lehnen außerparlamentarische Aktionen gegen die Hitlerregierung ab: *Bereit sein ist alles* (Rudolf Breitscheid). Die Führung weist den Generalstreik-Vorschlag der KPD zurück.

– **1. Februar** Reichspräsident von Hindenburg löst den Reichstag auf und setzt Reichstagswahlen für den **5. März** fest. Der Wahlkampf führt teilweise zu blutigen Auseinandersetzungen, in Berlin besonders zwischen SPD/Reichsbanner und KPD einerseits und der NSDAP/SA/SS andererseits.

– **2. Februar** Die Stadt- und Bezirksverordnetenversammlungen werden aufgelöst und am **12. März 1933** neugewählt. Polizei besetzt und durchsucht das Karl-Liebknecht-Haus, Sitz des ZK der KPD, die Büros der Bezirksleitung der KPD und der »Roten Fahne«. Es wird ein Demonstrationsverbot gegen die KPD in Preußen u. a. Ländern erlassen.

– **7. Februar** Kundgebung der Eisernen Front im Lustgarten mit 200 000 Teilnehmern. Der SPD-Vorsitzende Otto Wels erklärt sich für die antifaschistische Einheit.

– **15./16. Februar** Mit der Ernennung des Konteradmirals a. D. Magnus von Levetzow (MdR/NSDAP) zum Polizeipräsidenten beginnt in Berlin die Vertreibung demokratischer Beamter und Angestellter aus ihren Ämtern.

– **16. Februar** Heinrich Mann tritt als Präsident der Sektion Dichtung der Preußischen Akademie der Künste zurück; im Protest gegen die NS-Herrschaft folgen ihm weitere Mitglieder, so am **10. Mai** Max Liebermann. Die »Säuberung« der Akademie erfolgt durch Ausschluß bzw. durch Verzicht auf die Mitgliedschaft und Berufung systemkonformer Mitglieder.

– **19. Februar** Letzte Kundgebung des Reichsbanners Schwarz-Rot-Gold unter Führung des Berliner Vorsitzenden Arthur Neidhardt.

– **26. Februar** Besetzung und Schließung des Karl-Liebknecht-Hauses, der Büros der Roten Hilfe und der Roten Arbeitersportler. Die letzte Kundgebung der KPD im Sportpalast mit Wilhelm Pieck fordert die Kampfeinheit der Arbeiterklasse; die Polizei löst die Versammlung vorzeitig auf.

– **27. Februar** Um 21 Uhr brennt das Reichstagsgebäude. Hitler erklärt den Brand als *ein von Gott gegebenes Zeichen, um die Kommunisten mit eiserner Faust zu vernichten* und der vom *Weltbolschewismus* drohenden Gefahr entgegenzutreten. Noch in der Nacht werden in Berlin 1 500 Mitglieder der KPD, der SPD und andere Oppositionelle verhaftet (u. a. die KPD-MdR Ernst Grube, Ernst Schneller, Walter Stoecker, Ernst Torgler, am **3. März** Ernst Thälmann, die Schriftsteller Egon Erwin Kisch, Erich Mühsam, Carl von Ossietzky, Ludwig Renn).

– **28. Februar** Die Notverordnung des Reichspräsidenten *zum Schutze von Volk und Staat* setzt faktisch die Weimarer Verfassung außer Kraft und legalisiert die Gewalttaten der Nazis.

– **Ende Februar** 187 270 Berlinerinnen und 481 540 Berliner sind arbeitslos.

– **5. März** Unter den Bedingungen des nazistischen Terrors finden die letzten Wahlen zum Reichstag und zum Preußischen Landtag statt, bei denen sich die Wähler noch für verschiedene Parteien entscheiden können (vgl. Anhang S. 282f.). Die Mandate der KPD werden am **9. März** annulliert und Haftbefehl gegen alle Abgeordneten erlassen.

– **12. März** Wahlen der Stadt- und Bezirksverordneten in Berlin (vgl. Anhang S. 282f.).

– **13./14. März** Alle SPD- (später alle nicht NSDAP-/DNVP-) Stadträte werden »beurlaubt«. Der NS-Fraktionsführer Julius Lippert wird Staatskommissar für Berlin und erhält die Zuständigkeiten des Oberpräsidenten der Provinz Brandenburg für die Hauptstadt.

– **Mitte März** Die SA errichtet erste »wilde« Konzentrationslager (KZ bzw. KL) als Folterstätten für politische Gegner u. a. in den Kasernen Kleine Alexanderstraße, General-Pape-Straße, Chausseestraße, im Columbiahaus, im Universum-Ausstellungspark Alt-Moabit, im Horst-Wessel-Haus (ehemals Karl-Liebknecht-Haus), im Wasserturm Prenzlauer Berg, im Keglerheim Friedrichshain, in der SA-Kaserne Rosinenstraße (Maikowski-Haus), in den SA-Zentralen Voßstraße 18 und Hedemannstraße 31 sowie im Polizeipräsidium.

– **1. April** Erster NS-organisierter Boykott jüdischer Geschäfte und Bürger, insbesondere von Ärzten und Rechtsanwälten sowie Hochschullehrern.

– **7. April** Nach dem »Gesetz zur Wiederherstellung des Berufsbeamtentums« können die politisch unzuverlässigen Bediensteten und »nichtarische« Beamte und Angestellte aus Behörden und Ämtern entlassen werden. In Berliner städtischen Behörden sind etwa fünf Prozent der ca. 24 000 beschäftigten Beamten betroffen, höher lag der Prozentsatz bei Angestellten und Arbeitern. Hinzu kommen etwa 200 aus »rassischen« Gründen in den Ruhestand versetzte Beamte. An den Hochschulen verlieren 234 Gelehrte ihre Lehrberechtigung, an den Schulen etwa 500 Lehrer. Die Nazis vertreiben Max Reinhardt von der Leitung des Deutschen Theaters.

– **Ende April** Die Politische Polizei, jetzt Geheime Staatspolizei – Gestapo, ist dem Preußischen Ministerium des Innern unterstellt und errichtet ihr Hauptquartier (»Amt«) in der ehemaligen Kunstgewerbe-Schule in der Prinz-Albrecht-Straße 8. Bis **Ende 1934** ziehen in diese Straße auch die Leitungen der SS und des Sicherheitsdienstes. Damit entsteht hier die NS-Terrorzentrale. In der Hauptkadettenanstalt Lichterfelde ist das »SS-Sonderkommando Berlin«, ab **April 1934** die »Leibstandarte SS Adolf Hitler« stationiert.

– **1./2. Mai** Nach einer NS-Massenkundgebung auf dem Tempelhofer Feld besetzen Nationalsozialisten die Gewerkschaftshäuser, verhaften Funktionäre und beschlagnahmen das Vermögen. Die Deutsche Arbeitsfront (DAF) entsteht als Dach-Zwangs-Organisation *für alle Schaffenden*, d. h. Arbeitgeber und Arbeitnehmer.

– **10. Mai** Auf dem Opernplatz vor der Universität verbrennen NS-Studenten und SA etwa 20 000 Bücher *undeutschen Geistes*, d.h. progressiven, humanistischen, besonders auch sozialistischen Inhalts. Das Hirschfeld-Institut für Sexualwissenschaften wird verwüstet. Die Emigration und Vertreibung hervorragender Intellektueller aus Berlin eskaliert.

– **15. Mai** Die S-Bahn Berlin–Wannsee ist elektrifiziert.

– **16. Juni** Nach der Volks-, Berufs- und Betriebszählung wohnen in Berlin 4 242 501 Personen. 71,1 Prozent der Einwohner sind evangelisch, 10,4 Prozent katholisch, 3,8 jüdisch (160 564), 14,6 Prozent »Sonstige«. Arbeitslos sind 29,8 Prozent der »tatsächlichen« Erwerbspersonen, insgesamt 675 096 (464 126 männlich, 210 970 weiblich).

– **21. bis 27. Juni** In der »Köpenicker Blutwoche« terrorisieren Nationalsozialisten mehrere hundert politische Gegner, von denen viele mißhandelt und ermordet werden.

– **22. Juni** Nach dem Verbot der SPD kommt es zu neuerlichen Verhaftungen, darunter des Berliner SPD-Vorsitzenden Franz Künstler. – Die bürgerlichen Parteien lösen sich nach dem **7. Juli** auf.

– **4./5. September** Die (10.) Generalsynode der Evangelischen Kirche gliedert die Provinzialkirche Mark Brandenburg neu in die Bistümer Berlin (Bischof Emil Karow) und Brandenburg (Bischof Joachim Hossenfelder). Gegen NS-Politik und Deutsche Christen, die nach den Kirchenwahlen außer in Dahlem in allen Berliner Gemeinden die Mehrheit gewinnen, bildet sich um Martin Niemöller in Dahlem ein Pfarrernotbund, ein Zentrum des Widerstandes mit den Berliner Theologen Dietrich Bonhoeffer, Gerhard Jacobi, Hans von Arnim, Eitel Friedrich von Rabenau u. a. Daneben formieren sich »Laiennotbünde« als Zentren kirchlichen Widerstandes, für den Berlin einen Mittelpunkt in Deutschland bildet.

– **1. Oktober** Beginn des Autobahnbaus als Arbeitsbeschaffung mit einem Teil des Berliner Rings, Berlin–Stettin, –Breslau, –Halle, –Magdeburg und Anschluß der Avus an den Ring.

– **12. November** »Reichstagswahlen« mit der NSDAP als einzig zugelassener Partei. – Letzte Sitzung der Stadtverordnetenversammlung, deren formale Funktion auf einen 45köpfigen NS- »Gemeinderat« übertragen wird.

– **10. Dezember** Erwin Schrödinger, Physikprofessor an der Berliner Universität, erhält den Nobelpreis (mit Paul Dirac). Er emigriert nach England.

– **20. Dezember** Der neue Großsender in Tegel nimmt seinen Betrieb auf, der Sender Witzleben ist stillgelegt. Am **1. April** besaßen 43 Prozent der Berliner Haushalte ein Rundfunkgerät, am **1. April 1943** werden es über 85 Prozent sein, vielfach den **1933** entwickelten »Volksempfänger«.

– **Ende Dezember** 150 373 Berlinerinnen und 379 466 Berliner sind arbeitslos; es gibt 2 888 offene Stellen.

1934 **1. Februar** Ermordung der führenden Funktionäre der Inlandsleitung der KPD John Schehr, Eugen Schönhaar, Erich Steinfurth und Rudolf Schwarz durch die Gestapo.

– **1. April** Die älteste Berliner Zeitung, die »Vossische Zeitung«, stellt ihr Erscheinen ein. Der langjährige Chefredakteur des »Berliner Tageblatt«, Theodor Wolff, mußte **1933** emigrieren. – Der Ullstein-Verlag, wie bereits zuvor der Mosse-Verlag, wird an eine NS-Treuhandgesellschaft zwangsweise verkauft. Die Presse ist nach dem »Schriftleitergesetz« vom **Oktober 1933** politisch »gleichgeschaltet«. Die »Berliner Morgenpost« ist mit 340 000 Abonnenten die in Berlin am meisten gelesene Zeitung vor dem »Völkischen Beobachter« (NSDAP).

– **21. April** Mit dem »Gesetz zur Änderung von Vorschriften des Strafrechts und Strafverfahrens« entsteht der »Volksgerichtshof« in Berlin, zuständig für »Hoch- und Landesverrat«.

– **3. Mai** Grundsteinlegung für den Erweiterungsbau der Reichsbank auf dem Friedrichswerder, einen monströsen Bau, dem wertvolle Bausubstanz, so die von August Stüler entworfene Münze, weichen muß.

– **Ende Juni** 107 893 Berlinerinnen und 239 367 Berliner sind arbeitslos; es gibt 5 288 offene Stellen.

– **30. Juni** Ermordung von mißliebigen NS-Funktionären sowie von Regimegegnern auf Weisung Hitlers; allein in der SS-Kaserne Lichterfelde (vormals Preußische Kadettenanstalt) werden 40 Personen erschossen.

– **15. Juli** Berlin erhält den Status einer preußischen Provinz. Stadtverordnetenversammlung und Stadtgemeindeausschuß sind formell aufgelöst, ein 45köpfiges Ratsherrenkollegium ist als oberstes Stadtorgan beratend tätig. Ähnliche Regelungen werden für die Bezirke getroffen.

– **27. August** Der »Volksgerichtshof« verurteilt in mehreren Prozessen über 50 Sozialdemokraten der Widerstandsorganisation »Roter Stoßtrupp« zu langjährigen Zuchthausstrafen. Das Kammergericht verfährt in gleicher Weise gegen Rudolf Lentzsch u. a. wegen Wiederaufbau einer kommunistischen Metallarbeiterorganisation.

– **1. November** Die Landwirtschaftliche und die Tierärztliche Hochschule werden in die Berliner Universität integriert.

– **Ende des Jahres** In Berlin bestehen 400 Lichtspieltheater mit über 200 000 Plätzen, sie zählen **1934** über 50 Millionen Besucher.

1935 Der Umbau des Fehrbelliner Platzes im NS-Monumentalstil beginnt (Gebäude u. a. für die DAF und die Nordstern-Versicherung). Der Flughafen Tempelhof soll nach Entwürfen Ernst Sagebiels zum »größten und schönsten« Flughafen der Welt ausgebaut werden (**bis 1939**).

– **16. März** Nach der Wiedereinführung der allgemeinen Wehrpflicht erfolgt der verstärkte Ausbau Berlins als Kommandozentrale der Wehrmacht und des Wehrkreises III. In der Leipziger Straße/Wilhelmstraße entsteht das Reichsluftfahrtministerium (Architekt Ernst Sagebiel), in Gatow-Kladow das Zentrum des Luftgaukommandos III. Im Oktober folgt die Wiedereröffnung der Kriegsakademie. **1939** zählt die Berliner Garnison über 24 000 Soldaten.

– **22. März** Erste Fernsehsendung in Berlin.

– **Ende Juni** 66 729 Berlinerinnen und 154 586 Berliner sind arbeitslos, es gibt 7 726 offene Stellen.

– **29. Juni** Der Bezirksvorstand der (kommunistischen) Roten Hilfe Deutschlands und der Bezirksvorstand der SPD Berlin-Brandenburg vereinbaren Solidarität gegen den NS-Terror.

– **Juli** In Berlin werden 648 Personen wegen antifaschistischer Betätigung verhaftet.

– **19. Juli** Bei einem Großfeuer auf der Funkausstellung sterben drei Menschen.

– **20. August** Beim Bau der Nord-Süd-Bahn verunglücken zwanzig Arbeiter durch Verschüttung tödlich, eine Folge der forcierten Baumaßnahmen. Joseph Goebbels gestaltet die Beisetzung zu einer Propagandaschau.

– **6. Oktober** Eröffnung des Museums für Deutsche Volkskunde im Schloß Bellevue.

– **1. November** Verbot der »Kirchlichen Hochschule« der Bekennenden Kirche in Dahlem; sie wird illegal weitergeführt; im **Frühjahr 1941** erfolgen Verhaftungen; im **Dezember 1941** stehen 23 Angeklagte vor dem Sondergericht I des Berliner Landgerichts.

– **29. November** Am Rande des Messegeländes ist die Deutschlandhalle (für die Olympiade **1936**) fertiggestellt.

– **9. Dezember** Anstelle des zurückgetretenen Oberbürgermeisters Heinrich Sahm übernimmt Staatskommissar Julius Lippert auch offiziell dessen

Funktion. Bis Ende des Jahres werden alle jüdischen Angestellten aus dem städtischen Dienst entlassen.

1936 **Februar** Seit **Januar 1934** sind in Berlin mindestens 10 400 Personen durch die Gestapo verhaftet worden; **1936** verhaftet sie wegen Betätigung für die KPD 2 130, für die SPD 96, für die SAP sieben Widerständler.

– **15. Februar** Während der Internationalen Automobilausstellung in Berlin wird der Bau eines »Volkswagens« angekündigt.

– **Ende Juni** 49 809 Berlinerinnen und 104 219 Berliner sind arbeitslos; es gibt 11 312 offene Stellen.

– **16. Juli** Sinti und Roma werden aus Berlin vertrieben und zum Teil ins »Zigeunerlager« Marzahn verbracht.

– **24. Juli** Erfolgreicher Lohnstreik von 600 Arbeitern der Sattlerei der Auto-Union Spandau, eine der wenigen sozialen Aktionen der Arbeiter, die ansonsten in der Regel bereits im Keim erstickt werden.

– **28. Juli** Die S-Bahn-Teilstrecke Stettiner (Nord-)Bahnhof–Unter den Linden ist fertiggestellt.

– **1. bis 16. August** Die XI. Olympischen Spiele finden auf dem neugeschaffenen »Reichssportfeld« mit Olympiastadion, Maifeld, Waldbühne und Deutschlandhalle statt (Architekt Werner March). Die Nationalsozialisten mißbrauchen die Spiele zu einer riesigen Propagandaschau. Einzelne antifaschistische Gruppen versuchen, die Gäste über das terroristische NS-Regime aufzuklären.

– **30. Oktober** Die Neue Abteilung der Nationalgalerie im Kronprinzenpalais wird geschlossen. Aus der Jubiläumsausstellung der Preußischen Akademie der Künste müssen die Werke von Ernst Barlach, Käthe Kollwitz und Wilhelm Lehmbruck entfernt werden.

– **23. November** Das Nobelpreiskomitee in Oslo erkennt dem Publizisten Carl von Ossietzky, der sich nach KZ-Haft in einem Berliner Krankenhaus befindet, den Friedens-Nobelpreis 1935 zu. Die Annahme wird durch Adolf Hitler verboten.

1937 **1. Januar** Mit dem Gesetz über die Neuregelung der Verfassung und Verwaltung der »Reichshauptstadt Berlin« erhält Berlin den Status eines Stadtkreises mit den Aufgaben eines Provinzialverbandes. Als Oberbürgermeister und Stadtpräsident erhält Julius Lippert Funktionen eines Regierungs- bzw. Oberpräsidenten. Die Position des Gauleiters der NSDAP, Joseph Goebbels, wird gestärkt.

– **30. Januar** Der Architekt Albert Speer erhält als »Generalbauinspektor« durch Hitler den Auftrag zur *planvollen Gestaltung des Stadtbildes der Reichshauptstadt*. In 20 Jahren soll der Ausbau zur »Welthauptstadt Germania« mit einer gigantischen Architektur erfolgen.

– **4. bis 28. April** Vor dem »Volksgerichtshof« findet ein Prozeß gegen führende Mitglieder katholischer Jugendorganisationen statt (Hermann Jülich, Karl Kremer, Joseph Rossaint u. a.).

– **30. April** Die NS-Propaganda-Schau »Gebt mir vier Jahre Zeit« zählt 1,35 Millionen Besucher.

– **23. Juni** Im Zuge einer Verhaftungswelle gegen Mitglieder der Bekennenden Kirche werden in der Friedrichswerderschen Kirche acht, insgesamt über 120 Personen (unter diesen Martin Niemöller und Gerhard Jacobi) inhaftiert.

– **30. Juni** Es beginnt die landesweite Beschlagnahme- und Vernichtungsaktion »Entartete Kunst«. Allein die Berliner Nationalgalerie verliert 164 Gemälde, 326 Zeichnungen, 27 Plastiken und ca. 600 Grafiken. – Käthe Kollwitz erhält wie andere Künstler Ausstellungsverbot. Viele Künstler verlassen die Akademie oder auch das Land, andere werden zu inaktiven Mitgliedern erklärt.

– **14. bis 22. August** Anläßlich der urkundlichen Ersterwähnung Cöllns begeht Berlin die 700-Jahrfeier, dominiert von NS-Propaganda mit Festumzug, Militär- und Sportveranstaltungen.

– **Ende des Jahres** 31 089 Berlinerinnen und 58 812 Berliner sind arbeitslos; es gibt 5 064 offene Stellen.

1938 Die NS-Terroraktionen gegen Sinti und Roma (sogenannte »Asozialen-Aktion«) führen zu Verschleppungen ins KZ Sachsenhausen, das **seit 1936** bei Oranienburg errichtet wurde.

– Bischof Konrad Graf von Preysing richtet für rassisch Verfolgte das Hilfswerk beim Bischöflichen Ordinariat in der Oranienburger Straße 13/14 ein. Die Leitung haben Dompropst Bernhard Lichtenberg und Margarete Sommer.

– **26. Februar** Im Haus der Kunst, Königsplatz, beginnt die Ausstellung »Entartete Kunst«, in der die Moderne (vorwiegend Expressionismus, Dadaismus, Verismus und die abstrakte Kunst) diffamiert wird.

– **1. April** Eine vom »Generalbauinspektor« betriebene Begradigung der Grenzen verschiedener Verwaltungsbezirke tritt in Kraft. Betroffen sind etwa sieben Prozent des Berliner Stadtgebietes, 7 450 Grundstücke, 86 788 Wohnungen und 254 613 Einwohner. Zugleich wird die Siegessäule vom Königsplatz (Platz der Republik) zum Großen Stern, zur Siegesallee, an die »Ost-West-Achse«, umgesetzt. Neu plaziert sind auch die Denkmäler von Otto von Bismarck, Helmuth Graf von Moltke und Albrecht von Roon.

– **4. Mai** Der Friedens-Nobelpreisträger Carl von Ossietzky stirbt an den Folgen der KZ-Haft.

– **20. Juni** Mit Liselotte Herrmann wird die erste deutsche Antifaschistin in Plötzensee hingerichtet.

– **30. Juni** 22 102 Berlinerinnen und 25 879 Berliner sind arbeitslos; es gibt 23 997 offene Stellen. Mit der wachsenden Rüstungsproduktion wächst die Nachfrage nach Facharbeitern. Aus der okkupierten »Tschechei« kommen die ersten »Fremdarbeiter« in Berliner Betriebe.

– **September bis Ende 1940** Als Hilfsstelle der Bekennenden Kirche für protestantische »Nichtarier« arbeitet das »Büro Grüber« (Leitung Pfarrer Heinrich Grüber, Kaulsdorf, und Pfarrer Werner Sylten) in der Oranienburger Straße, dann An der Stechbahn. Hilfe geben auch der katholische St. Raphaels-Verein und die Quäker.

– **28. Oktober** Ausweisung aller Berliner jüdischer Herkunft mit polnischer Staatsbürgerschaft.

– **30. Oktober** Mit der Fertigstellung des Schiffshebewerks Magdeburg-Rothensee besteht über den Mittellandkanal eine direkte Wasserstraße Berlin–Ruhrgebiet, eine Lebensader für die Wirtschaft der Stadt und den Wasserverkehr über die Havel und den Großschiffahrtsweg zur Oder und Ostsee.

– **9./10. November** In einem von der NS-Führung organisierten Judenpogrom terrorisieren Nationalsozialisten jüdische Bürger, verschleppen etwa 12 000 in KZ, demolieren Wohnungen und Geschäfte und vernichten Synagogen: in der Auguststraße, Brunnenstraße, Passauer Straße, Prinzenallee, Lessingstraße, Dragonerstraße, Grenadierstraße, an der

»Freiheit« in Köpenick, am Lindenufer Spandau, in der Fasanenstraße, Prinzregentenstraße, in Grunewald und in Halensee.

– **November** Für jüdische Kinder ist der Besuch öffentlicher Schulen untersagt (**12. November**); jüdische Bürger dürfen keine Theater, Kinos, Konzerte und Badeanstalten sowie bestimmte Stadtgebiete (Regierungsviertel) mehr besuchen (**15. November**). Es beginnt die Zwangsveräußerung etwa 1 200 jüdischer Betriebe und Geschäfte, die »Arisierung« (**13. Dezember**). In einem Teil des Reichstagsgebäudes ist die Hetzausstellung »Der ewige Jude« eröffnet.

– **22. Dezember** Die Chemiker Otto Hahn und Friedrich Straßmann entdecken im Kaiser-Wilhelm-Institut für Chemie in Dahlem die Spaltung des Urankerns. Hahn erhält **1944** den Nobelpreis.

Ende 1938 In Berlin verkehren 112 918 PKW, 900 Busse, 71 Straßenbahnlinien auf 573 Kilometer Schienen, Hoch- und U-Bahn auf 76 Kilometern mit 94 Bahnhöfen.

1939 **1. Januar** Das »Berliner Tageblatt« (**seit 1871**) und die »Neue Preußische (Kreuz-)Zeitung« (**seit 1848**) müssen ihr Erscheinen einstellen.

– **9. Januar** Die Neue Reichskanzlei (Wilhelmstraße/Voßstraße) wird nach neunmonatiger Bauzeit fertiggestellt, eine Demonstration »nationaler Größe« und Macht.

– **17. Mai** Nach der Volks- und Berufszählung leben in Berlin 4 338 756 Einwohner, die höchste jemals erreichte Zahl. Etwa 900 000 von ihnen sind in Industrie und Handwerk, 877 000 im Dienstleistungssektor beschäftigt. Die Industrie hat sich weiter in die Randgebiete, an die Peripherie der Vorortbahnen, verlagert. Die deutsche Rüstungsindustrie hat hier ihren Schwerpunkt.

– **4. Juli** Die »Reichsvereinigung der Juden in Deutschland« erhält ihren Sitz in Berlin und ist für die jüdische Auswanderung zuständig; sie sorgt sich zudem um die bedrängten jüdischen Bürger.

– **27. August** Die »Verordnung über die Wirtschaftsverwaltung« faßt alle wirtschaftlichen Behörden im Wehrkreis III (Berlin und Provinz Brandenburg) beim Oberpräsidenten der Provinz zusammen. Der »Führungsstab Wirtschaft« dient der Rationierung von Lebensmitteln, Kohlen, Treib- und Spinnstoffen durch die Einrichtung von Ernährungs- und Wirtschaftsämtern der Kriegswirtschaft. Erwachsene erhalten wöchentlich (ab **3. September**) 2 400 Gramm Brot/Mehl, 500 Gramm Fleisch, 270 Gramm Fett auf Lebensmittelkarten.

– **1. September** Mit dem Überfall auf Polen beginnt das Deutsche Reich den Zweiten Weltkrieg. Hitler spricht vor dem »Reichstag« in der Kroll-oper.

– **27. September** Durch Zusammenfassung der Zentralen der Sicherheits-polizei (Gestapo und Kripo) und des SS-Sicherheitsdienstes entstehen sieben Ämter des Reichssicherheitshauptamtes mit dem Kern Amt IV Gestapo zur Verfolgung und Vernichtung politischer Gegner des NS-Re-gimes. Die Zentrale des RSHA befindet sich in der Prinz-Albrecht-Straße 8, Leiter ist SS-Obersturmbannführer Reinhard Heydrich. Damit ist das wichtigste Organ der NS-Unterdrückungs- und Terrorherrschaft geschaf-fen (heute befindet sich dort das Ausstellungsgelände »Topographie des Terrors«).

– **9. Oktober** Das letzte Teilstück der S-Bahn Anhalter Bahnhof–Pots-damer Bahnhof ist fertiggestellt. Damit ist die für den Stadtverkehr wichtigste Nord-Süd-Verbindung hergestellt. Allerdings besteht für den Fernverkehr weiterhin diese Lücke. Die meisten Bauarbeiten in Berlin sind stillgelegt.

– **10. Dezember** Der Biochemiker Adolf Butenandt, **seit 1936** Direktor des Kaiser-Wilhelm-Instituts für Biochemie, erhält den Chemie-Nobelpreis, den er **1949** annimmt.

1940 Unter Führung des neugebildeten Ministeriums für Bewaffnung und Munition (Minister Fritz Todt, **seit 8. Februar 1942** Albert Speer) erfolgt die völlige Umstellung der Wirtschaft auf die Rüstungsproduktion, der Anteil des Wehrkreises III (Berlin-Brandenburg) an der entsprechenden Produktion des »Altreichs« beträgt 40 Prozent. In den Fabriken sind zunehmend Frauen sowie ausländische Zwangsarbeiter, Häftlinge und Kriegsgefangene tätig, die in über 600 Lagern der Stadt untergebracht sind.

– **April** Im »Arbeitserziehungslager Wuhlheide« (heute z.T. Gelände des Tierparks Friedrichsfelde) sind überwiegend »Fremdarbeiter« unter un-würdigsten Umständen eingesperrt (**bis 1945** etwa 30 000).

– **17. Juni** Aus dem Landesarbeitsbezirk Berlin-Brandenburg sind 409 469 Männer zur Wehrmacht eingezogen.

–   **Juli** Anstelle von Julius Lippert führt Ludwig Steeg kommissarisch die Geschäfte des Oberbürgermeisters und Stadtpräsidenten (**bis April 1945**).

–   **4. Juli** Juden dürfen nur noch zwischen 17 und 18 Uhr Lebensmittel kaufen, sie erhalten keine Kleiderkarten mehr (**6. Februar**), ihre Fernsprechanschlüsse werden gekündigt (**29. Juli**).

–   **18. Juli** Nach der Kapitulation Frankreichs (**22. Juni**) veranstaltet das NS-Regime auf der Ost-West-Achse Unter den Linden Siegesfeiern unter Teilnahme großer Teile der Bevölkerung.

–   **25./26. August** Als Vergeltung für deutsche Luftangriffe auf London werfen 81 britische Flugzeuge erstmals Bomben auf Berlin (Reinickendorf, Pankow, Malchow, Wartenberg). Neuerliche Angriffe fordern bis zum Jahresende 222 Tote, 428 Verletzte; etwa 9 000 Menschen sind »ausgebombt«, d. h., sie verlieren ihre Wohnung. Getroffen werden u. a. das Charlottenburger Schloß, der Dom, das Zeughaus und das Alte Museum sowie die Charité.

–   **24. September** Der antisemitische Film »Jud Süß« (Regie Veit Harlan) wird uraufgeführt.

1941   **26. Februar** Der Einsatz von Häftlingen aus den KZ Sachsenhausen und Ravensbrück in Berliner Rüstungsbetrieben beginnt.

–   **Frühjahr/Sommer** Im Zusammenhang mit dem deutschen Überfall auf die Sowjetunion (**22. Juni**) verstärken die kommunistischen Widerstandsgruppen um Harro Schulze-Boysen, Arvid Harnack, Herbert Baum, Robert Uhrig und Anton Saefkow ihre Aktivitäten.

–   **Sommer** Verschärfung des Terrors gegen die noch etwa 55 000 jüdischen Bürger Berlins: **9. August** – letzte Vorstellung im Theater des Jüdischen Kulturbunds (Regie Fritz Wisten); **13. September** – Juden dürfen nur noch auf dem Arbeitsweg öffentliche Verkehrsmittel benutzen; **19. September** – Juden müssen den gelben »Davidstern« tragen.

–   **14. Oktober** Der erste von 63 »Ost-Transporten« (mit etwa 35 000 Opfern) geht vom Güterbahnhof Grunewald (dann auch vom Bahnhof Putlitzstraße) in die Ghettos und Vernichtungslager in Polen. Weißrußland und im Baltikum. 117 »Alterstransporte« (mit 15 000 Opfern) enden im KZ-Ghetto Theresienstadt. Die Deportationen werden als »Evakuierung und Abwanderung« getarnt. In wenigen Fällen helfen Berliner jüdischen

Mitbürgern z.B. durch illegale Wohnung, Verstecke, Lebensmittel, ge-
fälschte Papiere.

– **23. Oktober** Der Dompropst Bernhard Lichtenberg wird verhaftet, da
er in Messen in der St. Hedwigskathedrale für Juden, KZ-Häftlinge
und Soldaten beider kriegführenden Seiten gebetet hatte. Er stirbt nach
Gefängnishaft in Tegel am **5. November 1943** auf dem Transport ins KZ
Dachau. – Während des NS-Regimes waren 29 Priester und viele Laien
des Bistums Berlin inhaftiert, vier Priester und mehrere Laien wurden
hingerichtet, andere starben in Haft.

1942 **20. Januar** Auf der sogenannten »Wannseekonferenz« (nach der Villa
Am Großen Wannsee 56–58 – heute Gedenkstätte) beraten und beschließen leitende Funktionäre der SS und des Staates unter Leitung Reinhard Heydrichs die Vernichtung der jüdischen Menschen im deutschen
Machtbereich Europas, die sogenannte »Endlösung der Judenfrage«.

– **6. April** Erste einschneidende Kürzung der Nahrungsmittelrationen seit
Kriegsbeginn (pro Erwachsener in der Woche 2 000 Gramm Brot/Mehl,
300 Gramm Fleisch, 200 Gramm Fett). Im Juni folgt die Rationierung der
Kartoffeln.

– **Mai/Juni** Antisowjetische Ausstellung »Das Sowjetparadies« am Lustgarten. Mitglieder der Herbert-Baum-Gruppe, junge Juden, Zionisten,
Sozialisten und Kommunisten, legen am **18. Mai** Brandsätze. Es folgen
Verhaftungen, 28 Hinrichtungen und 50 Verurteilungen. Die Gestapo
verhaftet 500 Juden, von denen 250 im KZ Sachsenhausen erschossen
werden.

– **Ende August/September** Die Gestapo verhaftet etwa 600 Angehörige der
Widerstandsorganisation um Arvid Harnack und Harro Schulze-Boysen
(»Rote Kapelle«), von denen über 50 hingerichtet werden.

– **Oktober** Verhaftungen in der kommunistischen Widerstandsgruppe »Innere Front« (Herbert Grasse, John Sieg u. a.).

1943 **17. und 19. Januar** Nach längerer Unterbrechung bombardieren britische
Flugzeuge u. a. die Borsigwerke und die Lorenzwerke in Tempelhof.

– **18. Februar** Nach der Niederlage von Stalingrad propagiert NS-Gauleiter
Joseph Goebbels mit einer Rede im Sportpalast den »Totalen Krieg«.
Männer von 16 bis 65 und Frauen von 17 bis 45 Jahren müssen sich zur
»Reichsverteidigung« melden. Schüler ab 15 Jahren werden bei der Hei-

matflak eingesetzt. Alle nicht kriegswichtigen Betriebe des Handels und Handwerks sowie Gaststätten werden geschlossen.

– **27./28. Februar** Die Massendeportation der Juden in die Vernichtungslager wird forciert, in der sogenannten »Fabrikaktion« verhaftet die Gestapo 5 000 Juden am Arbeitsplatz. Nichtjüdische Frauen protestieren mit Erfolg gegen den Abtransport ihrer Männer vor dem Haus der Jüdischen Kulturvereinigung in der Rosenstraße (Mitte). Von der Deportation sind auch die noch im »Zigeunerlager« Marzahn lebenden Sinti und Roma betroffen.

– **6. August** Nach den schweren Bombardierungen Hamburgs tritt für Berlin die Wende im Luftkrieg ein; es beginnt die Evakuierung von Kindern, Frauen und Alten aus Berlin; bis zum **Ende 1943** sind etwa eine Million betroffen. Schulen kommen geschlossen in »Kinderlandverschickungslager« (KLV). Zunehmend werden Betriebe aus Berlin verlagert, so auch Institute wie die Physikalisch-Technische Reichsanstalt (nach Weida/Thüringen). Kulturgüter werden verstärkt in Bergstollen und Schlösser ausgelagert. **Ende August** beginnen schwere Angriffe auf das Zentrum, Marienfelde, Lichterfelde und Siemensstadt.

– **23. September** Der langjährige Chefredakteur des »Berliner Tageblatt«, Theodor Wolff, von der Gestapo in Nizza verhaftet, durch elf KZ geschleppt, stirbt fünfundsiebzigjährig im Jüdischen Krankenhaus in der Iranischen Straße.

– Die Gestapo verhaftet Mitglieder der Widerstandsgruppe »Europäische Union« mit Georg Groscurth und Robert Havemann.

– **18. November bis 25. März 1944** Massive Bombardierungen durch die Luftflotten der britischen Royal Air Force und der US Air Force, als »Battle of Berlin« bezeichnet. Insgesamt über 370 Nacht- und Tagesangriffe betreffen etwa 9,5 Quadratkilometer Fläche, 43 Großbetriebe. Die Folge sind 1,5 Millionen Obdachlose und über 6 000 Tote. Besonders betroffen sind das Zentrum, das Regierungsviertel, das Hansaviertel, Charlottenburg, Kreuzberg, Siemensstadt; Zerstörungen gibt es am Stadtschloß, am Schloß Charlottenburg, an der Synagoge Oranienburger Straße, der Kaiser-Wilhelm-Gedächtniskirche u. a. Bauten sowie im Verkehrssystem und in Rüstungs- und Versorgungsbetrieben.

1944 **22. Juni** Erstes Treffen der Sozialdemokraten Julius Leber, Adolf Reichwein mit den Kommunisten Anton Saefkow und Franz Jacob in der Köpenicker Straße 76 zur Beratung gemeinsamen Widerstandes gegen das NS-Kriegsregime. Mit ihrer am **4. und 5. Juli** erfolgten Verhaftung und späteren Ermordung beginnt auch die Zerschlagung der illegalen Leitung der KPD Berlin-Brandenburg und derjenigen in Sachsen, Provinz Sachsen-Anhalt und Thüringen: über 1 000 Verhaftungen, 400 Todesurteile dezimieren den Widerstand.

–   **20. Juli** Der Versuch, Hitler durch ein Attentat zu beseitigen und den Krieg zu beenden, hat sein Zentrum im »Bendlerblock« (heute Gedenkstätte Deutscher Widerstand Stauffenbergstraße); hier erfolgt verstärkt seit **Ende 1942** die Vorbereitung, und hier wird am Abend des 20. Juli die Verschwörung mit der Erschießung des Oberleutnants Werner von Haeften, des Generals F. Olbricht, der Obersten Albrecht Mertz von Quirnheim und Claus Schenk Graf von Stauffenberg niedergeschlagen. Es folgt die Verhaftung Tausender »Verdächtiger« und die Hinrichtung von fast 5 000 Personen, darunter auch solche, die nicht an der Verschwörung beteiligt waren (»Aktion Gewitter«). **Am 7./8. August** findet vor dem »Volksgerichtshof« in der Bellevuestraße unter Vorsitz Roland Freislers der erste Prozeß statt. Allein in der Strafanstalt in Plötzensee werden 89 Männer des 20. Juli gehängt. In Plötzensee werden insgesamt etwa 1 800 Todesurteile vollstreckt (Gedenkstätte).

–   **10. August** Der durch die »Verordnung über die Verfassung und Verwaltung der Reichshauptstadt« am **1. April** zum Stadtpräsidenten ernannte Gauleiter Joseph Goebbels läßt *alle Veranstaltungen nicht kriegsmäßigen Charakters* verbieten. **Ab 1. September** sind Theater, Varietés, Kabaretts, die Mehrzahl der Orchester, Musik- und Schauspielschulen geschlossen. In den Verwaltungen beträgt die Wochenarbeitszeit 60 Stunden; es gilt eine Urlaubssperre.

–   **12. September** In London vereinbaren die alliierten Mächte Großbritannien, UdSSR und USA das »Protokoll über die Besatzungszonen in Deutschland und die Verwaltung von Groß-Berlin«, das am **14. November** und am **5. Juni 1945** ergänzt und die Grundlage der Nachkriegsordnung in der Stadt bilden wird.

–   **6. Oktober** Bei einem Tagesangriff von 1 200 US-Flugzeugen zerstören 800 Tonnen Bomben die Spandauer Altstadt mit der Nikolaikirche sowie Industrieanlagen.

–   **13. November** Die letzte der zahllosen Verordnungen gegen die jüdischen Bürger verbietet ihnen den Aufenthalt in Wärmehallen. In Berlin überleben den Holocaust etwa 6 000 Juden, meistens als »Geltungsjuden« in »Mischehen«, zum Teil in Verstecken als Illegale.

1945 **3. Februar** Einer der schwersten Tages-Luftangriffe trifft besonders die Bezirke Mitte (Schloß, Raabehaus in der Sperlingsgasse) und Kreuzberg (Zeitungsviertel. Anhalter Bahnhof). Unter den 2 600 Toten befinden sich Menschen, die vor der seit **12. Januar** in den Ostprovinzen vordringenden Roten Armee geflohen sind.

– **21. Februar bis 19. April** Bei insgesamt 36 Luftangriffen mit zum Teil über 1 000 Flugzeugen erleidet die Stadt weitreichende Zerstörungen, so das Rathaus, die Museumsinsel, der Schlesische (heute Ost-)Bahnhof.

– **16. April** Mit einer Großoffensive an der Oder beginnt die sowjetische 1. Bjelorussische und 1. Ukrainische Front die Schlacht um die »Festung« Berlin. Am **21. April** erreichen die sowjetischen Truppen sowie polnische Einheiten im Norden und Osten die Stadt, besetzen Frohnau, Niederschönhausen und Dörfer im Bezirk Lichtenberg; **22. April** – Blankenburg, Buchholz, Heinersdorf, Biesdorf; **23. April** – Pankow, Köpenick; **24. April** – Zehlendorf, Tempelhof, Neukölln.

– **25. April** Sowjetische Truppen erreichen den Flughafen Tempelhof, besetzen Steglitz, Charlottenburg. Siemensstadt; am **27. April** Kämpfe am Alexanderplatz und Halleschen Tor, in Spandau und Schöneberg. Auf beiden Seiten verlieren Tausende Soldaten ihr Leben oder ihre Gesundheit. Von den Kämpfen ist die Zivilbevölkerung vielfach hart betroffen. NS-Trupps erhängen Kapitulationswillige. Soldaten der Roten Armee plündern, mißhandeln, vergewaltigen und erschießen Zivilisten.

28. April General Nikolai E. Bersarin ist Militärkommandant von Berlin; er setzt deutsche Bürgermeister ein, die mit sowjetischer Unterstützung versuchen, das Leben zu normalisieren.

29. April Kämpfe um die Havelbrücken und im Grunewald.

30. April Sowjetische Truppen hissen auf dem Reichstagsgebäude ihre rote Sieges-Fahne. Hitler und Goebbels enden im Bunker der Reichskanzlei durch Selbstmord.

2. Mai General Helmuth Weidling unterzeichnet für die deutsche Seite die Kapitulation der Truppen in Berlin. 134 000 Offiziere und Soldaten gehen in sowjetische Gefangenschaft. – In Friedrichsfelde nimmt die aus Moskau eingeflogene KPD-Gruppe um Walter Ulbricht ihre Tätigkeit auf. Der Berliner Rundfunk sendet wieder. Haus- und Straßen-Vertrauensleute sorgen sich um Ernährung und Sicherheit.

1945 bis 1990

Vier-Mächte-Stadt Berlin

von Rosemarie Baudisch

Noch vor Ende des Krieges hatten sich die drei (beziehungsweise unter Einschluß Frankreichs vier) Alliierten darauf geeinigt, nicht nur Deutschland gemeinsam zu besetzen, sondern auch die deutsche Hauptstadt Berlin, die zu diesem Zweck in drei (später in vier) Besatzungssektoren aufgeteilt wurde. Allerdings eroberte die Sowjetunion Berlin und besetzte die Stadt zunächst allein. Für dieses Land, das mit mehr als 20 Millionen Toten die meisten Opfer der NS-Diktatur und des Krieges zu beklagen hatte, war Berlin auch von symbolischem Wert. Doch mit dem Hissen der Roten Fahne auf dem Reichstagsgebäude war Stalin noch längst nicht am Ziel. Schon bald wurde klar, daß sein Machtstreben grenzenlos war. Die Stadt Berlin und die sie umgebende sowjetische Besatzungszone sah er als Ausgangspunkt für die Beherrschung ganz Deutschlands durch die Sowjetunion an.

Bei Kriegsende war aus der einstigen Metropole ein Torso geworden. Berlin bot das Bild einer Ruinenlandschaft. Vor allem in der Innenstadt war mehr als die Hälfte des gesamten Wohnraumes zerstört, es gab kein Wasser, kein Gas, keinen Strom, keine funktionierenden öffentlichen Verkehrsmittel. Trümmer und Bombentrichter machten die Straßen unpassierbar.

Von den einst 4,3 Millionen Einwohnern hatten etwa 2,6 Millionen den Krieg in der Stadt überlebt, um nun mit Hunger und Kälte konfrontiert zu werden – und mit einer Besatzungsmacht, die sich in den ersten Wochen sehr ambivalent verhielt. Einerseits traten die Sowjets als Ordnungsmacht auf und bemühten sich – teilweise auch aus eigenen Beständen –, die Versorgung der Bevölkerung zu sichern. Andererseits schienen viele Armeeangehörige noch nachträglich die NS-Greuelpropaganda bestätigen zu wollen: Plünderung und Vergewaltigung waren an der Tagesordnung.

Mit Hilfe einer von ihr eingesetzten deutschen Stadtverwaltung gelang es der Sowjetunion jedoch bald, eine Ordnung zu schaffen, und nachdem die Westmächte die ihnen zustehenden Sektoren besetzt hatten, waren auch sie vorrangig damit beschäftigt, eine deutsche Verwaltung zu etablieren, die weitgehend frei war von aktiven Nationalsozialisten und die alliierten Anordnungen ausführte. Es galt, die überlebenden Opfer des nationalsozialistischen Terrors zu betreuen, aber auch die unendlichen Flüchtlingsströme aus den Gebieten östlich von Oder und Neiße, die das Nadelöhr Berlin zu passieren hatten, notdürftig zu versorgen. Einerseits mußte die Wirtschaft wiederaufgebaut werden, andererseits glaubten die Besatzungsmächte – wohl nur mit Ausnahme der Amerikaner – sich durch Demontagen der vom Krieg verschonten Industrieanlagen für Kriegsverluste entschädigen zu können. Die Probleme waren Legion, sie können an dieser Stelle unmöglich alle benannt werden.

Politisch haben die Sowjets, vor allem mit Unterstützung der deutschen Kommunisten, aber auch mit Hilfe der gleichgeschalteten Parteien und Organisationen, in ihrem Machtbereich eine Ordnung erzwungen, die nicht dem westlichen Demokratiemuster entsprach. Da es der sowjetischen Besatzungsmacht nicht gelang, die Bevölkerung in den Westsektoren auf ihren Kurs zu bringen, griff sie zu Zwangsmitteln. Am Anfang stand die Blockade West-Berlins. Die aufrechte Haltung der West-Berliner überzeugte die Westmächte von dem Willen der einstigen Kriegsgegner, eine Demokratie aufzubauen und dem kommunistischen Terror widerstehen zu wollen. Die nicht nachlassende Bereitschaft der USA, Großbritanniens und Frankreichs, West-Berlin vor den Pressionsversuchen der UdSSR und ihrer Verbündeten zu schützen, mag hier ihren Ursprung haben. Die Zugehörigkeit der Berliner zu den extrem unterschiedlichen Wirtschafts- und Gesellschaftssystemen des Ostens und des Westens band sie an die politischen Blöcke und führte sie in eine fast totale Abhängigkeit von der jeweils zuständigen Supermacht, der UdSSR im Osten und den USA im Westen. Gerade die brisanten Ereignisse der folgenden Jahre und Jahrzehnte, der Aufstand vom 17. Juni 1953 und der Entschluß des Ostblocks, den Mauerbau am 13. August 1961 zuzulassen, müssen vor diesem Hintergrund gesehen werden.

Dabei ist die Teilung der Stadt schrittweise vollzogen und durch den Bau der Mauer nur vollendet worden. Am Anfang steht die Etablierung einer zweiten, nicht durch Wahlen legitimierten Stadtverwaltung im Osten der Stadt durch die SED und die von ihr beeinflußten Parteien, Organisationen und Verbände, die nach einer eklatanten Wahlniederlage 1946 alles daransetzten, doch noch die Macht an sich zu reißen, indem sie die Arbeit von Stadtverordnetenversammlung und Magistrat im sowjetischen Sektor entscheidend behinderten. Diese Gremien nahmen fortan im Westen der Stadt ihren Sitz.

Abgeschnitten vom natürlichen Hinterland, also von Brandenburg und den weiteren Bereichen der SBZ/DDR, suchte West-Berlin den Anschluß an die Westzonen bzw. an das Bundesgebiet, um lebensfähig zu werden und zu bleiben und um den politischen, wirtschaftlichen und gesellschaftlichen Pressionen aus dem Osten widerstehen zu können. Von der Einbeziehung in die westliche Währungsreform (was zur Blockade West-Berlins durch die Sowjets führte) über die Einbeziehung in die Marshallplan-Hilfe, die Gewährung eines »Notopfers Berlin« und weitere, umfassende Bundeshilfe bis hin zu Steuererleichterungen und Gehaltszuschlägen (der »Zitterprämie«) ist eine solide Grundlage für das politische Überleben der westlichen Teilstadt (von der östlichen Propaganda als »Frontstadt« bezeichnet) geschaffen worden. Bis auf wenige Ausnahmen scheuten die großen, einst in Berlin ansässigen Wirtschaftsunternehmen das Risiko, in der Stadt zu bleiben und verlegten zumindest ihren Hauptsitz und ihre Forschungsabteilungen nach West- und Süddeutschland, unter Mitnahme der Spezialisten, ein Aderlaß, von dem beide Teile der Stadt betroffen waren und von dem Berlin sich nur schwer erholte.

Unter Beachtung der Viermächte-Vereinbarungen über Berlin ist der Westteil der Stadt aber doch zu einem »Schaufenster der freien Welt« auf- und ausgebaut worden. West-Berlin entwickelte sich zu einem »Pfahl im Fleische« der DDR, als die Teilstadt Anschluß an den westdeutschen Wirtschaftsaufschwung fand und den Ostdeutschen ad oculos demonstrierte, was soziale Marktwirtschaft (im Gegensatz zur Planwirtschaft sowjetischen Zuschnitts) bewirkte. Die Abstimmung über das zu wählende System fand »mit den Füßen« statt: Mehr als zwei Millionen DDR-Bürger verließen ihre Heimat, um in den Westen zu gehen, die meisten von ihnen über West-Berlin. Unter den Flüchtlingen befanden sich viele Fachkräfte, die der Wirtschaft in der DDR verlorengingen. Der Mauerbau setzte der Fluchtwelle ein Ende. Die boomende Wirtschaft im Westen mußte weitere Arbeitskräfte nun im europäischen Ausland anwerben, insbesondere in den Anrainerstaaten des Mittelmeeres, zunächst in Italien, Spanien, Griechenland, Jugoslawien und schließlich auch in der Türkei. West-Berlin entwickelte sich zur »drittgrößten türkischen Stadt«. Hierhin zog es auch viele Westdeutsche, insbesondere junge Menschen, unter ihnen solche, die von dem alliierten Recht profitierten, das ihnen eine Freistellung vom Militärdienst garantierte. Die Universitäten entwickelten sich zum Standort der studentischen Protestbewegung, die auch im Kreuzberger Arbeiterviertel, unmittelbar an der Mauer gelegen, beheimatet war, in dem sich aber vorrangig auch die türkischen Neu-Berliner niederließen, wie schließlich die »Autonomen«. West-Berlin lebte u. a. vom Mauer-Tourismus, wollte und sollte aber vor allem eine Stadt der Wissenschaft und Kultur sein. Noch im Jahr des Mauerbaues sind ein neues Opernhaus sowie die Neue Philharmonie ihrer Bestimmung übergeben worden, und mit der Zeit gab es die meisten Institutionen doppelt in der Stadt, jeweils in West- und Ost-Berlin. Ihr eigenes Schicksal hatten die bedeutenden musealen Sammlungen, aber auch die Bestände der Archive und Bibliotheken, die nach ihrer Auslagerung während des Bombenkrieges teils gar nicht, teils nicht an ihren angestammten Ort zurückkehrten.

West-Berlin stand weiter unter alliierten Rechtsvorbehalten und bildete keinen konstitutionellen Teil der föderalistisch strukturierten Bundesrepublik Deutschland. Es war nicht der Standort der Bundesregierung, sondern beherbergte lediglich einige nachgeordnete Bundesbehörden. Seine Funktion als Hauptstadt und Regierungssitz hatte Berlin an Bonn verloren. Anders Ost-Berlin. Die zentralistisch regierte DDR erklärte bereits bei ihrer Gründung 1949 Berlin zu ihrer Hauptstadt und zum Regierungssitz. In dieser Funktion ist die östliche Teilstadt gegenüber den Bezirken der DDR stets bevorzugt behandelt worden, insbesondere beim Neuaufbau (Wohnungsbau) und der Versorgung der Bevölkerung mit Konsumgütern. Auch in Ost-Berlin gab es Migration: der Abwanderung in den Westen steht der Zug von Menschen aus dem Norden und vor allem aus dem Süden der DDR gegenüber, von denen viele im Regierungsapparat, in der Verwaltung, beim Militär und in der Polizei tätig waren: das Sächsische wurde heimisch in Berlin. Nennenswerten Zuzug aus dem Ausland hat es in Ost-Berlin nicht gegeben.

Nach dem Stopp der Fluchten durch den Mauerbau erlebten die DDR und ihre Hauptstadt eine Konsolidierungsphase, während West-Berlin durch eine panikartige Abwanderung eines Teils der Bevölkerung nach Westdeutschland eine ernsthafte Krise zu bewältigen hatte. In einem langwierigen politischen Prozeß setzte sich schließlich die Auffassung durch, nur ein »Wandel durch Annäherung« könne die Folgen der Teilung mindern helfen, um sie schließlich ganz zu überwinden. Nach dem Viermächte-Abkommen über Berlin (West) und den daraus resultierenden deutsch-deutschen Vereinbarungen entspannte sich die Situation in und um Berlin, ohne sich allerdings ganz zu normalisieren. Ost-Berlin war zumindest de facto in aller Welt als Hauptstadt der DDR anerkannt. Um den daraus resultierenden Erwartungen, aber auch um den eigenen Ansprüchen zu genügen, hat die Partei- und Staatsführung der DDR, unter Vernachlässigung anderer, wichtiger Aufgaben, Mittel in die repräsentative Ausgestaltung ihrer Hauptstadt gesteckt. Der Fall der Mauer ist aber ohne den Niedergang des gesamten kommunistischen Systems nicht denkbar. Trotz der Signale und Vorboten (Ausreiseanträge und Botschaftsfluchten) kam er für alle überraschend. Auch kein Berliner hatte zu diesem Zeitpunkt damit gerechnet.

1945 Am Ende des Krieges leben in Berlin etwa 2,6 Millionen Menschen. 28,5 Quadratkilometer des Stadtgebiets sind Ruinenfelder, 39 Prozent des Wohnungsbestandes, über 600 000 Wohnungen, sind total zerstört, weitere 100 000 beschädigt; 35 Prozent der Industrieanlagen sind vernichtet; 55 Prozent der U-Bahnwagen, 23 Prozent der Straßenbahnwagen und zwei Prozent der Omnibusse sind betriebsfähig.

–   **7. Mai** Der Reichsminister a. D. Andreas Hermes wird von der Sowjetischen Kommandantur zum Leiter des Zentralen Ernährungsamtes Berlins ernannt. – In der Zehlendorfer Pauluskirche konstituiert sich die Evangelische Kirche in Berlin-Brandenburg neu. Leiter des Konsistoriums ist Otto Dibelius, der den Titel Bischof annimmt. Er wird vom sowjetischen Stadtkommandanten Berlins, Generaloberst Nikolai E. Bersarin, in seinem Amt anerkannt. Am **4. Dezember** verleiht ihm die Landeskirchenleitung die offizielle Bezeichnung »Evangelischer Bischof von Berlin und Brandenburg«.

–   **8. Mai** Im sowjetischen Hauptquartier, in der ehemaligen Pionierschule Karlshorst (heute Museum), unterzeichnen Vertreter des Oberkommandos der Wehrmacht im Auftrag von Großadmiral Karl Dönitz in der Nacht vom 8. auf den 9. Mai die Gesamtkapitulation der deutschen Streitkräfte.

–   **11. Mai** Nach mehr als zehn Jahren findet im Jüdischen Krankenhaus an der Iranischen Straße (Berlin-Wedding) der erste öffentliche jüdische Gottesdienst statt.

–   **13. Mai** Der Berliner Rundfunk geht im Funkhaus an der Masurenallee wieder auf Sendung. Er verbreitet in erster Linie Nachrichten und Bekanntmachungen der sowjetischen Militärregierung für die Bevölkerung.

–   **15. Mai** Die Sowjets veranlassen die Ausgabe von Lebensmittelkarten in fünf Klassen, wobei nur die Klasse I (für Schwerstarbeiter, »verdiente Gelehrte« und Künstler) eine annähernd ausreichende Ernährung bietet.

–   **15. Mai** Bis auf eine Sperrzeit zwischen 22.30 und 05.00 Uhr wird die Ausgangsbeschränkung für die Bevölkerung aufgehoben. - Als erste Nachkriegszeitung erscheint unter der Herausgeberschaft der Roten Armee die »Tägliche Rundschau«, am **21. Mai** werden die ersten Exemplare der »Berliner Zeitung« ausgeliefert, ebenfalls herausgegeben von der Roten Armee. Die Zeitung fungiert ab **20. Juni 1945** als offizielles Organ des Berliner Magistrats. Chefredakteur ist der aus dem sowjetischen Exil zurückgekehrte Rudolf Herrnstadt (KPD). Am **2. August** erscheint die erste Ausgabe des britischen Nachrichtenblatts »Der Berliner«, ihm folgt am **27. September** mit amerikanischer Lizenz die erste Ausgabe des »Tagesspiegel«.

– **18. Mai** Im Funkhaus an der Masurenallee gibt das Orchester des Deutschen Opernhauses sein erstes Nachkriegskonzert. Gespielt werden Werke von Peter Tschaikowsky und Wolfgang Amadeus Mozart.

– **19. Mai** Im Neuen Stadthaus führt der sowjetische Stadtkommandant den von ihm eingesetzten Magistrat, bestehend aus Kommunisten (in den entscheidenden Positionen) sowie aus Sozialdemokraten und »bürgerlichen Fachleuten«, mit dem Oberbürgermeister Arthur Werner an der Spitze in seine Ämter ein. Er hält dort am folgenden Tag seine erste Sitzung ab.

– **26. Mai** Die Berliner Philharmoniker geben im Steglitzer Titania-Palast unter der Leitung von Leo Borchard ihr erstes Nachkriegskonzert, in dem nach langer Zeit auch wieder die unter der NS-Diktatur verfemte Musik von Felix Mendelssohn Bartholdy erklingt. Einen Tag später, am **7. Mai**, eröffnet das Renaissance-Theater unter der Leitung von Ernst Legal seine erste Nachkriegssaison mit einem Schwank der Brüder Schönthal. Gespielt wird »Der Raub der Sabinerinnen« (s. auch **4.** und **7. September**).

– **Juni** Bis zum Ende des Monats werden in den (späteren) Westsektoren fast 85 Prozent, im (späteren) Ostsektor hingegen lediglich 33 Prozent aller Industriebetriebe demontiert. – In der Wohnung des aus dem Moskauer Exil zurückgekehrten Schriftstellers Johannes R. Becher (Mitglied der KPD) in Berlin-Dahlem diskutieren Künstler und Wissenschaftler über die Gründung eines »Kulturbundes zur demokratischen Erneuerung Deutschlands«.

– **1. Juni** Der Magistrat erläßt erste Richtlinien für die Wiederaufnahme des Unterrichts (s. auch **27. August**).

– **4. Juni** Im Harnackhaus (Berlin-Dahlem) beginnt Gustaf Gründgens mit den Proben zu Friedrich Schillers »Die Räuber«. Zwei Tage später, am **6. Juni**, wird er aus den Proben heraus vom sowjetischen Geheimdienst NKWD verhaftet.

– **5. Juni** In Berlin-Köpenick unterzeichnen General Dwight D. Eisenhower (USA), Feldmarschall Bernard L. Montgomery (Großbritannien), General Jean de Lattre de Tassigny (Frankreich) und Marschall Georgi

K. Shukow (Sowjetunion) als Oberbefehlshaber der alliierten Besatzungsstreitkräfte die »Vier-Mächte-Erklärung von Berlin«. Berlin wird zunächst in drei Sektoren aufgeteilt: Die Bezirke Pankow, Weißensee, Prenzlauer Berg, Mitte, Lichtenberg, Friedrichshain, Treptow und Köpenick bilden den sowjetischen, Reinickendorf, Wedding, Spandau, Charlottenburg und Wilmersdorf den britischen sowie Zehlendorf, Steglitz, Tempelhof, Neukölln und Kreuzberg den amerikanischen Sektor (s. auch **30. Juli**). - Der Telefonverkehr wird wieder aufgenommen.

– **9. Juni** Mit Befehl Nr. 1 gibt Marschall Georgi K. Shukow zur »Durchführung der Kontrolle über die durch die bedingungslose Kapitulation auferlegten Bedingungen« die Errichtung einer Sowjetischen Militäradministration in Deutschland (SMAD) bekannt. Die SMAD etabliert sich mit ihrem Hauptquartier in Berlin-Karlshorst. – Die Magistratspost gibt die ersten Freimarken mit dem »Berliner Bären« heraus.

– **10. Juni** In Berlin und in der Sowjetischen Besatzungszone (SBZ) erlaubt die SMAD mit Befehl Nr. 2 die Gründung »antifaschistischer Parteien« und Gewerkschaften. Als erste Partei wird am **11. Juni** die Kommunistische Partei Deutschlands (KPD) zugelassen. Zu ihrer Führung gehören u. a. die aus dem Moskauer Exil zurückgekehrten Emigranten Walter Ulbricht, Wilhelm Pieck und Anton Ackermann sowie die aus dem KZ befreiten Franz Dahlem, Ottomar Geschke und Hans Jendretzky. Am **15. Juni** konstituiert sich in Berlin die Sozialdemokratische Partei Deutschlands (SPD) neu. Vorstandsmitglieder und zugleich Vorsitzende der Gesamtpartei sind gleichberechtigt Max Fechner, Erich W. Gniffke und Otto Grotewohl. Am **26. Juni** wird als dritte (neue) Partei die Christlich-Demokratische Union (CDU) in Berlin gegründet. Zu ihren Gründungsmitgliedern gehören unter anderem Andreas Hermes, Jakob Kaiser, Ernst Lemmer und Walther Schreiber (s. auch **5. Juli**).Alle drei Parteien geben mit sowjetischer Lizenz eigene Presseorgane heraus.

– **13. Juni** Vertreter ehemaliger Gewerkschaftsorganisationen der Weimarer Republik wie Roman Chwalek. Bernhard Göring, Hermann Schlimme, Jakob Kaiser und Ernst Lemmer kommen in Berlin zu einem »Vorbereitenden Gewerkschaftsausschuß für Groß-Berlin« zusammen. Leiter ist Walter Ulbricht. Er erläßt am **15. Juni** einen Aufruf zur Schaffung freier Gewerkschaften mit einheitlicher Gewerkschaftsorganisation. Dieser Aufruf gilt als Geburtsstunde des späteren FDGB, des Freien Deutschen Gewerkschaftsbundes der Sowjetischen Besatzungszone (SBZ/DDR) (s. auch **9. Februar 1946**). – Bei einer Großrazzia der Polizei auf dem »Schwarzen Markt« werden mehr als 400 Personen verhaftet.

– **16. Juni** Der erste sowjetische Stadtkommandant von Berlin, General-oberst Nikolai E. Bersarin, stirbt an den Folgen eines Motorradunfalls. Sein Nachfolger wird Generaloberst Alexander W. Gorbatow.

– **18. Juni** Unter der Leitung des Malers Karl Hofer wird die Hochschule für Bildende Künste in der Wilmersdorfer Kaiserallee (heute Bundesallee) wieder eröffnet.

– **21. Juni** Nach einem Erlaß der SMAD soll die Industrieproduktion bis zum **15. August** wieder aufgenommen werden.

– **25. Juni** Auf der Sitzung des Magistrats wird ein Exposé von Ferdinand Sauerbruch erörtert, in dem dieser zusammen mit dem evangelischen Pfarrer Heinrich Grüber die Zulassung der ethischen Indikation nach einer Vergewaltigung durch Soldaten der Sowjetarmee fordert. Der Antrag fällt jedoch *gegen die Stimmen der Kommunisten und Katholiken durch* [Heinrich Grüber]. Ein Beschluß wird nicht gefaßt.

– **27. Juni** Ein erstes Telefonverzeichnis mit 500 Anschlüssen erscheint.

– **Juli** Auf Grund der miserablen hygienischen Bedingungen breiten sich in der Stadt Seuchen aus. Tausende Berliner erkranken an Ruhr, Typhus und Paratyphus. Mehr als 3 000 Menschen fallen den Krankheiten zum Opfer.

– **1. bis 4. Juli** Britische und amerikanische Truppen rücken in die ihnen zugewiesenen Sektoren Berlins ein. Gleichzeitig ziehen sich die Westmächte aus Mitteldeutschland hinter die auf der Konferenz von Jalta vereinbarte Demarkationslinie zurück.

– **5. Juli** In Berlin erfolgt der Gründungsaufruf der Liberal-Demokratischen Partei Deutschlands (LDP; ab **1949** FDP in den Westsektoren, ab **1951** LDPD im Ostsektor bzw. in der DDR), einer Nachfolgepartei der Deutschen Demokratischen Partei (DDP), die sich bereits am **16. Juni** neu konstituiert hatte (Umbenennung in LDP am **30. Juni**). Vorsitzender ist Waldemar Koch, sein Stellvertreter Wilhelm Külz. Zusammen mit der CDU wird die LDP am **10. Juli** als vorläufig letzte Partei von der SMAD lizensiert. Zusammen mit SPD und KPD bilden sie am **14. Juli 1945** den »antifaschistischen demokratischen Block«.

– **11. Juli** In Berlin-Karlshorst (sowjetischer Sektor) findet unter dem Vorsitz des sowjetischen Stadtkommandanten Alexander W. Gorbatow die erste Sitzung der Alliierten Militärkommandantur (offizielle Bezeichnung: Alliierte Kommandatura) statt. Auf dieser Sitzung wird beschlossen, alle von der Roten Armee in der Vergangenheit erlassenen Anordnungen in Kraft zu lassen. Zukünftige Entscheidungen können nur noch einstimmig getroffen werden. Dieser Entschluß erweist sich als verhängnisvoll, denn von nun an machen die Sowjets von ihrem Vetorecht ausgiebig Gebrauch, was das Stadtregiment erheblich erschwert. Ab dem **25. Juli** tagt die Alliierte Kommandantur im ehemaligen Gebäude des Verbandes Öffentlicher Feuerversicherungsanstalten (heute Sitz des Präsidialamtes der Freien Universität) in der Kaiserswerther Straße (Berlin-Dahlem, amerikanischer Sektor).

– **17. Juli bis 2. August** Die »Berliner Konferenz« der Regierungschefs der drei Hauptsiegermächte findet im Potsdamer Schloß Cecilienhof statt. Hier wird das »Potsdamer Abkommen« ratifiziert, dem auch Frankreich am **7. August** beitritt.

– **30. Juli** Auf seiner ersten Sitzung im amerikanischen Hauptquartier (Berlin-Zehlendorf, Kronprinzenallee; heute Clayallee) beschließt der Alliierte Kontrollrat, auch einen französischen Sektor einzurichten. Daraufhin gehen am **12. August** die Bezirke Wedding und Reinickendorf aus britischer Verwaltung an Frankreich über, das sofort mit Demontagen, u. a. der Borsig-Werke, beginnt. Auf der gleichen Sitzung wird das Gebäude des Berliner Kammergerichts im amerikanischen Sektor am Schöneberger Kleistpark zum zukünftigen Sitz des Kontrollrats bestimmt.

– **23. August** Der Dirigent der Berliner Philharmoniker, Leo Borchard, wird von einem amerikanischen Posten versehentlich erschossen.

– **27. August** Der Berliner Magistrat erläßt eine vorläufige Schulordnung. Sie sieht eine Einheitsschule mit vier Grund-, fünf Mittel- und drei Oberklassen vor. Darüber hinaus wird die Entlassung aller NSDAP-Mitglieder aus dem Lehrkörper angeordnet. Der Versuch kommunistischer Magistratsmitglieder, Religionsunterricht nicht mehr als ordentliches Schulfach zuzulassen, stößt auf erhebliche Kritik.

– **4. September** In der Inszenierung ihres Intendanten, des Kammersängers Michael Bohnen, und unter der musikalischen Leitung von Robert Heger, zeigt die Städtische Oper im Theater des Westens (britischer Sektor) als erste Nachkriegsinszenierung Ludwig van Beethovens »Fidelio«. Am **8. September** eröffnet die Deutsche Staatsoper (Unter den Linden, sowjetischer Sektor), die wegen Ausbombung von **1945 bis 1955** im Admiralspalast in der Friedrichstraße (heute Metropoltheater) residiert, mit Christoph Willibald Glucks »Orpheus und Eurydike« ihre Nachkriegssaison.

- **7. September** In der Inszenierung von Fritz Wisten zeigt das Deutsche Theater (sowjetischer Sektor) Gotthold Ephraim Lessings Drama »Nathan der Weise« mit Paul Wegener in der Hauptrolle. Neuer Intendant der ehemaligen Reinhardt-Bühne ist Gustav von Wangenheim.

- **8. Oktober** Nachdem bereits am **21. August** die Elektrizitätsversorgung eingeschränkt worden ist, wird nun auch das Gas rationiert, so daß der Verbrauch auf das Kochen einer warmen Mahlzeit täglich beschränkt bleiben muß.

- **26. Oktober** Ein erster Kindertransport im Rahmen der von den britischen Behörden initiierten »Aktion Storch« findet statt. Insgesamt werden 50 000 Schulkinder aus dem britischen Sektor Berlins zu längeren Erholungsaufenthalten in die britische Zone Westdeutschlands, insbesondere auf das platte Land, geschickt.

- **28. Oktober** Oberbürgermeister Arthur Werner eröffnet mit einem Festakt in der Deutschen Staatsoper (sowjetischer Sektor) die Hochschule für Musik.

- **November** Rund 1,3 Millionen deutsche Flüchtlinge aus dem Osten haben in den Monaten **Juli bis Oktober** die 59 Durchgangslager in Berlin passiert.

- **3. November** Mit der Komödie »Hokuspokus« von Curt Götz eröffnet das Schloßparktheater in Berlin-Steglitz (amerikanischer Sektor), das zuletzt als Kino gedient hatte, seine erste Spielzeit.

- **7. November** Anläßlich des Jahrestages der Oktoberrevolution wird zum Gedenken an die Eroberung Berlins an der Charlottenburger Chaussee (heute Straße des 17. Juni) im britischen Sektor ein sowjetisches Ehrenmal enthüllt. Als Material dienen Mamortrümmer aus Hitlers Neuer Reichskanzlei.

- **12. November** Die traditionsreiche Berliner (Friedrich-Wilhelms-)Universität nimmt – zunächst nur provisorisch – ihren Lehrbetrieb wieder auf. -Als erste Berliner Abendzeitung nach dem Krieg erscheint »Der Kurier«.

- **15. November** Die Berliner Stadtbahn nimmt nach der Wiederherstellung eines Streckenabschnitts am Alexanderplatz (sowjetischer Sektor) den Verkehr wieder auf.

- **25. November** Auf dem ersten Landesparteitag der Berliner SPD spricht sich der überwiegende Teil der Delegierten gegen einen Zusammenschluß von SPD und KPD zu einer Einheitspartei aus.

- **8. Dezember** Gründung des Antifaschistisch-Demokratischen Blocks Groß-Berlin mit Vertretern der KPD, SPD, LDPD und CDU im Neuen Stadthaus (sowjetischer Sektor).

1945/1946 Der sowjetische Geheimdienst und die Rote Armee unterhalten in Berlin-Hohenschönhausen ein Internierungslager für politische Gefangene, das **1950** an das DDR-Innenministerium, später an den Staatssicherheitsdienst übergeht. Auch hier werden politische Untersuchungshäftlinge gefoltert und mißhandelt. Nach der Auflösung des Ministeriums für Staatssicherheit geht die Haftanstalt **1990** in die Kontrolle des DDR-Innenministeriums über und wird dann aufgehoben.

1946 **18. Januar** Der Berliner Bischof Konrad Graf von Preysing wird von Papst Pius XII. zum Kardinal ernannt. Am 24. März findet ihm zu Ehren im Admiralspalast (Berlin-Mitte, sowjetischer Sektor) eine Feier statt.

- **Anfang Februar** Da es nicht gelingt, den sowjetisch gelenkten Berliner Rundfunk in der Masurenallee (Berlin-Charlottenburg, britischer Sektor) einer Vier-Mächte-Kontrolle zu unterstellen, richten die Amerikaner in der Lichterfelder Telefunken-Fabrik den »Drahtfunk im amerikanischen Sektor« (DIAS) ein. Die ersten Sendungen kommen aus dem Fernmeldeamt in der Winterfeldtstraße in Berlin-Schöneberg (amerikanischer Sektor). Am **5. September** geht dann der »Rundfunk im amerikanischen Sektor« (RIAS), der Nachfolger des DIAS, auf Sendung. Er bezieht im **Juli 1948** sein Domizil in der Kufsteiner Straße (Berlin-Schöneberg, amerikanischer Sektor).

- **9. bis 11. Februar** In Berlin konstituiert sich auf seinem ersten Kongreß der Freie Deutsche Gewerkschaftsbund (FDGB) als einheitliche Massenorganisation der Arbeiter und Angestellten. Erster Vorsitzender ist Hans Jendretzky (KPD), sein Stellvertreter Bernhard Göring (SPD), dritter Vorsitzender ist Ernst Lemmer (CDU).

- **7. März** Die Freie Deutsche Jugend (FDJ) konstituiert sich in Berlin als einheitliche, »antifaschistisch«-demokratische Jugendorganisation. Ihr Vorsitzender ist Erich Honecker (KPD). Allen anderen Jugend-Organisationen verweigert die SMAD im sowjetischen Sektor die Zulassung.

– **10. März** Entsprechend der Direktive Nr. 24 des Alliierten Kontrollrats werden einheitliche Rahmenbedingungen für die Entnazifizierungsverfahren in ganz Berlin erlassen.

– **31. März** Unter den Delegierten der Berliner SPD gibt es über die Vereinigung von SPD und KPD eine Urabstimmung. Auf Befehl der SMAD wird der Urnengang im sowjetischen Sektor Berlins jedoch verboten. Die Wahllokale werden geschlossen, so daß nur in den Westsektoren abgestimmt werden kann. 82 Prozent der abstimmenden Sozialdemokraten sprechen sich gegen, 12 Prozent für eine sofortige Vereinigung mit der KPD aus. Eine Zusammenarbeit beider Parteien wird jedoch mehrheitlich befürwortet (s. auch **7. April**).

– **7. April** Nach der Urabstimmung vom **31. März** wird von den Vereinigungsgegnern in der SPD auf dem 2. Parteitag in der Zehlendorfer Zinnowaldschule (amerikanischer Sektor) ein neuer Bezirksvorstand gewählt. Die (Berliner) SPD ist damit gespalten (s. auch **21. April**).

– **9. April** Die am **1. April 1879** gegründete Technische Hochschule an der Charlottenburger Chaussee (britischer Sektor; heute Straße des 17. Juni) wird in einem Festakt als Technische Universität (TU) neu eröffnet.

– **14. April** Ein Vereinigungsparteitag der Bezirksorganisationen der KPD und der SPD Groß-Berlin beschließt im Friedrichstadtpalast (sowjetischer Sektor) die Vereinigung der Berliner Parteiorganisationen der KPD und der SPD.

– **21. bis 22. April** Im Berliner Admiralspalast (sowjetischer Sektor) findet der Vereinigungsparteitag von KPD und SPD zur Sozialistischen Einheitspartei Deutschlands (SED) statt. Wilhelm Pieck (KPD) und Otto Grotewohl (SPD) werden gleichberechtigte Vorsitzende. Als Parteiorgan fungiert die Zeitung »Neues Deutschland«, deren erste Ausgabe am **23. April** erscheint. Sie wird später das führende Sprachorgan der SED in der DDR. Am **31. Mai** werden von der Alliierten Kommandantur sowohl die SPD als auch die SED in allen vier Sektoren Berlins zugelassen.

– **1. Mai** Der FDGB veranstaltet zum »Tag der Arbeit« vor der Ruine des Stadtschlosses (sowjetischer Sektor) eine Massenkundgebung mit 500 000 Teilnehmern.

– **10. Juli** Der Alliierte Kontrollrat erläßt ein Gesetz, das den Einsatz von Frauen bei der Trümmerbeseitigung vorsieht. Insgesamt gibt es in Berlin 60 000 »Trümmerfrauen« (offizielle Bezeichnung: Hilfsarbeiterin im Baugewerbe), davon 40 000 in den Westsektoren.

–   **19. Juli** Auf Befehl der SMAD werden sämtliche Obst- und Gemüselieferungen aus der SBZ in die Berliner Westsektoren eingestellt. Ab dem **10. August** läuft in Berlin die Versorgung durch die private amerikanische Hilfsorganisation Cooperation for American Remittances to Europe (CARE) an.

–   **13. August** Die Alliierten verabschieden eine »Vorläufige Verfassung für Groß-Berlin«, die eine konstitutionelle Regierung vorsieht.

–   **8. September** Im Berliner Olympiastadion (britischer Sektor) wird von den vier Siegermächten ein internationales Militärsportfest ausgerichtet, an dem sieben Nationen teilnehmen. Deutsche sind weder als Teilnehmer noch als Zuschauer zugelassen.

–   **1. Oktober** Unter dem Namen »Öffentliche wissenschaftliche Bibliothek« nimmt die ehemalige Preußische Staatsbibliothek Unter den Linden (sowjetischer Sektor) ihre Arbeit wieder auf.

–   **15. Oktober** Im Domizil der Deutschen Staatsoper, dem Admiralspalast in der Friedrichstraße (Berlin-Mitte, sowjetischer Sektor), wird der Spielfilm »Die Mörder sind unter uns« uraufgeführt, die erste Produktion der in Potsdam-Babelsberg gegründeten DEFA (Deutsche Film-AG). In der Inszenierung von Wolfgang Staudte spielen Hildegard Knef und Wilhelm Borchert die Hauptrollen.

–   **20. Oktober** Die ersten freien Wahlen zur Stadtverordnetenversammlung im Nachkriegs-Berlin bescheren der SED eine eklatante Niederlage: Sie wird lediglich drittstärkste Partei nach der SPD, die einen überragenden Wahlsieg verbuchen kann, und nach der CDU (vgl. Anhang S. 284f.).

–   **6. November** Anstelle der üblichen Stromsperrstunden werden die Berliner nun mit sogenannten »Lichtstunden« konfrontiert: Jeder Haushalt darf täglich nur noch zweieinhalb Stunden lang Strom verbrauchen.

–   **28. November** Als Grenz- und Schutzpolizei wird für den sowjetischen Sektor Berlins und für die SBZ die »Volkspolizei« gegründet.

–   **5. Dezember** Bei der ersten demokratischen Wahl eines Magistrats durch die Stadtverordneten nach dem Krieg wird Otto Ostrowski (SPD) zum neuen Oberbürgermeister bestimmt (s. auch **17. April 1947**).

1947   **Winter** Einer über Wochen anhaltenden Kältewelle fallen in Berlin über 1 100 Menschen zum Opfer. In den vom Krieg zerbombten Häusern ist die Bevölkerung fast schutzlos der Kälte ausgeliefert; es gibt kaum Heizmaterial. Auf der Suche nach Brennholz durchstreifen die verzweifelten Berliner nun Parkanlagen und Wälder. Bevorzugtes Ziel ist zwar der zentral gelegene Tiergarten, der fast vollständig abgeholzt wird; insgesamt werden jedoch alle städtischen Forsten ein Opfer der Kältewelle, so daß sich bis zum **Mai** der Baumbestand um 50 Prozent verringert hat. – Am **13. Februar 1947** erarbeitet unter Leitung von Bürgermeisterin Louise Schroeder ein Notkomitee einen Hilfekatalog, der Wärmehallen, medizinische Versorgung und die Verteilung von warmen Mahlzeiten an Alte und Hilfsbedürftige vorsieht. Doch trotz dieser Maßnahmen erkranken Tausende an Lungenentzündung oder schwerer Grippe; über 60 000 Menschen zeigen Erfrierungsmerkmale. Am **28. Februar 1947** reagiert auch die Alliierte Kommandantur: Sie verfügt die Abschaffung der Lebensmittelkartenstufe V (Nichtberufstätige, Hausfrauen). Die rund 930 000 Betroffenen erhalten die Lebensmittelkarte Stufe III, was ihre Versorgung und damit ihre Widerstandskraft entscheidend verbessert.

– **25. Februar** Der Staat Preußen wird durch das Kontrollratsgesetz Nr. 47 aufgelöst; Berlin ist damit nicht mehr preußische Hauptstadt.

– **1. April** Zur Verwaltung des sequestrierten und beschlagnahmten Vermögens im sowjetischen Sektor Berlins wird die Deutsche Treuhandstelle (**ab 28. Januar 1948**: Deutsche Treuhandverwaltung) geschaffen.

– **17. April** Von der CDU und von seinen eigenen Parteifreunden wird der erste frei gewählte Oberbürgermeister im Nachkriegs-Berlin, Otto Ostrowski (SPD), zum Rücktritt gezwungen. Um die katastrophale Notlage der Bevölkerung zu lindern, hatte er eine Zusammenarbeit mit allen Parteien, und damit auch mit der SED, gesucht. Dies wird ihm »als eigenmächtige Kontaktaufnahme zur SED« angelastet; die SPD entzieht ihm das Vertrauen. Bis zur Neuwahl eines Nachfolgers für Ostrowski beauftragt die Stadtverordnetenversammlung am **8. Mai** Louise Schroeder mit der Führung der Amtsgeschäfte. Am **24. Juni** wird mit einer deutlichen Mehrheit Ernst Reuter zum neuen Oberbürgermeister von Berlin gewählt. Doch seine Bestätigung durch die Alliierte Kommandantur scheitert am Veto der Sowjets. Am **18. August** erhält die Stadtverordnetenversammlung die Mitteilung, daß Reuters Wahl zum Oberbürgermeister nicht anerkannt wird. Dieser reagiert auf seine Weise: Er läßt sich Visitenkarten drucken mit der Aufschrift: »Der gewählte, aber nicht bestätigte Oberbürgermeister von Berlin«. Anstelle Reuters bleibt weiterhin Louise Schroeder mit der Führung der Amtsgeschäfte betreut, unterstützt von dem CDU-Bürgermeister Ferdinand Friedensburg.

– **27. April** Die letzte Lücke des fast 76 Kilometer langen U-Bahnnetzes ist geschlossen: Zwischen Gleisdreieck und Halleschem Tor wird die Hochbahn wieder in Betrieb genommen.

– **3. Mai** Im Deutschen Theater (Berlin-Mitte, sowjetischer Sektor) findet die Uraufführung des vom sowjetischen Dramatiker Konstantin Simonow verfaßten Schauspiels »Die russische Frage« statt; wegen seiner antiamerikanischen Tendenz wird das Stück jedoch von Publikum und Kritik kontrovers aufgenommen. Insgesamt haben die Berliner Bühnen wieder Anschluß an das internationale Theaterleben gefunden: **Seit Oktober 1946** sind insgesamt 54 Stücke ausländischer Autoren, darunter Jean Anouilh, Jean Giraudoux und Thornton Wilder, sowie der russischen Klassiker und der sowjetischen Moderne zur Aufführung gebracht worden.

– **24. Mai bis 8. Juni** Im Rahmen der Veranstaltungsreihe »Englische Musik« wird als deutsche Erstaufführung Benjamin Brittens Oper »Peter Grimes« gespielt. Am **25. Mai** dirigiert Wilhelm Furtwängler im Titania-Palast (Berlin-Steglitz, amerikanischer Sektor) zum ersten Mal nach dem Krieg wieder das Berliner Philharmonische Orchester. Der langjährige künstlerische Leiter war von den Alliierten wegen angeblicher »nationalsozialistischer Verstrickungen« zunächst mit einem Auftrittsverbot belegt, am **17. Dezember 1946** von der Entnazifizierungskommission jedoch freigesprochen worden. Am **30. September** gibt der jüdische Geiger Yehudi Menuhin ein Zeichen der Versöhnung: Unter der Leitung Furtwänglers spielt er das Violinkonzert Ludwig van Beethovens. Menuhins Entschluß, zusammen mit Furtwängler in Berlin aufzutreten, stößt vor allem in einem Teil der amerikanischen Presse auf harsche Kritik.

– **18. Juli** Die ersten im Nürnberger Kriegsverbrecherprozeß verurteilten Häftlinge (darunter Karl Dönitz, Walther Funk, Rudolf Heß und Albert Speer) werden im Spandauer »Kriegsverbrechergefängnis« (Wilhelmstraße, britischer Sektor) inhaftiert. Ihre Bewachung übernehmen die Alliierten mit monatlich wechselnder Wachmannschaft.

– **13. November** Mehr als 5 000 Menschen sind in den vergangenen Monaten im sowjetischen Sektor von Angehörigen des sowjetischen Militärs bzw. des Geheimdienstes aus politischen Gründen verhaftet oder aus den Westsektoren verschleppt worden. – Nach kontroversen Debatten verabschiedet die Stadtverordnetenversammlung mit den Stimmen von SPD, SED und LDP ein neues Schulgesetz für Groß-Berlin, das nicht mehr ein gegliedertes Schulsystem, sondern die Schaffung einer zwölfstufigen Einheitsschule vorsieht, ohne obligatorischen Religionsunterricht.

- **23. Dezember** Im Gebäude des Admiralpalastes/Metropoltheaters (Berlin-Mitte, sowjetischer Sektor) eröffnet die Komische Oper unter der Intendanz ihres Gründers Walter Felsenstein den Spielbetrieb mit der »Fledermaus« von Johann Strauß.

1948 **Februar** Durch Razzien in Straßen und Lokalen versucht die Polizei den Schwarzhandel einzudämmen. Doch die knappen Zuteilungen zwingen die Berliner immer wieder, sich auf dem »Schwarzen Markt« zu versorgen.

- **April** Wiederholt kommt es zu Behinderungen des Verkehrs von und nach Berlin durch die Sowjets. Fahrzeughaltern in den Westsektoren verweigern sowjetische Dienststellen die Fahrgenehmigungen, so daß der Lkw-Fernverkehr immer unberechenbarer wird. **Mitte April** lagern in Berliner Postämtern fast 1 750 Tonnen Pakete, die nicht weiterbefördert werden können.

- **22. April** Von der Stadtverordnetenversammlung wird gegen die Stimmen der SED eine neue Verfassung für Groß-Berlin verabschiedet. Wegen des Auszugs der Sowjets aus dem Kontrollrat kann sie nicht in Kraft treten.

- **7. Juni** Die Unabhängige Gewerkschaftsopposition (UGO) trennt sich vom kommunistisch beeinflußten Freien Deutschen Gewerkschaftsbund (FDGB).

- **16. Juni** In der Alliierten Kommandatura findet die letzte gemeinsame Sitzung der Vier-Mächte statt.

- **23. Juni bis 25. Juni** Nachdem die westlichen Alliierten am **18. Juni** in ihrer Bi-Zone die DM (West) eingeführt haben, ziehen die Sowjets nach und führen in der SBZ eine neue Währung ein, die DM (Ost), deren Gültigkeit sie auf ganz Berlin ausdehnen. Von den Westalliierten wird daraufhin in ihren Berliner Besatzungssektoren ebenfalls die DM (West) eingeführt, die Geldscheine sind allerdings durch ein aufgedrucktes »B« (für Berlin) besonders gekennzeichnet. Die Sowjets verfügen daraufhin die Sperrung aller Land- und Wasserwege zwischen den Westsektoren Berlins und den Westzonen. Diese Blockade wird von den Alliierten ihrerseits mit dem »Airlift«, der Luftbrücke, beantwortet: Bis zum **Mai 1949** starten und landen im Minutentakt die Frachtflugzeuge der drei westlichen Alliierten, um die Berliner mit dem Lebensnotwendigsten zu versorgen. Das Ansehen der sowjetischen Besatzungsmacht in der Berliner Bevölkerung erreicht unterdessen ein »Rekord-Tief«. Um verlorenes Terrain zurückzugewinnen, erklärt sie sich bereit, die Versorgung für Gesamt-Berlin zu übernehmen: **Zwischen dem 26. Juli und 3. August** können Bewohner der Westsektoren unter Vorlage ihres Personalausweises in Geschäften und Kartenstellen des sowjetischen Sektors Lebensmittelkarten beantragen. Bis zum **Dezember** machen jedoch nur 95 000 Menschen von diesem Versorgungsangebot Gebrauch. Für die Wirtschaft der Westsektoren hat die Blockade katastrophale Auswirkungen: In vielen Betrieben bricht die Produktion fast völlig zusammen und rund 6 000 Unternehmen müssen Konkurs anmelden. Die Zahl der Arbeitslosen in den Westsektoren liegt im **Dezember** bei 113 000.

– **1. Juli** Mit seinem Befehl Nr. 20 fordert der sowjetische Stadtkommandant Alexander Gorbatow für seinen Besatzungssektor gleichen Lohn für gleiche Arbeit. – Ein Werkküchenessen (»Kotikow- Essen«) wird im Ostsektor eingeführt.

– **6. September** Im neuen Stadthaus sprengen von der SED gelenkte Demonstranten die Sitzung der Stadtverordnetenversammlung. Auf einer außerordentlichen Sitzung im Studentenhaus am Charlottenburger Steinplatz im Westteil der Stadt, an der die Delegierten der SED nicht teilnehmen, beschließen die Stadtverordneten die Durchführung von Neuwahlen. Drei Tage später, am **9. September**, protestieren vor dem Reichstagsgebäude rund 300 000 Berliner gegen die Blockade und die drohende Spaltung der Stadt. Oberbürgermeister Ernst Reuter fordert in einem leidenschaftlichen Appell Solidarität mit Berlin: *Heute ist der Tag, wo das Volk von Berlin seine Stimme erhebt. Dieses Volk von Berlin ruft heute die ganze Welt … Ihr Völker der Welt, ihr Völker in Amerika, in England, in Frankreich, in Italien! Schaut auf diese Stadt, und erkennt, daß ihr diese Stadt und dieses Volk nicht preisgeben dürft, preisgeben könnt!* Als aufgebrachte Berliner versuchen, die Rote Fahne vom Brandenburger Tor zu holen, kommt es zu Zusammenstößen mit der Ost-Berliner Polizei. Ein Jugendlicher wird getötet, insgesamt werden 60 Menschen verletzt.

– **13. Oktober** Teile des Magistrats verlegen ihren Sitz aus dem sowjetischen in den britischen Sektor.

– **15. November** In der Frankfurter Allee 304 (Verwaltungsbezirk Friedrichshain, sowjetischer Sektor) eröffnet die volkseigene Handelsorganisation (HO) ihren ersten »Freien Laden«.Hier werden Lebensmittel und Industriewaren ohne Berechtigungskarten beziehungsweise Bezugsscheine zu überhöhten Preisen verkauft.

– **27./28. November** Eine Delegiertenkonferenz des Landesverbandes Berlin der SED beschließt die Absetzung des frei gewählten Magistrats.

- **30. November** Im Admiralspalast (sowjetischer Sektor) findet eine »außerordentliche Stadtverordnetenversammlung« statt, an der neben der SED-Fraktion etwa 1 600 delegierte Mitglieder von Massenorganisationen und Betrieben des Sowjetsektors teilnehmen. Auf dieser Sitzung wird der bisherige Magistrat von Groß-Berlin für abgesetzt erklärt und ein neuer, »demokratischer« Magistrat gebildet, dem als Oberbürgermeister Friedrich Ebert, der Sohn des ehemaligen Reichspräsidenten der Weimarer Republik, vorsteht. Berlin ist damit auch politisch gespalten. Am **1. Dezember** ruft die (gewählte) Stadtverordnetenversammlung den »Politischen Notstand« aus, Dienststellen des (alten) Magistrats werden in die Westsektoren Berlins verlegt. Der neue (Ost-)Magistrat wird am **2. Dezember** vom sowjetischen Stadtkommandanten in seinem Amt bestätigt. Wahlen finden hier erst **1954** statt.

- **Anfang Dezember** Unter der Losung »Die Zone hilft Berlin« beginnen die Länder der SBZ mit einer Solidaritätsaktion für den sowjetischen Sektor von Berlin: Aus den Erlösen von Sonderschichten werden Lebensmittel, Kohle, Baumaterialien und Industriewaren in diesen Teil der Stadt geliefert.

- **4. Dezember** Nachdem durch Eingriffe der Sowjets in die Selbstverwaltung der Berliner Universität sowie Verhaftungen von Professoren und Studenten die Freiheit von Lehre und Forschung nicht mehr gewährleistet ist, findet im Steglitzer Titania-Palast (amerikanischer Sektor) die Gründungsveranstaltung für die Freie Universität Berlin statt.

- **5. Dezember** Bei den Wahlen zur neuen Stadtverordnetenversammlung in den Westsektoren Berlins erhält die SPD die absolute Mehrheit (vgl. Anhang S. 284f.). Am **7. Dezember** wählen die Stadtverordneten auf ihrer ersten Sitzung Ernst Reuter erneut zum Oberbürgermeister.

- **13. Dezember** Der Freie Deutsche Gewerkschaftsbund Groß-Berlin führt im Treuhandbetrieb Bergmann-Borsig (sowjetischer Sektor) seine erste Berliner Aktivistenkonferenz durch.

- **Weihnachten** Das Berliner Funkkabarett hat Premiere: Der RIAS überträgt am ersten Weihnachtsfeiertag Günter Neumanns Kabarett-Veranstaltung »Club der Insulaner«, die ein voller Erfolg wird. Der »Titelsong« der Insulaner trifft das Lebensgefühl der eingeschlossenen West-Berliner und wird fast zu einer Hymne: *Der Insulaner verliert die Ruhe nich / der Insulaner liebt keen Jetue nich / Der Insulaner hofft unbeirrt / daß seine Insel wieder'n schönes Festland wird.* – Im Marmorhaus am Kurfürstendamm (britischer Sektor) wird am **Silvesterabend** der Film »Berliner Ballade« uraufgeführt. Hauptdarsteller als »Otto Normalverbraucher« ist

Gert Fröbe, das Drehbuch stammt vom »Insulaner« Günter Neumann. Der Film karikiert die deutsche Nachkriegs-Bürokratie, verschont aber auch die Politik der Siegermächte nicht.

1949 **11. Januar** Nach 15 Jahren Exil tritt der nach Ost-Berlin zurückgekehrte Bertolt Brecht wieder an die Theater-Öffentlichkeit. Das von ihm und Helene Weigel gegründete »Berliner Ensemble« zeigt am Deutschen Theater Brechts Stück »Mutter Courage und ihre Kinder«. Der Autor selbst führt Regie, Helene Weigel spielt die Titelrolle. Die Aufführung wird ein Publikumserfolg. Am **19. März 1954** erhält das Ensemble im Theater am Schiffbauerdamm sein eigenes Domizil.

– **20. März** Die drei Westmächte heben die besondere Kennzeichnung der Banknoten für die Westsektoren Berlins auf. Hier gilt fortan die Deutsche Mark (West) ohne den Aufdruck »B« für Berlin als alleingültige Währung.

– **1. Mai** Der Ost-Berliner Magistrat realisiert ein Gesetz zur Überführung von Konzernen und sonstigen wirtschaftlichen Unternehmen in Gemeineigentum. 95 Banken, darunter sechs Großbanken, 101 Versicherungsunternehmen und 87 Grundstücks- und Baugesellschaften gehen in Volkseigentum über.

– **8. Mai** Für die im Zweiten Weltkrieg gefallenen sowjetischen Soldaten wird im Treptower Park (Ost-Berlin) ein Ehrenmal errichtet.

– **11./12. Mai** Um Mitternacht endet die Blockade West-Berlins, die Stadt ist jedoch weiterhin geteilt. Dies gilt für die Verwaltung, die Wirtschaft und für die Finanzen, aber auch für das Versorgungs- und teilweise für das Verkehrsnetz. Ausgenommen bleiben U- und S-Bahn sowie einige Bus- und Straßenbahnlinien. Sowohl die Bahn als auch die Wasserstraßen bleiben insgesamt unter östlicher Verwaltung, was später wiederholt zu Behinderungen, Störungen und weiteren Komplikationen führt. Die Luftbrücke wird noch bis zum **30. September** aufrechterhalten. – Am **14. Mai** verkünden die westlichen Stadtkommandanten das »Kleine Besatzungsstatut« für West-Berlin, das der Stadthälfte »volle gesetzgeberische, vollziehende und gerichtliche Gewalt« überträgt. Bestimmte alliierte Vorbehalte gelten allerdings weiterhin.

– **15./16. Mai** Bei den Wahlen zum 3. Deutschen Volkskongreß werden in Ost-Berlin 58,2 Prozent der Stimmen für die Kandidaten der Einheitsliste abgegeben.

– **23. Mai** Das in Gegenwart von fünf West-Berliner Politikern in Bonn unterzeichnete Grundgesetz der Bundesrepublik Deutschland hat auch für Berlin Gültigkeit. Wegen des Vier-Mächte-Status darf die Stadt jedoch nicht durch den Bund regiert werden und auch keine stimmberechtigte Vertretung in Bundestag und Bundesrat erhalten. Das Berliner Parlament kann lediglich eine bestimmte Anzahl nicht voll stimmberechtigter Abgeordneter in die gesetzgebenden Körperschaften entsenden.

– **18. Juni** Die Nationalgalerie auf der Museumsinsel (Berlin-Mitte) ist wieder zugänglich. In acht Sälen werden vorwiegend Kunstwerke aus dem 19. Jahrhundert gezeigt.

– **28. August** Der Ost-Berliner Magistrat beschließt einen Zweijahresplan mit einem »Arbeitsprogramm für das Jahr 1949«. Gefördert werden sollen vor allem das Kraftwerk Klingenberg, der VEB Bergmann-Borsig und die Linden-Universität (Humboldt-Universität).

– **7. Oktober** In Ost-Berlin wird die Verfassung der Deutschen Demokratischen Republik verkündet und Berlin zu ihrer Hauptstadt erklärt.

– **12. November** Der sowjetische Stadtkommandant Generalmajor Alexander Gorbatow überträgt dem Ost-Berliner Magistrat die Verwaltungsfunktionen für den östlichen Teil der Stadt.

– **1. Dezember** Oberbürgermeister Ernst Reuter übergibt das neu errichtete Kraftwerk West in Ruhleben seiner Bestimmung. Das Kraftwerk soll die Stromversorgung West-Berlins sichern und die Stadt unabhängig von Energielieferungen aus dem Ostsektor machen.

– **21. Dezember** Anläßlich des 70. Geburtstags von Josef Stalin werden die Große Frankfurter Straße und die Frankfurter Allee im Ost-Berliner Bezirk Friedrichshain in Stalinallee umbenannt.

1950 West-Berlin verzeichnet den höchsten Arbeitslosenstand seit Kriegsende. Insgesamt sind 306 000 Arbeitslose registriert. –Unterdessen geht in Ost-Berlin die Verstaatlichung weiter. Insgesamt steigt der Anteil volkseigener Betriebe in der Industrie bis **Ende 1950** auf 75 Prozent, während Einzelhandel und Landwirtschaft sich noch zu 51 Prozent in privater Hand befinden. Fast zwei Drittel aller Industriearbeiter sind im staatlich kontrollierten Sektor beschäftigt.

– **14. März** Angesichts der katastrophalen wirtschaftlichen Situation erklärt der Deutsche Bundestag die Westsektoren Berlins zum wirtschaftlichen Notstandsgebiet.

– **24. März** Im Ost-Berliner Admiralspalast (Mitte) wird die Akademie der Künste der DDR gegründet. Sie versteht sich als Nachfolgeinstitution der Preußischen Akademie der Künste. Im **Oktober** erhält Ost-Berlin mit der Eröffnung der Hochschule für Musik eine weitere kulturelle Institution.

– **1. April** Die Borsigwerke in Reinickendorf nehmen nach dreijähriger, durch französische Demontage bedingter Unterbrechung ihre Produktion wieder auf.

– **3. bis 22. April** In Ost-Berlin werden erstmals Haus- und Straßenvertrauensleute gewählt, eine Kontrollinstitution, die fatal an die Blockwarte der NS-Zeit erinnert.

– **17. April** Um die enge Bindung Berlins an die Bundesrepublik zu demonstrieren, wird von Bundeskanzler Konrad Adenauer in der Kaiserallee (Berlin-Wilmersdorf) das »Bundeshaus Berlin« eröffnet; die Kaiserallee wird in Bundesallee umbenannt. Bis zur Wiedervereinigung **1990** ist das Bundeshaus Sitz des Bevollmächtigten der Bundesregierung in Berlin sowie der Berliner Vertretungen von Bundesministerien.

– **1. Mai** Maikundgebung auf dem Platz der Republik in West-Berlin: Über eine halbe Million Menschen demonstrieren »Gegen Einheit in Ketten, für Frieden und Freiheit«.

– **Mitte Mai** Die Sowjetunion überträgt das Tobis-Filmstudio und die Filmkopieranstalt Afifa in Johannisthal, die **1946** zusammen mit rund 230 anderen Betrieben in Sowjetische Aktiengesellschaften (SAG) umgewandelt worden waren, in den Besitz der DDR.

– **27. Mai** Anläßlich des Deutschlandtreffens der FDJ wird an der Ost-Berliner Chausseestraße das 70 000 Zuschauer fassende Walter-Ulbricht-Stadion mit einer Sportveranstaltung eingeweiht.

– **7. September** Obwohl Experten aus Ost und West einen Wiederaufbau für möglich halten, wird auf Druck Walter Ulbrichts das im Krieg stark zerstörte Berliner Stadtschloß, die frühere Residenz der Hohenzollern, gesprengt. Der von Trümmern beseitigte und mit dem Lustgarten verbundene Schloßplatz wird zum »Zentralen Platz« für Massenaufmärsche und Kundgebungen umfunktioniert. Berlin hat damit seinen historischen Kern verloren. Anläßlich der Maikundgebungen wird der Zentrale Platz **1951** in Marx-Engels-Platz umbenannt. Vom Schloß selbst werden nur einige Fassadenteile gesichert, darunter das Portal IV (ehemalige Lustgartenseite des Schlosses), das **1964** in die Fassade des nach Plänen der Architekten Roland Korn und Hans-Erich Bogatzky errichteten

Staatsratsgebäudes eingelassen wird - allerdings nicht aus denkmalpflegerischen Gesichtspunkten: Am **9. November 1918** hatte Karl Liebknecht vom Balkon des Stadtschlosses die »Freie sozialistische Republik Deutschland« ausgerufen.

– **1. Oktober** Nach Genehmigung durch die Alliierte Kommandantur tritt für West-Berlin eine neue Verfassung in Kraft, in der Berlins Stellung als »ein deutsches Land und zugleich eine Stadt« definiert wird. Grundgesetz und Gesetze der Bundesrepublik gelten auch in Berlin, unter Beachtung der alliierten Vorbehalte. Anstelle der bisherigen Stadtverordnetenversammlung tritt als gesetzgeberisches Organ das Abgeordnetenhaus, der bisherige Magistrat wird in einen Senat umgewandelt. An die Stelle des Oberbürgermeisters tritt der Regierende Bürgermeister von Berlin. – Bundespräsident Theodor Heuss eröffnet auf dem Messegelände die größte Industrieschau Deutschlands der Nachkriegszeit, die »Deutsche Industrieausstellung«.

– **15. Oktober** Bei den ersten Wahlen zur Volkskammer nehmen die Ost-Berliner auf Grund des Vier-Mächte-Status von Berlin nicht teil. Wie auch die West-Berliner Abgeordneten im Bundestag, besitzen sie kein Stimmrecht. Die 66 Ost-Berliner Abgeordneten für das DDR-Parlament entsendet die selbst nicht vom Volk gewählte Kommunalvertretung.

– **24. Oktober** Vor rund 400 000 Zuschauern wird im Turm des Schöneberger Rathauses in West-Berlin die »Freiheitsglocke« aufgezogen und feierlich eingeweiht. Die Glocke - eine Nachbildung des amerikanischen Nationaldenkmals Liberty Bell in Philadelphia - ist ein Geschenk des amerikanischen Volkes an die Berliner.

1951 Aus 1,8 Millionen Kubikmeter Ruinentrümmern wird der »Insulaner«, ein 30 Meter hoher Hügel, errichtet. Ebenfalls aus Trümmern entsteht am Teufelssee im Nordteil des Grunewalds eine weitere künstliche Anhöhe; sie erhält den Namen Teufelsberg. Auch im Friedrichshain und im Humboldthain werden auf Flakbunkern Trümmer aufgeschüttet. - In der Wuhlheide entsteht bis **1953** der Pionierpark »Ernst Thälmann«, eine Jugendfreizeitstätte mit einer Freilichtbühne, Sportplätzen und einer sieben Kilometer langen »Pioniereisenbahn«.

– **14. Januar** Auf dem Ost-Berliner Zentralfriedhof in Berlin-Friedrichsfelde wird eine »Gedenkstätte der Sozialisten« eingeweiht.

– **1. Februar** In den frühen Morgenstunden wird der Ortsteil West-Staaken von Volkspolizisten und sowjetischen Soldaten besetzt und zur Verwaltung dem Ost-Berliner Bezirk Mitte zugeschlagen, später kommt er zum DDR-Kreis Nauen. West-Staaken ist zwar **1945** unter sowjetische Befehlsgewalt gestellt worden, blieb aber verwaltungstechnisch dem Bezirksamt Spandau (im britischen Sektor) zugehörig. Proteste von Senat und Bevölkerung gegen die Besetzung bleiben ohne Erfolg, doch erhalten in den folgenden Wochen rund 600 Familien die Möglichkeit zur Umsiedlung in die Westsektoren.

– **3. Februar** In West-Berlin findet in den Messehallen am Funkturm die erste »Grüne Woche« der Nachkriegszeit statt. Bis zum **11. Februar** besuchen rund 310 000 Menschen die Ausstellung, davon etwa die Hälfte aus Ost-Berlin und der DDR.

– **7. März** Änderung des »Kleinen Besatzungsstatuts«: Durch den Verzicht der westlichen Alliierten auf einige Kontrollrechte wird die Kompetenz des Senats erweitert.

– **12. April** Der Ost-Berliner Magistrat beschließt *180 Berliner Straßennamen monarchistischer und militaristischer Herkunft nach fortschrittlichen Persönlichkeiten aus Wissenschaft und Kultur* umzubenennen.

– **6. Juni** Die auf Initiative des amerikanischen Filmoffiziers Oscar Martay gegründeten I. Internationalen Filmfestspiele werden im Steglitzer Titania-Palast eröffnet. Vom folgenden Jahr an finden sie in der West-Berliner City statt.

– **10. Juli** Zur Erinnerung an die Hilfsaktion der Westalliierten für das blockierte West-Berlin wird auf dem Platz der Luftbrücke (Flughafen Tempelhof) das Luftbrückendenkmal enthüllt. Wegen seiner drei gebogenen Strebepfeiler, die die drei Luftkorridore nach Berlin symbolisieren, erhält das Denkmal den Spottnamen »Hungerharke«.

– **17. Juli** Vom Präsidenten der amerikanischen Henry-Ford-Stiftung wird der Freien Universität Berlin in Berlin-Dahlem eine Spende von umgerechnet rund 5,5 Millionen DM übergeben. Aus diesen Mitteln sollen eine zentrale Universitätsbibliothek und ein Komplex mit Hörsälen und Seminaren (Henry-Ford-Bau) errichtet werden.

– **5. bis 30. September** Die ersten Berliner Festwochen, eine Veranstaltungsreihe mit internationalen Theater- und Musikaufführungen, finden in West-Berlin statt. – Am **9. September** wird in Anwesenheit von Bundespräsident Theodor Heuss das wiederaufgebaute Schiller-Theater in Berlin-Charlottenburg feierlich eröffnet.

– **22. Dezember** In Ost-Berlin wird unter Leitung des Aufbauministers Lothar Bolz das Nationale Aufbaukomitee für den Neuaufbau Berlins konstituiert. Ein Nationales Aufbauwerk (NAW) propagiert Geldspenden, Aufbausparen, eine Aufbaulotterie, Wettbewerbe zur überplanmäßigen Produktion von Baumaterialien und freiwillige Arbeitsleistungen beim Neuaufbau Ost-Berlins.

1952 Immer mehr Menschen ziehen es vor, aus ihrem »sozialistischen Vaterland« in den Westen zu flüchten. In West-Berlin und im Bundesgebiet müssen Notaufnahmelager zur vorübergehenden Unterbringung der Flüchtlinge errichtet werden. Nachdem im **Mai** und **Juni** die DDR zusätzliche Sperrmaßnahmen angeordnet hat, befürchten viele eine völlige Schließung der Grenzen, so daß der Flüchtlingsstrom erneut dramatisch ansteigt. Insgesamt verlassen bis zum Ende des Jahres rund 182 000 Menschen Ost-Berlin bzw. die DDR. Zur Entlastung West-Berlins tritt am **4. Februar** das Notaufnahmeverfahren für Flüchtlinge aus Ost-Berlin und der DDR in Kraft, das die Aufnahme von 80 Prozent (ab **Herbst** 90 Prozent) der Geflüchteten in der Bundesrepublik Deutschland vorsieht. – Durch Blockade, Spaltung und Insellage ist die West-Berliner Wirtschaft gegenüber der bundesdeutschen Konkurrenz stark benachteiligt. Um einem drohenden Kollaps vorzubeugen, erhalten westdeutsche Firmen, die Teilaufträge nach West-Berlin vergeben, Subventionen. Es gibt allerdings auch kritische Stimmen, die eine drohende »Subventionsmentalität« vorhersagen.

– **2. Januar** Im Rahmen des Nationalen Aufbauwerkes und unter dem Motto »Ran an die Klamotten - raus mit den Trümmern aus der Stadt« beseitigen rund 45 000 Ost-Berliner als »freiwillige Aufbauhelfer« ohne Bezahlung nach Feierabend und an Sonntagen vor allem in der Innenstadt und in Friedrichshain Trümmer und bergen Ziegelsteine, Schrott und Metall aus den Ruinen. Ein großer Teil des Trümmerschutts wird im Volkspark Friedrichshain zu zwei Hügeln aufgeschüttet, die später begrünt und in das Erholungsgebiet einbezogen werden. Zwischen Alexanderplatz und Lichtenberg – mit der Stalinallee als Zentralachse – entsteht ein Terrain, auf dem bis **1965** ein riesiger Neubaukomplex errichtet wird.

– **8. Januar** Wilhelm Furtwängler übernimmt wieder die künstlerische Leitung des Berliner Philharmonischen Orchesters.

– **3. Februar** Als Beispiel für den »modernen sozialistischen Wohnungsbau« wird nach Plänen von Richard Paulick, Hermann Henselmann, Egon Hartmann, Kurt W. Leucht, Hanns Hopp und Karl Souradny die Stalinallee zu einer »sozialistischen Magistrale«, zum »Schaufenster des Ostens« mit Wohnblocks und Ladenzeilen umgebaut. Die »Arbeiter-Wohnungen« sind mit ungewöhnlichem Komfort ausgestattet.

– **4. April** Als erste nach West-Berlin verlegte Bundesbehörde nimmt das Bundesaufsichtsamt für das Versicherungs- und Bausparwesen seine Arbeit auf.

– **4. Mai** Mit einer Feierstunde im Sitzungssaal des Abgeordnetenhauses wird die erste »Woche der Brüderlichkeit«, eine von der Gesellschaft für christlich-jüdische Zusammenarbeit organisierte Reihe von Veranstaltungen, eröffnet.

– **26. Mai** Die DDR-Regierung verfügt als Reaktion auf die Unterzeichnung des Deutschlandvertrages in Bonn, durch den die Bundesrepublik weitgehende Souveränität erhält, die Abriegelung der meisten Straßenverbindungen zwischen West-Berlin und dem Umland. Die Sektorengrenze innerhalb Berlins bleibt weiterhin geöffnet. Am **27. Mai** werden auf Anordnung der SED-Führung sämtliche Telefonleitungen zwischen Ost- und West-Berlin sowie zwischen West-Berlin und der DDR gekappt. Ab **1. Juni** benötigen die Einwohner West-Berlins für Reisen in die DDR Genehmigungen, die in Ost-Berlin beantragt werden müssen.

– **Juli** Zahlreiche West-Berliner Haus- und Grundstückseigentümer, deren Besitz sich auf dem Gebiet der DDR befindet, werden entschädigungslos enteignet. Die Liegenschaften gehen in Volkseigentum über.

– **5. Juli** Staatssekretär Gerhard Harig (SED) eröffnet in provisorischen Räumen in der Clara-Zetkin-Straße 26 das Museum für deutsche Geschichte.

– **8. Juli** Von Angehörigen des Staatssicherheitsdienstes der DDR wird der West-Berliner Jurist Walter Linse, der in der Vergangenheit wiederholt politische Willkürurteile der DDR-Justiz angeprangert hat, nach Ost-Berlin entführt. Zwei Tage später fordern etwa 30 000 West-Berliner vor dem Schöneberger Rathaus vergeblich die sofortige Freilassung Linses, der von einem sowjetischen Militärgericht zum Tode verurteilt und am **15. Dezember 1953** in Moskau erschossen wird.

– **9. bis 12. Juli** Auf ihrer 2. Parteikonferenz in Ost-Berlin vollzieht die SED die entscheidende Wende hin zum planmäßigen Aufbau des Sozialismus und zur Sowjetisierung der DDR.

– **21. Juli** Acht Stukkateure bilden in Ost-Berlin die erste »Produktionsgenossenschaft des Handwerks« (PGH) der DDR.

– **29. Juli** Der Kurfürstendamm erhält mit dem »Kempinski« sein erstes Luxushotel der Nachkriegszeit.

– **14. September** Zur Erinnerung an die in den Jahren der NS-Diktatur dort mit Fallbeil und Strick hingerichteten Männer und Frauen wird die Gedenkstätte Plötzensee eingeweiht. Die 18 Meter lange Steinmauer trägt die Inschrift »Den Opfern der Hitlerdiktatur 1933–1945«.

– **21. Dezember** Für Ost-Berlin beginnt das Fernsehzeitalter: In einem Studio in Berlin-Adlershof geht der Deutsche Fernsehfunk der DDR auf Sendung.

1953 Trotz der wirtschaftlichen und politischen Probleme haben sich die Lebensverhältnisse der West-Berliner weitgehend verbessert; die »Hungerjahre« sind überstanden. Es werden ausreichend Lebensmittel, aber auch Konsumgüter angeboten. **Ende März** wird in Steglitz das erste Lebensmittelgeschäft mit Selbstbedienung eröffnet; die amerikanische Verkaufs»kultur« hat damit auch in Berlin Einzug gehalten. Auch für das Glücksspiel haben viele West-Berliner offensichtlich schon wieder Geld übrig: An der ersten Ausspielung des Berliner Zahlenlottos am **11. Januar** beteiligen sich rund 300 000 Personen. - In Ost-Berlin ist in Teilbereichen die Konsumgüterindustrie verstärkt worden, im **April** wird die Rationierung vor allem für Textilien und Schuhe aufgehoben. Viele Lebensmittel bleiben jedoch **bis 1958** rationiert, und erst in der zweiten Jahreshälfte, nach der Niederschlagung des Aufstandes vom **17. Juni**, kommt es bei der Versorgung zu einer gewissen Entspannung: Aus den sozialistischen Staaten, vor allem aber aus der Sowjetunion, werden zusätzliche Lebensmittel eingeführt.

– **19. Januar** Auf einer außerordentlichen Sitzung beschließt der Ost-Berliner Magistrat eine »Ordnung für den Aufbau und die Arbeitsweise der Staatsmacht in der Hauptstadt und in den Stadtbezirken«.

– **9. Februar** Nach einem Bericht des West-Berliner Senats arbeiten rund 45 000 Ost-Berliner im Westteil der Stadt, etwa 27 000 West-Berliner dagegen im sowjetischen Sektor. Hauptproblem ist jedoch nach wie vor die hohe Arbeitslosenzahl: So kommen in West-Berlin auf 100 Erwerbstätige 21 Arbeitslose, in der Bundesrepublik dagegen nur sechs. Der Abstand zum westdeutschen »Wirtschaftswunder« hat sich nicht verringert.

– **Ende Mai** Der Ministerrat der DDR beschließt die allgemeine Erhöhung der technischen Arbeitsnormen um zehn Prozent. Diese Erhöhung stößt bei den Arbeitern jedoch auf Widerstand.

– **3. Juni** Walter Ulbricht und Otto Grotewohl fahren zum »Rapport« nach Moskau. Ihnen wird ein Maßnahmekatalog »zur Gesundung der politischen Lage in der DDR« überreicht, der die gesamte SED-Politik seit der 2. Parteikonferenz in Frage stellt. Am **11. Juni** verkündet die SED Maßnahmen, in denen schwere Fehler und Mängel der Sowjetisierungspolitik zugegeben werden und ihre Beseitigung versprochen wird. Von einer Rücknahme der Normenerhöhung ist jedoch nicht die Rede, und für viele Arbeiter erfolgen die nächsten Lohnzahlungen am **12. und 13. Juni** bereits zu den neuen Bedingungen.

– **15. Juni** Auf der Ost-Berliner Baustelle »Krankenhaus Friedrichshain« kommt es zur ersten spontanen Arbeitsniederlegung. Doch auch auf anderen Baustellen gärt es bereits: Auf Block 40 (Stalinallee) verfassen die Arbeiter eine, wenn auch höflich formulierte, Resolution an Walter Ulbricht und Otto Grotewohl, in der um die Wiedereinführung der alten Normen »gebeten« wird, um die Lebenshaltung der Bevölkerung entschieden zu verbessern.

– **16. Juni** Demonstrierende Bauarbeiter marschieren zum Haus der Ministerien in der Leipziger Straße/Wilhelmstraße. Als ihrer Forderung, entweder mit Walter Ulbricht oder Otto Grotewohl sprechen zu können, nicht stattgegeben wird, ertönen Sprechchöre und erstmals auch politische Parolen wie *Nieder mit der Regierung!, Wir wollen frei sein!, Wir wollen freie und geheime Wahlen!* Für den nächsten Tag wird der Generalstreik ausgerufen.

– **17. Juni** Bereits morgens zwischen sechs und sieben Uhr versammeln sich die Bauarbeiter aus der Stalinallee zusammen mit Belegschaften von Betrieben in den angrenzenden Stadtteilen auf dem Strausberger Platz. Von hier aus marschiert ein Zug von vielen tausend Demonstranten in Richtung Ost-Berliner Regierungsviertel, wo sie auf zahlreiche weitere Demonstranten treffen, die aus verschiedenen Richtungen zum Haus der Ministerien gelangen, darunter eine Gruppe von 8 000 Arbeitern des Stahlwerkes Hennigsdorf (hei Oranienburg). Insgesamt fordern mehr als 100 000 Demonstranten: *Wir wollen freie Wahlen! Ulbricht und Grotewohl abtreten! Iwan raus! Es hat alles keinen Zweck, der Spitzbart* [Ulbricht] *muß weg!* Sowjetische Einheiten greifen ein, als es den DDR-Truppen nicht gelingt, die Demonstration aufzulösen. Der Ausnahmezustand wird ausgerufen und erst am **11. Juli** wieder aufgehoben. Der Aufstand greift auf die gesamte DDR über. Es gibt Tote und Verletzte, viele Teilnehmer werden verhaftet bzw. in Schauprozessen verurteilt. Eine groß angelegte politische Säuberungsaktion beginnt.

– **23. Juni** Vor dem West-Berliner Rathaus Schöneberg findet eine Trauerfeier für die Opfer des 17. Juni statt, an der etwa 125 000 Menschen teilnehmen.

– **3. Juli** Der Bundestag erklärt den **17. Juni** als »Tag der deutschen Einheit« zum gesetzlichen Feiertag. In der DDR-Historiographie wird der 17. Juni künftig als geplanter konterrevolutionärer Putschversuch bezeichnet.

– **1. August** Beim Wiederaufbau des Roten Rathauses in Ost-Berlin wird das Richtfest gefeiert.

– **28. August** In der restaurierten Synagoge in der Rykestraße (Prenzlauer Berg) erhält die Ost-Berliner Jüdische Gemeinde wieder ein Domizil. Die Synagoge war in der Pogromnacht des **9. November 1938** stark beschädigt worden, hatte aber den Krieg überdauert. Am **11. Oktober** wird auf dem Jüdischen Friedhof im Ost-Berliner Bezirk Weißensee »Zur Ehrung der Opfer und zur Mahnung an die Lebenden« ein Ehrenmal für die von den Nationalsozialisten ermordeten Juden enthüllt. Auch in West-Berlin gibt es wieder jüdisches Gemeindeleben: Am **9. September,** dem Tag des jüdischen Neujahrsfestes, wird die ebenfalls restaurierte Synagoge an der Charlottenburger Pestalozzistraße vom Vorsitzenden der Jüdischen Gemeinde, Heinz Galinski, ihrer Bestimmung übergeben.

– **1. bis 3. Oktober** Die Berliner trauern um Ernst Reuter. Hunderttausende ziehen vor dem Schöneberger Rathaus am Sarg des am **9. September** verstorbenen Regierenden Bürgermeisters vorbei. Der Charlottenburger Platz Am Knie erhält zum Gedenken an den Verstorbenen den Namen Ernst-Reuter-Platz. – Am **22. Oktober** wird mit den Stimmen von CDU und FDP Walther Schreiber (CDU) als Nachfolger Ernst Reuters (SPD) zum Regierenden Bürgermeister gewählt.

– **2. Oktober** Im Haus der Presse (einem Teil des Admiralspalastes) geht mit dem Titel »Hurra! Humor ist eingeplant« das erste Programm des neu gegründeten Ost-Berliner Kabaretts »Die Distel« über die Bühne. Unter der Leitung Erich Brehms entwickelt sich »Die Distel« zum bekanntesten politischen Kabarett in der DDR, das auch Kritik übt an Bürokratie, ideologischer Phrasendrescherei und chronischen Versorgungsmängeln.

– **19. November** West-Berlin verfügt wieder über ein Boulevardblatt: Die erste Ausgabe der »BZ« erscheint.

1954 **1. Januar** Von der Sowjetunion werden die letzten SAG-Betriebe, darunter die Ost-Berliner Elektro-Apparatewerke Treptow und die Siemens-Plania-Werke in Lichtenberg, in den Besitz der DDR übergeben.

- **25. Januar bis 18. Februar** Die Konferenz der Außenminister der vier Siegermächte, die abwechselnd im Gebäude des Alliierten Kontrollrats in Schöneberg und in der Ost-Berliner Botschaft der Sowjetunion Unter den Linden stattfindet, endet ohne Ergebnis für die deutsche Frage.

- **31. März** Nachdem bereits im **Oktober 1953** der katholische Bischof von Berlin, Wilhelm Weskamm, im behelfsmäßig hergerichteten Innenraum des Gotteshauses ein erstes Pontifikalamt gefeiert hat, wird in der nun weitgehend wiederaufgebauten St.-Hedwigs-Kathedrale am Ost-Berliner Bebelplatz (Opernplatz) ein erster Gottesdienst abgehalten.

- **1. Juli** Nachdem der Deutsche Bundestag ab **1955** für West-Berliner Arbeitnehmer eine Ermäßigung der Lohn- und Einkommensteuer um 20 Prozent in Aussicht gestellt hat, wird im Gegenzug das »Notopfer Berlin« abgeschafft. Zum **1. September** werden die Tarife im Fernsprechverkehr von und nach Berlin um eine Entfernungsstufe gesenkt, die Gebühren für Briefe und Pakete zum **1. Mai 1955** ermäßigt.

- **17. Oktober** Erstmals nach der Spaltung der Stadt findet eine Wahl zur Ost-Berliner Stadtverordnetenversammlung statt. Die Wähler können sich nur für eine Einheitsliste und nicht für einen Kandidaten bzw. eine Partei entscheiden.

- **5. Dezember** An den Wahlen zum West-Berliner Abgeordnetenhaus nimmt erstmals auch die SED teil, sie scheitert jedoch an der Fünf-Prozent-Klausel.

1955 **16. Februar** Ein Großbrand vernichtet den neuerbauten Sendesaal des Staatlichen Rundfunkkomitees der DDR in Berlin-Oberschöneweide.

- **16. März** Der musikalische Leiter der wieder zu eröffnenden Deutschen Staatsoper, Erich Kleiber, beendet seine Tätigkeit. Dem Intendanten Max Burghardt gegenüber begründet er seinen Schritt mit der zunehmenden Einmischung von SED-Funktionären in künstlerische Belange. Trotz dieses Rückschlages für das Ost-Berliner Musikleben kann am **4. September** die restaurierte Staatsoper Unter den Linden mit einer Festaufführung von Richard Wagners »Die Meistersinger von Nürnberg« eröffnet werden.

- **27. März** Die erste staatliche Jugendweihe-Feier findet im Ost-Berliner Bezirk Köpenick statt.

- **30. März** Für westliche Fahrzeuge werden die Straßenbenutzungsgebühren auf den Zufahrtswegen nach West-Berlin um fast 300 Prozent erhöht.

Nach Protesten aus Bonn nimmt das DDR-Verkehrsministerium am **10. Juni** die Erhöhung teilweise zurück.

– **27. April** Zwischen Bundesregierung und Berliner Senat wird ein langfristiger Aufbauplan vereinbart. Für die Förderung von Arbeitsplätzen, Wohnungsbau und Industrieansiedlung werden bis **1959** fast 1,6 Milliarden DM bereitgestellt.

– **30. April** Die Berliner »Trümmerfrauen« werden geehrt. Für sie wird auf der Rixdorfer Höhe im West-Berliner Bezirk Neukölln ein von Katharina Singer geschaffenes Denkmal enthüllt.

– **1. Mai** An den Ost-Berliner Maifeierlichkeiten nehmen erstmals auch bewaffnete Verbände der Betriebskampfgruppen teil.

– **2. Juli** Ost-Berlin besitzt einen eigenen Tierpark. Im Bezirk Lichtenberg eröffnet Oberbürgermeister Friedrich Ebert den »Tierpark Friedrichsfelde«. In »freiwilligen Aufbaustunden« haben Jugendliche und berufstätige Erwachsene einen großzügigen zoologischen Garten geschaffen. Auch das SED-Blatt »Neues Deutschland« hat seinen Teil dazu beigetragen und den Ankauf eines Elefanten ermöglicht, weitere Tiere sind von anderen zoologischen Gärten gespendet worden.

– **20. November** Auf einer Festsitzung der Ost-Berliner Stadtverordnetenversammlung anläßlich der Übergabe des wiederhergestellten Berliner Rathauses überreicht der Botschafter der ČSSR das während des Zweiten Weltkrieges nach Böhmen ausgelagerte mittelalterliche »Berlinische Stadtbuch«.

– **22. November** In der Tiergartener Wegelystraße erhält die Königliche Porzellan-Manufaktur (KPM) Berlin ihr neues Domizil. Das alte Gebäude der KPM war im Zweiten Weltkrieg zerstört und die Produktion vorübergehend nach Selb verlagert worden.

1956 **9. Februar** In der Köpenicker Nalepastraße wird das neue Funkhaus für den Rundfunk der DDR eröffnet.

– **22. April** Die Entdeckung eines rund 300 Meter langen Tunnels, der vom West-Berliner Ortsteil Rudow (Neukölln) nach Alt-Glienicke (Treptow) führt, sorgt in den Berliner Zeitungen für Schlagzeilen. Der Tunnel ist mit modernsten elektronischen Geräten ausgestattet und von der amerikanischen Besatzungsmacht offensichtlich zu Spionagezwecken erbaut worden. Auf die nun folgende (Ost-)Pressekampagne reagieren die USA mit Schweigen.

- **25. April** Offizieller Beginn der Ära Karajan. Nachdem auf einer Gast-spielreise durch die USA die Berliner Philharmoniker am **3. März 1955** Herbert von Karajan zum neuen künstlerischen Leiter des Orchesters gewählt haben, unterzeichnen Karajan und Senator Joachim Tiburtius einen Vertrag mit »Lebensdauer-Charakter«.

- **5. Juli** Zwischen Andreas- und Koppenstraße im Ost-Berliner Bezirk Friedrichshain wird erstmals ein Wohnkomplex in »industrieller Bauwei-se« (also ein Plattenbau) errichtet.

- **7. Juli** Der Deutsche Bundestag in Bonn beschließt das Gesetz zur Ein-führung der allgemeinen Wehrpflicht. Für West-Berlin hat dieses Gesetz auf Grund seines Status als entmilitarisierte Stadt keine Gültigkeit. Auf einer außerordentlichen Sitzung in West-Berlin verabschiedet die Synode der Evangelischen Kirche in Deutschland am **27. Juli** eine Erklärung, in der die Einführung der Wehrpflicht abgelehnt wird. Pastor Martin Niemöller fordert dazu auf, vom Recht auf Kriegsdienstverweigerung Gebrauch zu machen. - Im Alter von 70 Jahren stirbt im West-Berliner Bezirk Schöneberg der Schriftsteller Gottfried Benn. Er wird auf dem DahlemerWaldfriedhof beerdigt.

- **14. August** Der Schriftsteller, Regisseur und Mitbegründer des »Berliner Ensembles«, Bertolt Brecht, stirbt im Alter von 58 Jahren in Ost-Berlin. Am **17. August** wird er auf dem Dorotheenstädtischen Friedhof beige-setzt.

- **20. September** Der Präsident des Abgeordnetenhauses, Willy Brandt, gibt das Eintreffen des millionsten Flüchtlings im Westberliner Notauf-nahmelager Marienfelde bekannt.

- **22. September** Der Ost-Berliner Magistrat stellt Mittel zur Verfügung für die Wiederaufstellung der Quadriga auf dem Brandenburger Tor und für die Umgestaltung der Neuen Wache Unter den Linden.

- **1. Oktober** Im Steglitzer Schloßpark-Theater findet die deutsche Erst-aufführung des von Frances Goodrich und Albert Hackett verfaßten Stücks »Das Tagebuch der Anne Frank« mit Johanna von Koczian in der Hauptrolle statt.

- **19. Oktober** Als Sitz des Deutschen Städtetages in Berlin wird an der Straße des 17. Juni das Ernst-Reuter-Haus seiner Bestimmung überge-ben.

– **26. November** Zwischen Halensee und dem Hohenzollerndamm wird das erste Teilstück der geplanten West-Berliner Stadtautobahn dem Verkehr übergeben.

– **29. November** Reformwillige Kommunisten werden in Ost-Berlin von der Staatssicherheit verhaftet, unter ihnen der Philosophiedozent und Verlagslektor Wolfgang Harich, der zusammen mit dem Leiter des Aufbau-Verlages, Walter Janka, und dem Kulturredakteur Gustav Just ein Konzept für einen demokratischen Sozialismus entwickelt hat. Wegen »Bildung einer konspirativen Gruppe« wird Harich **1957** zu einer zehnjährigen, Janka zu einer fünf- und Just zu einer vierjährigen Haftstrafe verurteilt.

– **13. Dezember** In der Ost-Berliner Klement-Gottwald-Allee (Weißensee) eröffnet die Handelsorganisation (HO) ihre erste Berliner »Selbstbedienungsverkaufsstelle für Lebensmittel«.

1957 **28. April** Im Ost-Berliner Haus der Ministerien konstituiert sich der Deutsche Turn- und Sportbund (DTSB) als Nachfolger des **1948** im Ostsektor Berlins gebildeten Deutschen Sportausschusses. Bereits **1952** hatte der West-Berliner Sportverband die Beziehungen zu seinem Ost-Berliner Pendant abgebrochen.

– **28. Mai** West-Berlin erhält des erste Kino mit zwei Zuschauerräumen. Auf dem Grundstück des im Krieg zerstörten Ufa-Palastes am Zoo werden Zoo-Palast und Atelier am Zoo als Doppelkino eröffnet. – Ebenfalls im **Mai** erhalten auch die Ost-Berliner Filmfreunde einen neuen Treffpunkt: In der Schönhauser Allee (Prenzlauer Berg) eröffnet das technisch auf den neuesten Stand gebrachte »Colosseum« seine Pforten.

– **6. Juli bis 29. September** In West-Berlin wird die »Internationale Bauausstellung« (Interbau) Berlin veranstaltet. Hauptprojekte sind der Wiederaufbau des im Krieg zerstörten Hansaviertels sowie das »Corbusier-Haus«. Ebenfalls im Rahmen der Interbau wird die Kongreßhalle (»Schwangere Auster«, heute »Haus der Kulturen der Welt«) eröffnet.

– **25. Juli** Mit Sitz in West-Berlin wird die Stiftung Preußischer Kulturbesitz gegründet.

– **29. Juli** Im Plenarsaal des Abgeordnetenhauses unterzeichnen Bundesaußenminister Heinrich von Brentano (CDU) und die Botschafter Frankreichs, Großbritanniens und der USA die »Berliner Erklärung«, in der die deutsche Wiedervereinigung als vorrangiges Ziel der gemeinsamen Politik bezeichnet wird. Der sowjetische Parteichef Nikita S. Chruschtschow lehnt die »Berliner Erklärung« jedoch ab und unterstreicht seine Solidarität mit der DDR durch einen offiziellen Besuch am **7. August** in Ost-Berlin.

– **2. bis 15. Oktober** Analog zu den West-Berliner »Festwochen« werden in Ost-Berlin erstmals »Festtage« veranstaltet, mit ausgedehnten Kulturprogrammen im Bereich von Oper, Konzert, Theater und Bildender Kunst.

1958 **10. Januar** In Veranstaltungen und mit Ausstellungen wird in beiden Teilen der Stadt des 100. Geburtstages des sozialkritischen Grafikers und Malers Heinrich Zille gedacht.

– **28. Mai** Mit dem von der DDR-Volkskammer erlassenen Beschluß über ihre Abschaffung geht die Ära der Lebensmittelkarten auch für Ost-Berliner zu Ende. Zucker, Fleisch, Fett u. a. werden allerdings nun zu erhöhten Preisen abgegeben.

– **16. Juni** In einem Schreiben des West-Berliner Regierenden Bürgermeisters Willy Brandt (SPD) wird der Ost-Berliner Magistrat um die Freilassung von politischen Gefangenen gebeten. Im gleichen Schreiben wird die Aufnahme von Verhandlungen über eine Zusammenarbeit beider Stadtverwaltungen angeboten. Der Magistrat weist Brandts Schreiben als in Form und Inhalt ungehörig zurück.

– **22. Oktober** Der Vorschlag der SPD, den Regierungssitz nach West-Berlin zu verlegen, wird von der Bundesregierung abgelehnt. Nach Ansicht der Bonner Regierung würde die Insellage der Stadt und ihre unmittelbare Nähe zur DDR die Regierungsgeschäfte beeinträchtigen.

– **10. November** Nikita S. Chruschtschow verlangt von den Westmächten, *auf die Reste des Besatzungsregimes in Berlin zu verzichten und damit... eine normale Lage in der Hauptstadt der DDR* [damit meint er ganz Berlin] zu schaffen; am **27. November** fordern die Sowjets ultimativ den Abzug der westlichen Truppen und die Umwandlung Berlins in eine entmilitarisierte, freie Stadt. Falls nicht binnen sechs Monaten eine Lösung erzielt wird, sollen sämtliche Rechte der Westmächte an Berlin – darunter die Kontrolle der Verkehrswege von und nach der Stadt – auf die DDR übergehen. Dieses Ansinnen wird am **31. Dezember** von den drei Westalliierten zurückgewiesen.

– **2. Dezember** In West-Berlin etabliert sich das zur Zeit modernste Hotel Europas: An der Budapester Straße wird das Hilton eröffnet. Am **17.**

Dezember bezieht das Alt-Berliner Café Kranzler am Kurfürstendamm / Joachimsthaler Straße sein neues Domizil.

1959 Die demonstrative Entschlossenheit der westlichen Alliierten, West-Berlin nicht preiszugeben, bleibt auf die Sowjets nicht ohne Eindruck; sie signalisieren Kompromißbereitschaft und erklären, auf einer »entmilitarisierten freien Stadt« West-Berlin nicht unbedingt beharren zu wollen.

– **7. Januar** Zur ersten »Brigade der sozialistischen Arbeit in Berlin« wird die Jugendbrigade »Max Reimann« aus dem Ost-Berliner VEB Kabelwerk Oberspree ernannt.

– **13. Februar** Die **1958** als Verein gegründete Historische Kommission zu Berlin nimmt mit einem Festakt im Henry-Ford-Bau an der West-Berliner Freien Universität ihre Arbeit auf.

– **14. März** Im West-Berliner Stadtteil Wannsee wird das Hahn-Meitner-Institut eingeweiht. Aufgabe des mit einem Nuklearreaktor ausgestatteten Instituts ist die Kernforschung.

– **26. April** Für West-Berlin wird von der SED eine eigene Parteileitung gebildet. Sie zieht damit die Konsequenz aus ihrer Wahlniederlage vom **7. Dezember 1958**, wo sie lediglich 1,9 Prozent der Stimmen erhalten hatte.

– **18. Juni** Bundespräsident Theodor Heuss übernimmt mit einer symbolischen Schlüsselübergabe Schloß Bellevue als West-Berliner Amtssitz.

– **27. September** Auf dem Gelände der **1938** von den Nationalsozialisten niedergebrannten Synagoge in der West-Berliner Fasanenstraße (Charlottenburg) wird durch die Jüdische Gemeinde zu Berlin das neue Gemeindehaus seiner Bestimmung übergeben.

– **4. Oktober** Der Pergamonsaal der Ost-Berliner Staatlichen Museen wird nach der Restaurierung des aus der Sowjetunion zurückgeführten Pergamonaltars wiedereröffnet. Am **6. Oktober** ist die Restaurierung des Brandenburger Tores abgeschlossen. Das von **1788 bis 1791** von Carl Gotthard Langhans erbaute Stadttor war bereits **1957** weitgehend wiederhergestellt worden, allerdings ohne Quadriga, die während des Krieges schwere Schäden erlitten hatte. Die Bitte des Ost-Berliner Magistrats an den West-Berliner Senat, für die Nachbildung einen Gipsabdruck zur Verfügung zu stellen, war zunächst abschlägig beschieden worden, doch schließlich einigte man sich darauf, in einer West-Berliner Werkstatt eine Kopie anfertigen zu lassen und die Quadriga dann an Ost-Berlin zu übergeben. Am **1. August 1958** wird das Kunstwerk zunächst provisorisch auf dem Pariser Platz aufgestellt; Adler und Eisernes Kreuz, die aus den Befreiungskriegen gegen Napoleon stammen, werden als »Symbole des preußischen Militarismus« von der DDR entfernt.

– **23. Oktober** Die letzten Pferdegespanne der Ost-Berliner Müllabfuhr werden durch Kraftfahrzeuge ersetzt.

1960 Der Westteil Berlins hat mittlerweile Anschluß an das bundesrepublikanische »Wirtschaftswunder« gefunden. Intensive Förderungsprogramme wie Marshallplan-Hilfe (ERP), Berlin-Förderung und Steuervergünstigungen haben in den Westsektoren sichtbare Spuren hinterlassen, und das Arbeitsamt meldet bereits Vollbeschäftigung. Ost-Berliner staunen über die Warenfülle im »Schaufenster des Westens«, während im »Schaufenster des Ostens«, der Ost-Berliner Magistrale Stalinallee, nach wie vor karge Ladenzeilen dominieren.

– **2. Januar** Der Flughafen Tegel wird eröffnet. West-Berlin verfügt damit neben Tempelhof über einen zweiten Flughafen für internationale Verbindungen.

– **8. Januar** Mehr als 10 000 Jugendliche protestieren in West-Berlin mit einem Schweigemarsch vom Wittenbergplatz zum Charlottenburger Steinplatz gegen Antisemitismus und Neonazismus.

– **2. April** Die letzten noch selbständigen Bauern in Ost-Berlin schließen sich einer Landwirtschaftlichen Produktionsgenossenschaft (LPG) an. Damit ist die Ost-Berliner Landwirtschaft in 27 landwirtschaftlichen bzw. gärtnerischen Produktionsgenossenschaften (GPG) voll genossenschaftlich organisiert.

– **3. Mai** Nach fast 30 Jahren tritt die Schauspielerin und Sängerin Marlene Dietrich mit einem Chansonprogramm erstmals wieder in ihrer Heimatstadt Berlin auf. Die Künstlerin hatte Berlin **1933** verlassen und während des Zweiten Weltkrieges auch in der US-Armee gedient; ihre Rückkehr wird nicht von allen Berlinern enthusiastisch begrüßt.

– **8. Mai** Anläßlich des 15. Jahrestages des Kriegsendes wird in Ost-Berlin ein »Mahnmal für die Opfer von Faschismus und Militarismus« in der Neuen Wache Unter den Linden feierlich eingeweiht.

– **Juni** Die Deutsche Stiftung für Entwicklungsländer nimmt in der West-Berliner Villa Borsig (Tegel) ihre Arbeit auf.

– **18. Juni** Der nach Entwürfen des Berliner Architekten und Senatsbaudirektors Werner Düttmann errichtete Neubau für die West-Berliner Akademie der Künste im Hansaviertel wird seiner Bestimmung übergeben.

– **7. September** Im Alter von 84 Jahren stirbt auf seinem Dienstsitz, Schloß Niederschönhausen in Berlin-Pankow, der erste Präsident der DDR, Wilhelm Pieck. Vorsitzender des neu gebildeten Staatsrates der DDR wird Walter Ulbricht.

– **28. September** Die Ost-Berliner Botschaft der Sowjetunion teilt mit, daß bundesdeutsche Reisepässe von West-Berlinern nicht mehr anerkannt werden.

– **6. Oktober** Eine 3,6 Kilometer lange Start- und Landebahn wird auf dem südöstlich Berlins gelegenen Flughafen Schönefeld in Betrieb genommen.

1961 **19./20. April** Auf ihrer 19. Tagung beschließt die Ost-Berliner Stadtverordnetenversammlung einen Plan zum Aufbau des Stadtzentrums.

– **31. Mai** Die Ost-Berliner Post benutzt erstmals Stempel mit dem Aufdruck »Berlin – Hauptstadt der DDR«.

– **15. Juni** Auf Vermutungen über eine »Absicherung der sozialistischen Staatsgrenze« reagiert das Politbüro der SED hinhaltend. Walter Ulbricht erklärt anläßlich einer Pressekonferenz im Ost-Berliner Haus der Ministerien auf die Frage, ob die DDR ihre Grenzen schließen werde: *Ich verstehe Ihre Frage so, daß es in Westdeutschland Menschen gibt, die wünschen, daß wir die Bauarbeiter der Hauptstadt der DDR dazu mobilisieren, eine Mauer aufzurichten. Mir ist nicht bekannt, daß eine solche Absicht besteht. Die Bauarbeiter unserer Hauptstadt beschäftigen sich hauptsächlich mit Wohnungsbau, und ihre Arbeitskraft wird dafür voll eingesetzt. Niemand hat die Absicht eine Mauer zu errichten.*

– **1. August** Nach einer Verfügung der DDR-Behörden müssen in West-Berlin arbeitende Ost-Berliner ihre Mieten und Abgaben in DM (West) bezahlen.

– **5. August** In Moskau billigen die Chefs der kommunistischen Parteien des Ostblocks einen wenige Tage zuvor vom Politbüro der SED gefaßten Beschluß, die Sektorengrenzen zu West-Berlin durch Sperranlagen abzuriegeln.

– **11. August** In einer Rede vor der Volkskammer fordert DDR-Minister-präsident Willi Stoph für Ost-Berlin Schutzmaßnahmen gegen westliche Menschenhändler, Abwerber und Saboteure.

– **13. August** An diesem Sonntagmorgen beginnen Einheiten der Volks-polizei und der »Kampfgruppen« die Sektorengrenzen abzusperren, Stacheldrahtverhaue zu verlegen und Straßen aufzureißen. Die U- und S-Bahnverbindungen zwischen beiden Teilen Berlins werden unterbro-chen, ebenso die Verkehrsverbindungen aus dem Umland nach West-Ber-lin. Erst Tage später beginnen Bautrupps mit der Errichtung einer Mauer aus Betonplatten. Ost-Berliner und Bewohner der DDR dürfen nicht mehr nach West-Berlin reisen, der Zugang von West-Berlinern nach Ost-Berlin und der DDR wird allmählich erschwert und schließlich ganz unterbunden.

– **19. August** In Begleitung des Luftbrückengenerals Lucius D. Clay trifft der amerikanische Vizepräsident Lyndon B. Johnson in Berlin ein, um die Sicherheitsgarantie der USA für West-Berlin zu bekräftigen.

– **22. August** Erst neun Tage nach Beginn des Mauerbaus unterbricht Bundeskanzler Konrad Adenauer seinen Wahlkampf, um sich mit den Gegebenheiten in Berlin vertraut zu machen.

– **1. September** Auf einer Großkundgebung der Gesellschaft für deutsch-so-wjetische Freundschaft mit 500 000 Teilnehmern wird der sowjetische Kosmonaut German Titow auf dem Ost-Berliner Marx-Engels-Platz gefeiert.

– **24. September** Mit einer Aufführung von Wolfgang Amadeus Mozarts »Don Giovanni« wird der Neubau der Deutschen Oper Berlin (DOB) an der Charlottenburger Bismarckstraße (Architekt: Fritz Bornemann) eröffnet. Die sachliche Architektur der DOB findet allerdings nicht nur Zustimmung: Stimmen werden laut, die den Bau als »Klagemauer« be-zeichnen.

– **25. Oktober** Am Sektorenübergang Checkpoint Charlie (Friedrichstraße) gehen amerikanische Panzer in Stellung, nachdem die UdSSR die Bewe-gungsfreiheit der Westalliierten in ganz Berlin eingeschränkt hat. Dabei kommt es zu einer Konfrontation mit sowjetischen Panzern. Diese ziehen sich jedoch am **28. Oktober** wieder zurück.

– **19. November** Die Deutsche Reichsbahn nimmt eine rund fünf Kilometer lange S-Bahn-Strecke in Betrieb, die unter Umgehung von West-Berlin

die Stadt Oranienburg (DDR) und den Ost-Berliner Stadtteil Blankenburg verbindet.

– **12. Dezember** Der Ost-Berliner Oberbürgermeister Friedrich Ebert legt
den Grundstein für das Haus des Lehrers am Alexanderplatz. Damit beginnt die Neugestaltung des im Zweiten Weltkrieg stark zerstörten Areals
um diesen Platz.

– **17. Dezember** Der von Egon Eiermann entworfene Neubau der Kaiser-Wilhelm-Gedächtniskirche wird seiner Bestimmung übergehen. Ein
Teil der Ruine der im Zweiten Weltkrieg zerstörten alten Kirche (von
den Berlinern als »hohler Backenzahn« bezeichnet) bleibt als Mahnmal
bestehen.

1962 **10. Februar** Auf der West-Berliner Glienicker Brücke (an der Grenze zu
Potsdam) wird der **1960** über der Sowjetunion abgeschossene US-Pilot
Francis G. Power gegen den sowjetischen Top-Spion Rudolf J. Abel aus-
getauscht.

– **9. März** Um den Funk- und Radarverkehr westalliierter Flugzeuge zu
stören, werfen sowjetische Militärflugzeuge in den Luftkorridoren von
und nach Berlin Stanniolstreifen ab.

– **3. April** Im Ostteil der Stadt grassiert eine Ruhrepidemie, von der etwa
27 000 Menschen betroffen sind.

– **7. Mai** An der West-Berliner Freien Universität nimmt das Otto-Suhr-In-
stitut als Nachfolger der ehemaligen Deutschen Hochschule für Politik
den Lehrbetrieb auf.

– **17. August** Der Ost-Berliner Bauarbeiter Peter Fechter wird von
DDR-Grenzpolizisten bei einem Fluchtversuch niedergeschossen und
verblutet. Sein Tod löst weit über Berlin hinaus Betroffenheit, Wut und
Trauer aus.

– **22. August** Die Moskauer Führung verfügt die Auflösung der sowjetischen Kommandatura in Ost-Berlin. Am **23. August** setzt die DDR Generalmajor Helmut Poppe zum Stadtkommandanten von Ost-Berlin ein.
Ihm unterstehen die Grenztruppen und andere Einheiten beziehungsweise Einrichtungen der Nationalen Volksarmee. Die Westmächte protestieren gegen diese Verletzung des Vier-Mächte-Status von Berlin. Am **28.
August** wird die sowjetische Garnison in Ost-Berlin offiziell aufgelöst.

– **7. November** In Britz-Buckow-Rudow (Neukölln) beginnen die Arbeiten für die Wohnsiedlung Gropiusstadt.

– **10. November** In der West-Berliner Kleiststraße (Schöneberg) erhält die Deutsche Kulturgemeinschaft Urania ein neues (West-Berliner) Domizil. Das Stammhaus der Urania befindet sich in der Ost-Berliner Taubenstraße.

– **Dezember** Die Industrieproduktion Ost-Berlins übersteigt erstmals die Fünf-Milliarden-Mark-Grenze.

1963 Auch Ost-Berlin verfügt nun über ein Hotel der gehobenen Klasse: An der Karl-Marx-Allee wird innerhalb des Neubaukomplexes das Interhotel Berolina eröffnet.

– **1. Januar** In Ost-Berlin wird aus dem Krankenhaus Berlin-Buch ein Klinikum gebildet.

– **17. Februar** Die Berliner SPD mit ihrem Spitzenkandidaten Willy Brandt erzielt bei den Wahlen zum Berliner Abgeordnetenhaus einen überwältigenden Sieg. Mit 61,9 Prozent der Zweitstimmen und dem Gewinn aller 80 Direktmandate erreicht sie nahezu eine verfassungsändernde Mehrheit (vgl. Anhang, S. 284f.).

– **20. Februar** In der West-Berliner Freien Volksbühne wird Rolf Hochhuths Schauspiel »Der Stellvertreter« uraufgeführt. Thema des kontrovers aufgenommenen Stücks ist das öffentliche Schweigen der katholischen Kirche unter Papst Pius XII. zur Vernichtung der Juden durch die Nationalsozialisten.

– **5. Mai** Der Bischof von Berlin, Alfred Bengsch, und Julius Kardinal Döpfner, Erzbischof von München und Freising, weihen die neu erbaute Kirche Maria Regina Martyrum im West-Berliner Bezirk Charlottenburg als Gedächtniskirche für die Opfer des Nationalsozialismus.

– **26. Juni** Der amerikanische Präsident John F Kennedy trifft die Stimmung der Berliner genau, als er während seines Besuches in der Stadt in einer Rede vor dem Schöneberger Rathaus sagt: *Es gibt Leute, die sagen, dem Kommunismus gehöre die Zukunft. Sie sollen nach Berlin kommen! Es gibt wieder andere... die behaupten, man könne mit den Kommunisten zusammenarbeiten. Auch sie sollen nach Berlin kommen ... Alle freien Menschen, wo immer sie leben mögen, sind Bürger dieser Stadt West-Berlin, und deshalb bin ich als freier Mann stolz darauf, sagen zu dürfen: Ich bin ein Berliner!*

– **15. Juli** In West-Berlin wird das Literarische Colloquium Berlin (LCB) gegründet. Es tagt unter der Leitung von Walter Höllerer in der Kongreßhalle (Berlin-Tiergarten) und soll das literarische Leben Berlins anregen sowie Verbindungen zu ausländischen Schriftstellern knüpfen.

– **15. Oktober** Nach rund dreijähriger Bauzeit erhalten die Berliner Philharmoniker wieder eine eigene Spielstätte. In Anwesenheit des Chefdirigenten Herbert von Karajan wird am Kemperplatz die neue Philharmonie eröffnet – wegen der eigenwilligen Bauform auch als »Zirkus Karajani« bezeichnet.

– **18./22. Oktober** Die sowjetischen Kosmonauten Juri Gagarin und Valentina Tereschkowa besuchen den Ostteil der Stadt.

– **15. November** In der Ost-Berliner Karl-Marx-Allee wird das »Kino International« als ein Kulturzentrum eröffnet.

– **13. Dezember** Der während des Zweiten Weltkriegs ausgelagerte Welfenschatz kehrt nach West-Berlin zurück.

– **23. Dezember** Nach umfangreichen Wiederherstellungsarbeiten wird in Ost-Berlin das Prinzessinnenpalais Unter den Linden mit dem dort untergebrachten Operncafé der Öffentlichkeit übergeben.

1964 **14. Januar** Die Vertrauensleute-Vollversammlung des VEB Transformatorenwerks »Karl Liebknecht« bildet das erste Produktionskomitee in einem Ost-Berliner Großbetrieb.

– **19. Januar** In der Nähe des Brandenburger Tores helfen West-Berliner Polizisten einem Berliner Schüler bei der Überwindung der letzten Grenzsperren. Die DDR bezeichnet das Vorgehen als »schwere Provokation«.

– **13. März** Der an der Ost-Berliner Humboldt-Universität als Professor lehrende Robert Havemann wird wegen »regimekritischer Äußerungen« amtsenthoben.

– **25. April** Unter dem Motto »Frieden durch Einheit und Solidarität« veranstalten die Westalliierten in der West-Berliner Straße des 17. Juni erstmals den »Tag der Alliierten Streitkräfte«.

– **12. Juni** Die Sowjetunion und die DDR schließen einen Freundschafts- und Beistandspakt. In Artikel 6 wird West-Berlin als »selbständige politische Einheit« bezeichnet. In einer »Deutschlanderklärung« protestieren die drei Westmächte gegen diese Formulierung.

- **10. Juli** Mit einem 212 Meter hohen Fernmeldeturm auf dem Zehlendorfer Schäferberg kann das West-Berliner Telefonnetz nunmehr vollständig in den Fernsprechverkehr der Bundesrepublik integriert werden.

- **3. Oktober** Der neu erbaute Amtssitz des Staatsrates der DDR am Ost-Berliner Marx-Engels-Platz wird offiziell seiner Bestimmung übergeben. Endgültig fertiggestellt wird der Bau erst im **Dezember** (s. auch **7. September 1950**).

- **5. Oktober** Mehr als 50 Ost-Berliner fliehen durch einen rund 200 Meter langen Tunnel nach West-Berlin.

1965 **2. April** In der Nähe der Kaiser-Wilhelm-Gedächtniskirche in Charlottenburg wird das Büro- und Geschäftshaus Europa-Center dem Publikumsverkehr übergeben.

- **4. April** Ohne Angabe von Gründen verweigern DDR-Grenzsoldaten am Kontrollpunkt Horst dem mit dem Auto reisenden Regierenden Bürgermeister Willy Brandt die Fahrt nach Berlin. Am **7. April** wird die Autobahn nach Helmstedt von DDR-Grenzsoldaten für mehrere Stunden gesperrt. Sowjetische und DDR-Düsenjäger überqueren im Tiefflug die Stadt und durchbrechen dabei mehrfach die Schallmauer. Anlaß ist eine Sitzung des Deutschen Bundestages in West-Berlin.

- **25. April** Rund 580 000 West-Berliner können im Rahmen der für die Ostertage vereinbarten Passierscheinregelung ihre Verwandten im Ostteil der Stadt besuchen.

- **23. bis 25. Juli** In Ost-Berlin findet die erste Kinder- und Jugend-Spartakiade statt.

- **15. September** Bei Ausschreitungen anläßlich eines Konzerts der Rockgruppe »Rolling Stones« in der West-Berliner Waldbühne werden 87 Menschen verletzt. Es kommt zu erheblichem Sachschaden.

1966 **15. Januar** Im West-Berliner Schiller-Theater wird das Schauspiel »Die Plebejer proben den Aufstand« von Günter Grass uraufgeführt. Das Stück setzt sich kritisch mit der Haltung der »Kulturschaffenden« (gemeint ist Bertolt Brecht) im Zusammenhang mit dem Aufstand vom **17. Juni 1953** auseinander.

– **1. März** Von dem Ost-Berliner VEB Berliner Verkehrsbetriebe (BVB) werden in den Straßenbahnen Fahrscheinautomaten eingeführt, um auf den Einsatz von Schaffnern künftig verzichten zu können.

– **30. März** Im Ostteil der Stadt gibt es eine erste landwirtschaftliche Kooperationsgemeinschaft. Die LPG »1. Mai« in Berlin-Wartenberg schließt sich mit drei LPGen und drei Volkseigenen Gütern (VEG) zur Kooperationsgemeinschaft »Berliner Norden« zusammen (s. auch **1. Januar 1975**).

– **9. April** Für die Ost-Berliner Beschäftigten zeichnet sich eine Verbesserung ab: So wird in jeder zweiten Woche bei vollem Lohnausgleich nur noch an fünf Tagen gearbeitet, die wöchentliche Arbeitszeit für einen Teil der Berufstätigen auf 45 bzw. 44 Wochenstunden reduziert (für alle Berufstätigen erst ab **August 1967**).

– **11. April** In der West-Berliner Kaiser-Wilhelm-Gedächtniskirche wird Kurt Scharf in das Amt des Bischofs von Berlin-Brandenburg eingeführt. Scharf tritt die Nachfolge des zurückgetretenen Otto Dibelius an, der das Amt seit 1945 innehatte.

– **5. Mai** An der Ost-Berliner Friedrichstraße/Unter den Linden wird der Gastronomiekomplex Lindencorso eröffnet mit Restaurant, Café und Espressobar; am **10. Juni** folgt auf dem gleichen Areal auch das Interhotel Unter den Linden.

– **25./26. Mai** Die Ost-Berliner Stadtverordnetenversammlung berät über die Durchführung eines Beschlusses des Politbüros des Zentralkomitees der SED und des Präsidiums des Ministerrates der DDR für eine »Grundkonzeption über den Aufbau des Stadtzentrums der Hauptstadt der DDR, Berlin, bis 1970«. Schwerpunkt ist die Bebauung zwischen Marx-Engels-Platz und Alexanderplatz mit dem Fernsehturm.

– **27. Mai** Zwischen dem West-Berliner Messedamm und der Masurenallee (Charlottenburg) wird der neu errichtete Busbahnhof in Betrieb genommen.

– **9. Juli** Auf das West-Berliner Büro der Jüdischen Gemeinde in der Charlottenburger Fasanenstraße verüben Neonazis einen Brandanschlag, der jedoch nur geringen Schaden anrichtet.

– **30. August** In der Ost-Berliner Behrenstraße (Mitte) wird das wiederhergestellte und erweiterte Gebäude der Komischen Oper eingeweiht.

– **5. Oktober** Nach mehrjährigen Rekonstruktionsarbeiten wird mit der Ausstellung »Deutsche Kunst des 19. und 20. Jahrhunderts« auf der Ost-Berliner Museumsinsel das Alte Museum wiedereröffnet.

1967 **Januar** Mit dem Kombinat VEB Kabelwerk Oberspree (KWO) wird das erste sozialistische Industriekombinat der DDR gebildet. Es hat eine Gesamtbelegschaft von 14 000 Berufstätigen. Zugleich entstehen erste bezirksgeleitete Kombinate (zum Beispiel der VEB Wohnungsbaukombinat Berlin).

– **20. Februar** Von der DDR-Volkskammer wird unter Einbeziehung Ost-Berlins ein neues Gesetz über die Staatsbürgerschaft der DDR verabschiedet.

– **7. März** In der West-Berliner Akademie der Künste wird die Berliner Festspiele GmbH gegründet.

– **29. Mai** Papst Paul VI. beruft den Berliner Bischof Alfred Bengsch zum Kardinal.

– **2. Juni** Nachdem es wiederholt zu Studentenprotesten gegen den Krieg der USA in Vietnam gekommen ist, richtet sich der Zorn der jungen Generation auch gegen Unrechtssysteme in aller Welt. Bei gewalttätigen Auseinandersetzungen anläßlich eines Besuchs des Schahs von Iran, dem u. a. Menschenrechtsverletzungen in seinem Land vorgeworfen werden, tötet eine Polizeikugel den Studenten Benno Ohnesorg. Daraus resultiert eine Regierungskrise in West-Berlin; sowohl der Regierende Bürgermeister als auch der Innensenator treten von ihren Ämtern zurück. Eine terroristische Vereinigung nennt sich später »Bewegung 2. Juni«.

– **25. August bis 3. September** ARD und ZDF beginnen in West-Berlin anläßlich der 25. Großen Deutschen Funkausstellung mit der Ausstrahlung des Farbfernsehens. Unter dem Funkturm wird das Deutsche Rundfunkmuseum eröffnet.

– **26. August** Zum ersten Mal gibt es in West-Berlin für Kauflustige einen »langen Sonnabend« mit Öffnungszeiten bis 21 Uhr, der jedoch nicht von allen gebilligt wird. So müssen nach Störaktionen mehrere Kaufhäuser vorzeitig schließen.

– **15. September** Am West-Berliner Bussardsteig (Dahlem) öffnet das Brücke-Museum seine Pforten.

- **24. September** Die 1. Spartakiade der Betriebskampfgruppen wird im Ost-Berliner Pionierpark »Ernst Thälmann« von rund 100 000 Zuschauern verfolgt.

- **2. Oktober** Die letzte Fahrt der Straßenbahnlinie 55 (zwischen Spandau und Charlottenburg) beginnt. Bis zum Fall der Mauer verkehren Straßenbahnen nun nur noch im Ostteil der Stadt.

1968 **11. April** Ein junger Rechtsextremist verübt einen Mordanschlag auf den Studentenführer Rudi Dutschke, der, lebensgefährlich verletzt, das Attentat überlebt. **1979** stirbt Dutschke an den Spätfolgen des Attentats im dänischen »Exil«. Er wird auf dem Friedhof der Dahlemer Dorfkirche in West-Berlin beerdigt.

- **13. April** DDR-Behörden untersagen den Angehörigen der Bundesregierung die Benutzung der Transitwege von und nach West-Berlin. Am **11. Juni** wird vom DDR-Innenministerium die Einführung einer Paß- und Visumpflicht für alle Benutzer der Transitwege zwischen West-Berlin und der Bundesrepublik Deutschland verfügt.

- **20. Juli** Anläßlich des 24. Jahrestages des Attentats auf Adolf Hitler (**20. Juli 1944**) wird in der Stauffenbergstraße im Bendlerblock (Tiergarten) die Gedenk- und Bildungsstätte Deutscher Widerstand eröffnet.

- **15. September** An der Potsdamer Straße (Tiergarten) öffnet die von Ludwig Mies van der Rohe entworfene Neue Nationalgalerie ihre Pforten.

- **9. Oktober** Im West-Berliner Bezirk Steglitz wird ein Groß-Klinikum (heute Klinikum Benjamin Franklin) eröffnet.

1969 **20. Januar** Nach Restaurierungsarbeiten wird das Gebäude der Alten Bibliothek (»Kommode«) am Ost-Berliner Bebelplatz (Mitte) der Humboldt-Universität übergeben.

- **15. Februar** Auf einem Sonderparteitag in der West-Berliner Hasenheide (Neukölln) benennt sich die West-Berliner SED in Sozialistische Einheitspartei Westberlin (SEW) um.

- **2. bis 3. Oktober** Der Ost-Berliner Alexanderplatz erhält zwei neue Wahrzeichen: die nach einem Entwurf von Erich John geschaffene Urania-Weltzeituhr und den von Hermann Henselmann und anderen entworfenen Fernsehturm. Mit der Eröffnung des Fernsehturms beginnt auch für die Bewohner Ost-Berlins und der DDR das Zeitalter des Farbfernsehens: Zunächst nur am Wochenende (insgesamt vier Stunden), später dann täglich, strahlt der Deutsche Fernsehfunk Programme in Farbe aus, allerdings mit dem französischen Secam-System. Eine Übernahme des westdeutschen Pal-Systems hatte die DDR-Führung abgelehnt.

1970   **10. März** Nachdem zwei DDR-Bürger auf dem Ost-Berliner Flughafen Schönefeld vergeblich versucht haben, eine Verkehrsmaschine in den Westen zu entführen, begehen sie Selbstmord.

–   **18. März** Der Rechtsanwalt Horst Mahler wird in West-Berlin wegen seiner Beteiligung an Ausschreitungen vor dem Springer-Hochhaus am **11. April 1968** zu einer Haftstrafe von zehn Monaten Gefängnis auf Bewährung verurteilt. Nach der Urteilsverkündung kommt es in der Innenstadt zu Krawallen linksgerichteter Studenten.

–   **19. März** Der »Sender Freies Berlin« (SFB) bezieht in der Charlottenburger Masurenallee ein neu erbautes Fernsehzentrum.

–   **17. April** Im Märkischen Viertel, einem ausgedehnten Neubaugebiet im Norden West-Berlins, wird die 10 000. Wohnung an die Mieter übergeben.

–   **23. April** Das Einkaufszentrum »Forum Steglitz« in der West-Berliner Schloßstraße (Steglitz) öffnet seine Pforten.

–   **14. Mai** Der wegen Brandstiftung verurteilte Andreas Baader wird bei einem Freigang durch die Hilfe von Ulrike Meinhoff und anderen Sympathisanten mit Waffengewalt befreit. Die drei Beteiligten bilden später den Kern der terroristischen Rote-Armee-Fraktion (RAF).

–   **21. Juni** Im wiederhergestellten Gebäude des ehemaligen Kammergerichts in der Kreuzberger Lindenstraße öffnet das Berlin-Museum seine Pforten.

–   **15. September** In Ost-Berlin wird die Akademie der Pädagogischen Wissenschaften der DDR gegründet.

–   **9. Oktober** Nach rund dreijähriger Bauzeit wird am Ost-Berliner Alexanderplatz das Interhotel Stadt Berlin fertiggestellt. – Ebenfalls am Alexanderplatz öffnet am **25. November** das mehrstöckige Centrum-Warenhaus seine Pforten. Mit einer Verkaufsfläche von rund 15 000 Quadratmetern ist es das größte Kaufhaus der DDR.

1971 **31. Januar** Die 1952 von der DDR unterbrochene Telefonverbindung zwischen Ost- und West-Berlin wird mit zunächst fünf Leitungen wiederhergestellt.

– **21. März** Im Reichstagsgebäude wird die Ausstellung »1871 – Fragen an die deutsche Geschichte« eröffnet.

– **3. Mai** Das Zentralkomitee der SED wählt in Ost-Berlin Erich Honecker zum Nachfolger des zurückgetretenen Ersten Sekretärs, Walter Ulbricht.

– **6. Mai** Im Alter von 71 Jahren stirbt in Ost-Berlin die Schauspielerin und Intendantin Helene Weigel. Nach dem Tode ihres Mannes Bertolt Brecht hatte sie im **August 1956** die alleinige Leitung des Berliner Ensembles übernommen. Nachfolgerin Weigels wird Ruth Berghaus.

– **3. September** Die Hauptsiegermächte des Zweiten Weltkrieges unterzeichnen durch ihre Vertreter im Gebäude des Alliierten Kontrollrates in West-Berlin ein »Vierseitiges Abkommen« über die Stadt. Es beendet die Drangsalierung West-Berlins durch die Sowjetunion und die DDR, erleichtert den Zugang auf dem Landweg und weist den Weg für Verhandlungen zur Verbesserung der innerdeutschen Beziehungen und der Lage Berlins.

1972 **5. Januar** Die erste Ausgabe der West-Berliner Programmzeitschrift »tip« erscheint.

– **3. Februar** In Ost-Berlin werden neue Forschungseinrichtungen zur Intensivierung der Grundlagenforschung an der Deutschen Akademie der Wissenschaften zu Berlin gegründet (Zentralinstitute für Molekularbiologie, Krebsforschung, Herz- und Kreislaufregulierungsforschung); am **10. Februar** folgt das Zentrum für Rechentechnik.

– **26. März** Die in Ost-Berlin versammelte Regionalsynode der Evangelischen Kirche Berlin-Brandenburg (Ost-Region) beschließt die Einsetzung eines eigenen Bischofs.

– **24. Juni** Zwischen West-Berlin und mehreren Orten der DDR wird der Selbstwähldienst im Telefonverkehr eingeführt.

– **30. Juni** Auf Grund starker Auflagenverluste stellt die **1946** gegründete, SPD-nahe West-Berliner Tageszeitung »Telegraf« ihr Erscheinen ein.

– **21. Juli** Für 31 Millionen DM erwirbt der West-Berliner Senat ein zu Ost-Berlin gehörendes Grundstück am Potsdamer Platz; auf dem Areal soll eine Verbindungsstraße zwischen den nördlichen und südöstlichen Bezirken entstehen.

1973 **27. März** Das SED-Politbüro beschließt für Ost-Berlin ein Wohnungsbauprogramm, das für den Zeitraum **1976 bis 1980** den Neubau von rund 55 000 Wohnungen im Ostteil Berlins vorsieht. Am **2. April** wird in der Nähe des Alexanderplatzes das erste Parkhaus Ost-Berlins eröffnet.

– **4. Juni** Die Bundesregierung billigt den Bau einer Erdölpipeline von der DDR nach West-Berlin.

– **21. Juli** Nach einem Grundsatzurteil des Bundesverfassungsgerichts ist der Grundlagenvertrag mit der DDR mit dem Grundgesetz vereinbar. Das Verfassungsgericht betont die Verpflichtung der Bundesregierung, West-Berlin in internationale Verträge und Abkommen einzubeziehen.

– **13. November** Der traditionsreiche Berliner Sportpalast wird abgerissen.

– **15. November** Die Verdoppelung des Mindestgeldumtausches bei Besuchen in Ost-Berlin durch die DDR-Behörden erschwert den West-Berlinern die Verwandtenbesuche im anderen Teil der Stadt.

1974 **11. Februar** Der bisherige DDR-Minister für bezirksgeleitete Industrie und Lebensmittelindustrie, Erhard Krack, wird neuer Oberbürgermeister von Ost-Berlin (bis 1989). Er löst Herbert Fechner ab, der offenbar seiner Aufgabe nicht gewachsen war.

– **6. Oktober** Das erfolgreiche West-Berliner Kinder- und Jugendtheater »Grips« eröffnet seinen neuen Spielort am Hansaplatz mit der Uraufführung des Stückes »Nashörner schießen nicht«.

– **7. Oktober** Erstmals gastiert das Leipziger Gewandhausorchester mit Kurt Masur in der West-Berliner Philharmonie.

– **8. Oktober** Das renommierte Aspen Institut eröffnet eine Außenstelle auf der West-Berliner Halbinsel Schwanenwerder.

– **23. Oktober** Nach fünfjähriger Bauzeit wird der neue West-Berliner Flughafen Tegel seiner Bestimmung übergeben. Am **1. September 1975** wird der Zentralflughafen Tempelhof in West-Berlin für den zivilen Luftverkehr geschlossen; er fungiert fortan als amerikanischer Militärflughafen.

– **10. November** Ein Kommando der terroristischen Rote-Armee-Fraktion (RAF) ermordet den Präsidenten des West-Berliner Kammergerichts,

Günter von Drenkmann. Am **27. Februar 1975** wird der West-Berliner CDU-Vorsitzende Peter Lorenz von Mitgliedern der terroristischen Bewegung »2. Juni« entführt. Erst als durch Vermittlung des ehemaligen Regierenden Bürgermeisters und Pfarrers Heinrich Albertz fünf Gesinnungsgenossen der Terroristen nach Aden (Jemen) ausfliegen können, wird Lorenz am **5. März 1975** freigelassen. Der nachfolgende »Drenkmann-Lorenz-Prozeß« findet trotz statuspolitischer Bedenken der Westalliierten unter der Leitung der Karlsruher Bundesanwaltschaft in Berlin statt.

– **26. November** Mit einer Zuzugssperre für Ausländer will der West-Berliner Senat die Bezirke Kreuzberg, Wedding und Tiergarten vor einer »Überfremdung« bewahren. Sie tritt am **1. Januar 1975** in Kraft.

– **Dezember** Gegen eine hohe Gebühr verpflichtet sich die Ost-Berliner Stadtverwaltung zur Entsorgung des West-Berliner Mülls.

1975 **1. Januar** Nach der Kooperationsgemeinschaft »1. Mai« und der kooperativen Einrichtung »Marzahn« wird als dritte Einrichtung dieser Art in Ost-Berlin die Kooperationsgemeinschaft Gemüseproduktion »Berliner Norden« gebildet, und zwar durch den Zusammenschluß der VEG Pankow, der LPGen »Frohe Zukunft« und »Vereinte Kraft« sowie der Gemüse-Produktionsgenossenschaft (GPG) »Berliner Norden« (s. auch **30. März 1966**).

– **6. Mai** In Ost-Berlin dürfen drei westliche Banken mit Genehmigung der DDR-Regierung Zweigstellen einrichten.

– **11. Mai** DDR-Grenzsoldaten verhindern Rettungsaktionen der West-Berliner Feuerwehr für ein fünfjähriges Mädchen, das in der Spree ertrinkt. Am **29. Oktober** schließen die Stadtverwaltungen von Ost- und West-Berlin ein Abkommen über Hilfeleistungen bei Unfällen in Grenzgewässern.

– **30. September** In West-Berlin wird die Hochschule der Künste neu gegründet. Sie entsteht aus der Zusammenlegung der Hochschule für Bildende Künste und der Hochschule für Musik.

– **1. Oktober** In der ersten West-Berliner Spielbank (im Europa-Center) werden Roulette- sowie Karten- und Würfelspiele angeboten.

– **8. Oktober** In Ost-Berlin stirbt 74jährig der Regisseur und Intendant der Komischen Oper, Walter Felsenstein. Er gilt als einer der Initiatoren des modernen Musiktheaters.

1976 **10. April** Im West-Berliner Ortsteil Dahlem wird das Deutsche Museum für Volkskunde eröffnet.

– **23. April** Der Palast der Republik, ein großes Mehrzweckgebäude, das an der Stelle des Berliner Stadtschlosses errichtet worden ist, wird eröffnet. Das Gebäude beherbergt u. a. die Volkskammer der DDR, aber auch zahlreiche Restaurants, ein Theater, eine große Mehrzweckhalle und weitere gesellschaftliche Einrichtungen; es ist äußerst großzügig ausgestattet und wird von der Bevölkerung gern genutzt. Kritiker belegen es mit dem Spottnamen »Palazzo prozzo«, oder bezeichnen es leicht sächselnd als »Bal[l]ast der Republik«.

– **27. Mai** Für die Westregion der Evangelischen Kirche Berlin-Brandenburg wird Martin Kruse als Nachfolger von Kurt Scharf zum Bischof gewählt.

– **20. September** Das von der Ost-Berliner Verwaltung herausgegebene »Verordnungsblatt für Groß-Berlin« erscheint nicht mehr. Darin wurden DDR-Gesetze veröffentlicht, die von Stadtverordnetenversammlung und Magistrat für Ost-Berlin übernommen worden waren. Von nun an gelten, trotz Protest der Westmächte gegen diese Verletzung des Vier-Mächte-Status der Stadt, alle DDR-Gesetze automatisch auch für Ost-Berlin.

– **26. Oktober** Die Berliner Ordinarienkonferenz, ein Zusammenschluß der katholischen Bischöfe in der DDR, wird durch ein vatikanisches Dekret als Berliner Bischofskonferenz etabliert.

– **1. November** Als erste Einrichtung dieser Art wird im West-Berliner Stadtteil Grunewald ein Frauenhaus eröffnet, das mißhandelten Frauen mit ihren Kindern Zuflucht bieten soll.

– **16. November** Die DDR-Behörden entziehen dem Ost-Berliner Lyriker und Sänger Wolf Biermann die Staatsbürgerschaft. Biermann, der sich auf einer Konzerttournee durch die Bundesrepublik befindet, kann nicht nach Ost-Berlin zurückkehren. Am **23. August 1977** wird der Ost-Berliner Regimekritiker Rudolf Bahro durch den Staatssicherheitsdienst der DDR verhaftet, drei Tage später werden die Liedermacher Gerulf Pannach und Christian Kuhnert von Ost- nach West-Berlin abgeschoben.

1977 **11. Januar** DDR-Bürger werden vom Staatssicherheitsdienst am Betreten der Ständigen Vertretung der Bundesrepublik Deutschland in Ost-Berlin gehindert.

– **19. Januar** Wegen zu erwartender Dumpingpreise verbieten die drei Westmächte der DDR-Fluggesellschaft Interflug, in West-Berlin ein Büro zu eröffnen.

– **23. März** Die neue Stadtillustrierte »zitty« bereichert den West-Berliner Zeitschriftenmarkt.

– **21. September** Wegen zunehmender Versorgungsschwierigkeiten lockert die DDR-Regierung die Einfuhrbeschränkungen für Genußmittel. Besucher aus West-Berlin können nun im größeren Umfang auch Kaffee nach Ost-Berlin einführen. Dort sind die Preise für Kaffee drastisch erhöht worden. Als preisgünstiger Ersatz wird eine Mischung aus Malz- und Bohnenkaffee angeboten, die in Anspielung auf eine westliche Kaffee-Marke und den Staatsratsvorsitzenden Erich Honecker im Volksmund den Namen »Erichs Krönung« erhält.

– **7. Oktober** Bei tätlichen Auseinandersetzungen zwischen Jugendlichen und der Polizei im Anschluß an ein Jazzkonzert auf dem Ost-Berliner Alexanderplatz kommen drei Menschen ums Leben.

– **Dezember** Im Ost-Berliner Neubauviertel Marzahn beziehen die ersten Mieter ihr neues Domizil.

– **27. Dezember** Mit 84 Drogentoten im Jahr **1977** steht West-Berlin an der Spitze aller deutschen Städte.

1978 **15. Januar** Dem Bundesvorsitzenden der CDU, Helmut Kohl, wird die Einreise nach Ost-Berlin verweigert.

– **14. März** Der Ost-Berliner Niko Hübner wird verhaftet und am **7. Juli** zu fünf Jahren Gefängnis verurteilt, weil er unter Berufung auf den entmilitarisierten Status von Groß-Berlin den Wehrdienst in der DDR verweigert hat.

– **6. April** In West-Berlin wird nach umfassenden Baumaßnahmen das »Kaufhaus des Westens« (KaDeWe) als größtes Kaufhaus auf dem europäischen Kontinent wiedereröffnet.

– **15. Dezember** Das nach Entwürfen von Hans Scharoun errichtete neue Gebäude der Staatsbibliothek Preußischer Kulturbesitz wird in West-Berlin seiner Bestimmung übergeben.

1979 **5. Januar** Die Ost-Berliner Stadtverordnetenversammlung beschließt mit Wirkung vom **30. März**, einen neuen Stadtbezirk zu gründen. Es entsteht

Berlin-Marzahn als neunter Bezirk von Ost-Berlin (und als 21. Bezirk von Groß-Berlin).

– **2. bis 5. Februar** Auf einer außerordentlichen Tagung im Palast der Republik verleiht der »Weltfriedensrat« den Ehrennamen »Stadt des Friedens« an Ost-Berlin.

– **2. April** Am Messedamm in West-Berlin wird das Internationale Congress Centrum (ICC) eröffnet.

– **17. April** Die linksalternative »Tageszeitung« (taz) erscheint erstmals in West-Berlin.

– **22. Mai** Das Ost-Berliner Stadtbezirksgericht Köpenick verurteilt den DDR-Schriftsteller Stefan Heym wegen angeblicher Devisenvergehen zu 9 000 Mark Geldstrafe. Am **7. Juni** schließt der Bezirksverband Ost-Berlin des DDR-Schriftstellerverbandes neun seiner Mitglieder aus, darunter Stefan Heym und Rolf Schneider.

– **28. Juni** Die Volkskammer der DDR verfügt, daß Ost-Berliner Abgeordnete künftig nicht mehr indirekt durch die Stadtverordnetenversammlung gewählt werden, sondern direkt auf einer Einheitsliste. Am **26. September** beschließt die Ost-Berliner Stadtverordnetenversammlung eine neue Stadtordnung.

– **6. September** Die nach Entwürfen von Ludwig Mies van der Rohe errichtete Neue Nationalgalerie in West-Berlin wird mit der Ausstellung »Max Liebermann und seine Zeit« eröffnet.

1980 **1. April** Die Pädagogische Hochschule in West-Berlin wird aufgelöst und in die Universitäten sowie in die Hochschule der Künste integriert.

– **5. November** Der West-Berliner Zoologische Garten erhält zwei Pandabären aus der Volksrepublik China, ein Staatsgeschenk an den Bundeskanzler Helmut Schmidt.

– **31. Dezember** Mit 230 000 Einwohnern haben Ausländer einen Anteil von 10 Prozent an der Bevölkerung West-Berlins.

1981 **22. Januar** Die Konzentration auf dem West-Berliner Zeitungsmarkt nimmt zu. Die 1946 gegründete Tageszeitung »Der Abend« stellt ihr Erscheinen ein.

– **7. Februar** Nachdem es im **Dezember 1980** zu gewalttätigen Auseinandersetzungen zwischen Angehörigen der Hausbesetzerszene und der
West-Berliner Polizei gekommen war, demonstrieren mehr als 10 000
jugendliche West-Berliner friedlich gegen Spekulanten, den Leerstand
und illegalen Abriß von Wohnungen. Erst als der Senat die sogenannte
»Berliner Linie« beschließt, die auch Verhandlungen zwischen Senat,
Hausbesitzern und »Instandbesetzern« ermöglicht, gelingt es, die Szene
zu befrieden. **1984** gibt es in West-Berlin kein illegal besetztes Haus mehr.
Nach dem Fall der Mauer werden aus Instandbesetzern jedoch Okkupan-
ten. Unter dem Slogan »Mietfrei bis ins nächste Jahrtausend« besetzen
nun autonome Gruppen leerstehende Häuser im Ostteil der Stadt.

– **20. März** In der Ost-Berliner Leninallee wird ein Sport- und Erholungs-
zentrum (SEZ) eröffnet.

– **29. April** Der West-Berliner Landeskonservator Helmut Engel vermittelt
den Austausch der von Karl Friedrich Schinkel geschaffenen Skulpturen
für die Schloßbrücke (Marx-Engels-Brücke), die sich in West-Berlin befinden, gegen das im Krieg ausgelagerte und später nach Ost-Berlin verbrachte Archiv der Königlichen Porzellanmanufaktur, die als Staatliche
Porzellanmanufaktur in West-Berlin ansässig ist.

– **12. Juni** Nach 55 Jahren wird erstmals wieder in Berlin eine neu errichtete Synagoge geweiht, die Leo-Baeck-Synagoge im West-Berliner Verwaltungsbezirk Charlottenburg.

– **14. Juni** Die Westmächte und der Regierende Bürgermeister West-Ber-
lins, Richard von Weizsäcker, protestieren gegen die Direktwahl von 40
Ost-Berliner Abgeordneten zur Volkskammer, die ein Verstoß gegen den
Vier-Mächte-Status der Stadt darstellt.

– **1. Juli** In Ost-Berlin werden weitere Kombinate der »ÖrtlichenVersor-
gungswirtschaft« gegründet. Es entstehen die Kombinate Dienstleistung
Berlin, Rewatex und Stadtwirtschaft. Zusammen mit dem bereits bestehenden Getränkekombinat und einem Backwarenkombinat verfügt
Ost-Berlin nun über fünf bezirksgeleitete Kombinate.

– **21. Juli** Das Museum für deutsche Geschichte im Ost-Berliner Zeughaus
präsentiert mit seiner Dauerausstellung das offizielle Geschichtsbild der
DDR. Am **15. August** wird im West-Berliner Martin-Gropius-Bau die
Ausstellung »Preußen -Versuch einer Bilanz« eröffnet, die ein kritisches
Bild der brandenburgisch-preußischen Geschichte vermittelt.

– **21. August** Peter Stein bezieht mit der Schaubühne ein neues Domizil am Lehniner Platz in West-Berlin. Bei dem Theatergebäude handelt es sich um das umgebaute Universum-Kino, das der Architekt Erich Mendelsohn in den zwanziger Jahren entworfen hatte.

– **Oktober** Fünf weitere bezirksgeleitete Kombinate mit 44 Betrieben und fast 10 000 Berufstätigen entstehen in Ost-Berlin (Kombinat Technische Konsumgüter, Camping und Kunstgewerbeerzeugnisse, Massenbedarfserzeugnisse, Bekleidung und Täschnerwaren, Rationalisierungsmittel).

– **20. November** Mit der Freigabe des Teltowkanals für die Binnenschiffahrt durch die DDR wird die Fahrtzeit der Schiffe von und nach Berlin erheblich verkürzt.

1982 **10. Januar** Im West-Berliner Tegeler Forst findet eine Protestveranstaltung gegen die Abholzung von mehreren Hektar Wald für die Autobahntrasse Berlin - Hamburg statt.

– **7. Februar** Für den »Berliner Appell – Frieden schaffen ohne Waffen« werden in den Kirchen Ost-Berlins und der DDR Unterschriften gesammelt.

– **12. Februar** »Bessy« (das Berliner Electronen-Speicherring-Synchroton), eine Anlage zur Erforschung physikalischer Vorgänge im subatomaren Bereich, wird im West-Berliner Ortsteil Dahlem in Betrieb genommen.

– **28. Februar** Auf dem Ost-Berliner Fernbahnhof Lichtenberg wird ein neues Empfangsgebäude eröffnet.

– **9. März** Der Präsident des Exekutiv-Komitees der Palästinensischen Befreiungsorganisation (PLO), Yassir Arafat, besucht Ost-Berlin. Die PLO-Vertretung in der DDR soll Botschaftsrang erhalten.

– **22. März** Der amerikanische Industrielle Henry Ford II. eröffnet ein Zweigwerk seiner Firma im West-Berliner Bezirk Zehlendorf.

– **30. April** Das Berliner Philharmonische Orchester, die führende Kulturinstitution in West-Berlin, feiert sein 100jähriges Bestehen.

– **24. Juni** In der Ost-Berliner Charité wird ein neues Chirurgie-Zentrum seiner Bestimmung übergeben.

– **26. August** Mit der Montage der Kuppel wird die Restaurierung des kriegszerstörten Französischen Doms am Platz der Akademie (Gendarmenmarkt) beendet.

– **12. Oktober** Die Geschäftsleitung der AEG gibt die Schließung ihres Werkes in der West-Berliner Brunnenstraße bekannt. Damit beginnt eine lange Reihe von Stillegungen industrieller Betriebe im Westteil der Stadt.

– **30. Dezember** Im Ostteil der Stadt wird ein weiterer Streckenabschnitt der S-Bahn zwischen Friedrichsfelde-Ost und Ahrensfelde in Betrieb genommen.

1983 **2. Februar** Papst Johannes Paul II. ernennt in Rom den Bischof von Berlin, Joachim Meisner, zum Kardinal.

– **30. März** In Ost-Berlin wird ein Vertrag über die Belieferung West-Berlins mit Erdgas aus der UdSSR unterzeichnet.

– **1. Juni** Die langjährige Vorsitzende des DDR-Schriftstellerverbandes, Anna Seghers, stirbt im Alter von 82 Jahren in Ost-Berlin.

– **30. August** Große Bestürzung unter der West-Berliner Bevölkerung löst der Selbstmord eines türkischen Asylbewerbers aus, der von der Abschiebung bedroht war.

– **14. Oktober** In West-Berlin wird das private Bröhan-Museum mit Sammlungen aus Malerei, Plastik und Kunsthandwerk vom Ende des 19. Jahrhunderts bis zum Beginn des Zweiten Weltkrieges eröffnet; am **14. Dezember** folgt das Museum für Verkehr und Technik.

– **25. Oktober** Trotz seines respektlosen Songs »Sonderzug nach Pankow«, der auch Staats- und Parteichef Erich Honecker nicht verschont, darf der Rocksänger Udo Lindenberg im Ost-Berliner Palast der Republik auftreten.

1984 **9. Januar** Die Berliner Verkehrsbetriebe (BVG) übernehmen die im Westteil der Stadt gelegenen S-Bahnstrecken.

– **20. Januar** Eine Serie von Botschaftsfluchten beginnt. Sechs DDR-Bürger bitten in der Ost-Berliner Vertretung der USA um politisches Asyl. Am **27. Juni** wird die Ständige Vertretung der Bundesrepublik Deutschland in Ost-Berlin vorübergehend für den Besucherverkehr geschlossen, nachdem 55 DDR-Bürger dort Zuflucht gesucht haben, um ihre Ausreise zu erzwingen.

- **9. Februar** Im Ost-Berliner Ortsteil Hohenschönhausen wird der Grundstein für ein neues Wohngebiet gelegt, das den 10. Ost-Berliner Stadtbezirk bzw. den 22. Verwaltungsbezirk von Groß-Berlin bilden wird.

- **19. Februar** In einem Gottesdienst dankt der (evangelische) Domprediger Julius Schneider den westlichen Schwesterkirchen für die materielle Unterstützung bei der äußeren Wiederherstellung des Berliner Domes am Lustgarten im Ostteil der Stadt.

- **1. Oktober** Nach viereinhalbjähriger Bauzeit wird auf dem Ost-Berliner Platz der Akademie (Gendarmenmarkt) das Schauspielhaus Berlin als Konzerthaus wiedereröffnet. – Der West-Berliner Verwaltungsbezirk Spandau erhält Anschluß an das Berliner U-Bahnnetz.

- **14. Dezember** Am Kemperplatz neben der Philharmonie wird der Neubau des Musikinstrumenten-Museums seiner Bestimmung übergeben.

1985 **22. Januar** Auf Veranlassung Ost-Berliner Behörden wird das unmittelbar hinter der Mauer an der Bernauer Straße liegende Kirchenschiff der evangelischen Versöhnungskirche gesprengt. Das Gotteshaus war seit dem Mauerbau im **August 1961** nicht mehr genutzt worden. Am **28. Januar** wird auch der Kirchturm niedergelegt.

- **11. Juni** Auf der zu diesem Zweck häufig genutzten Glienicker Brücke in Berlin-Wannsee (die zur DDR-Bezirkshauptstadt Potsdam führt) werden 25 amerikanische Agenten gegen vier Ostblock-Agenten ausgetauscht. Beteiligt sind der amerikanische Diplomat Richard Burt und der Ost-Berliner Rechtsanwalt Wolfgang Vogel.

- **28. August** In West-Berlin beginnt das Zeitalter des Kabelfernsehens.

- **18. bis 20. September** Der SPD-Vorsitzende Willy Brandt besucht Ost-Berlin und legt am Mahnmal Unter den Linden einen Kranz nieder; bei der anschließenden Besichtigung des Museums für deutsche Geschichte im früheren Zeughaus schreibt Brandt in das Gästebuch: *Es gibt sie, die deutsche Geschichte.*

- **22. September** Im Alter von 73 Jahren stirbt in West-Berlin der Verleger Axel Cäsar Springer.

– **17. Oktober** Wegen Untreue und Kreditbetrugs wird der Architekt und Bauunternehmer Dietrich Garski zu einer Freiheitsstrafe von drei Jahren und elf Monaten verurteilt. Der finanzielle Zusammenbruch der von Garski geleiteten Bautechnik AG, für den das Land Berlin mit 93 Millionen DM haften mußte, war eine Hauptursache des Sturzes des sozialliberalen Senats Stobbe im **Januar 1981**.

– **25. November** Die Bezirksleitung der Ost-Berliner SED entbindet Konrad Naumann von seiner Funktion als Erster Sekretär; sein Nachfolger wird der Chefredakteur des »Neuen Deutschland«, Günter Schabowski.

1986 **4. April** In Ost-Berlin wird das Marx-Engels-Forum eingeweiht, das auf dem Areal zwischen Spreeufer am Palast der Republik und einer Freifläche am Fernsehturm angelegt wurde. Dort steht auch ein neues Marx-Engels-Denkmal von Ludwig Engelhardt.

– **5. April** Ein Bombenanschlag auf die hauptsächlich von Amerikanern besuchte West-Berliner Discothek »La Belle« fordert zwei Todesopfer und mehr als 200 Verletzte. Die Täter stammen offenbar aus dem Nahen Osten und sind, wie in einem Gerichtsverfahren deutlich wird, vom DDR-Geheimdienst in Ost-Berlin unterstützt worden.

– **15. April** Im Ostteil der Stadt wird aus Anlaß des 100. Geburtstages des KPD-Führers Ernst Thälmann ein monumentales Denkmal enthüllt. Es steht in einem ebenfalls nach ihm benannten Park im Stadtbezirk Prenzlauer Berg.

– **29. April** Auf dem Gelände des Rudolf-Virchow-Krankenhauses im West-Berliner Bezirk Wedding wird das Deutsche Herzzentrum Berlin eröffnet.

– **6. Mai** Wegen hoher radioaktiver Belastung nach der Reaktorkatastrophe von Tschernobyl wird der Verkauf von Freilandgemüse aus West-Berliner Gartenbaubetrieben verboten.

– **18. Mai** Nach mehr als 50 Jahren gastiert der Pianist Vladimir Horowitz wieder in Berlin. Sein Konzert in der West-Berliner Philharmonie muß aufgrund des großen Erfolges sechs Tage später wiederholt werden.

– **19. Mai** In West-Berlin gewinnt die erst 16jährige Stefanie Graf die Internationale Deutsche Tennismeisterschaft der Damen im Endspiel gegen die Weltranglisten-Erste Martina Navratilova.

– **24. Juni** In Ost-Berlin hält die Stadtbezirksversammlung von Berlin-Hohenschönhausen ihre konstituierende Tagung ab, am **25. Juni** konstituiert sich ein solches Gremium für Hellersdorf.

– **29. Juni** Ein Literaturhaus mit Wohn- und Arbeitsmöglichkeiten für Schriftsteller wird in West-Berlin eröffnet. Am **5. August** wählt die West-Berliner Akademie der Künste die Ost-Berliner Schriftsteller Heiner Müller und Günter de Bruyn zu ihren Mitgliedern.

– **15. Oktober** Der West-Berliner Computerpionier Ernst Ruska erhält für das von ihm entwickelte Elektronen-Mikroskop den Nobelpreis für Physik.

1987 **10. Februar** In West-Berlin stirbt der beliebte Entertainer Hans (»Hänschen«) Rosenthal im Alter von 61 Jahren. Er wird drei Tage später unter großer Anteilnahme der Bevölkerung auf dem Jüdischen Friedhof am Scholzplatz beigesetzt.

– **10. April** Der Privatsender Radio »Hundert,6« nimmt in West-Berlin seinen Betrieb auf. Er verändert die Medienlandschaft im Hörfunkbereich, die bis dahin vom Monopol der Sender RIAS und SFB gekennzeichnet ist.

– **25. April** Aus Anlaß der 750-Jahr-Feier wird am Kurfürstendamm in West-Berlin ein Skulpturen-Boulevard eröffnet, den ein Teil der Bevölkerung allerdings als eine »unzumutbare Provokation« empfindet. An die Spitze der Kritiker setzt sich der prominente israelische Schriftsteller Ephraim Kishon, der die am Rathenauplatz errichtete Skulptur »2 Beton-Cadillacs in Form der Nackten Maja« von Wolf Vostell als Verstoß gegen das »gesunde Volksempfinden« bezeichnet. West-Berliner Geschäftsleute sind offenbar der gleichen Meinung: Sie lassen in der Nähe der Skulptur einen DDR-Pkw der Marke »Trabant« auf einen Betonsockel setzen.

– **28. April** Die in Ost-Berlin tagende Frühjahrssynode der Evangelischen Kirche von Berlin-Brandenburg fordert von der DDR-Regierung eine Regelung für Reisen in das »nichtsozialistische Ausland«.

– **1. Mai** Im West-Berliner Verwaltungsbezirk Kreuzberg kommt es nach einem Straßenfest zu schweren Krawallen zwischen 300 Jugendlichen aus der autonomen Szene und der Polizei.

– **9. Mai** Die **1980** teilweise eingestürzte Kongreßhalle im West-Berliner Bezirk Tiergarten ist wiederhergestellt. Sie erhält später den Namen und die Funktion »Haus der Kulturen der Welt«.

– **14. Mai** Der historische Kern Alt-Berlins, das Nikolaiviertel, ist nach schweren Kriegszerstörungen größtenteils in der in Ost-Berlin und der DDR üblichen Plattenbauweise neu aufgebaut worden. Die im Zentrum dieses Viertels stehende Nikolaikirche, das älteste Bauwerk Berlins, wird an diesem Tag ihrer neuen Bestimmung als Museum übergehen. Zu den wiedererrichteten Bauten gehören auch das Ephraim-Palais und die Friedrichwerdersche Kirche, die als Ausstellungshalle dient.

– **6. bis 8. Juni** Ein dreitägiges Rockkonzert auf dem Platz der Republik in West-Berlin wird mit Lautsprechern über die Mauer nach Ost-Berlin übertragen. Dort kommt es am **8. Juni** zu Auseinandersetzungen zwischen Tausenden Ost-Berliner Jugendlichen mit dem Staatssicherheitsdienst und der Volkspolizei der DDR. Die Auseinandersetzung eskaliert in Straßenschlachten, die eine politische Richtung erhalten, als die Ost-Berliner Jugendlichen die Parolen »*Wir wollen Freiheit!*« und »*Gorbatschow, Gorbatschow*« verbreiten.

– **12. Juni** Bei seinem Besuch in West-Berlin fordert der amerikanische Präsident Ronald Reagan in einer Rede vor dem Brandenburger Tor den sowjetischen Partei- und Staatschef Michail S. Gorbatschow auf, die anormalen Verhältnisse in Berlin zu beenden: *Herr Gorbatschow, öffnen Sie dieses Tor – Herr Gorbatschow, reißen Sie diese Mauer nieder!*

– **17. August** Im Alter von 93 Jahren begeht der letzte Insasse des Spandauer Kriegsverbrechergefängnisses, Rudolf Heß, Selbstmord. Er war als »Stellvertreter des Führers« im Nürnberger Kriegsverbrecherprozeß 1946 zu lebenslanger Haftstrafe verurteilt worden. Das Gefängnis wird unmittelbar danach abgerissen, um keine Kultstätte für Rechtsradikale entstehen zu lassen.

– **5. September** In Ost-Berlin dulden die Behörden erstmals eine nicht angemeldete politische Demonstration unabhängiger Friedensgruppen.

– **22. Oktober** Bei einer kirchlichen Veranstaltung zur 750-Jahr-Feier der Stadt treffen in der Ost-Berliner Marienkirche erstmals die Stadtoberhäupter beider Teilstädte, Eberhard Diepgen und Erhard Krack, zusammen.

–   **3. Dezember** Vier »Skinheads«, die im **Oktober** Besucher eines Rockkonzertes in der Zionskirche mißhandelt hatten, werden vom Ost-Berliner Stadtgericht Mitte zu Haftstrafen verurteilt.

1988   **1. Januar** Am Robert-Koch-Institut in West-Berlin nimmt das Nationale Aids-Zentrum der Bundesrepublik Deutschland seine Tätigkeit auf. Es soll zur Vereinheitlichung der Diagnostik von Aids beitragen. Von den am 1. Januar in der Bundesrepublik lebenden 1 500 Aids-Patienten sind allein 340 in West-Berlin registriert.

–   **17. Januar** Nachdem bereits am **25. November 1987** Mitarbeiter der »Umwelt-Bibliothek« im Gemeindehaus der Ost-Berliner Zionskirche festgenommen wurden, verhaftet der Staatssicherheitsdienst der DDR nun mehr als 120 Oppositionelle, die auf der traditionellen »Kampfdemonstration« der SED zum Jahrestag der Ermordung von Rosa Luxemburg und Karl Liebknecht Transparente mit dem Luxemburg-Zitat *Freiheit ist immer Freiheit der Andersdenkenden* mit sich führen. Mehr als die Hälfte der Festgenommenen wird **Anfang Februar** in die Bundesrepublik abgeschoben.

–   **1. Juli** Mehr als 200 junge Leute, die das zu Ost-Berlin gehörende sogenannte Lenné-Dreieck, das in einer Enklave vor der Mauer liegt, besetzt halten, »flüchten« bei einer Räumungsaktion durch die West-Berliner Polizei über die Mauer in den Ostteil der Stadt.

–   **9. November** In beiden Teilen der Stadt wird des 50. Jahrestages der Reichspogromnacht gedacht (s. auch **9. November 1938**).

1989   **16. Februar** DDR-Bürger durchbrechen mit ihrem Pkw die Sperre zum Hof der Ständigen Vertretung der Bundesrepublik Deutschland in Ost-Berlin. Sie dürfen später in den Westen ausreisen.

–   **4. März** Nach Lockerung von Reisebestimmungen in der Volksrepublik Polen entstehen in West-Berlin illegale Märkte. Bei einer Razzia auf einem solchen »Polen-Markt« am Reichstag nimmt die Polizei 200 Händler fest.

–   **24. April** Die Ära Karajan ist beendet. Nachdem es in den letzten Jahren immer wieder zu Spannungen zwischen dem Chefdirigenten und Teilen des Orchesters gekommen war, legt Herbert von Karajan sein Amt nieder. Am **8. Oktober** wählt das Berliner Philharmonische Orchester Claudio Abbado zum neuen Chefdirigenten.

– **7. Mai** Nach den Kommunalwahlen in der DDR und in Ost-Berlin werfen Bürgerrechtsgruppen der SED massive Wahlfälschung vor.

– **8. August** Die von ausreisewilligen DDR-Bürgern besetzte Ständige Vertretung der Bundesrepublik Deutschland in Ost-Berlin wird wegen Überfüllung geschlossen. Am **8. September** können 116 Ausreisewillige über Ungarn in die Bundesrepublik ausreisen.

– **6. Oktober** Am Rande der Feierlichkeiten zum 40. Jahrestag der DDR in Ost-Berlin mahnt der sowjetische Partei- und Staatschef Michail Gorbatschow Reformen an: *Wer zu spät kommt, den bestraft das Leben!*

– **18. Oktober** Nach 18jähriger Herrschaft wird Staats- und Parteichef Erich Honecker abgesetzt. Egon Krenz wird sein Nachfolger. Am **21. Oktober** tritt auch Margot Honecker von ihrem Amt als Volksbildungsministerin zurück, am **8. November** folgt das gesamte Politbüro der SED.

– **4. November** Eine Million Menschen versammeln sich auf dem Ost-Berliner Alexanderplatz und fordern auf der ersten freien Demonstration in der Geschichte der DDR mit Witz, Phantasie und Kreativität politische Reformen. Auf Transparenten ist zu lesen: »Demokratie - jetzt oder nie«, »Das Volk sind wir - gehen solltet ihr«, »Krenz[en]lose Freiheit«. Auf der Kundgebung sprechen zahlreiche Vertreter aus Politik, Kunst und Kultur. Die Schauspielerin Steffi Spira beendet den offiziellen Teil der Demonstation mit den Worten: *Aus Wandlitz* [bevorzugter Wohnsitz der Politprominenz] *machen wir jetzt ein Altersheim, wenn die Bewohner das tun, was ich jetzt tue: abtreten!*

– **9. bis 12. November** Vier Tage, die den Fall der Mauer besiegeln und das Ende der DDR einleiten. Nachdem der Ost-Berliner SED-Parteisekretär Günter Schabowski eher beiläufig den freien Reiseverkehr von Ost- nach West-Berlin verkündet hat, strömen noch in der Nacht mehr als 50 000 Ost-Berliner nach West-Berlin und halten die City-West um den Kurfürstendamm »besetzt«. In den folgenden Tagen herrscht in Berlin Volksfeststimmung; Tausende klettern vor Freude auf die Mauer vor dem Brandenburger Tor, die Innenstadt ist zum Teil für den Autoverkehr gesperrt, und das DDR-Auto Trabant (»Trabbi«) avanciert zum »Auto des Jahres«. Am **10. November** sprechen vor dem Schöneberger Rathaus in West-Berlin auf einer Kundgebung u. a. Bundeskanzler Helmut Kohl und der frühere Regierende Bürgermeister Willy Brandt; sie würdigen den Fall der Mauer. Am **12. November** gibt Daniel Barenboim mit den Berliner Philharmonikern ein kostenloses Konzert für Besucher aus Ost-Berlin und der DDR. Insgesamt nutzen mehr als drei Millionen

Menschen das erste Wochenende nach der Grenzöffnung zu einem Kurzbesuch in der Bundesrepublik und West-Berlin.

– **7. Dezember** Im Ost-Berliner Bezirk Mitte tagt erstmals der »Runde Tisch«. dem Vertreter aller politischen und gesellschaftlichen Kräfte in der DDR angehören.

– **22. Dezember** Das Symbol der deutschen Teilung, das Brandenburger Tor, ist wieder zugänglich. In Anwesenheit von Politikern aus Ost und West wird ein Fußgängerüberweg eröffnet.

– **25. Dezember** Im Ost-Berliner Schauspielhaus findet unter der Leitung des amerikanischen Dirigenten Leonard Bernstein ein Sonderkonzert statt: Gespielt wird die 9. Symphonie Ludwig van Beethovens. Der Text des Schlußchores (»Ode an die Freude«) wird auf Wunsch des Dirigenten geändert. Er lautet nun: *Freiheit schöner Götterfunke!* Am **31. Dezember** feiern mehrere hunderttausend Berliner aus beiden Teilen der Stadt zusammen mit Besuchern aus beiden deutschen Staaten und aus dem Ausland zum ersten Mal nach 28 Jahren gemeinsam die Silvesternacht.

1990 **15. Januar** In Ost-Berlin stürmen aufgebrachte Demonstranten die Zentrale des Staatssicherheitsdienstes der DDR und vernichten Informationsmaterial.

– **23. Januar** Die Ost-Berliner Stadtverordnetenversammlung wählt Christian Hartenhauer (PDS) zum Oberbürgermeister von Ost-Berlin. Er löst Erhard Krack ab, der wegen Fälschung der Kommunalwahlen vom **7. Mai 1989** zurückgetreten ist.

– **18. März** Bei den ersten freien Wahlen zur Volkskammer in der DDR und in Ost-Berlin erringt die CDU einen deutlichen Wahlsieg. Am **6. Mai** wird bei den ersten freien Kommunalwahlen in Ost-Berlin die SPD stärkste Partei.

– **2. April** Die Havelchaussee, die durch den West-Berliner Grunewald führt, wird aus ökologischen Gründen für den Autoverkehr gesperrt. Am **8. April** erhält der Kurfürstendamm besondere Busspuren, auf denen Busse, Taxis und Krankenwagen Vorrang haben.

– **30. Mai** Die Ost-Berliner Stadtverordnetenversammlung wählt Tino Schwierzina (SPD) zum neuen Oberbürgermeister von Ost-Berlin. Am **6. Juni** treffen zu ihrer ersten gemeinsamen Sitzung seit 42 Jahren im Ost-Berliner Roten Rathaus die Stadtregierungen aus dem Ost- und Westteil der Stadt zusammen.

– **26. Juni** Der Alliierte Kontrollpunkt Checkpoint Charlie, der für den Grenzverkehr zwischen beiden Teilen Berlins von Angehörigen der Besatzungsmächte reserviert war, wird abgebaut.

– **29. Juni** In der Ost-Berliner Nikolaikirche schlägt Bundespräsident Richard von Weizsäcker das wiedervereinigte Berlin als Hauptstadt und Regierungssitz Gesamtdeutschlands vor.

– **1. Juli** Mit dem Inkrafttreten der Wirtschafts-, Währungs- und Sozialunion zwischen beiden Teilen Deutschlands gilt in Berlin wieder eine einheitliche gemeinsame Währung. – Der teilweise stillgelegte U-Bahnhof Alexanderplatz wird wieder in Betrieb genommen.

– **21. Juli** Auf dem Ost-Berliner Alexanderplatz protestieren 50 000 Bauern gegen den Niedergang der DDR-Landwirtschaft.

– **31. August** Der Einigungsvertrag beider deutscher Staaten wird im Ost-Berliner Palais Unter den Linden unterzeichnet. Am **12. September** verzichten die Alliierten mit der Unterzeichnung des Schlußdokuments der »Zwei-plus-Vier-Verhandlungen« der Siegermächte und beider deutscher Staaten in Moskau u. a. auch auf ihre Sonderrechte in Berlin.

– **3. Oktober** Der »Tag der deutschen Einheit«. Anläßlich des Beitritts der fünf ostdeutschen Länder zur Bundesrepublik Deutschland findet vor dem Berliner Reichstagsgebäude eine Feier statt. Am **20. Dezember** konstituiert sich hier der erste aus gesamtdeutschen Wahlen hervorgegangene Bundestag.

– **2. Dezember** Die CDU siegt bei den Wahlen zum ersten Gesamtberliner Abgeordnetenhaus (vgl. Anhang S. 284f.).

– **19. Dezember** An der Humboldt-Universität im Ostteil der Stadt kommt es zu Auseinandersetzungen um die vom Senat der Stadt beschlossene »Abwicklung« von fünf Fachbereichen.

– **24. Dezember** Der Berliner Theater- und Filmkritiker Friedrich Luft (»Die Stimme der Kritik«) stirbt im Alter von 79 Jahren in Berlin. Mehr als zweitausend Mal hat er über den Sender RIAS die Berliner Kulturereignisse in Ost und West kritisch begleitet. Mit den Worten *Wir hören uns wieder, nächsten Sonntag, gleiche Zeit, gleiche Welle, gleiche Stelle* pflegte er sich jeweils um zwölf Uhr nach seiner viertelstündigen Sendung von seinem Publikum in beiden Teilen der Stadt zu verabschieden.

1991 bis 2001

Bundeshauptstadt Berlin

von Rosemarie Baudisch

Stärker noch als beide deutsche Staaten hatten Ost- und West-Berlin an der Überwindung der Teilung zu tragen. Die Mauer hat nicht nur die totale Trennung der städtischen Infrastruktur zur Folge gehabt. Das Leben in zwei unterschiedlichen Gesellschaftssystemen hatte auch die Menschen einander entfremdet. Dabei war West-Berlin nicht nur vom Ostteil der Stadt getrennt, sondern auch von seinem brandenburgischen Umland und den Menschen, die dort lebten, was die Normalisierung des Verhältnisses einer Stadt zu dem sie umgebenden Gebiet besonders erschwerte.

Auf der politischen Ebene mußte die Vereinheitlichung der Stadtregierung vorbereitet werden: Eine gemeinsame Volksvertretung war zu wählen, eine Landesregierung für Gesamt-Berlin zu bilden und die Verwaltungsstruktur der Bezirke zu vereinheitlichen.

In den Jahrzehnten der Trennung war in Berlin alles doppelt entstanden. Jede Stadthälfte hatte ihre eigenen sozialen und kulturellen Einrichtungen, ihre eigenen Bildungsstätten und Forschungsinstitute. In Ost und West gab es jeweils eine Akademie der Wissenschaften, eine Akademie der Künste, eine Kunsthochschule, eine Hochschule für Musik usw. Die Stadt verfügte über drei Opernhäuser, jede Stadthälfte hatte ihren eigenen großen Konzertsaal erbaut und jeweils mehrere Orchester betrieben. Auch Rundfunk- und Fernsehanstalten waren doppelt und dreifach vorhanden. Eine Reduzierung erwies sich schon aus finanziellen Gründen als notwendig, war aber politisch brisant. Die radikale Kürzung der Bundeszuschüsse für Berlin erzwang radikale Lösungen, die Schließung des Schiller-Theaters im Westteil der Stadt zeigte nur die Spitze des Eisberges.

Hinzu kam die »Abwicklung« von politisch belasteten Institutionen im Ostteil der Stadt, wodurch viele Betroffene ihre Arbeit verloren. Auch zahlreiche Industriebetriebe, die unter den neuen wirtschaftlichen Verhältnissen nicht mehr rentabel arbeiteten, mußten schließen. In den ersten Jahren nach der Wiedervereinigung haben Förderprogramme die Arbeitslosigkeit reduzieren können, eine Konsolidierung des Arbeitsmarktes ist aber noch nicht in Sicht. Zeitweise herrschte im Westteil der Stadt sogar größere Arbeitslosigkeit als im Ostteil, was mit der Umstrukturierung der Wirtschaft nach der Wiedervereinigung zusammenhängt. Für viele westliche Unternehmen erwies sich der Standort Berlin als nicht mehr rentabel, nachdem Steuervergünstigungen und Zuschüsse, die zum Ausgleich für die Standortnachteile West-Berlins gezahlt worden waren, entfielen. Neugründungen von Firmen oder einzelnen Niederlassungen wurden nun mit neuen Zuschüssen und Vergünstigungen des Bundes und der Europäischen Union nur noch im Ostteil der Stadt gefördert und in den ländlichen Randgebieten, dem sogenannten Speckgürtel um Berlin, wo auch die Grundstückspreise erheblich niedriger blieben als in der Stadt.

Einen Ausgleich für diesen Wirtschaftsschwund hätte die zügige Verlagerung der Bundesregierung von Bonn nach Berlin bringen können. Viele Investoren hatten auf einen schnellen Umzug gesetzt und damit begonnen, Projekte in Berlin zu realisieren. Doch mit dem Herauszögern des Regierungsumzuges schwand die Hoffnung auf einen lukrativen Standort Berlin. Die wirtschaftliche Entwicklung stagnierte zunächst und wurde dann rückläufig, ohne daß unter der Einwirkung einer großen, weltweiten Rezession eine Änderung in Sicht wäre.

Die Planungen für die Bundesregierung und die Projekte der Wirtschaft haben Berlin in eine Großbaustelle verwandelt. Ein neues Stadtbild entsteht, das nur noch partiell an das historische Berlin erinnert. Wie schwer es ist, für bestimmte Stellen eine richtige Entscheidung zu treffen, zeigt der Streit um den Abriß des Palastes der Republik und den Wiederaufbau des Berliner Stadtschlosses, aber auch um die städtebauliche Planung am Potsdamer und Leipziger Platz sowie im Spreebogen.

Trotz allem schreitet die Normalisierung voran, wenn auch die »Mauer im Kopf« noch nicht überwunden ist. Nur allmählich »mischt« sich die Bevölkerung, wohnt oder arbeitet wechselweise im anderen Teil der Stadt oder heiratet über die frühere Grenze hinweg. Vor allem die Ergebnisse der Kommunalwahlen zeigen das Nachleben alter Strukturen. Dies ist besonders deutlich geworden bei der Volksabstimmung über ein gemeinsames Bundesland von Berlin und Brandenburg, bei der die Menschen in Ost-Berlin und in Brandenburg sich deutlich abgrenzten von den West-Berlinern, die allein in ihrer Mehrheit für den Zusammenschluß votiert haben. So ist dann auch die Bildung einer Koalition von SPD und PDS nach den Wahlen zum Abgeordnetenhaus 2001 als ein Zeichen gewertet worden, den Ostteil der Stadt, in dem die PDS mit Abstand die stärkste politische Kraft ist, nicht länger von der politischen Verantwortung auszuschließen, zumal es darum geht mit dem finanziellen Debakel einer Bankkrise, das die große Koalition von CDU und SPD hinterlassen hat, fertig zu werden. Mehr denn je ist Berlin nun auf die Hilfe des Bundes und der Länder angewiesen, die insgesamt aufgerufen bleiben, sich aktiv zu ihrer Hauptstadt zu bekennen.

1991 **6. Januar** Der Gründer und langjährige Direktor des Tierparks Friedrichsfelde. Heinrich Dathe, stirbt 80jährig in Berlin. Seine Absetzung als Direktor im **Herbst 1990** wurde mit der Bestimmung des Einigungsvertrages begründet, nach der Beschäftigte des öffentlichen Dienstes im Rentenalter sofort in den Ruhestand zu versetzen sind.

– **11. Januar** In der Berliner Nikolaikirche, der ältesten Kirche Berlins, findet die konstituierende Sitzung des am **2. Dezember 1990** gewählten Abgeordnetenhauses statt. In dieser Kirche hatte **1809** die konstituierende Sitzung der ersten überhaupt in Berlin gewählten Stadtverordnetenversammlung stattgefunden. Zur Präsidentin des Abgeordnetenhauses wird Hanna-Renate Laurien (CDU) gewählt, zu einem der Vizepräsidenten Tino Schwierzina (SPD), der unmittelbar nach seiner Wahl als Oberbürgermeister von (Ost-)Berlin zurücktritt. Die bisher nur in West-Berlin geltende Verfassung wird auch für den Ostteil der Stadt übernommen.

– **7. Februar** In seiner Regierungserklärung schlägt der Regierende Bürgermeister Eberhard Diepgen (CDU) einen umfassenden Planungsverbund mit dem Land Brandenburg vor, der langfristig zur Bildung eines gemeinsamen Bundeslandes Berlin-Brandenburg führen soll.

– **7. März** Der Senat von Berlin reicht offiziell die Bewerbung der Stadt um die Ausrichtung der Olympischen Sommerspiele im Jahr 2000 beim Nationalen Olympischen Komitee (NOK) der Bundesrepublik ein.

– **23. März** Auf dem Alexanderplatz protestieren 3 000 Vertreter linker Gruppierungen »gegen sozialen Kahlschlag, Massenarbeitslosigkeit und Abwicklung in den ostdeutschen Bundesländern«. – Der Schloßpark Niederschönhausen in Berlin-Pankow, der während des Bestehens der DDR nur der Staats- und Parteiführung sowie deren Gästen zugänglich war, wird wieder für den allgemeinen Besuch geöffnet.

– **16. April** Der Senat beschließt, in den elf östlichen Verwaltungsbezirken Berlins eine personelle Durchmischung herbeizuführen. Bedienstete aus dem Westen der Stadt sollen im Osten arbeiten und umgekehrt.

– **20. April** Das »Kuratorium unteilbares Deutschland«, das 1954 mit der Aufgabe gegründet worden war, sich für die »Vollendung der deutschen Einheit in Frieden und Freiheit« einzusetzen, stellt seine Arbeit ein.

– **23. April** Bundeskanzler Helmut Kohl spricht sich für eine Verlegung des Parlaments und des Regierungssitzes von Bonn nach Berlin aus.

- **26. April** In Potsdam konstituiert sich der Regierungsausschuß Berlin-Brandenburg mit der Aufgabe, die Zusammenarbeit der beiden Bundesländer zu koordinieren und langfristig ein Zusammenwachsen zu einem Bundesland vorzubereiten.

- **30. April** Der Senat beschließt ein arbeitsmarktpolitisches Rahmenprogramm, um die strukturbedingte Arbeitslosigkeit im Ostteil der Stadt zu verringern.

- **29. Mai** Papst Johannes Paul II. ernennt in Rom den Berliner Bischof Georg Sterzinsky zum Kardinal.

- **15. Juni** Auf dem Gelände des früheren Prinz-Albrecht-Palais, das in der NS-Zeit als Hauptquartier des Reichssicherheitshauptamtes diente, wird die Dokumentationshalle »Topographie des Terrors« eröffnet.

- **20. Juni** Der Deutsche Bundestag beschließt in Bonn mit 338 gegen 320 Stimmen (hei einer Enthaltung und einer ungültigen Stimme) die Verlegung von Parlament und Teilen der Bundesregierung nach Berlin. Berlin soll künftig nicht nur Hauptstadt, sondern auch Regierungssitz sein.

- **1. Juli** Das ehemalige Centrum-Warenhaus am Alexanderplatz wird als »Kaufhof« wieder eröffnet.

- **3. Juli** Der brandenburgische Ministerpräsident Manfred Stolpe und der Regierende Bürgermeister Eberhard Diepgen plädieren auf einer gemeinsamen Pressekonferenz in Berlin für einen Zusammenschluß der beiden Bundesländer.

- **15./16. Juli** Nach umfangreichen Restaurierungsarbeiten wird die Quadriga wieder auf das Brandenburger Tor gehoben. Die Siegesgöttin trägt wieder das von Karl Friedrich Schinkel entworfene Eiserne Kreuz im Eichenkranz, auf dem der Preußische Adler thront.

- **30. Juli** Das Berliner Kammergericht hält die Strafverfolgung der ehemaligen hauptamtlichen Mitarbeiter der DDR-Spionagedienste für verfassungswidrig.

- **9. August** Der Präsident des Berliner Rechnungshofes fordert, aus Kostengründen die Zahl der Berliner Verwaltungsbezirke zu verringern.

- **13. August** Zum 30. Jahrestag der Errichtung der Berliner Mauer beschließt der Senat, eine Gedenkstätte an der Bernauer Straße zu errichten, die ein etwa 70 Meter langes Teilstück der Mauer konserviert und einen »Todesstreifen« rekonstruiert.

– **2. September** Vor dem Berliner Landgericht beginnt der erste Mauerschützenprozeß gegen vier ehemalige DDR-Grenzsoldaten, die beschuldigt werden, im **Februar 1989** den Flüchtling Chris Gueffroy erschossen zu haben.

– **9. September** Die Beschäftigten der (Ost-)Berliner Verkehrsbetriebe (BVB) streiken, um ihrer Forderung nach Anerkennung ihrer Dienst- und Beschäftigungsjahre in den Städtischen Betrieben Ost-Berlins Nachdruck zu verleihen.

– **10. September** Der Berliner Senat beschließt, im Zuge der Umbenennung des Leninplatzes (Berlin-Friedrichshain) in »Platz der Vereinten Nationen«, das dort errichtete 19 Meter hohe Lenin-Monument aus rotem ukrainischem Granit zu entfernen. Es soll, da es unter Denkmalschutz steht, nicht zerstört, sondern an anderer Stelle wieder aufgestellt werden.

– **13. September** Das Berliner Verwaltungsgericht stuft das Landes-Antidiskriminierungsgesetz, das bei Einstellungsverfahren im öffentlichen Dienst Frauen gegenüber männlichen Mitbewerbern bei gleicher Qualifikation bevorzugt, als verfassungswidrig ein.

– **16. September** 1 500 Demonstranten protestieren am Vorabend der Berliner Tagung des Exekutivkomitees des IOC gegen die Bewerbung der Stadt um die Ausrichtung der Olympischen Spiele im Jahr 2000. Sie verteilen Aufkleber mit der ironischen Forderung »Olympia 3000«.

– **24. September** Der Berliner Senat zieht vom Rathaus Schöneberg in das Rote Rathaus in Berlin-Mitte um.

– **30. September** Mit einem feierlichen Gottesdienst in der Marienkirche am Alexanderplatz und einem anschließenden Empfang im Französischen Dom wird der evangelische Bischof Gottfried Forck in den Ruhestand verabschiedet. Er leitete seit **1981** die Ost-Region der Berlin-Brandenburgischen Kirche. Seine Amtsgeschäfte übernimmt Bischof Martin Kruse.

– **3. Oktober** Die Marx-Engels-Brücke in Berlin-Mitte heißt wieder Schloßbrücke, wie in den Jahren **1824 bis 1951**.

- **15. Oktober** Der Senat beschließt, zwei Gebiete im sogenannten Spreebogen und in der Stadtmitte der Bundesregierung für die Errichtung bzw. Einrichtung von Regierungsgebäuden zur Verfügung zu stellen.

- **30. Oktober** Die Mitarbeiter des Berliner Chemie- und Pharmakonzerns Schering protestieren gegen den Abbau der Berlin-Zulage und fordern eine Angleichung der Berliner Löhne und Gehälter an die Bezahlung in westdeutschen Ballungsgebieten.

- **5. November** Die SPD-Fraktion im Berliner Abgeordnetenhaus spricht sich gegen eine Öffnung des Brandenburger Tores für den Stadtverkehr aus.

- **8. November** Unter Beifall und Buhrufen beginnt der Abriß des Lenin-Denkmals in Berlin-Friedrichshain.

- **20. November** Im Alter von 54 Jahren stirbt in Berlin die Sängerin, Schauspielerin und Kabarettistin Helga Hahnemann.

- **26. November** Dem Rektor der Humboldt-Universität im Ostteil Berlins, Heinrich Fink, wird mit der Begründung, er sei Informeller Mitarbeiter (IM) des Staatssicherheitsdienstes der DDR gewesen, fristlos gekündigt.

- **2. Dezember** Im Ostteil Berlins wird mit der Neubeschilderung vieler Straßen und Plätze begonnen.

- **5./6. Dezember** In der Haushaltsdebatte des Abgeordnetenhauses spricht sich der Regierende Bürgermeister Eberhard Diepgen (CDU) energisch gegen den schnellen Abbau der Bundesfinanzhilfen für Berlin aus. Ohne die Verlängerung der Bundeshilfe seien die Aufgaben der Stadt in der schwierigen Übergangsphase nach der Wiederherstellung der Einheit nicht zu bewältigen.

- **11. Dezember** In Bonn beschließt das Bundeskabinett über die Aufteilung der Bundesministerien zwischen Berlin und Bonn beim Umzug in die Hauptstadt.

- **18. Dezember** Der Berliner Senat faßt einen Grundsatzbeschluß zur Stadtplanung. Danach soll das innerstädtische Gebiet durch Umfahrung auf zwei Stadtringen vom Durchgangsverkehr verschont bleiben. – 275 ehemalige DDR-Volkspolizisten werden in das Beamtenverhältnis übernommen.

– **25. Dezember** Im Alter von 90 Jahren stirbt in Berlin der Theater- und Filmschauspieler Curt Bois.

1992 **2. Januar** In der Zentrale der »Gauck-Behörde« können erstmals Bürgerrechtler, die vom Staatssicherheitsdienst der DDR verfolgt wurden, ihre Personalakte einsehen.

– **5. Januar** Die Bestände der Deutschen Staatsbibliothek Unter den Linden und der Staatsbibliothek Preußischer Kulturbesitz in der Potsdamer Straße sind zu einem Bücherbestand von mehr als zehn Millionen Bänden vereinigt worden. Die Bibliothek trägt nun den Namen »Staatsbibliothek zu Berlin – Stiftung Preußischer Kulturbesitz«.

– **19. Januar** Der Tagungsort der »Wannsee-Konferenz«, auf der am **20. Januar 1942** die Vernichtung der Juden beschlossen wurde, wird als Gedenkstätte eröffnet, die eine ständige Ausstellung über die Konferenz, ihre Vorgeschichte und ihre Folgen präsentiert.

– **20. Januar** Das Landgericht Berlin verurteilt im ersten »Mauerschützenprozeß« zwei der Angeklagten zu Gefängnisstrafen und spricht zwei weitere von der Anklage frei.

– **10. März** Der Senat beruft eine zehnköpfige Kommission von Künstlern, Historikern, Kunsthistorikern und Sachverständigen der Verwaltung, die über die Zukunft der »Sozialistischen Denkmäler« im Ostteil der Stadt beraten soll. Am **15. Februar 1993** präsentiert die Kommission ihre Vorschläge. Danach soll u. a. das Marx-Engels-Denkmal auf dem gleichnamigen Forum erhalten bleiben, das Thälmann-Denkmal am Prenzlauer Berg hingegen abgerissen werden.

– **17. März** Der Senat beschließt, im Verwaltungsbezirk Spandau die »Wasserstadt Berlin-Oberhavel« zu bauen, mit Wohnungen für 35 000 Einwohner und mit 22 000 Arbeitsplätzen.

– **26. März** Das Abgeordnetenhaus wählt Klaus Finkelnburg (CDU) zum ersten Präsidenten des neu geschaffenen Berliner Verfassungsgerichtshofes.

– **14. Mai** Die Berliner Justiz erhebt gegen den ehemaligen DDR-Staats- und Parteichef Erich Honecker Anklage wegen der Todesschüsse an der Berliner Mauer und der innerdeutschen Grenze.

– **16. Mai** Auf dem Friedhof an der Stubenrauchstraße in Berlin-Friedenau wird die am **6. Mai** in Paris im Alter von 90 Jahren verstorbene Schauspielerin und Sängerin Marlene Dietrich beigesetzt.

– **26. Mai** Vor Vertretern der Türkischen Gemeinde in Berlin spricht sich der Innensenator für eine Integration von Ausländern aus. Vordringlich sei eine Erleichterung der Einbürgerung, die es den Ausländern ermögliche, gleiche Rechte wie die Deutschen wahrzunehmen.

– **15. Juni** Das erste Gesamt-Berliner Telefonbuch seit 44 Jahren umfaßt drei Bände mit 1,35 Millionen Einträgen.

– **16. Juni** Der Senat beschließt, den rund 170 000 Beschäftigten des Öffentlichen Dienstes im Ostteil der Stadt 80 Prozent der Westvergütungen zu zahlen. In Berlin müsse der Lohnunterschied zwischen Ost und West schneller ausgeglichen werden als in den Flächenstaaten, da die Stadt sonst nicht zur Einheit zurückfinde.

– **27. Juni** Mit einem Volksfest unter dem Fernsehturm am Alexanderplatz feiert die Telekom die Wiedervereinigung der Telefonnetze von Ost- und West-Berlin nach 40 Jahren der Trennung.

– **19. Juli** In Berlin stirbt im Alter von 79 Jahren der langjährige Vorsitzende der Jüdischen Gemeinde zu Berlin und Vorsitzende des Zentralrats der Juden in Deutschland, Heinz Galinski.

– **17. August** Der deutsch-amerikanische Architekt Helmut Jahn gewinnt den Wettbewerb um die Bebauung des Geländes am Potsdamer Platz für den japanischen Elektronikkonzern Sony.

– **5. September** Der italienische Architekt Renzo Piano gewinnt den Wettbewerb für den Bau des Dienstleistungszentrums der Daimler-Benz AG am Potsdamer Platz.

– **4. Oktober** Die Ehrenbürgerliste der Stadt Berlin wird revidiert. Der Senat beschließt die Streichung von 17 Persönlichkeiten aus der Ost-Berliner Liste.

– **9. Oktober** In Berlin-Mitte wird der Grundstein für die neuen Friedrichstadt-Passagen gelegt. In unmittelbarer Nähe entsteht eine große Zahl weiterer Geschäftshäuser, die den baulichen Charakter der Innenstadt grundlegend verändern.

– **17. Oktober** In einem Staatsakt im Berliner Reichstagsgebäude nehmen Berliner und Trauergäste aus aller Welt Abschied von dem am **8. Oktober** in Unkel bei Bonn im Alter von 78 Jahren verstorbenen Ehrenbürger der Stadt und langjährigen Regierenden Bürgermeister, Willy Brandt, der anschließend in unmittelbarer Nähe der letzten Ruhestätte von Ernst Reuter, einem seiner bedeutenden Vorgänger in diesem Amt, auf dem Zehlendorfer Waldfriedhof beerdigt wird.

– **30. November** Der erste deutschsprachige Fernseh-Nachrichtensender, n-tv, geht von Berlin aus auf Sendung.

– **1. Dezember** In die Liste der Berliner Ehrengräber werden 23 Grabstätten im Ostteil der Stadt aufgenommen, darunter die Gräber von Johann Gottlieb Fichte, Georg Wilhelm Hegel, Theodor Fontane und Karl Friedrich Schinkel.

– **25. Dezember** 250 000 Berliner beteiligen sich an einer Lichterkette gegen Ausländerfeindlichkeit.

1993 **27. Januar** Auf Vorschlag des Bundeskanzlers beschließt das Bundeskabinett die Umgestaltung von Karl Friedrich Schinkels Neuer Wache Unter den Linden zur Zentralen Gedenkstätte der Bundesrepublik Deutschland. In die Mitte des Raumes soll die vergrößerte Skulptur »Mutter mit totem Sohn« von Käthe Kollwitz gestellt werden. Die Inschrift soll lauten: »Den Opfern von Krieg und Gewaltherrschaft«.

– **2. Februar** Der Senat beschließt, die 1990 auf einem 1,3 Kilometer langen Abschnitt der Berliner Mauer zwischen Ostbahnhof und Oberbaumbrücke geschaffene »Eastside-Gallery« als denkmalgeschützte Anlage zu erhalten.

– **10. Februar** Gegen den Widerstand des Autors Rolf Hochhuth wird vom Berliner Ensemble das Theaterstück »Wessis in Weimar« in einer Inszenierung von Einar Schleef uraufgeführt.

– **18. Februar** Der Berliner Architekt Axel Schultes gewinnt den städtebaulichen Wettbewerb für das künftige Regierungs- und Parlamentsviertel am Spreebogen.

– **18. März** Bundespräsident Richard von Weizsäcker kündigt an, den Schwerpunkt seiner Amtsgeschäfte nach Berlin zu verlegen und auch privat seinen Wohnsitz in der Stadt zu nehmen.

– **28. März** Mit einem Festakt in der Staatsoper Unter den Linden wird die Berlin-Brandenburgische Akademie der Wissenschaften neu konstituiert.

– **22./23. Mai** Die Deutsche Bahn AG nimmt ihren ICE-Verkehr nach Berlin auf. Nach München gibt es täglich acht Verbindungen im Zweistundentakt.

– **8. Juni** Der Senat beschließt die Otto-Grotewohl-Straße wieder in Wilhelmstraße rückzubenennen. Hier war die Regierungsmeile der Reichshauptstadt Berlin.

– **30. Juni** Auf dem Marx-Engels-Platz neben dem Palast der Republik wird die Ausstellung »Das Schloß?« eröffnet. Sie ist Teil einer Aktion von interessierten Bürgern, die sich für die Wiedererrichtung des Berliner Stadtschlosses einsetzen. Sie errichten auf dem Grundriß des Schlosses eine Fassaden-Imitation, die über mehrere Monate hinweg ein beeindruckendes Zeugnis der städtebaulichen Konstellation in der historischen Mitte Berlins bietet.

– **Juli** Zu ausgedehnten Protesten sehen sich nicht nur die Berliner Theaterfreunde veranlaßt, nachdem der Senat beschlossen hat, das traditionsreiche Schiller-Theater im Westteil der Stadt zu schließen.

– **16. September** Der Architekt Hans Kollhoff gewinnt den städtebaulichen Wettbewerb um den Alexanderplatz. Vorgesehen sind Wolkenkratzer von 150 Meter Höhe. Der Platz soll verkleinert werden und Fußgängerzone bleiben.

– **23. September** Berlin wird nicht Austragungsort der Olympischen Sommerspiele im Jahre 2000 sein. Das IOC vergibt die Spiele an Sydney (Australien). Berliner Olympiagegner feiern diese Entscheidung im »Tränenpalast« am Bahnhof Friedrichstraße mit einer »NOlympia-Party«.

– **24. September** Im Ateliergebäude der Akademie am Pariser Platz findet der feierliche Gründungsakt der Berlin-Brandenburgischen Akademie der Künste statt.

– **12. Oktober** Das Bundeskabinett entscheidet in Bonn, den Umzug der Bundesregierung nach Berlin bis zum Ende des Jahres 2000 abzuschließen.

– **1. November** Im Berliner Rathaus wird der frühere Oberbürgermeister von Berlin (1921-1929). Gustav Böß, rehabilitiert, der im sogenannten

Sklarek-Skandal zum Rücktritt gezwungen worden war (s. auch **26. September 1929**). U. a. wird die Gustav-Böß-Straße am Berliner Rathaus nach ihm benannt.

– **19. November** Die Berliner Landesregierung und die Jüdische Gemeinde zu Berlin schließen einen Staatsvertrag, in dem sich Berlin verpflichtet, die Arbeit der Jüdischen Gemeinde finanziell und ideell zu unterstützen.

1994 **1. Januar** Ein Zusammenschluß der Rundfunksender RIAS Berlin, DS Kultur und Deutschlandfunk geht unter der neuen Bezeichnung »Deutschlandradio« auf Sendung. – Die BVG im Westteil der Stadt übergibt ihre Betriebsrechte an der S-Bahn der Deutschen Reichsbahn.

– **1. März** Im Westteil der Stadt wird erstmals der »Grüne Pfeil« eingeführt, der bisher nur im Ostteil Berlins das Abbiegen nach rechts bei roter Ampelanzeige - soweit es der Querverkehr zuläßt - erlaubte.

– **17. März** Eine »Unabhängige Kommission zur Umbenennung von Straßen« legt ihren Abschlußbericht vor. Der Kommissionsvorsitzende erklärt, *wir wollen keinen Kahlschlag machen, sondern die Überrepräsentation kommunistischer Widerstandskämpfer im Zentrum der Hauptstadt abbauen.*

– **30. April** Der Heidelberger Theologieprofessor Wolfgang Huber wird als Nachfolger von Martin Kruse in das Amt des Bischofs der Evangelischen Kirche in Berlin-Brandenburg eingeführt.

– **5. Juni** Das Gebäude des Preußischen Landtages ist Zentrum eines Abschiedsfestes für die Vier Alliierten des Zweiten Weltkrieges, die in Berlin Besatzungssektoren hatten. Es folgen Abschiedsparaden der drei Westmächte am **18. Juni** und der russischen Truppen am **25. Juni**.

– **31. August** Der Bundeskanzler empfängt den russischen Staatspräsidenten Boris Jelzin auf dem Gendarmenmarkt in Berlin mit militärischen Ehren, um die russischen Streitkräfte aus Deutschland zu verabschieden.

– **8. Oktober** Im Berliner Dom nehmen in einer Trauerfeier das Haus Hohenzollern und der europäische Hochadel Abschied von Prinz Louis Ferdinand von Preußen, der im Alter von 86 Jahren am **25. September** in Bremen gestorben war. Die Urne mit der Asche des Verstorbenen wird am **10. Oktober** auf der Hohenzollern-Burg in Hechingen beigesetzt.

– **29. Oktober** Am Potsdamer Platz wird der Grundstein für die Bauvorhaben der Daimler-Benz AG gelegt.

– **1. November** Der Senat beschließt, den Buß- und Bettag als gesetzlichen Feiertag in Berlin zu streichen.

– **9. November** Einer der wichtigsten Übergänge zwischen den beiden Teilen Berlins, die ausgebaute Oberbaumbrücke, wird feierlich wiedereröffnet.

– **10. November** Als Alterspräsident eröffnet der Ost-Berliner Schriftsteller Stefan Heym (MdB für die PDS) den 13. Deutschen Bundestag. Um die neuen Herausforderungen zu bewältigen und die Einheit zu vollenden, sei zuerst Solidarität im eigenen Land gefragt: *West, Ost, oben, unten, reich, arm.*

– **15. November** Der Marx-Engels-Platz in der Mitte Berlins wird in Schloßplatz umbenannt.

– **29. Dezember** Im Schloß Charlottenburg wird die Vereinigung der Verwaltung der Schlösser und Gärten Berlins und Brandenburgs offiziell bekanntgegeben.

1995 **25. Januar** An der Schützen-/Jerusalemer Straße wird das restaurierte Verlagsgebäude von Mosse als Geschäftshaus neu eröffnet. Auch die von Erich Mendelsohn 1921 entworfene architektonisch bedeutende Fassade ist restauriert worden.

– **6. März** In den Kernbereichen der Stadt wird die private Parkraumbewirtschaftung eingeführt.

– **20. März** Auf dem Bebelplatz an der Staatsoper Unter den Linden wird ein unterirdisches Denkmal des israelischen Künstlers Micha Ullmann eingeweiht, das an die Bücherverbrennung vom **10. Mai 1933** erinnert.

– **11. April** Seit Beginn des Jahrzehnts hat sich die Zahl der Baugenehmigungen in Berlin auf 21 298 pro Jahr mehr als verdoppelt. – Der Senat beschließt die Errichtung einer Stiftung »Stadtmuseum Berlin – Landesmuseum für Kultur und Geschichte Berlins«, in der neben dem Berlin-Museum und dem Märkischen Museum zwölf weitere Museen zusammengefaßt werden.

– **7. Mai** Am Vorabend des 50. Jahrestages der Befreiung von der Hitler-Diktatur wird die wiederaufgebaute Neue Synagoge an der Oranienburger Straße ihrer neuen Bestimmung als »Centrum Judaicum«, einer Lehr- und Begegnungsstätte für Juden und Nichtjuden, übergeben. Am **8. Mai** findet aus Anlaß des 50. Jahrestages des Kriegsendes im Konzerthaus am Gendarmenmarkt ein Festakt der Bundesregierung statt, bei dem der französische Staatspräsident François Mitterrand und Bundespräsident Roman Herzog vielbeachtete Reden halten.

– **17. Juni bis 7. Juli** Der amerikanische Verpackungskünstler Christo verhüllt den Deutschen Reichstag. Das Ereignis führt mehr als fünf Millionen Besucher in die Stadt.

– **26. Juni** Die Landesparlamente in Berlin und Potsdam beschließen mit deutlicher Mehrheit die Fusion ihrer Bundesländer, vorbehaltlich eines Volksentscheids am **5. Mai 1996**.

– **29. Juni** Der Berliner Architekt Axel Schultes erhält den Auftrag, den Sitz des Bundeskanzlers in Berlin zu errichten.

– **1. Juli** Mit dem Argument, es sei zu monströs und strahle keine Würde aus, legt der Bundeskanzler sein Veto gegen den preisgekrönten Entwurf eines Denkmals für die ermordeten Juden Europas ein.

– **26. August** Im Hotel »Interconti« findet ein Benefiz-Skatturnier statt, dessen Erlös den Ankauf des Bildes »Die Skatspieler« von Otto Dix für die Neue Nationalgalerie ermöglichen soll.

– **4. September** Papst Johannes Paul II. schenkt dem evangelischen Berliner Dom ein wertvolles Mosaikbildnis des Heiligen Petrus.

– **9. September** Der Berliner Astronaut Reinhard Furrer verunglückt tödlich bei einem Flugzeugabsturz während einer Luftfahrt-Veranstaltung auf dem Flugplatz Johannisthal in Berlin-Treptow.

– **11. Oktober** Das Interesse für die Jugendweihe ist im Ostteil Berlins ungebrochen. Nach Mitteilung der »Interessenvereinigung Jugendweihe« haben in diesem Jahr 7 800 Jugendliche daran teilgenommen, rund 700 mehr als 1990.

– **12. Oktober** Eine »Unabhängige Frauenkommission für Straßennamen« legt dem Verkehrssenator eine Liste mit 100 Namen von Frauen vor, die sie durch Vergabe von Straßennamen geehrt sehen möchte. Sie weist darauf hin, daß es in Berlin zwar mehr als 1 000 Männer-Straßennamen gibt, aber nur 130 für Frauen.

- **17. Oktober** Die Berliner Polizei und Justiz beginnen damit, Vietnamesen in ihr Heimatland zurückzuführen, die als Gastarbeiter in die DDR gekommen waren. Bis zum Jahr 2000 sollen es insgesamt 40 000 sein.

- **23. Oktober** Bei den Wahlen zum Berliner Abgeordnetenhaus behauptet sich die CDU als stärkste Partei, die SPD erleidet starke Verluste, die PDS wird drittstärkste politische Kraft und die Liberalen sind im Parlament nicht mehr vertreten.

- **16. November** Das rekonstruierte Alexanderhaus, ein von Peter Behrens zu Beginn der dreißiger Jahre für die Berliner Sparkasse errichteter Bau, wird teilweise wieder bezogen.

- **4. Dezember** Nach einer Mitteilung des Wissenschaftssenators sind an den Berliner Universitäten 15 000 ausländische Studierende immatrikuliert.

- **26. Dezember** Der Vorsitzende der Berliner Jüdischen Gemeinde gibt bekannt, daß in den letzten Jahren mehr als 5 000 Juden aus Osteuropa in Berlin eine neue Heimat gefunden haben. Mit mehr als 10 000 Mitgliedern hat Berlin die größte jüdische Gemeinde im Bundesgebiet.

1996 **12. Januar** In ihren Koalitionsvereinbarungen beschließen CDU und SPD, die in Berlin eine Große Koalition bilden, die Zahl der Verwaltungsbezirke aus Kostengründen künftig von 23 auf 18 reduzieren zu wollen.

- **16. Januar** Unter großer Anteilnahme seiner Freunde, Verehrer und Mitarbeiter wird der am **30. Dezember 1995** verstorbene Dramatiker, Regisseur und Theaterleiter Heiner Müller auf dem Dorotheenstädtischen Friedhof beerdigt.

- **17. Januar** Der Aufsichtsrat der AEG Daimler-Benz Industrie AG beschließt die Auflösung des Unternehmens. Damit steht das Berliner Traditionsunternehmen AEG mit zuletzt 50 000 Beschäftigten vor dem „Aus".

- **31. Januar** Das Berliner Landgericht verurteilt den Chef der DDR-Firma „Kommerzielle Koordinierung", Alexander Schalk-Golodkowski, zu einer einjährigen Gefängnisstrafe auf Bewährung. Das Gericht sah es als erwiesen an, daß der Angeklagte als „Devisenbeschaffer" der DDR **1986 bis 1989** Waffen und anderes militärisches Material aus der Bundesrepublik Deutschland in die DDR schaffen ließ.

- **9. Februar** In Berlin stirbt im Alter von 93 Jahren der Komponist und Textdichter des Brandenburg-Liedes »Märkische Heide – märkischer Sand«, Gustav Büchsenschütz.

- **21. Februar** Die Berliner Finanzsenatorin verkündet, um Deckungslücken im Landeshaushalt zu schließen, einen strikten Sparkurs, der anhaltende Proteste der Betroffenen zur Folge hat. Insbesondere die Bereiche Soziales, Bildung, Kultur und Wissenschaft sind betroffen.

- **29. Februar** Das französische Kaufhaus Galeries Lafayette eröffnet in der Friedrichstraße seine Berliner Niederlassung.

- **7. März** Die Berliner Kaufhauskette »Bolle«, ein vor 115 Jahren von dem gelernten Maurermeister Carl Bolle begründeter Lebensmittelhandel, gibt durch ihre Geschäftsführung die Schließung aller Filialen bis zum Jahresende bekannt.

- **15. bis 21. April** Aus dem »Gedenkbuch Berlins« werden am S-Bahnhof Grunewald die Namen aller 55 696 aus Berlin in den Tod deportierten Juden verlesen. Von diesem Bahnhof nahmen von **Oktober 1941 bis März 1945** 180 solcher Transporte ihren Ausgang.

- **1. Mai** Auf dem Kollwitzplatz im Ostteil der Stadt randalieren 10 000 Jugendliche, die an zwei »revolutionären« Maidemonstrationen teilgenommen hatten, und liefern sich eine Straßenschlacht mit der Polizei.

- **5. Mai** In einer Volksabstimmung scheitert die von den Parlamenten in Berlin und Potsdam bereits beschlossene Fusion der Bundesländer Berlin und Brandenburg. Die von vielen Politikern favorisierte »Ehe« zwischen dem brandenburgischen Roten Adler und dem Berliner Schwarzen Bären wird nicht geschlossen. Während die Wahlbevölkerung Berlins mit 53,6 Prozent für die Vereinigung votiert, sprechen sich 63,1 Prozent in Brandenburg dagegen aus. Allerdings ist auch in Berlin ein gravierender Unterschied zu verzeichnen: Nur die West-Berliner haben sich für ein einheitliches Bundesland Berlin-Brandenburg entschieden, in Ost-Berlin allein gibt es für die Fusion keine Mehrheit.

- **10. Mai** An der Wilhelmstraße in Kreuzberg wird die neue Bundeszentrale der SPD eingeweiht. Damit nimmt die Partei nach 63 Jahren ihren Hauptsitz wieder in Berlin.

- **23. Juni** Im Olympiastadion feiert Papst Johannes Paul II. eine Messe mit 90 000 Gläubigen. Er spricht die Berliner Priester Bernhard Lichtenberg und Karl Leisner als Blutzeugen der Kirche zur Zeit der nationalsozialistischen Diktatur selig.

- **2. Oktober** Der Deutsche Dom am Gendarmenmarkt wird nach mehrjährigen Wiederaufbau- und Sanierungsmaßnahmen seiner künftigen Bestimmung übergeben. Er beherbergt die Dauerausstellung »Fragen an die deutsche Geschichte«, die zuvor im Reichstagsgebäude zu sehen war.

- **26. Oktober** Unter den Klängen des Schlußchores aus Beethovens 9. Symphonie führen auf der Großbaustelle am Potsdamer Platz unter der Leitung von Daniel Barenboim 19 Baukräne ein »Ballett« auf.

1997 **4. Februar** Mit dem ersten Spatenstich durch Bundeskanzler Helmut Kohl beginnen die Bauarbeiten für das neue Bundeskanzleramt am Spreebogen in Berlin-Tiergarten.

- **20. Februar** Am früheren Übergang »Checkpoint Charlie« wird damit begonnen, den einstigen Verlauf der Berliner Mauer mit roter Farbe zu markieren. Der kulturpolitische Sprecher der PDS-Fraktion im Berliner Parlament, Thomas Flierl, bemängelt den fast totalen Abriss der Mauer nach der Wende. Sie sei *wie manisch abgeräumt* worden, *als ob allein durch die Beseitigung der Mauer die Trennung zwischen Ost und West schon überwunden werden könnte.* Auch sei die rote Farbe der neuen Markierung problematisch: *Soll der Strich nun bündig gleich die Interpretation mitliefern, als ‚Blutspur des Kommunismus‘? Kann man Geschichte so billig haben?*

- **5. März** Im 48. Mauerschützenprozess werden die beiden Angeklagten wegen dem am **17. August 1962** gemeinschaftlich begangenen Totschlags an dem 17jährigen Flüchtling Peter Fechter zu Bewährungsstrafen verurteilt.

- **14. März** Im Alter von 59 Jahren stirbt der Schriftsteller und Drehbuchautor Jurek Becker in Berlin, der vor allem durch seinen Roman »Jakob der Lügner« (**1969**) bekannt wurde.

- **26. April** In seiner »Berliner Rede« fordert Bundespräsident Roman Herzog einen neuen Aufbruch zu grundlegenden Reformen. Die Deutschen müssten Opfer in Kauf und von liebgewordenen Besitzständen Abstand nehmen. Notwendig sei ein neuer Gesellschaftsvertrag zugunsten der Zukunft.

- **24. Mai** Die Mitglieder der Akademie der Künste Berlin-Brandenburg wählen den ungarischen Schriftsteller und Soziologen György Konrád zu ihrem neuen Präsidenten. Er löst Walter Jens ab, der nicht wieder kandidierte.

– **15. Juni** Im Rohbau des Reichstagsgebäudes eröffnet Bundestagspräsidentin Rita Süssmuth die »**Schaustelle Berlin 1997**«. Mit mehr als 1.200 Besichtigungen von neuen Gebäuden und Baustellen in Berlin präsentiert die veranstaltende Marketinggesellschaft »Partner für Berlin« die Modernisierungsprojekte der Stadt.

– **25. Juni** Die Jüdische Gemeinde zu Berlin wählt den Historiker Andreas Nachama zu ihrem Vorsitzenden. Anders als seine unmittelbaren Vorgänger, die als Häftlinge in Konzentrationslagern persönlich und unmittelbar von der NS-Verfolgung betroffen waren, gehört Nachama der Nachkriegsgeneration an.

– **1. Juli** Der Senat beschließt, ein Gebietsreformgesetz zur Neugliederung der Bezirke und begleitende Verfassungsänderungen im Abgeordnetenhaus einzubringen.

– **6. August** Im Alter von 92 Jahren stirbt der Wirtschaftshistoriker und Publizist Jürgen Kuczynski, einer der prominentesten Gelehrten der DDR und gleichzeitig einer ihrer schillerndsten Kritiker, der sich als »linientreuer Dissident« bezeichnete.

– **12. Oktober** In seiner Rede beim Festakt zum 150jährigen Firmenjubiläum der Siemens AG in Berlin fordert Bundeskanzler Kohl von den deutschen Unternehmern mehr Mut, Kreativität und Einsatzbereitschaft. Die Ahnherren der Siemens AG stünden beispielhaft für diese Einstellung, mit der Deutschland auch den gegenwärtigen Strukturwandel bewältigen könne.

– **31. Dezember** Nach der letzten Vorstellung der traditionsreichen Zirkus-Show »Menschen, Tiere, Sensationen« wird die Deutschlandhalle in Berlin-Charlottenburg endgültig geschlossen.

1998 **8. Januar** Die Universitätskliniken »Charité« und »Rudolf Virchow« werden zusammengelegt. Mit mehr als 2 400 Betten und 9 000 Mitarbeitern zählt die Einrichtung nun zu den größten wissenschaftlichen Kliniken Europas.

– **18. März** Anlässlich des 150. Jahrestags der Revolution von **1848** findet ein Gedenkzug der »**Aktion 18. März**« für die Toten der Barrikadenkämpfe statt. Dabei wird der Platz vor dem Brandenburger Tor in »**Platz des 18. März**« umbenannt.

– **12. Juni** Die neue Gemäldegalerie am Kulturforum (Tiergarten) mit einer der bedeutendsten Sammlungen der europäischen Malerei des 13. bis 18. Jahrhunderts wird eröffnet. Die Werke wurden im Zweiten Weltkrieg auseinandergerissen und waren fortan getrennt in Ost- und West-Berlin (im Bode-Museum und in den Dahlemer Museen) zu sehen.

– **27. Juni** Im Rahmen der Feierlichkeiten zum 50. Jahrestag des Beginns der Berliner Luftbrücke wird im ehemaligen »Outpost«-Kino in der Zehlendorfer Clayallee ein Alliierten-Museum eröffnet, das an die Anwesenheit der Westmächte in der Viersektorenstadt Berlin erinnert.

– **27. August** Bundeskanzler Kohl und das Berliner Stadtoberhaupt Eberhard Diepgen vollziehen den ersten Spatenstich für einen Neubau des Deutschen Historischen Museums in Berlin-Mitte. Es handelt sich um einen unterirdisch angebundenen Erweiterungsbau hinter dem Zeughaus und der Neuen Wache des US-Architekten Ieoh Ming Pei.

– **2. September** Am Potsdamer Platz feiern 800 Gäste das Richtfest für das Sony-Center.

– **9. September** Für den neuen Berliner Hauptbahnhof, der als einzigartige Verkehrsdrehscheibe in Europa konzipiert ist, wird am alten Lehrter Stadtbahnhof der Grundstein gelegt.

– **2. Oktober** Vor 4 000 geladenen Gästen aus Politik, Wirtschaft und Kultur eröffnet Bundespräsident Herzog das Daimler-Benz-Arcal am Potsdamer Platz. Auch das neue Einkaufszentrum »Potsdamer Platz Arkaden« eröffnet seine Pforten.

– **23. November** Klaus-Dieter Lehmann wird vom Rat der Stiftung Preußischer Kulturbesitz zu deren neuen Präsidenten gewählt. Er übernimmt das Amt von Werner Knopp, der nach zwanzigjähriger Tätigkeit in den Ruhestand verabschiedet wird.

– **10. Dezember** Der Freistaat Bayern eröffnet in der Behrenstraße in Berlin-Mitte als erstes Bundesland seine Landesvertretung in der Hauptstadt.

1999 **22. Januar** Nach sechsjähriger Bauzeit wird das noch leer stehende Jüdische Museum an seinen Direktor, W. Michael Blumenthal, übergeben.

– **19. April** Das umgebaute Reichstagsgebäude wird ordentlicher Sitz des Bundestags. In einer Zeremonie vor dem Westportal überreicht der britische Architekt Sir Norman Foster dem Parlamentspräsidenten Wolfgang Thierse den symbolischen Schlüssel.

– **10. Juni** Auf dem Areal des ehemaligen Militärflughafens Gatow wird der Grundstein für die »Landstadt Gatow« gelegt, dem größten Wohnungsbauprojekt des Bundes in Berlin mit 1 200 Häusern für Bundesbedienstete.

– **23. Juni** Die Berliner Philharmoniker wählen Sir Simon Rattle als Nachfolger von Claudio Abbado zu ihrem künftigen Chefdirigenten.

– **25. Juni** Der Deutsche Bundestag beschließt ein zentrales Holocaust-Mahnmal nach den Plänen des US-Architekten Peter Eisenman in Berlin zu errichten.

– **1. August** Erstmals hat ein Warenhaus in Berlin an einem Sonntag geöffnet. Etwa 50.000 Kauf- und Schaulustige strömen in den »Kaufhof« am Alexanderplatz.

– **23. August** Bundeskanzler Gerhard Schröder nimmt seine Amtsgeschäfte in Berlin auf. Als »historischen Moment« bezeichnet er seinen Einzug in das ehemalige Staatsratsgebäude in Berlin-Mitte.

– **24. September** In Berlin-Mitte wird vor dem Alten Museum der nach den historischen Plänen von Karl Friedrich Schinkel rekonstruierte Lustgarten eröffnet.

– **4. Oktober** Beim Richtfest für die Alte Nationalgalerie bezeichnet Bundeskanzler Schröder die Sanierung der gesamten Berliner Museumsinsel als ein zentrales Ziel der deutschen Kulturpolitik in den kommenden zehn Jahren.

– **10. Oktober** Aus den Berliner Wahlen zum Abgeordnetenhaus geht die CDU mit 40,8 Prozent als klarer Sieger hervor, die Sozialdemokraten erzielen mit 22,4 Prozent ihr schlechtestes Nachkriegsergebnis. Die PDS kann ihre Position als drittstärkste politische Kraft mit 17,7 Prozent ausbauen.

– **9. Dezember** Das Abgeordnetenhaus wählt wiederum einen Senat der Großen Koalition mit Eberhard Diepgen an der Spitze.

2000 **20. Januar** Das Dienstgebäude des Auswärtigen Amtes in Berlin-Mitte wird offiziell übergeben.

– **5. Februar** Bundesregierung, Deutsche Bahn AG und Industrie stoppen wegen mangelnder Wirtschaftlichkeit das Transrapid-Projekt Berlin-Hamburg.

– **23. Februar** Nach den Unterlagen des Statistischen Landesamtes haben sich im vergangenen Jahr 4 121 Bonner mit Hauptwohnsitz in Berlin angemeldet. Die meisten zogen nach Reinickendorf, Zehlendorf, Mitte und Steglitz.

– **29. März** Das nach den Plänen des Architekten Josef Paul Kleihues errichtete Max-Liebermann-Haus am Pariser Platz wird offiziell eröffnet. Nutzer ist die Stiftung »Brandenburger Tor« der Bankgesellschaft Berlin.

– **1. April** Nach fast 40jähriger Sperrung ist auch das südliche Teilstück des Teltowkanals zwischen Rudow und Treptow wieder befahrbar.

– **30. April** Im Café Möhring an der Ecke Kurfürstendamm und Uhlandstraße werden zum letzten Mal Kaffee und Kuchen gereicht. Nach 102 Jahren gibt Möhring seinen weit über die Stadtgrenzen hinaus bekannten Standort auf.

– **29. Juni** In Berlin-Friedrichshain wird der neue Ostbahnhof eröffnet.

– **3. Juli** Die Sanierung des Olympia-Stadions bei laufendem Spielbetrieb wird bekannt gegeben. Hier soll am **9. Juli 2006** das Finale der Fußball-Weltmeisterschaft stattfinden.

– **18. Juli** Königin Elisabeth II. eröffnet die neu errichtete Britische Botschaft in der Wilhelmstraße.

– **29. August** Nach umfassenden Sanierungsarbeiten wird der Neptunbrunnen des Bildhauers Reinhold Begas vor dem Berliner Rathaus wieder in Betrieb genommen. Nach seinem Initiator, dem Berliner Oberbürgermeister Max Forckenbeck, wird der Brunnen im Volksmund als »Forckenbecken« bezeichnet.

– **11. September** Zahlreiche Vertreter aus den gesellschaftlichen Gruppen Berlins folgen einer Einladung des Regierenden Bürgermeisters zu einem Gespräch über *extremistische Gewalt und Fremdenfeindlichkeit*. Am folgenden Tag beschließt der Senat ein Zehn-Punkte-Programm zur stärkeren Bekämpfung von Rechtsextremismus und Ausländerfeindlichkeit.

– **26. September** Im Filmhaus am Potsdamer Platz wird das Film-Museum Berlin der Deutschen Kinemathek eröffnet.

– **28. September** Der Bundesrat bezieht seines neues Domizil, das frühere Preußische Herrenhaus in der Leipziger Straße.

– **25. Oktober** Das Freiluftkunstwerk »Berlin-Berlin« von Ottmar Hörl, das aus zehntausend Plastikbären besteht, wird auf dem Mittelstreifen der Straße Unter den Linden präsentiert.

– **9. November** Mehr als zweihunderttausend Menschen beteiligen sich in Berlin an einer Demonstration gegen rechte Gewalt und Fremdenhass.

– **6. Dezember** Der gebürtige Berliner Kammersänger Dietrich Fischer-Dieskau wird zum 109. Ehrenbürger der Stadt ernannt.

– **12. Dezember** Im Alter von 70 Jahren stirbt der Generalintendant und Regisseur der Deutschen Oper Berlin, Götz Friedrich. Nahezu 20 Jahre leitete er das Haus in Charlottenburg, seine mehr als 160 Inszenierungen in aller Welt setzten Maßstäbe für das Musiktheater.

2001 **1. Januar** Die Gebietsreform, nach der sich die 23 Berliner Verwaltungsbezirke zu nur noch 12 Großstadtbezirken zusammenschließen, tritt in Kraft (vgl. die Karte S. 301). Die Bezirke übernehmen vom Senat mehr als 50 Aufgaben (u. a. Ordnungsaufgaben) und sollen bis zu 160 Millionen DM einsparen.

– **18. Januar** Am historischen »Reichsgründungstag« von **1871** rufen die Länderchefs von Berlin und Brandenburg im Konzerthaus am Gendarmenmarkt ein neues „Preußenjahr" mit mehr als 400 Veranstaltungen aus. Neben Ausstellungen werden historische Spaziergänge, Vorträge, Lesungen, Fachtagungen, Konzerte, musikalisch-literarische Abende sowie Straßenfeste geboten.

– **6. Februar** Im Spandauer Motorradwerk von BMW rollt das millionste Motorrad vom Band. Seit **1969** ist die gesamte Motorradproduktion von BMW in Berlin konzentriert.

– **25. Februar** Erstmals seit mehr als 40 Jahren gibt es in Berlin wieder einen Karnevalszug, der sich von der Wilhelmstraße über den Boulevard Unter den Linden bis zum Berliner Rathaus bewegt. 150 000 Schaulustige säumen die Straßen.

– **6. März** 435 117 Ausländer aus 185 Staaten leben nach Angaben des Statistischen Landesamtes ständig in Berlin.

– **19. März** Im Berliner ICC wird die Vereinte Dienstleistungsgewerkschaft (ver.di) gegründet. In dieser größten Einzelgewerkschaft der Welt verschmelzen ÖTV, DAG, HBV, DPG und IG Medien. Am folgenden Tag wird Frank Bsirske zum ver.di -Vorsitzenden gewählt.

– **21. März** Nach fast fünfjähriger Bauzeit wird der Erweiterungsbau des Deutschen Technikmuseums in Kreuzberg fertiggestellt. Er soll auf 20 000 Quadratmetern Nutzfläche vor allem die Sammlungen zur Luft-, Raum- und Schiffahrt präsentieren.

– **2. Mai** Mit der Schlüsselübergabe für das Neue Kanzleramt an Bundeskanzler Schröder ist der Regierungsumzug von Bonn nach Berlin offiziell abgeschlossen.

– **15. Mai** Klaus Landowsky, der als Vorstand der Berlin Hyp in die Bankenkrise involviert ist, tritt nach längerem Zögern als Vorsitzender der CDU-Fraktion im Berliner Abgeordnetenhaus zurück.

– **31. Mai** Der Regierende Bürgermeister Eberhard Diepgen (CDU) weist jede Schuld des Senats an der Krise der mehrheitlich landeseigenen Bankgesellschaft Berlin zurück, sieht sich aber in der Verantwortung, die offensichtliche Schieflage der Bank zu beseitigen und kündigt einen harten Sparkurs an.

– **10. Juni** Ein Sonderparteitag der Berliner SPD erklärt die Große Koalition mit der CDU für beendet, beschließt die Abwahl des Regierenden Bürgermeisters Diepgen im Abgeordnetenhaus und strebt rasche Neuwahlen an. Als Spitzenkandidat wird der Fraktionsvorsitzende Klaus Wowereit nominiert, der auf dem Parteitag erklärt: *Für den gewünschten Neuanfang in Berlin müssen wir uns alle Optionen offen halten, dazu gehört auch die PDS.*

– **13. Juni** Im Bundeskanzleramt wird der Hauptstadt - Kulturvertrag unterzeichnet. Der Bund unterstützt kulturelle Einrichtungen und Veranstaltungen in Berlin jährlich mit 100 Millionen DM.

– **14. Juni** SPD und Grüne unterzeichnen einen Koalitionsvertrag. Der rot-grüne Berliner Senat soll, unter Duldung durch die PDS, bis zu Neuwahlen im Herbst die Amtsgeschäfte führen.

– **15. Juni** Auf einem Sonderparteitag der Berliner PDS wird die Politik der Vorgängerpartei SED kontrovers diskutiert. Die Delegierten sprechen sich klar für die Verurteilung der Todesschüsse an der Mauer aus.

– **16. Juni** Über einen Mißtrauensantrag wählt das Abgeordnetenhaus den Regierenden Bürgermeister Eberhard Diepgen (CDU) ab und bestimmt Klaus Wowereit (SPD) zum neuen Stadtoberhaupt.

– **20. Juni** Die ersten »Buddy-Bären« bevölkern Straße und Plätze der Berliner Innenstadt. Mehr als hundert unterschiedlich bemalte Kunststoffbären sollen für ca. ein Jahr präsent sein, um anschließend für wohltätige Zwecke versteigert zu werden.

– **12. Juli** Der Generalsekretär der Vereinten Nationen, Kofi Annan, erhält anläßlich eines Aufenthaltes in Berlin drei Segmente der Berliner Mauer. Sie sollen auf dem Wasserweg nach New York transportiert und vor dem UNO-Sitz aufgestellt werden.

– **21. Juli** Die dreizehnte Berliner »Love-Parade« findet nach einer Entscheidung des Berliner Verwaltungsgerichts vom **20. Juni** erstmals nicht als politische Demonstration, sondern als *Spaßveranstaltung mit kommerziellen Interessen* statt. Damit können Gebühren für die Nutzung des Straßenlandes, sowie für Reinigungsarbeiten und für angerichtete Schäden erhoben werden.

– **25. Juli** Die Deutsche Telecom beginnt damit, in Berlin ihre Telefonzellen durch nicht überdachte Telefonsäulen zu ersetzen.

– **27. August** Das Berliner Verwaltungsgericht gibt einem Eilantrag der Islamischen Föderation statt und erlaubt mit Beginn des neuen Schuljahres im September die Erteilung von Koranunterricht an zwei Berliner Grundschulen (in den Bezirken Kreuzberg und Wedding).

– **9. September** Das Jüdische Museum Berlin wird eröffnet. Es ist wenige Tage zuvor in die Obhut des Bundes übergegangen. Bundespräsident Johannes Rau ruft dazu auf, die gemeinsame Geschichte von jüdischen und christlichen Deutschen nicht auf den Holocaust zu reduzieren.

– **14. September** Zum Gedenken an die Opfer des Terroranschlags vom 11. September in den USA findet eine Trauerkundgebung mit 200 000 Teilnehmern vor dem Brandenburger Tor statt. Das Motto lautet: *Keine Macht dem Terror – Solidarität mit den Vereinigten Staaten von Amerika.*

– **19. September** Der britische Dirigent Sir Simon Rattle unterzeichnet einen Zehn-Jahres-Vertrag als »Künstlerischer Leiter« der Berliner Philharmoniker. Er tritt **2002** die Nachfolge von Claudio Abbado an.

– **21. Oktober** Aus den Wahlen zum 13. Berliner Abgeordnetenhaus geht die SPD als stärkste Partei hervor. Sie verdrängt damit die CDU auf Platz 2, den sie allerdings nur knapp vor der PDS einnehmen kann, die sich im

Ostteil der Stadt weiterhin als die mit Abstand stärkste politische Kraft erweist. (Vgl. die Wahltabelle S 284f.)

– **25. Oktober** Nach einer Entscheidung des Verwaltungsgerichtes Berlin darf islamischer Religionsunterricht weiter an Berliner Schulen unterrichtet werden (vgl. **29. August**).

– **29. Oktober** Die Berliner SPD will eine Ampelkoalition bilden und beschließt Koalitionsverhandlungen mit den Grünen und der FDP aufzunehmen. Insbesondere die PDS kritisiert diese Entscheidung: Ein Ausschluß der PDS aus dem zu bildenden Senat erschwere das Bemühen, die Einheit der Stadt wiederherzustellen.

– **30. Oktober** Auf dem Gelände des künftigen Denkmals für die ermordeten Juden Europas beginnen die Bauarbeiten.

– **1. November** Weil sie eine enge Verbindung von Kunst und Wissenschaft praktiziert, wird die Berliner Hochschule der Künste in »Universität der Künste« umbenannt.

– Das älteste städtische Krankenhaus, das Krankenhaus Moabit, wird geschlossen.

– **6. Dezember** Nachdem zuvor die Verhandlungen über eine Ampelkoalition gescheitert waren, beginnen nun Koalitionsgespräche zwischen SPD und PDS.

– **8. Dezember** Das neue Tempodrom am Anhalter Bahnhof wird festlich eröffnet.

– **17. Dezember** Die ersten Euro-Münzen werden ausgegeben. In zentral gelegenen Bankfilialen können »Starter-Kits« mit 10,23 Euro zum Preis von DM 20,- erworben werden.

– **20. Dezember** SPD und PDS einigen sich auf die Inhalte eines gemeinsamen Regierungsprogrammes für die Legislaturperiode (bis **2006**). Kernpunkt der Koalitionsvereinbarung ist die Konsolidierung des völlig überschuldeten Landeshaushalts.

Amtszeiten

zusammengestellt von Wolfgang Ribbe

Stadtoberhäupter

Stadtschulze

Marsilius	1247,1253

Oldermänner

Johannes von Blankenfelde	1294
Heinrich Uden	1310-1311
Johann Wiperti	1310-1311
Johann Sohr	1312
Johann von Rathenow	1312
Peter von Lietzen	1326-1328
Nikolaus von Asperstedt	1326-1327
Johann Lange	1327-1328
Otto von Buch	1328-1329
Gerhard von Rathenow	1328-1329

Bürgermeister

Otto von Buch	1331-1332
Gerhard von Rathenow	1331-1332
Peter Moskow	1340
Jacob von Rathenow	1340-1341
Hans Rathenow	1361-1362
Bernd Reiche	1361-1362, 1365-1366, 1369-1374
Wilhelm Rhode	1362-1363, 1368-1375
Johann Koch	1362-1363
Peter Blankenfelde	1365-1366, 1369-1376, 1395-1396
Albert Rathenow	1368-1375
Henning Dobler	1375-1376
Jacob von Rathenow	1395-1396
Arnd Perwenitz	1400-1403
Hans Dannewitz	1400-1409, 1411-1416
Henning Strohband	1401-1410, 1421-1442, 1444-1447
Paul Blankenfelde	1401-1408, 1419-1430
Henning Perwenitz	1404-1405
Albert Rathenow	1406-1407

Claus Schultze	1408-1413
Thomas Heidicke	1409-1420
Walsleben	1410-1413
Jacob Abel	1414-1425
Sebastian Welsickendorf	1414-1421, 1424-1435
Bernd Reiche	1417
Thomas Wins	1426-1429, 1432-1441, 1443-1448
Jacob Heidicke	1431-1442
Wilhelm Blankenfelde	1436-1437, 1444-1447, 1457-1464
Johann Rathenow	1438-1443
Augustin Völker	1442-1443, 1451-1456
Peter von der Gröben	1443-1444, 1448-1451
Peter Garnkäufer	1445-1446, 1449-1464
Bernhard Reiche	1447-1448
Nikolaus Schultze	1448-1459
Balthasar Boytin	1449-1450
Caspar Mewes	1452-1457
Nikolaus Wins	1458-1469
Heinrich Krewitz	1460-1461
Johannes Blankenfelde	1462-1473
Barthold Strohband	1465-1466
Valentin Wins	1465-1474
Andreas Schultz	1467-1474
Coelestin Kiehn	1470-1481
Lorenz Garnkäufer	1474-1487
Johann Stocker	1475-1480
Hans Schultze	1474-1480
Thomas Blankenfelde	1481-1494
Urban Marcus	1481-1494
Christian Matthias	1482-1507
Jacob Wins	1488-1500
Hans Brackow	1495-1508, 1510-1511, 1516-1517
Claus Schultze	1496
Joachim Reiche sen.	1496-1518
Christoph Wins	1501-1508, 1510-1519
Hans von der Groben	1508-1512
Benedikt Krull	1513-1526

Claus Fuge	1518-1523	Johann Christoph Otto	1682-1687
Hans Harckstroh	1519-1524	Christian Schröder	1683-1694
Thomas Freiberg	1520-1529	Andreas Weber	1688-1693
Peter Krause	1524-1525	Caspar Litzmann	1694-1695
Melchior Funcke	1525-1536	Andreas Libertus Müller	1695-1708
Joachim Reiche jr.	1526-1537	Christoph Christian	1696-1709
JohannTempelhof sen.	1527-1544	Sebastian Friedrich Striepe	1699-1708
Georg Freiberg sen.	1530-1535	Johann Joachim Litzmann	1709-1712
Balthasar Züls	1536-1541	Joachim Friedrich	
Georg Freiberg jr.	1537-1550	Kornmesser	1709-1715
Georg Matthias	1538-1565	WernerThieling	1709-1733
HansTempelhof jr.	1542-1557	Ludwig Senning	1709-1736
Hieronymus Reiche	1545-1560	Johann Heinrich Schlüter	1712-1730
Valentin Döring	1551-1573	Christian Friedrich	
Johann Blankenfelde	1558-1571	Brimsleben	1712-1722
Thomas Matthias	1561-1576	Johann Christian von	
Wolfgang Veigel	1566	Hammerstein	1720-1722
Simon Mehlmann	1570-1572	Gustav Friedrich Gerbet	1723-1739
Christoph Rauch	1572-1573	Ernst Holzendorf	1724-1726
HieronymusTempelhof	1575-1580	Simon Victor Hünicke	
Johann Agricola Eisleben	1575-1594	(Stadtpräsident)	1726-1733
Michael Dietrich	1578-1579	Heinrich Adam	
Jacob Dietert	1578-1581	von Neuendorf	
Georg Rust	1580-1583	(Stadtpräsident)	1735-1746
PeterThiele	1581-1584	Carl David Kircheisen	1733-1746
Burckhardt Baurath	1582-1585		
Georg Scholle	1584-1609		
Valentin Retzlow	1585-1609	**Stadtpräsidenten/Polizeidirektoren**	
Matthias Franke	1586-1592		
Erhard Scheubelin	1594-1595	Carl David Kircheisen	1746-1770
Andreas Weißbrodt	1595-1615	Johann Albrecht Philippi	1771-1791
Leonhard Weiler	1596-1601	Johann Friedrich	
Martin Pasche	1602-1626	von Eisenhart	1791-1794
Sebastian Baurath	1610-1621	Johann Philipp Eisenberg	1794-1804
Jacob Strasburg	1611-1626	Johann Stephan Gottfried	
Andreas Koch	1617-1622	Büsching	1804-1808
Bartholomäus Goltze	1622-1631		
Valentin Döring	1623-1638		
Joachim Hartmann	1627-1636	**Oberbürgermeister**	
Erasmus Seidel	1628-1629		
Benedikt Reichardt	1630-1667	Carl Friedrich Leopold	
Caspar Mieser	1632-1640	von Gerlach	1809-1813
Heinrich Retzlow	1637-1640	Johann Stephan Gottfried	
Friedrich Blechschmied	1639-1648	Büsching	1814-1832
Andreas Lindholz	1641-1655	Friedrich Wilhelm Leopold	
Georg Weber	1642-1662	von Bärensprung	1832-1834
Michael Zarlang	1649-1673	Heinrich Wilhelm Krausnick	1834-1848,
JohannTiefenbach	1657-1681		1851-1862
Gottfried Scharden	1665-1667	Franz Naunyn	
Matthias Kraatz	1668-1669	(Amtierender OB)	1848-1851
Hoyer Friedrich Striepe	1669-1670	Karl Theodor Seydel	1863-1872
Levin Scharden	1671-1698	Arthur Heinrich Ludolf	
Friedrich Müller	1670-1677	Johnson Hobrecht	1872-1878
Matthias Neuhaus	1676-1681	Maximilian (Max) Franz	
Richard Detert	1679-1680	August von Forckenbeck	1878-1892
Christoph Schmidt	1682-1709	Robert Zelle	1892-1898

Martin Kirschner	1899-1912
Adolf Wermuth	1912-1920
Gustav August Johann	
Heinrich Böß	1921-1929
Heinrich Sahm	1931-1935
Ludwig Steeg	1945
Arthur Werner	1945-1946
Otto Ostrowski	1946-1947

Amtierende Oberbürgermeister

Arthur Scholtz	1929-1931
Oskar Maretzky	1935-1937

Amtierender Oberbürgermeister
Amtierender Stadtpräsident

Ludwig Steeg	1940-1945

Stadtpräsident

Julius Lippert	1937-1940

Stadtpräsident/Regierungspräsident

Joseph Paul Goebbels	1944-1945

Amtierende Oberbürgermeister

Louise Schroeder	1947-1948
Ferdinand Friedensburg	1948

Oberbürgermeister (Ost-Berlin)

Friedrich Ebert	1948-1967
Herbert Kurt Fechner	1967-1974

Erhard Krack	1974-1990
Christian Hartenhauer	1990
Tino-Antoni Schwierzina	1990-1991

Amtierende Oberbürgermeister (Ost-Berlin)

Ingrid Pankraz	1990
Thomas Krüger	1991

Oberbürgermeister
Regierender Bürgermeister (West-Berlin)

Ernst Reuter	1948-1953

Regierender Bürgermeister (West-Berlin)

Walther Schreiber	1953-1955
Otto Suhr	1955-1957
Willy Brandt	1957-1966
Heinrich Albertz	1966-1967
Klaus Schütz	1967-1977
Dietrich Stobbe	1977-1981
Hans-Joachim Vogel	1981
Richard Freiherr von	
Weizsäcker	1981-1984
Eberhard Diepgen	1984-1989
Walter Momper	1989-1991

Regierende Bürgermeister von Berlin

Eberhard Diepgen	1991-2001
Klaus Wowereit	2001-

Präsidenten des Stadt-/Landesparlaments

Stadtverordnetenvorsteher
(1809-1920)

1809	Leopold von Gerlach
1809-1818	Paul Humbert
1819-1820	Philipp Krutisch
1821-1822	Christian Behrendt

1823-1824	Ernst von Koenen
1825	Wilhelm Junge
1826	Christian Behrendt
1827	Johann Ludwig Uhde
1828-1844	Johann Friedrich Dassel-mann
1845-1848	Friedrich Fournier

1848-1850	Gustav Seidel	1933-1934	Karl Spiewok
1850	Friedrich Fournier (amtierte nicht)	1946-1950	Otto Suhr
1850-1857	August Otto Fähndrich	**Präsidenten des Abgeordnetenhauses** (seit 1950)	
1858-1860	Karl Esse		
1860-1862	Karl Lüttig	1950-1955	Otto Suhr
1863-1874	Heinrich Kochhann	1957-1958	Kurt Landsberg
1875-1885	Wolfgang Straßmann	1958-1961	Willy Henneberg
1885-1886	Walther Büchtemann	1961-1967	Otto Bach
1886-1893	Albert Stryck	1967-1975	Walter Sickert
1893-1908	Paul Langerhans	1975-1980	Peter Lorenz
1908-1919	Paul Michelet	1980-1981	Heinrich Lummer
1919-1920	Hugo Heimann; Hermann Weyl	1981-1989	Peter Rebsch
		1989-1991	Jürgen Wohlrabe
1921-1924	Wilhelm Caspari	1991-1995	Hanna-Renate Laurien
1924-1933	Johannes Haß	1995-2001	Herwig Haase
		2001-	Walter Momper

Berliner Ehrenbürger

zusammengestellt von Wolfgang Ribbe

6.7.1813	Conrad Gottlieb Ribbeck	24.3.1840	Carl Albert Christoph Heinrich von Kamptz
28.2.1815	Heinrich Friedrich Ludwig Falckenberg	6.4.1840	Gustav Johann Georg von Rauch
31.1.1816	Gebhard Leberecht von Blücher	31.3.1842	Friedrich Magnus von Bassewitz
15.4.1822	Ernst Ludwig Heim	15.11.1842	Friedrich Karl Ferdinand Freiherr von Muffling
19.5.182	Ludwig Matthias Nathanael Gottlieb von Brauchitsch	19.11.1842	Leopold Hermann Ludwig von Boyen
11.1.1829	Friedrich Freiherr von Schuckmann	9.3.1843	Adolph Friedrich Carl Streckfuß
31.7.1829	Carl Friedrich Ludwig von Gontard	14.5.1843	Johann Christian Krüger
28.10.1829	Otto Friedrich Gustav Hansmann	6.9.1843	Carl Leopold Heinrich Ludwig von Borstell
9.4.1834	Carl Friedrich Heinrich Graf von Wylich und Lottum	6.1.1844	Johann David Heege waldt
		12.6.1845	Carl August Alsleben
3.10.1834	Carl Johann Heinrich Eduard von Gerlach	27.7.1847	Eugen von Puttkammer
		14.10.1847	Christian von Rother
4.2.1835	Friedrich August von Staegemann	29.3.1849	Heinrich Wilhelm August Freiherr von Gagern
20.1.1837	Ludwig Wilhelm Neumann	6.2.1850	Friedrich Wilhelm Graf von Brandenburg
18.10.1837	Nikolaus I. Pawlowitsch, Kaiser von Rußland	24.9.1850	Friedrich Heinrich Ernst Graf von Wrangel
26.11.1839	Johann Philipp von Ladenberg	6.12.1850	Otto Theodor Freiherr von Manteuffel

278

31.5.1851	Daniel Christian Rauch
24.1.1856	Friedrich Heinrich Alexander Freiherr von Humboldt
16.2.1856	Eduard Heinrich Flott-well
15.3.1857	Philipp August Boeckh
1.7.1858	Samuel Marot
30.12.1862	Heinrich Wilhelm Krausnick
16.3.1871	Otto Eduard Leopold Fürst von Bismarck, Herzog von Lauenburg
16.3.1871	Helmuth Karl Bernhard Graf von Moltke
1875	Friedrich Heinrich Eduard Kochhann
7.7. 1881	Heinrich Schliemann
31.3.1885	Leopold von Ranke
21.11.1890	Robert Koch
13.10.1891	Rudolf Ludwig Karl Virchow
8.12.1895	Adolph von Menzel
25.5.1900	Paul Langerhans
1900	Heinrich Walter Bertram
14.8.1904	Arthur Heinrich Ludolf Johnson Hobrecht
22.1.1905	Albert Friedrich Wilhelm Haack
7.7.1911	Karl Arnold Marggraff
15.5.1912	Martin Kirschner
20.1.1914	Paul Michelet
20.1.1914	Oskar Cassel
18. 12. 1915	Ferdinand Straßmann
13.5.1924	Ludwig Hoffmann
25.6. 1926	Hermann Bamberg
24.7. 1926	Hugo Heimann
20.7. 1927	Max Liebermann
1933	Paul von Beneckendorff und von Hindenburg
7.11.1941	Paul Lincke
8.3.1949	Rudolf Wissell
31.10. 1949	Theodor Heuss
14. 12.1955	Paul Löbe
2.4. 1957	Louise Schroeder
8.2.1958	Jacob Kaiser
15.5.1958	Otto Friedrich Karl Dibelius
25.6. 1958	Marie Elisabeth Lüders
30.4. 1962	Heinrich Lübke
5.5.1962	Lucius Dubignon Clay
8.10.1963	Otto Heinrich Warburg
10.10.1963	Konrad Adenauer
14.7.1967	Nelly Sachs
17.6.1968	Otto Hahn
26.2.1969	Hans Scharoun
4.2.1970	Otto Nagel (Verleihung posthum)
4.2.1970	Heinrich Zille (Verleihung posthum)
10.4. 1970	Karl Schmidt-Rottluff
8.5.1970	Heinrich Grüber
12.12.1970	Willy Brandt
20.10.1971	Ferdinand Friedensburg
20.10.1971	Franz Neumann
20.10.1971	Hans Reif
23.11.1973	Herbert von Karajan
18.2.1974	Gustav Heinemann
1975	Nikolai Erastowitsch Bersarin (posthum)
18.6.1975	Anna Seghers
21.9.1978	Waleri Fjodorowitsch Bykowski
21.9.1978	Sigmund Jähn
27.11.1978	Walter Scheel
28.4. 1982	Johann Baptist Grad!
24.3.1983	Shepard Stone
30.9. 1983	Wolfgang Heinz
3.4.1984	Karl Carstens
1.4. 1985	John Jay McCloy
11.4. 1986	Wieland Herzfelde
26.11.1987	Heinz Galinski
13.12.1989	Helmut Schmidt
29.6.1990	Richard Freiherr von Weizsäcker
9.11.1992	Michail Sergejewitsch Gorbatschow
9.11.1992	Helmut Kohl
9.11.1992	Ronald Wilson Reagan
9.11.1992	Hans-Dietrich Genscher
1998	Edzard Reuter
1998	Roman Herzog
1999	George Bush sen.
2000	Dietrich Fischer-Dieskau
2002	Egon Bahr
16.5.2002	Marlene Dietrich (posthum)

Reichstagswahlen in Alt-Berlin 1919/20 und Groß-Berlin 1924-1933 im Vergleich zum Reichsdurchschnitt*)
zusammengestellt von Wolfgang Ribbe

Wahl	Berliner Wahlberechtigte (in Mio.)	Berliner Wahlbeteiligung (in %)	Prozentualer Anteil der Parteien an den abgegebenen gültigen Stimmen							
			KPD		USPD		SPD		DDP[2]	
			Berlin	Reich	Berlin	Reich	Berlin	Reich	Berlin	Reic
19.01.1919 (Nationalversammlung)	1,39	81,7	–	–	27,6	7,6	36,4	37,9	16,0	1
6.06.1920[1]	1,35	79,6	1,3	2,0	42,7	18,0	17,6	21,6	7,0	
4.05.1924	2,91	76,6	17,9	12,6	2,6	0,8	20,4	20,5	8,9	
7.12.1924	2,98	78,0	16,3	9,0	0,6	0,3	30,3	26,0	10,9	
20.05.1928	3,17	78,9	24,7	10,6	0,1	0,1	32,9	29,8	7,7	
14.09.1930	3,35	81,4	27,3	13,1	0,1	–	27,2	24,5	5,4	
31.07.1932	3,45	81,6	27,3	14,6	–	–	27,3	21,6	1,6	
6.11.1932	3,46	81,0	31,0	16,9	–	–	23,2	20,4	1,4	
5.03.1933	3,46	87,3	24,5	12,3	–	–	21,7	18,3	1,8	

*) Tabelle aus: Otto Busch/Wolfgang Haus, Berlin als Hauptstadt der Weimarer Republik 1919-1933 (= Berliner Demokratie 1919-1985, Bd. 1; Veröffentlichungen der Historischen Kommission zu Berlin, Bd. 70/1), Berlin 1987.

[1] Alt-Berlin
[2] Seit 1930 = Deutsche Staatspartei.
[3] 1919 = Christliche Volkspartei bzw. Christlicher Volksdienst.
[4] Seit 1928 = Reichspartei des deutschen Mittelstandes.
[5] Christlich-Sozialer Volksdienst.
[6] 1933 = Kampffront Schwarz-Weiß-Rot.
[7] 1924 = Nationalsozialistische Freiheitsbewegung.
[8] Darunter: Deutsch-Hannoversche Partei= 1,2; Bayerische Volkspartei = 4,2.
[9] Darunter in Berlin: Deutsch-Völkische Freiheitspartei = 4,8; Deutsch-Soziale Partei = 3,8 (und 7 weitere Parteien); - im Reich: Bayerische Volkspartei (3,2), Landbund, u. a.
[10] Darunter: Bayerische Volkspartei (3,7), Landbund, u. a.
[11] Darunter: Bayerische Volkspartei (3,1), Landbund, Landvolkpartei, Bauernpartei, Volksrechtspartei, u. a.
[12] Darunter: Bayerische Volkspartei (3,0), Landvolkpartei (3,2), Bauernpartei, Volksrechts partei, Landbund u. a.
[13] Davon 3,2% Bayerische Volkspartei.
[14] Davon 3,1% Bayerische Volkspartei.
[15] Davon 2,7% Bayerische Volkspartei.

zentualer Anteil der Parteien an den abgegebenen gültigen Stimmen

...trum[3]		DVP		Wirtschafts-partei[4]		CSVD[5]		DNVP[6]		NSDAP[7]		Sonstige	
...in	Reich	Berlin	Reich	Berlin	Reich	Berlin	Reich	Berlin	Reich	Berlin	Reich	Berlin	Reich
,0	19,7	5,6	4,4	–	0,7	–	–	9,3	10,3	–	–	0,1	0,8
,4	13,6	14,0	14,0	2,4	0,8	–	–	11,5	15,1	–	–	0,1	6,5[8]
,8	13,4	8,4	9,2	4,0	2,4	–	–	22,6	19,5	–	6,6	11,5[9]	9,3[9]
,9	13,6	6,5	10,1	3,4	3,3	–	–	23,9	20,5	2,0	3,0	2,5	7,9[10]
,3	12,1	6,4	8,7	2,7	4,5	–	–	17,8	14,2	1,6	2,6	2,9	12,5[11]
,6	11,8	3,7	4,5	2,4	3,9	1,0	2,5	13,0	7,0	14,6	18,3	1,7	10,6[12]
,9	12,5	0,8	1,2	0,2	0,4	0,4	0,9	9,3	5,9	28,7	37,4	0,5	4,5[13]
,4	11,9	1,1	1,9	0,1	0,3	0,5	1,2	11,4	8,8	26,0	33,1	0,8	4,5[14]
,0	11,2	0,9	1,1	-	–	0,6	1,0	11,0	0,8	34,6	43,9	–	3,3[15]

Abkürzungen der Parteibezeichnungen

KPD	Kommunistische Partei Deutschlands
USPD	Unabhängige Sozialdemokratische Partei Deutschlands
SPD	Sozialdemokratische Partei Deutschlands
DDP	Deutsche Demokratische Partei
DVP	Deutsche Volkspartei
CSVD	Christlich-Sozialer Volksdienst
DNVP	Deutschnationale Volkspartei
NSDAP	Nationalsozialistische Deutsche Arbeiterpartei

Wahlen in Berlin zum Preußischen Landtag, zur Stadtverordneten- und Bezirksverordnetenversammlungen 1919 bis 1933
a = Alt-Berlin, b = Groß-Berlin, c = das spätere Berlin (West)

Wahl			Wahlbe-rechtigte	Abgegebene Stimmen		Abgegebene gültige Stimmen
				absolut	in % der Wahlbe-rechtigten (Wahlbe-teiligung)	
Landtag	26.01.1919	a	1 389 919	982 481	70,7	977 683
Stadtverordnetenversammlung	23.02.1919	a	1 389 246	799 522	57,6	798 245
Stadtverordnetenversammlung	20.06.1920	b	2 554 147	1 652 884	64,7	1 649 322
Landtag	20.02.1921	b	2 756 442	1 944 360	70,5	1 939 669
		c	1 752 420	1 240 011	70,8	1 237 207
Bezirksverordnetenversammlung	16.10.1924	b	2 610 146	1 723 713	66,0	1 720 082
		c	1 651 205	1 099 495	66,6	1 097 404
Landtag	7.12.1924	b	2 976 896	2 318 665	77,9	2 289 250
		c	1 904 718	1 481 708	77,8	1 464 406
Stadtverordnetenversammlung	25.10.1925	b	2 935 493	1 870 257	63,7	1 853 129
		c	1 874 475	1 195 552	63,8	1 185 400
Landtag	20.05.1928	b	3 166 249	2 494 397	78,8	2 462 437
		c	2 021 125	1 580 956	78,2	1 561 815
Stadtverordnetenversammlung	17.11.1929	b	3 289 182	2 312 651	70,3	2 294 278
		c	2 100 021	1 468 736	69,6	1 457 517
Landtag	24.04.1932	b	3 428 587	2 760 023	80,5	2 744 815
		c	2 197 314	1 757 957	80,0	1 748 894
Landtag	5.03.1933	b	3 438 686	2 996 213	87,1	2 958 955
		c	2 200 715	1 908 818	86,7	1 885 438
Stadtverordnetenversammlung	12.03.1933	b	3 409 726	2 588 397	75,9	2 573 216
		c	2 180 994	1 653 279	75,8	1 642 394

Anmerkungen zur Tabelle:
[1] KPD 1921 bis 1933.
[2] 1919 = Christliche Volkspartei.
[3] Durch Entscheidung des Oberverwaltungsgerichts vom 16.6.1921 für ungültig erklärt worden (Neuwahlen aufgrund der Wahlordnung vom 10.8.1921).
[4] Bezirksverordnetenwahl, da Ergebnisse für das heutige Gebiet von Berlin (West) aus der Stadtverordnetenwahl mangels entsprechender Bezirksergebnisse nicht zusammengestellt werden können.

SPD	USPD	KPD[1]	DDP, DStP	Deutsche Hannoversche Partei	Wirt-schafts-partei	Zen-trum[2]	Deutsche Volks-partei (DVP)	Deutsch-nationale Volkspar-tei (DN-VP)	NSDAP	Sonstige
35,0	28,3	–	15,3	–	–	5,5	5,5	10,4	–	0,0
31,7	33,0	–	14,6	–	–	5,7	4,5	10,5	–	0,0
17,2	38,4	–	7,1	–	4,2	3,7	16,9	11,4	–	1,1
22,3	17,4	10,1	7,7	–	5,2	3,7	15,8	17,8	–	0,0
21,7	16,0	9,3	8,2	–	5,0	3,7	17,1	19,0	–	0,0
20,5	19,1	9,5	7,3	–	5,0	3,7	14,8	17,1	–	3,0
20,0	17,7	8,5	7,9	–	4,8	3,6	15,9	18,1	–	3,5
30,4	0,6	16,4	10,8	0,0	3,5	4,0	6,5	23,8	2,0	2,0
29,1	0,6	14,8	11,5	0,0	3,3	3,9	7,2	25,1	2,3	2,2
32,6	0,8	18,7	9,3	–	4,0	3,4	6,0	20,8	–	4,4
31,4	0,6	17,1	9,9	–	3,8	3,4	6,9	22,2	–	4,7
32,9	0,1	24,7	7,7	0,0	2,7	3,3	6,4	17,8	1,5	2,9
32,0	0,1	22,3	8,3	0,0	2,5	3,4	7,5	19,1	1,7	3,1
28,4	0,2	24,6	6,0	–	4,4	3,6	6,7	17,6	5,8	2,7
27,3	0,2	22,2	6,7	–	4,1	3,4	8,1	19,0	6,3	2,7
29,1	–	23,6	3,1	0,0	0,4	4,0	1,0	8,2	27,9	2,7
38,3	–	21,2	3,5	0,0	0,4	4,2	1,2	9,1	29,3	2,8
21,2	–	24,3	–	0,0	–	4,8	0,9	10,7	34,2	3,9
20,7	–	22,0	–	0,0	–	5,1	1,0	11,8	35,2	4,2
22,0	–	19,5	2,0	–	–	4,7	0,7	12,1	38,2	0,8
21,3	–	17,6	2,4	–	–	4,8	0,8	13,4	38,9	0,8

283

Wahlen in Berlin zur Stadtverordnetenversammlung (1946, 1948, 1990)
zur Bezirksverordnetenversammlung (1992), zum Abgeordnetenhaus (1950–2001)
und zum Deutschen Bundestag (1990 und 1998)
a = Berlin insgesamt, b = Berlin (West), c = Berlin (Ost)
Zusammengestellt nach den Unterlagen des Statistischen Landesamtes Berlin

Wahl			Wahlbe-rechtigte	Abgegebene Stimmen		Abgegebene gültige Stim-men
				absolut	in % der Wahlberech-tigten (Wahl-beteiligung)	
Stadtverordnetenversammlung	20.10.1946	a	2 307 122	2 128 677	92,3	2 085 338
		b	1 453 016	1 327 585	91,4	1 302 971
Stadtverordnetenversammlung	5.12.1948	b	1 586 461	1 369 492	86,3	1 331 270
Abgeordnetenhaus	3.12.1950	b	1 664 221	1 504 580	90,4	1 464 470
Abgeordnetenhaus	5.12.1954	b	1 694 896	1 555 511	91,8	1 535 893
Abgeordnetenhaus	7.12.1958	b	1 757 842	1 632 540	92,9	1 616 508
Abgeordnetenhaus	17.02.1963	b	1 748 588	1 572 027	89,9	1 554 967
Abgeordnetenhaus	12.03.1967	b	1 718 435	1 481 674	86,2	1 459 044
Abgeordnetenhaus	14.03.1971	b	1 652 916	1 469 633	88,9	1 448 953
Abgeordnetenhaus	2.03.1975	b	1 579 924	1 387 471	87,8	1 375 522
Abgeordnetenhaus	18.03.1979	b	1 533 728	1 310 553	85,4	1 253 838
Abgeordnetenhaus	10.05.1981	b	1 514 624	1 291 842	85,3	1 262 166
Abgeordnetenhaus	10.03.1985	b	1 507 276	1 259 788	83,6	1 245 004
Abgeordnetenhaus	29.01.1989	b	1 532 870	1 220 423	79,6	1 184 294
Stadtverordnetenversammlung	6.05.1990	c	969 565	684 674	70,6	666 280
Abgeordnetenhaus	2.12.1990	a	2 524 553	2 040 709	80,8	2 019 198
		b	1 564 800	1 309 686	83,7	1 294 662
		c	959 753	731 023	76,2	724 536
Deutscher Bundestag	2.12.1990	a	2 537 310	2 043 894	80,6	1 988 057
		b	1 573 318	1 311 499	83,4	1 275 660
		c	963 992	732 395	76,0	712 397
Bezirksverordnetenversammlung	24.05.1992	a	2 523 369	1 543 631	62,1	1 516 097
		b	1 559 167	990 083	63,5	969 407
		c	964 202	553 548	57,5	546 690
Abgeordnetenhaus	22.10.1995	a	2 479 735	1 696 186	68,6	1 669 597
Bundestag	27.09.1998	a	2 442 929	1 980 517	81,1	1 957 959
Abgeordnetenhaus	10.10.1999	a	2 414 493	1 582 407	65,5	1 563 576
Abgeordnetenhaus	21.10.2001	a	2 417 574	1 645 673	68,1	1 623 338

SPD	KPD bzw. SEW bzw. PDS	Alternative Liste/ Grüne Liste	Bündnis 90 (z.T. mit Listenverbindungen) 1995: Bündis 90/ Die Grünen	CDU	LDP FDP	Republi- kaner	Sonstige
48,7	19,8	–	–	22,2	9,3	–	–
51,8	13,7	–	–	24,3	10,2	–	–
64,5	–	–	–	19,4	16,1	–	–
44,7	–	–	–	24,6	23,0	–	7,0
44,6	2,7	–	–	30,4	12,8	–	9,4
52,6	1,9	–	–	37,7	4,5	–	3,3
61,9	1,4	–	–	28,8	7,9	–	–
56,9	2,0	–	–	32,9	7,1	–	1,1
50,4	2,3	–	–	38,2	8,5	–	0,6
42,6	2,5	–	–	43,9	7,1	–	3,9
42,7	1,1	3,7	–	44,4	8,1	–	0,1
38,3	0,6	7,2	–	48,0	5,6	–	0,3
32,4	0,6	10,6	–	46,4	8,5	–	1,5
37,3	0,6	11,8	–	37,7	3,9	7,5	1,1
34,0	30,0	2,7	9,9	17,7	1,0	–	4,7
30,4	9,2	5,0	4,4	40,4	7,1	3,1	0,6
29,5	1,1	6,9	1,3	49,0	7,9	3,7	0,7
32,1	23,6	1,7	9,8	25,0	5,6	1,9	0,5
30,6	9,7	3,9	3,3	39,4	9,1	2,5	1,5
30,2	1,3	5,4	1,0	47,8	9,9	3,0	1,5
31,3	24,8	1,4	7,4	24,3	7,7	1,5	1,4
31,8	11,3	8,8	4,5	27,5	4,8	8,3	1,6
31,8	0,9	13,5	–	35,0	5,6	9,9	1,8
31,9	29,7	0,6	12,6	14,3	3,5	5,4	1,3
23,6	14,6	–	13,2	37,4	2,5	2,7	6,0
37,8	13,4	–	11,3	23,7	4,9	2,4	6,5
22,4	17,7	–	9,9	40,8	2,2	–	7,0
29,7	22,6	–	9,1	23,8	9,9	1,3	3,6

Literaturhinweise

von Rosemarie Baudisch

Bibliographien

Die folgende Bibliographie kann nur eine knappe Auswahl aus der umfangreichen Berlin-Literatur geben. Dabei wurden, soweit es sich nicht um unverzichtbare Standardwerke handelt, neuere und für die vertiefende Behandlung von Themen geeignete Titel bevorzugt, deren Literaturverzeichnissen sich die älteren Darstellungen und die Spezialliteratur entnehmen lassen. Ein umfangreiches, nach Sachgruppen und Zeitabschnitten gegliedertes Literaturverzeichnis enthält die Bibliographie von Peter P. Rohrlach in: *Berlin Handbuch. Das Lexikon der Bundeshauptstadt*, herausgegeben vom Presse- und Informationsdienst des Landes Berlin, Berlin 1993, S. 1452-1472. Grundlegend für den jeweiligen Berichtszeitraum bleibt aber die

Berlin-Bibliographie:

Berlin-Bibliographie (bis 1960). In der Senatsbibliothek bearbeitet von Hans Zopf und Gerd Heinrich ..., Berlin 1965; *Berlin-Bibliographie (1961 bis 1966).* In der Senatsbibliothek Berlin bearbeitet von Ursula Scholz und Rainald Stromeyer, Berlin–New York 1973; *Berlin-Bibliographie (1967 bis 1977).* In der Senatsbibliothek Berlin bearbeitet von Ursula Scholz und Rainald Stromeyer ..., Berlin - New York 1984; *Berlin-Bibliographie (1978 bis 1984).* In der Senatsbibliothek Berlin bearbeitet von Ute Schäfer und Rainald Stromeyer, Berlin–New York 1987; *Berlin-Bibliographie 1985 bis 1989.* Herausgegeben von der Senatsbibliothek Berlin, Bd. 1: *Bibliographie*; Bd. 2: Register, München–New Providence–London–Paris 1995; *Berlin-Bibliographie 1990.* Herausgegeben von der Berliner Stadtbibliothek in Zusammenarbeit mit der Senatsbibliothek Berlin, München–New Providence–London–Paris 1995.

Gesamtdarstellungen und Sammelwerke

Ingo Materna (Hrsg.), *Geschichte Berlins von den Anfängen bis 1945*, Berlin 1987.

Wolfgang Ribbe (Hrsg.), *Geschichte Berlins* (= Veröffentlichungen der Historischen Kommission zu Berlin), 2 Bde., München 1987, 3. erweiterte und aktualisierte Auflage, Berlin 2002.

Wolfgang Ribbe/Jürgen Schmädeke (Hrsg.), *Berlin im Europa der Neuzeit. Ein Tagungsbericht* (= Veröffentlichungen der Historischen Kommission zu Berlin, Bd. 75), Berlin–New York 1990.

Das Berliner Umland

Felix Escher, *Berlin und sein Umland. Zur Genese der Berliner Stadtlandschaft bis zum Beginn des 20. Jahrhunderts* (= Einzelveröffentlichungen der Historischen Kommission zu Berlin, Bd. 47), Berlin 1985.

Alfred Zimm (Hrsg.), *Berlin (Ost) und sein Umland* (= Ergänzungsheft Nr. 286 zu Petermanns Geographischen Mitteilungen), 3. Aufl., Darmstadt-Gotha 1990.

Ingo Materna/Wolfgang Ribbe (Hrsg.), *Brandenburgische Geschichte*, Berlin 1994.

Die Verwaltungsbezirke

Allgemeines und Übergreifendes

Berlin. Ergebnisse der heimatkundlichen Bestandsaufnahme (= Werte unserer Heimat, Bd. 49/50), von einem Autorenkollektiv unter Leitung von Joachim Herrmann, Berlin 1987 [mit einer Darstellung der Ost-Berliner Stadtbezirke, S. 113-374).

Geschichte der Berliner Verwaltungsbezirke, herausgegeben von Wolfgang Ribbe, Bd. 1ff., Berlin 1987ff.

Stadtentwicklung im 20. Jahrhundert. Die 1920 nach Berlin eingemeindeten Städte: Wirkungen und Entwicklungen während der Weimarer Republik (= Wissenschaftliche Zeitschrift der Humboldt-Universität zu Berlin. Reihe Geistes- und Sozialwissenschaften 41, H. 6), Berlin 1992.

Einzelne Sachgebiete

Verfassung, Verwaltung, Recht, Politik

Hans Lohmeyer, *Die Entwicklung Berlins zum Stadtstaat. Ein Beitrag zur Geschichte der Selbstverwaltung seit 1850*, in: *Der Bär von Berlin* 5 (1955), S.16-32.

Berthold Schulze, *200 Jahre staatlicher Verwaltungsbezirk Berlin*, in: *Jahrbuch für brandenburgische Landesgeschichte* 3 (1952), S. 1-8.

Wolfgang Ribbe, *Leitung und Kompetenzen der städtischen Verwaltung Berlins vom Mittelalter bis zum Ausgang des 20. Jahrhunderts. Ein Überblick*, in: Wolfgang Ribbe (Hrsg.), *Stadtoberhäupter. Biographien Berliner Bürgermeister im 19. und 20. Jahrhundert* (= Berliner Lebensbilder, Bd. 7), Berlin 1993, S. 13-32.

Hans J. Reichhardt (Hrsg.), *Entstehung der Verfassung von Berlin. Eine Dokumentation in 2 Bänden*, bearb. von Werner Breunig und Josephine Gabler, Berlin–New York 1990.

Christian Engeli, *Landesplanung in Berlin-Brandenburg* (= Schriften des Deutschen Instituts für Urbanistik, Bd. 57), Berlin 1986.

Adolf Streckfuß, *1848 – Die März-Revolution in Berlin. Ein Augenzeuge erzählt*, hrsg. von Horst Denkler in Zusammenarbeit mit Irmgard Denkler, Köln 1983.

Karl Ludwig von Prittwitz, *Berlin 1848* (= Veröffentlichungen der Historischen Kommission zu Berlin, Bd. 60), bearbeitet und eingeleitet von Gerd Heinrich, Berlin 1985.

Ernst Kaeber, *Berlin im Weltkriege. Fünf Jahre städtische Kriegsarbeit*, Berlin 1921.

Otto Büsch/Wolfgang Haus, *Berlin als Hauptstadt der Weimarer Republik 1919–1933* (= Veröffentlichungen der Historischen Kommission zu Berlin, Bd. 70.1), Berlin–New York 1987.

Johannes Tuchel/Reinold Schattenfroh, *Zentrale des Terrors. Prinz-Albrecht-Straße 8: Das Hauptquartier der Gestapo*, Berlin 1987.

Reinhard Rürup (Hrsg.), *Topographie des Terrors* [Ausstellungskatalog], 8. Aufl., Berlin 1991.

Kurt Jakob Ball-Kaduri, *Berlin wird judenfrei. Die Juden in Berlin in den Jahren 1942/43*, in: *Jahrbuch für die Geschichte Mittel- und Ostdeutschlands* 22 (1973), S. 196-241.

Hans Dieter Schäfer (Hrsg.), *Berlin im Zweiten Weltkrieg: Der Untergang der Reichshauptstadt in Augenzeugenberichten*, 2. Aufl., München–Zürich 1991.

Bernd Schimmler, *Stimmung der Bevölkerung und politische Lage. Die Lageberichte der Berliner Justiz 1940–1945*, Berlin 1986.

Tony Le Tissier, *Der Kampf um Berlin 1945: Von den Seelower Höhen zur Reichskanzlei*, 2. Aufl., Frankfurt am Main–Berlin 1992.

Gerhard Keiderling, *»Gruppe Ulbricht« in Berlin. April bis Juni 1945. Eine Dokumentation. Mit einem Geleitwort von Wolfgang Leonhard*, Berlin 1993.

Udo Wetzlaugk, *Die Alliierten in Berlin*, Berlin 1987.

Georg Kotowski/Hans J. Reichhardt, *Berlin als Hauptstadt im Nachkriegsdeutschland und Land Berlin 1945–1985* (= Veröffentlichungen der Historischen Kommission zu Berlin, Bd. 70.2), Berlin–New York 1987.

Siegfried Mampel, *Der Sowjetsektor von Berlin. Eine Analyse seines äußeren und inneren Status*, Frankfurt a. M. 1963.

Hans Herzfeld, *Berlin in der Weltpolitik 1945–1970* (= Veröffentlichungen der Historischen Kommission zu Berlin, Bd. 38), Berlin–New York 1973.

Berlin. 17. Juni 1953. Mit einem Katalogbeitrag von Wolfgang Ribbe (= Ausstellungskataloge des Landesarchivs Berlin 12), Berlin 1993.

Und diese verdammte Ohnmacht. Report der Untersuchungskommission zu den Ereignissen vom 7. und 8. Oktober 1989 in Berlin, Berlin 1991.

Bevölkerung

Stefi Jersch-Wenzel/Barbara John (Hrsg.), *Von Zuwanderern zu Einheimischen. Hugenotten, Juden, Böhmen, Polen in Berlin*, Berlin 1990.

Gültekin Emre, *300 Jahre Türken an der Spree. Ein vergessenes Kapitel Berliner Kulturgeschichte*, Berlin 1983.

Wirtschaft/Verkehr/Soziales/Medizin

Berlin und seine Wirtschaft. Ein Weg aus der Geschichte in die Zukunft – Lehren und Erkenntnisse, hrsg. von der Industrie- und Handelskammer zu Berlin, Berlin 1987.

Hugo Rachel, *Das Berliner Wirtschaftsleben im Zeitalter des Frühkapitalismus* (= Berlinische Bücher, Bd. 3), Berlin 1931.

Otto Büsch, *Industrialisierung und Gewerbe im Raum Berlin/Brandenburg*, Bd. 1: 1800–1850, Bd. 2: *Die Zeit um 1800/Die Zeit um 1875* (= Einzelveröffentlichungen der Historischen Kommission zu Berlin, Bde. 9 und 19), Berlin 1971 und 1977.

Ingrid Thienel, *Städtewachstum im Industrialisierungsprozeß des 19. Jahrhunderts. Das Berliner Beispiel* (= Veröffentlichungen der Historischen Kommission zu Berlin, Bd. 39), Berlin 1973.

Die Reise nach Berlin [Katalog], hrsg. von der Berliner Festspiele GmbH...,Berlin 1987.

Otto Büsch, *Geschichte der Berliner Kommunalwirtschaft in der Weimarer Epoche* (= Veröffentlichungen der Historischen Kommission zu Berlin, Bd. 1), Berlin 1960.

Helga Schultz, *Berlin 1650–1800. Sozialgeschichte einer Residenz*, 2. Aufl., Berlin 1993.

Gert-Joachim Glaeßner/Detlef Lehnert/Klaus Sühl (Hrsg.), *Studien zur Arbeiterbewegung und Arbeiterkultur in Berlin* (= Wissenschaft und Stadt, Bd. 2), Berlin 1989.

Gesine Asmus (Hrsg.), *Hinterhof, Keller und Mansarde. Einblicke in Berliner Wohnungselend 1901–1920* (= rororo, Bd. 7668), Reinbek 1982.

Christian Pross/RolfWinau (Hrsg.), *Nicht mißhandeln. Das Krankenhaus Moabit. 1920–1933: Ein Zentrum jüdischer Ärzte in Berlin. 1933–1945:Verfolgung, Widerstand, Zerstörung*, Berlin 1964.

Kunst und Kultur

Agathe Lasch, *»Berlinisch«. Eine berlinische Sprachgeschichte* (= Berlinische Forschungen, Bd. 2), Berlin 1928.

Joachim Schildt/Hartmut Schmidt (Hrsg.), *Berlinisch. Geschichtliche Einführung in die Sprache einer Stadt*, 2. Aufl., Berlin 1992.

Petra Wilhelmy, *Der Berliner Salon im 19. Jahrhundert (1870–1914)* (= Veröffentlichungen der Historischen Komission zu Berlin, Bd. 73), Berlin–New York 1989.

Jochen Boberg/Tilmann Fichter/Eckhart Gillen (Hrsg.), *Exerzierfeld der Moderne. Industriekultur in Berlin im 19. Jahrhundert*, München 1984.

Jochen Boberg/Tilmann Fichter/Eckhart Gillen (Hrsg.), *Die Metropole. Industriekultur in Berlin im 20. Jahrhundert*, München 1986.

Peter Paret, *Die Berliner Secession. Moderne Kunst und ihre Feinde im Kaiserlichen Deutschland*, Berlin 1982.

Peter Wruck (Hrsg.), *Literarisches Leben in Berlin 1871–1933*, 2 Bde., Berlin 1987

Peter de Mendelssohn, *Zeitungstadt Berlin. Menschen und Mächte in der Geschichte der deutschen Presse*, 2., überarbeitete und erweiterte Aufl., Frankfurt am Main–Berlin–Wien 1982.

Friedrich v. Zglinicki, *Die Wiege der Traumfabrik. Von Guckkästen, Zauberscheiben und Bewegten Bildern bis zur UFA in Berlin*, Berlin 1986.

Architektur und Stadtplanung

Josef Paul Kleihues (Hrsg.), *750 Jahre Architektur und Städtebau in Berlin. Die Internationale Bauausstellung im Kontext der Baugeschichte Berlins*, Stuttgart 1987.

Johann Friedrich Geist/Klaus Kürvers, *Das Berliner Mietshaus*, 3 Bde., München 1980, 1984 und 1990.

Hans J. Reichhardt/Wolfgang Schäche, *Von Berlin nach Germania. Über die Zerstörungen der Reichshauptstadt durch Albert Speers Neugestaltungsplanungen*, Katalog, Berlin 1985.

Wolf Jobst Siedler/Elisabeth Niggemeyer, *Die gemordete Stadt. Abgesang auf Putte und Straße, Platz und Baum*. Mit einer Dokumentation von G. Angreß, 2. Aufl., München 1978.

Helmut Engel/Wolfgang Ribbe (Hrsg.), *Hauptstadt Berlin – Wohin mit der Mitte? Historische, städtebauliche und architektonische Wurzeln des Stadtzentrums* (= Publikationen der Historischen Kommission zu Berlin), Berlin 1994.

Bildung und Wissenschaft

Ludwig Geiger, *Berlin 1688–1840. Geschichte des geistigen Lebens der preußischen Hauptstadt*, 2 Bde.,Berlin 1892–1895.

Wilhelm Richter, *Berliner Schulgeschichte von den mittelalterlichen Anfängen bis zum Ende der Weimarer Republik*, hrsg. und bearb. von Marion Klewitz und Hans Christoph Berg (unter Mitwirkung von Marina Richter), Berlin 1981.

Max Lenz, *Geschichte der Königlichen Friedrich-Wilhelms-Universität zu Berlin*, Bd. 1-4, Halle 1910-1918.

Hubert Laitko (Hrsg.) *Wissenschaft in Berlin. Von den Anfängen bis zum Neubeginn nach 1945*, Berlin 1987.

Reinhard Rürup (Hrsg.), *Festschrift zum hundertjährigen Gründungsjubiläum der TU Berlin* (= Wissenschaft und Gesellschaft. Beiträge zur Geschichte der Technischen Universität Berlin 1879–1979), 2 Bde., im Auftrag des Präsidenten der TU Berlin, Berlin 1979.

Rudolf Schottlaender, *Verfolgte Berliner Wissenschaft. Ein Gedenkwerk* (= Stätten der Geschichte Berlins, Bd. 23), Berlin 1988.

James F. Tent, *Freie Universität Berlin. 1948–1988. Eine deutsche Hochschule im Zeitgeschehen*, Berlin 1988.

Religion und Kirchen

Walter Wendland, *Siebenhundert Jahre Kirchengeschichte Berlins* (= Berlinische Forschungen, Bd. 3), Berlin–Leipzig 1930.

Günter Wirth (Hrsg.), *Beiträge zur Berliner Kirchengeschichte*, Berlin 1987.

Wolfgang Knauft, *Bistum Berlin*, Aschaffenburg 1987.

Ursula Fuhrich-Gubert, *Die Französi-sche Kirche in Berlin*, Berlin 1992.

Manfred Gailus (Hrsg.), *Kirchengemeinden im Nationalsozialismus* (= Stätten der Geschichte Berlins, Bd. 38), Berlin 1990.

Kaspar Elm/Hans-Dietrich Loock (Hrsg.), *Seelsorge und Diakonie in Berlin. Beiträge zum Verhältnis von Kirche und Großstadt im 19. und beginnenden 20. Jahrhundert*, Berlin–New York 1990.

Personenregister

von Ingo Materna

Das Register verzeichnet ausschließlich namentlich genannte Personen, ohne weitere Angaben über Lebensalter, Beruf bzw. Funktion. Bei hohen kirchlichen Würdenträgern und bei Dynasten stehen die offiziellen Titel.

Honecker, Erich 199, 234, 238, 242, 248, 257
–, Margot 248
Hopf, Georg 107
Hopp, Hanns 212
Horowitz, Vladimir 244
Hosemann, Theodor 106
Hossenfelder, Joachim, Bischof 176
Huber, Wolfgang, Bischof 161
Hübner, Niko 238
Hündewerper, Nikolaus 26
Hufeland, Christoph Wilhelm 92
Humboldt, Alexander von 78, 104
–, Wilhelm von 78, 98
Hummel, Johann Caspar 97
Hundrieser, Emil 137
Hus, Jan 41

Ibsen, Henrik 133, 142
Iffland, August Wilhelm 90, 93, 98
Ihne, Ernst von 138, 140f., 145
Itzig, Isaac Daniel 80

Jablonski, Daniel Ernst 62
Jacob, Franz 186
Jacobi, Gerhard 176, 180
–, Johann 65
Jacobsohn, Siegfried 164
Jacob von Nybede 21
Jaeckh, Ernst 157
Jahn, Friedrich Ludwig 97f., 101
–, Helmut 258
Janka, Walter 220
Jannings, Emil 167
Jaxa von Köpenick (Jaxa de Copnic), Slawenfürst 9, 15
Jelzin, Boris N. 261
Jendretzky, Hans 162, 195, 199
Jens, Walter 267
Joachim Friedrich, Kurfürst von Brandenburg 44f.
Joachim I. (Nestor), Kurfürst von Brandenburg 37f.
Joachim II. (Hektor), Kurfürst von Brandenburg 31, 37, 40f.
Joachim Kardinal Meisner 242
Jobst von Mähren, Markgraf von Brandenburg 28
Jogiches, Leo 154
Johann I., Markgraf von Brandenburg 15, 18
Johann Cicero, Kurfürst von Brandenburg 36f., 40
Johann Georg, Kurfürst von Brandenburg 42, 44, 46
Johann Sigismund, Kurfürst von Brandenburg 45f.

Johann Trittenheim, Abt von Sponheim 37
Johannes Paul II., Papst 242, 254, 263
Johannes XXII., Papst 23f.
John, Erich 232
Johnson, Lyndon B. 225
Josty (Gebrüder), 90, 101
Jülich, Hermann 180
Julius, Gustav 111
Julius Kardinal Döpfner 227
Just, Gustav 220

Kaiser, Jakob 195f.
Kalle, Johann 46
–, Samuel 46
Kapp, Wolfgang 156
Karajan, Herbert von 219, 228, 247
Karl August, Großherzog von Sachsen-Weimar 85
Karl IV, Deutscher König, Kaiser des Heiligen Römischen Reiches 6, 25f.
Karow, Emil 176
Karsch, Anna Louisa (die »Karschin«) 80
Katte, Hans Hermann von 72
Kaufmann, Oskar 145
Kehr, Paul Fridolin 148
Kempinski, Berthold 125
Kennedy, John F. 227
Kinzer, Hugo 139
Kircheisen, Carl David 75, 77
Kisch, Egon Erwin 174
Kishon, Ephraim 245
Klaproth, Martin Heinrich 88
Kleiber, Erich 164, 217
Kleihus, Josef Paul 270
Kleist, Heinrich von 41, 97f.
Klingenberg, Georg 146, 163
Knaust, Heinrich 41
Knef, Hildegard 201
Knobelsdorff, Georg Wenzeslaus von 75, 79
Knoblauch, Eduard 118
Knopp, Werner 268
Knüppel, August 87
Koch, Gottfried Heinrich 84
–, Robert 131f., 141
–, Waldemar 196
Koczian, Johanna von 219
Kohl, Helmut 238, 248, 253, 266-268
Kohlhase, Hans 40f.
Kolbe von Wartenberg, Johann Kasimir Reichsgraf 65, 67
Kollhoff, Hans 260
Kollwitz, Käthe 153, 179f., 259
Konrad II., Markgraf von Meißen 15

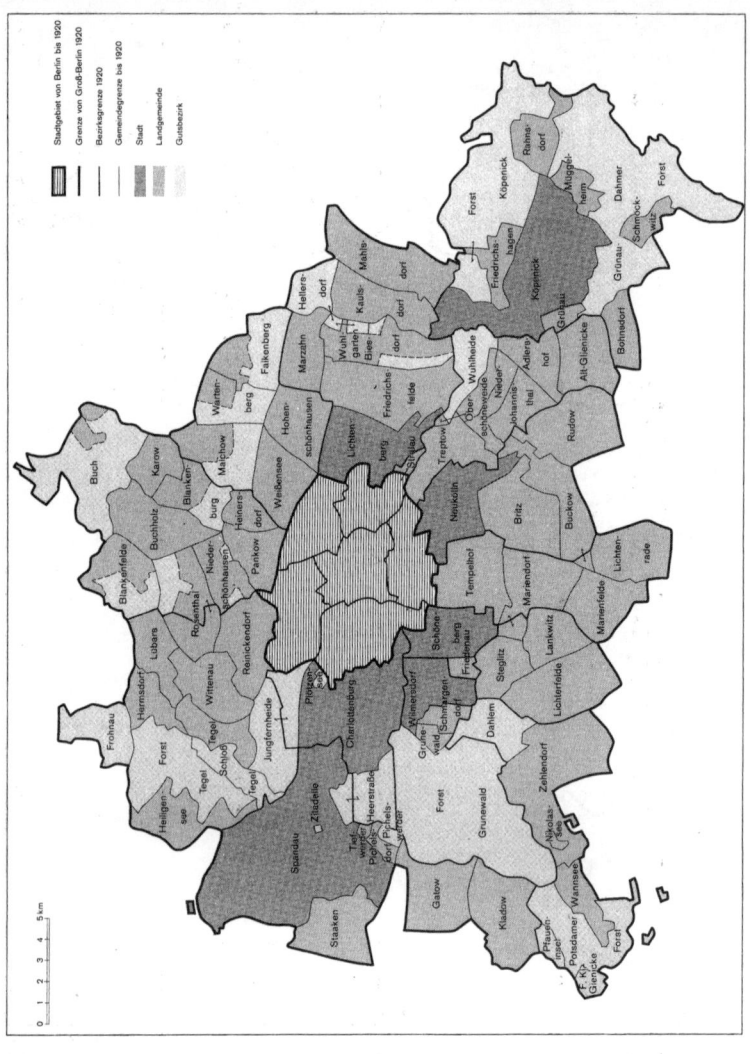

Berlin in den Grenzen von 1920
mit den aus der Provinz Brandenburg
eingemeindeten Städten, Landgemeinden und Gutsbezirken
Kartographie: Karsten Bremer

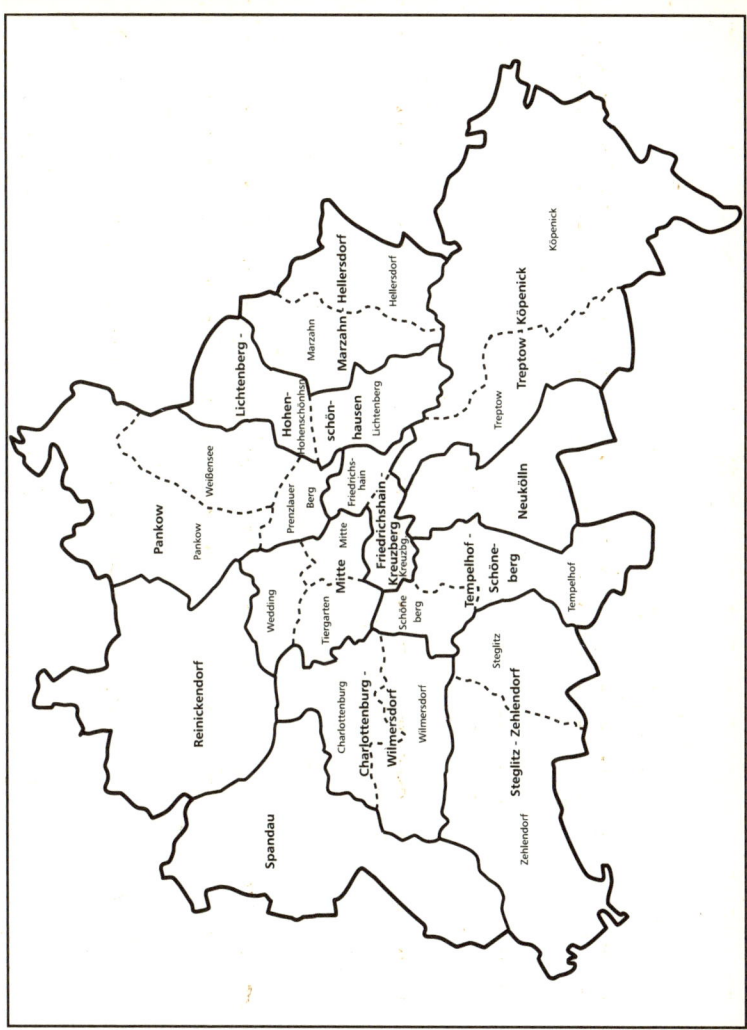

**Die Berliner Verwaltungsbezirke nach der Gebietsreform
vom 1. Januar 2001**
Kartographie: Karsten Bremer

Das geistige Zentrum mythischen Denkens ist der Versuch, die Geheimnisse des Lebens und des Universums zu lösen und zu verstehen. Golthers Ausführungen reichen vom frühen Volksaberglauben über die germanische Götterwelt bis hin zur Beschreibung von Gottesdienst und Priesterwesen.

Wolfgang Bauer, Irmtraud Dümotz, Sergius Golow
Lexikon der Symbole

Großartig recherchiert und sorgfältig deutend fü
dieses Buch durch die geheimnisvolle Welt der
Symbole. Von den Ur- und Grundsymbolen
über alchemistische und astrologische Zeichen
hin zu Symbolen des Alltags.

580 S. Über 600 Abbildungen. Ausführliche Bibliogr.
Geb. mit SU. 19. Auflage.EUR 14,95, ISBN 3-921695-!

Flavius Josephus
Jüdische Altertümer

Der bedeutendste jüdische Historiker, Flavius
Josephus, beschreibt in 20 Büchern die jüdisch
Geschichte von der Urzeit bis zum Jahre 66 n. C
Sie erschienen etwa 94 n. Chr. und sind somit
fast die einzige Quelle für die frühe jüdische
Historie.

1376 S. Anmerkungen u. Personenreg. Geb. mit SU.
14. Auflage. EUR 14,95, ISBN 3-921695-19-8

Karl Vorländer
Immanuel Kant
Der Mann und das Werk

Kein Philosoph der letzten Jahrhunderte hat da
und Selbstbild der Moderne so entscheidend u
nachhaltig geprägt, wie Immanuel Kant. Diese
nimmt innerhalb der biographischen Kantforsc
eine Sonderstellung ein: es verbindet die materi
Darstellung von Kants äußerer Lebensgeschich
der ausgreifenden Information über seine Wer
zeichnet Einfluß- und Wirkungsgeschichte sein
Denkens nach.

896 S. Ausführliche Bibliographie. Broschur.
EUR 14,95 ISBN 3-932412-18-4